Insolvenzbewältigung durch Optionen?

Europäische Hochschulschriften
Publications Universitaires Européennes
European University Studies

Reihe II
Rechtswissenschaft

Série II Series II
Droit
Law

Bd./Vol. 3552

PETER LANG
Frankfurt am Main · Berlin · Bern · Bruxelles · New York · Oxford · Wien

Mark Hinrichs

Insolvenzbewältigung durch Optionen?

Eine kritische Analyse des US-amerikanischen Reorganisationsverfahrens nach Chapter 11 Bankruptcy Code, des deutschen Insolvenzplanverfahrens und marktorientierter Reformmodelle

PETER LANG
Europäischer Verlag der Wissenschaften

Bibliografische Information Der Deutschen Bibliothek
Die Deutsche Bibliothek verzeichnet diese Publikation in der Deutschen Nationalbibliografie; detaillierte bibliografische Daten sind im Internet über <http://dnb.ddb.de> abrufbar.

D 25
ISSN 0531-7312
ISBN 3-631-50391-1

www.peterlang.de

Meinen Eltern

VORWORT

Die vorliegende Arbeit wurde im Sommersemester 2002 von der Rechtswissenschaftlichen Fakultät der Albert-Ludwigs-Universität Freiburg im Breisgau als Dissertation angenommen. Sie wurde im Januar 2002 abgeschlossen. Später erschienene Literatur wurde teilweise berücksichtigt.

Mein Dank gilt an erster Stelle meinem verehrten Doktorvater, Herrn Professor Dr. *Rolf Stürner*, für die Betreuung und Begutachtung der Arbeit, deren Entwicklung er stets mit motivierendem Interesse begleitet hat. Dank schulde ich auch Herrn Professor Dr. Dr. h. c. *Dieter Leipold* für die sorgfältige und dennoch sehr zügige Erstellung des Zweitgutachtens. Für die finanzielle Förderung der Arbeit gilt mein Dank dem Land Baden-Württemberg.

Freiburg, im Juli 2002 *Mark Hinrichs*

Inhaltsübersicht

Inhaltsverzeichnis

Zweiter Teil: Kritischer Vergleich von US-amerikanischem Reorganisationsverfahren und deutschem Insolvenzplanverfahren

Dritter Teil: Marktorientierte Verfahrensvorschläge zur Bewältigung von Unternehmensinsolvenzen

Abkürzungsverzeichnis

a.A.	anderer Auffassung
a.a.O.	am angegebenen Ort
AcP	Archiv für civilistische Praxis (Zeitschrift)
a.E.	am Ende
AG	Die Aktiengesellschaft (Zeitschrift)
AktG	Aktiengesetz
Am.Bankr.Inst.L.Rev.	The American Bankruptcy Institute Law Review
Am.Bankr.L.J.	The American Bankruptcy Law Journal
a.p.r.	absolute priority rule (absolute Vorrangsregel)
Art.	Artikel
Bankr.	Bankruptcy
Bankr.Ct.Dec.	Bankruptcy Court Decisions
BB	Der Betriebs-Berater
BC	Bankruptcy Code
Begr.	Begründung
BFuP	Betriebswirtschaftliche Forschung und Praxis
BGB	Bürgerliches Gesetzbuch
BGBl.	Bundesgesetzblatt
BGH	Bundesgerichtshof
BörsG	Börsengesetz
B.R.	Bankruptcy Reports (West Publishing Company)
Bsp(e).	Beispiel(e)
bspw.	beispielsweise
bzw.	beziehungsweise
BT	Deutscher Bundestag
Bus.Law.	Business Lawyer
BVerfG	Bundesverfassungsgericht
CAPM	Capital Asset Pricing Model
CBOE	Chicago Board Options Exchange
CBOT	Chicago Board of Trade
Co.	Company
Columbia L.R.	Columbia Law Review
Cong.	Congress
Cornell L.R.	Cornell Law Review
DAX	Deutscher Aktienindex
DB	Der Betrieb
d.h.	das heißt
DM	Deutsche Mark
DTB	Deutsche Terminbörse
DZWIR	Deutsche Zeitschrift für Wirtschafts- und Insolvenzrecht
EGInsO	Einführungsgesetz zur Insolvenzordnung
EGInsOÄndG	Gesetz zur Änderung des Einführungsgesetzes zur Insolvenzordnung und anderer Gesetze
Eurex	European Exchange Organization
European Econ. R.	European Economic Review
evtl.	eventuell

f./ff.	der/die folgende(n)
Fn.	Fußnote
F.R. Sec.Ed.	Federal Reporter Second Edition (West Publishing Company)
GE	Geldeinheit(en)
gem.	gemäß
GesO	Gesamtvollstreckungordnung in der Fassung vom 23. Mai 1991
ggf.	gegebenenfalls
GmbH	Gesellschaft mit beschränkter Haftung
GmbHG	Gesetz betreffend die Gesellschaften mit beschränkter Haftung
GuV	Gewinn- und Verlustrechnung
Harvard L.R.	Harvard Law Review
HGB	Handelsgesetzbuch
hM	herrschende Meinung
H.R.	House of Representatives
H.R. Rep.	House Report
Hrsg.	Herausgeber
Hs.	Halbsatz
i.d.R.	in der Regel
IG	Industriegewerkschaft
insbes.	insbesondere
InsO	Insolvenzordnung
InVo	Insolvenz & Vollstreckung (Zeitschrift)
i.S.d.	im Sinne des
i.S.v.	im Sinne von
i.V.m.	in Verbindung mit
i.w.S.	im weiteren Sinne
j. of applied corp. finance	The journal of applied corporate finance
j. of business	The journal of business
j. of econ. perspectives	The journal of economic perspectives
j. of finance	The journal of finance
j. of financial econ.	The journal of financial economics
j. of inst. and th. econ.	The journal of institutional and theoretical economics
j. of law and econ.	The journal of law and economics
j. of law, econ., & org.	The journal of law, economics,& organization
j. of legal st.	The journal of legal studies
j. of political econ.	The journal of political economy
Kap.	Kapitel
KO	Konkursordnung
KGaA	Kommanditgesellschaft auf Aktien
KTS	Konkurs. Treuhand. Sanierung, Zeitschrift für Insolvenzrecht (Titel bis 1988: Konkurs-, Treuhand- und Schiedsgerichtswesen)
Law and Cont. Pr.	Law and Contemporary Problems (Zeitschrift)
LG	Landgericht
LSE	London School of Economics
Michigan L.R.	Michigan Law Review

Mio.	Million(en)
Mrd.	Milliarde(n)
m.w.N.	mit weiteren Nachweisen
n.	note
NBER	National Bureau of Economic Research, Cambridge
N.C.L.Rev.	North Carolina Law Review
NJW	Neue Juristische Wochenschrift
Nr(n).	Nummer(n)
N.Y.	New York
NZI	Neue Zeitschrift für das Recht der Insolvenz und Sanierung
o.Ä.	oder Ähnliche(s)
OLG	Oberlandesgericht
Oxford J. of Legal St.	Oxford journal of legal studies
pVV	positive Vertragsverletzung
Quarterly j. of econ.	Quarterly journal of economics
RAND j. of econ.	RAND journal of economics
RefE	Referentenentwurf
RegE	Regierungsentwurf
RGBl.	Reichsgesetzblatt
RIW	Recht der Internationalen Wirtschaft (Zeitschrift)
R.M.B.C.A.	Revised Model Business Corporation Act
Rn.	Randnummer(n)
RPflG	Rechtspflegergesetz
S.	Seite(n), Satz (Sätze)
s.	siehe
S.Ct.	Supreme Court Reporter
S.D.	Southern District
SEC	Securities and Exchange Commission (US-amerikanische Wertpapier- und Börsenkommission)
Sess.	Session
SOFFEX	Swiss Options and Financial Futures Exchange
sog.	sogenannte(r)
Stanford L.R.	Stanford Law Review
str.	strittig
Texas L.R.	Texas Law Review
u.a.	und andere
Univ. of Chic. L.R.	The University of Chicago Law Review
Univ. of Pennsylvania L.R.	The University of Pennsylvania Law Review
Univ. of Pittsburgh L.R.	The University of Pittsburgh Law Review
Univ. of Toronto L.J.	The University of Toronto Law Journal
UmwG	Umwandlungsgesetz
U.S.	United States Reports
USA	Vereinigte Staaten von Amerika
USC(A)	United States Code (Annotated)
usw.	und so weiter
u.U.	unter Umständen
v.	versus
v.a.	vor allem

Verf.	Verfasser
vgl.	vergleiche
VglO	Vergleichsordnung
Virginia L.R.	Virginia Law Review
Wisconsin L.R.	Wisconsin Law Review
WM	Zeitschrift für Wirtschafts- und Bankrecht
Yale L.J.	The Yale Law Journal
z.B.	zum Beispiel
ZGR	Zeitschrift für Unternehmens- und Gesellschaftsrecht
ZInsO	Zeitschrift für das gesamte Insolvenzrecht
ZIP	Zeitschrift für Wirtschaftsrecht (früher: „...und Insolvenzpraxis“)
ZHR	Zeitschrift für das gesamte Handelsrecht und Wirtschaftsrecht
ZPO	Zivilprozessordnung
ZVG	Gesetz über die Zwangsversteigerung und die Zwangsverwaltung
zzgl.	zuzüglich

Einführung

1. Problemstellung

„The (...) bankruptcy system's efficiency is not merely a technical point of commercial law but it is important to an economically developed culture."[1] Schenkt man dieser Behauptung der Professoren *Ferris* und *Lawless* Glauben, dann erstaunt es, dass in Deutschland bis zum 1.1.1999 mit der Inkraftsetzung einer vollständigen Neukodifikation des Insolvenzrechts in Gestalt der Insolvenzordnung[2] zugewartet werden konnte. Denn bereits die Welle von Unternehmensinsolvenzen nach der Ölpreiskrise von 1973 machte deutlich, dass die bisherigen Kodifikationen der – einst als „Perle der Reichsjustizgesetze" gefeierten – Konkursordnung[3] und der Vergleichsordnung[4] ihre Funktionsfähigkeit weitgehend eingebüßt hatten.[5] Vor allem die Massearmut der Verfahren, die in der Mehrzahl der Insolvenzen zur Abweisung des Konkursantrags mangels Masse führte, war Zeichen eines „Konkurs des Konkurses".[6]

Dass trotz der allgemein anerkannten Reformnotwendigkeiten bis zum Inkrafttreten der Insolvenzordnung noch ein Vierteljahrhundert verstrich, ist in erster Linie darauf zurückzuführen, dass große Unsicherheit über die „richtigen" Reforminhalte und –ziele herrschte. Im Laufe der kontrovers geführten Diskussion um ein neues Unternehmensinsolvenzrecht[7] wurden neue rechtsvergleichende und ökonomische Erkenntnisse gewonnen, die es erforderlich machten, bisherige Positionen zu überdenken. Wesentliche Anstöße für die Gestaltung des neuen Rechts gab vor allem der Blick in die USA. Einerseits lag es nahe, Teile des hochentwickelten US-amerikanischen Reorganisationsrechts zu übernehmen; andererseits sollten Fehler vermieden werden, die in den USA gegen Ende der achtziger Jahre zu Unzufriedenheit mit dem Reorganisationsverfahren nach Chapter 11 des Bankruptcy Code (BC) geführt hatten.[8] Die Kritik, die das

---

1 *Ferris/Lawless*, Univ. of Pittsburgh L.R. 2000, S. 629.

2 Insolvenzordnung vom 5.10.1994, BGBl. I S. 2866.

3 Konkursordnung vom 10.2.1877, RGBl. S. 351.

4 Vergleichsordnung vom 26.2.1935, RGBl. I S. 321, berichtigt S. 356.

5 Zu den Ursachen des Funktionsverlustes s. MK-InsO-*Stürner*, Einleitung Rn. 34 m.w.N.

6 Die Worte vom „Konkurs des Konkurses" stammen von *Kilger*, KTS 1975, S. 142.

7 S. zur Reformdiskussion *Balz/Landfermann* (1999), S. XXIX ff.

8 Vgl. *Skeel*, Wisconsin L.R. 1993, S. 467.

Verfahren von wissenschaftlicher Seite, vor allem durch die Stellungnahmen US-amerikanischer Vertreter der ökonomischen Analyse des Insolvenzrechts, erntete,[9] beeinflusste die deutschen Reformüberlegungen erheblich. Anstöße kamen auch von deutschen Wirtschaftswissenschaftlern, die sich zunehmend mit den ökonomischen Anforderungen an ein Insolvenzrecht beschäftigten.[10]

Das bedeutendste Resultat der langen und intensiven Diskussionen ist für den Bereich des Unternehmensinsolvenzrechts das neue Rechtsinstitut des Insolvenzplans (§§ 217 ff. InsO), das als ein Kernstück der Insolvenzrechtsreform angesehen wird.[11] Die ersten Berichte über praktische Erfahrungen mit dem Insolvenzplanverfahren lassen keine eindeutigen Aussagen über seinen zukünftigen Erfolg zu.[12] Die bislang zwar geringe, aber offenbar stark steigende Zahl der in Deutschland durchgeführten Insolvenzplanverfahren[13] spricht jedoch für einen schnellen Popularitätsgewinn und lässt eine dauerhafte Etablierung in der Rechtspraxis erwarten.

Die Unzufriedenheit mit dem Verfahren nach Chapter 11 BC führte unterdessen in den USA zu einer Entwicklung, die in Deutschland nur am Rande wahrgenommen wurde. Eine Reihe von Autoren unterbreitete Vorschläge für eine Bewältigung von Unternehmensinsolvenzen, die nicht auf eine Verbesserung von Einzelheiten des bestehenden Verfahrens abzielen, sondern eine grundle-

9 Namentlich seien hier die Werke von *Baird* und *Jackson* genannt (etwa *Baird/Jackson*, Univ. of Chic. L.R. 1984, S. 97 ff.; *Jackson*, 91 Yale L.J. 1982, S. 857 ff.; *Jackson* (1986)), die als „...path-breaking work on bankruptcy theory" (*Skeel*, Wisconsin L.R. 1993, S. 469) bezeichnet wurden. Zur Forschungsrichtung der ökonomischen Analyse des Rechts gibt es mittlerweile eine ganze Reihe von Büchern in englischer und deutscher Sprache; erwähnt seien hier nur die Werke von *Posner* (1998) und von *Eidenmüller* (1998) (jeweils m.w.N.).

10 Vgl. nur *Drukarczyk* (1987); *Drukarczyk*, ZIP 1989, S. 341 ff.; *Hax* (1989), S. 21 ff.

11 S. den Ausschussbericht zum Sechsten Teil des RegE der InsO, abgedruckt in: *Balz/Landfermann* (1999), S. 460; *Maus* (2000), S. 931.

12 Näher dazu unten Zweiter Teil, Kap. 5, B.II.2.

13 *Braun* spricht von (hochgerechnet) 66 Planverfahren im Gesamtjahr 1999 und 76 Planverfahren im ersten Halbjahr 2000. Rechnet man die 76 Planverfahren im ersten Halbjahr 2000 durch Verdopplung auf das Gesamtjahr hoch, so ergibt sich eine Steigerung um etwa 230 Prozent. Die Zahlen stammen aus einer in privater Initiative durchgeführten Umfrage unter allen deutschen Amtsgerichten; s. *Braun*, NZI 2000, Heft 11, S. V. Über das Statis-

gend andere Vorgehensweise im Auge haben.[14] Innerhalb der – ansonsten sehr heterogenen – Vorschläge, spielt der Gedanke eine besondere Rolle, sich zur Insolvenzbewältigung verstärkt des Kapitalmarkts zu bedienen.

Vor dem Hintergrund der skizzierten Entwicklungen in den USA und in Deutschland stehen zwei Fragen im Mittelpunkt dieser Arbeit:

1) Inwieweit führen Ähnlichkeiten zwischen dem US-amerikanischen Reorganisationsverfahren und dem deutschen Insolvenzplanverfahren dazu, dass wesentliche Kritikpunkte an Ersterem auch das Letztere treffen?
2) Lassen sich Unternehmensinsolvenzen durch marktorientierte Reformvorschläge besser bewältigen?

Der durch diese Fragen vorgegebene thematische Rahmen der Arbeit wird in zweifacher Hinsicht beschränkt:

Zum Ersten konzentriert sich die Untersuchung auf die Bewältigung der Insolvenzen von Kapitalgesellschaften (insbesondere in der Rechtsform der Aktiengesellschaft und GmbH) bzw. – nach US-amerikanischer Einteilung – Corporations.[15] Dies ist damit begründbar, dass die Insolvenzabwicklung bei diesen Gesellschaftsformen durch die Beschränkung der Haftung gegenüber den Gläubigern auf das Gesellschaftsvermögen[16] mit besonderen Problemen behaftet ist. Die Aufteilung des Vermögens des Krisenunternehmens unter den Gläubigern ist besonders kritisch, weil ein Zugriff auf das Privatvermögen der Gesellschafter, der auch bei unzureichendem Unternehmensvermögen die volle Befriedi-

---

tische Bundesamt in Wiesbaden sind derzeit (Juni 2002) noch keine Angaben über die Zahl der Insolvenzplanverfahren erhältlich.

14 Vgl. *Skeel*, Wisconsin L.R. 1993, S. 469, der diese Vorschläge als „second generation" zu den Arbeiten von *Baird* und *Jackson* (s. oben Fn. 9) auf dem Gebiet der ökonomischen Analyse des Insolvenzrechts bezeichnet.

15 Einen Überblick über die US-amerikanischen Gesellschaftsformen gibt z.B. *Merkt* (1991), S. 113 ff. Rn. 102 ff.

16 S. § 1 I 2 AktG, § 13 II GmbHG, sowie (für die USA) § 6.22 R.M.B.C.A.; vgl. auch *Merkt* (1991), S. 127 Rn. 133.

gung der Gläubiger gewährleisten könnte,[17] nicht möglich ist. Zudem prägen die Insolvenzen von Kapitalgesellschaften die deutsche Unternehmensinsolvenzpraxis deutlich. Von den 14.646 eröffneten Unternehmensinsolvenzverfahren im Jahr 2001 betrafen 8.517 (rund 58 Prozent) Gesellschaften, die in der Rechtsform der GmbH betrieben wurden.[18] Zwar entfielen im gleichen Zeitraum lediglich 332 eröffnete Insolvenzverfahren (etwa 2,3 Prozent) auf Gesellschaften in der Rechtsform der Aktiengesellschaft (oder der KGaA).[19] Allerdings dürfte es sich bei diesen Gesellschaften um vergleichsweise große Unternehmen gehandelt haben, bei denen der Insolvenzfall besonders weitreichende und überindividuelle Auswirkungen hat und Umfang und Komplexität des Sachverhalts besonders hohe Anforderungen an das rechtliche Instrumentarium zur Insolvenzbewältigung stellen. Zudem steigt die Zahl der insolventen Aktiengesellschaften seit Beginn der neunziger Jahre stark an.[20]

Eine zweite Beschränkung der Themenstellung erfolgt insofern, als sich die Untersuchung der Reformvorschläge schwerpunktmäßig mit dem Optionsmodell von *Bebchuk* befasst, das den derzeit wohl interessantesten marktorientierten

---

[17] Auch bei persönlicher Haftung der Gesellschafter kommt es allerdings dann nicht zur vollen Befriedigung, wenn die Gesellschafter die Möglichkeit einer Restschuldbefreiung in Anspruch nehmen, vgl. §§ 286 ff. InsO.

[18] Von den 17.551 mangels Masse abgewiesenen Unternehmensinsolvenzverfahren entfielen 9.340 (etwa 53 Prozent) auf Gesellschaften in der Rechtsform der GmbH. Quelle: Statistisches Bundesamt, Wiesbaden.

[19] Von den 17.551 mangels Masse abgewiesenen Unternehmensinsolvenzverfahren entfielen 110 (rund 0,6 Prozent) auf Aktiengesellschaften (oder KGaA). Quelle: Statistisches Bundesamt, Wiesbaden.

[20] 1990 befanden sich 13 Aktiengesellschaften (oder KGaA) in einem eröffneten oder später mangels Masse abgewiesenen Konkursverfahren oder in einem Vergleichsverfahren. 1995 waren es 31 und 1998 bereits 67 Aktiengesellschaften (oder KGaA); (Quelle: Statistisches Bundesamt, Wiesbaden). Auch die Gesamtzahl der Aktiengesellschaften stieg im letzten Jahrzehnt in Deutschland stark an. Waren es 1993 noch 2.934 Aktiengesellschaften, so betrug ihre Zahl 1998 bereits 5.465. Seitdem hat sich der Bestand nochmals mehr als verdoppelt auf 11.833 Aktiengesellschaften im Mai 2001; *Geßler* (1999), Einführung, S. 6 Rn. 8; *Hansen*, AG 2001, S. R 315. Dieser Anstieg ist wohl zu einem Teil durch die Erleichterungen zu erklären, die das Gesetz für kleine Aktiengesellschaften und zur Deregulierung des Aktienrechts vom 2.8.1994 für mittelständische Gesellschaften geschaffen hat, die bis dahin die Rechtsform der Aktiengesellschaft gemieden und stattdessen diejenige der GmbH gewählt hatten.

Vorschlag zur Reform des Unternehmensinsolvenzrechts enthält.[21] Andere Reformvorschläge werden nur am Rande behandelt.

Die so umrissene Problemstellung der vorliegenden Arbeit birgt insofern ein gewisses Risiko, als sie streckenweise ein Vordringen sowohl auf rechtsvergleichendes als auch auf wirtschaftswissenschaftliches Gebiet erfordert. Während die Rechtsvergleichung in Deutschland bereits seit langem als gewinnbringende Methode zur Fortentwicklung des eigenen nationalen Rechts anerkannt ist,[22] ist eine stärkere Synthese von Recht und Ökonomie hierzulande – anders als in den USA – erst in den letzten Jahren zu verspüren.[23] Gerade auf dem Gebiet des Unternehmensinsolvenzrechts müssen wirtschaftliche Überlegungen jedoch im Rahmen der Rechtsanwendung und -gestaltung ihren Platz erhalten.

2. Aufbau der Arbeit

Die Arbeit gliedert sich in drei Teile.

Gegenstand des Ersten Teils ist die Frage nach dem ökonomischen Sinn und den Zielen eines gesetzlichen Insolvenzverfahrens. Die Existenz eines durch den Gesetzgeber entworfenen Insolvenzverfahrens wird meist als selbstverständliche Tatsache hingenommen. Auch das Optionsmodell von *Bebchuk* basiert auf einem gesetzlichen Verfahren.[24] Bei genauerer Betrachtung kann die Notwendigkeit einer gesetzgeberischen Lösung jedoch bezweifelt werden. Daher wird der Frage nachgegangen, ob der Verzicht auf ein gesetzliches Verfahren zur Insolvenzbewältigung möglich und vielleicht sogar sinnvoll ist. Die Frage wird im Ergebnis verneint. Im Fortgang der Arbeit wird daher von der Notwendigkeit eines gesetzlichen Insolvenzverfahrens ausgegangen und die Untersuchung wird auf diese Form der Insolvenzbewältigung beschränkt. Soll die Insolvenzbewältigung mit Hilfe gesetzlicher Verfahren einer näheren Untersuchung unterzogen werden, so ist als nächstes die Frage zu beantworten, welchen grundlegenden Zielen ein gesetzliches Insolvenzverfahren dienen sollte. Aus der Vielzahl der

---

[21] S. *Bebchuk*, Harvard L.R. 1988, S. 775 ff.; *Bebchuk*, European Econ. R. 2000, S. 829 ff.

[22] Zur Geschichte der Rechtsvergleichung s. *Zweigert/Kötz* (1996), S. 47 ff.

[23] Vgl. *Terhart* (1996), S. 4 m.w.N.

[24] Vgl. *Bebchuk*, Harvard L.R. 1988, S. 797 ff.

hierzu entwickelten Ideen werden zwei konzeptionelle Ansätze herausgegriffen, die exemplarisch für die Gegensätzlichkeit der vertretenen Auffassungen sind. Den Abschluss des Ersten Teils bildet ein Überblick über das US-amerikanische Reorganisationsverfahren nach Chapter 11 BC und das Insolvenzplanverfahren der deutschen Insolvenzordnung.

Der Zweite Teil der Arbeit befasst sich mit zentralen Kritikpunkten am Verhandlungsprozess des US-amerikanischen Reorganisationsverfahrens. Die mittlerweile gut zwanzigjährige praktische Erfahrung mit dem Chapter 11-Verfahren hat verschiedene Schwächen zu Tage gefördert. Umfangreiches Zahlenmaterial, das im Laufe der Jahre in einer ganzen Reihe von Untersuchungen gesammelt und ausgewertet worden ist und das Verfahren unter verschiedenen Aspekten beleuchtet, untermauert die gewonnenen Erkenntnisse. Die weitreichenden Ähnlichkeiten zwischen dem US-amerikanischen Reorganisationsverfahren und dem deutschen Insolvenzplanverfahren legen die Frage nahe, ob das deutsche Verfahren mit den gleichen Schwächen behaftet ist. In der verhältnismäßig kurzen Zeit, die seit Inkrafttreten der Insolvenzordnung vergangen ist, konnten in Deutschland nur vergleichsweise wenige eigene Erfahrungen gesammelt werden. Aussagekräftiges Zahlenmaterial zum Insolvenzplanverfahren steht bislang kaum zur Verfügung. Erkenntnisse über das Insolvenzplanverfahren sollen daher gewonnen werden, indem im Anschluss an die Besprechung der Schwachstellen des Verfahrens nach Chapter 11 BC jeweils ein Vergleich mit den deutschen Regelungen vorgenommen wird. Am Anfang der Analyse steht dabei das Problem der Unternehmensbewertung. Ihm kommt Bedeutung zu, weil im Rahmen einer Unternehmensreorganisation prinzipiell nur durch eine Bewertung des Krisenunternehmens die gerechte Verteilung des Unternehmensvermögens unter den Kapitalgebern möglich ist. Anschließend wird überprüft, inwieweit im Chapter 11-Verfahren und im Insolvenzplanverfahren die Einhaltung der (sog.) absoluten Vorrangsregel (absolute priority rule; a.p.r.) gewährleistet sein sollte und tatsächlich gewährleistet ist. Im Rahmen der Diskussion über die optimale Allokation des Unternehmensvermögens steht sodann die Frage nach der richtigen Entscheidung zwischen Fortführung und Liquidation eines Krisenunternehmens im Mittelpunkt der Betrachtung. Schließlich erfolgt eine Untersuchung der durch das US-amerikanische Reorganisationsverfahren und das deutsche Insolvenzplanverfahren ausgelösten Kosten. Ins Detail gehende Verbesserungs- bzw.

Reformvorschläge hinsichtlich des geltenden Rechts werden im Zweiten Teil der Arbeit nicht unterbreitet.

Stattdessen wird im Dritten Teil der Arbeit ein Verfahrensvorschlag analysiert, der auf grundlegende Änderungen des geltenden Rechts zielt. Mit seinem erstmals im Jahre 1988 vorgestellten und vor kurzem überarbeiteten Vorschlag[25] will *Bebchuk* die Aufteilung des Unternehmensvermögens unter Gläubigern und Anteilsinhabern erreichen, indem diesen marktmäßig handelbare Optionsrechte zugeteilt werden. Die Methode verspricht eine „schnelle und effiziente" Abwicklung des Verteilungsprozesses in einem Insolvenzverfahren,[26] weil sie ohne langwierige Verhandlungen zwischen den Beteiligten auskommt.[27] Sollte ein gesetzliches Insolvenzverfahren auf der Grundlage des Modells von *Bebchuk* nicht mit den im Zweiten Teil der Arbeit herausgearbeiteten Schwächen des US-amerikanischen Reorganisationsverfahrens und des deutschen Insolvenzplanverfahrens behaftet sein, so könnte das Modell eine attraktive Grundlage für Reformüberlegungen darstellen. Nach einer ausführlichen Darstellung des Optionsmodells steht im Dritten Teil der Arbeit daher die Auseinandersetzung mit potentiellen Schwächen eines optionsbasierten Verfahrens und mit seinen Vorzügen gegenüber den gegenwärtigen Verfahren in den USA und in Deutschland im Vordergrund. Der Beschreibung und Analyse des Optionsmodells werden unter der Überschrift „Auktionen" einige Ausführungen zu einem Verfahrensvorschlag vorangestellt, der ebenfalls auf eine „marktorientierte" Insolvenzbewältigung abzielt und daher eine konkurrierende Lösung bietet.

---

25 S. *Bebchuk*, Harvard L.R. 1988, S. 797 ff.; *Bebchuk*, European Econ. R. 2000, S. 829 ff.

26 S. *Bebchuk*, Harvard L.R. 1988, S. 804: „..., the division of the reorganization pie will be resolved quickly and efficiently...".

27 Die vereinzelten Stimmen, die sich in der deutschen rechts- und wirtschaftswissenschaftlichen Literatur zu *Bebchuks* Verfahrensvorschlag finden lassen, bewegen sich zwischen zustimmendem Optimismus und Skepsis. Die Juristen kommen dabei – zufällig oder aufgrund eines anderen Blickwinkels – zu einer positiveren Einschätzung als die Wirtschaftswissenschaftler; vgl. einerseits *Eidenmüller* (1997), S. 164 ff., *Eidenmüller* (1999), S. 102 ff., *Fassbach* (1997), S. 122 ff., andererseits *Dilger* (1998), S. 156 ff., *Drukarczyk* (1994), S. 127 ff., *Drukarczyk*, BFuP 1995, S. 52 ff.

Erster Teil: Ökonomischer Sinn und Ziele eines gesetzlichen Insolvenzverfahrens

In Kapitel 1 dieses Ersten Teils wird der Frage nachgegangen, ob ein durch den Gesetzgeber geschaffenes Insolvenzverfahren sinnvoll oder sogar zwingend erforderlich ist. Diese Frage bedarf der Beantwortung, wenn im Dritten Teil der Arbeit mit dem Optionsmodell von *Bebchuk* ein Vorschlag zur Bewältigung von Unternehmensinsolvenzen untersucht werden soll, der auf der Grundlage eines gesetzlichen Verfahrens realisiert werden soll.[1] Kapitel 2 fragt danach, welche grundlegenden Ziele ein Insolvenzverfahren verfolgen sollte. Dies ist erforderlich, um einen Verfahrensvorschlag wie denjenigen von *Bebchuk* einer Bewertung zugänglich zu machen. Aber auch für die Beurteilung der Schwächen des US-amerikanischen Reorganisationsverfahrens nach Chapter 11 BC und des deutschen Insolvenzplanverfahrens im Zweiten Teil der Arbeit liefert die Frage nach den grundlegenden Zielen eines Insolvenzverfahrens einen Bewertungsmaßstab. Als Grundlage für die Besprechung der Schwachpunkte des US-amerikanischen und des deutschen Verfahrens gibt Kapitel 3 einen Überblick über diese Verfahren.

Kapitel 1: Die Erforderlichkeit eines gesetzlichen Insolvenzverfahrens

Der Frage, ob ein gesetzliches Insolvenzverfahren erforderlich ist, soll in diesem Kapitel in zwei Schritten nachgegangen werden. Zunächst ist zu erörtern, ob und warum eine kollektive Verfolgung der Rechte der Kapitalgeber eines insolventen Unternehmens der getrennten Rechtsverfolgung durch die einzelnen Kapitalgeber vorzuziehen ist (Punkt A.). Ist eine kollektive Rechtsverfolgung vorteilhaft, so fragt sich als nächstes, ob diese mit Hilfe eines vom Gesetzgeber vorgegebenen Insolvenzverfahrens erfolgen soll oder ob es sinnvolle Alternativen zu dieser Lösung gibt (Punkt B.).

[1] Vgl. *Bebchuk*, Harvard L.R. 1988, S. 797 ff.

A. Der Sinn einer kollektiven Rechtsverfolgung

Man stelle sich ein Unternehmen vor, das ausschließlich mit Eigenkapital finanziert ist. Die finanzielle Krise eines solchen Unternehmens, wäre im Prinzip verhältnismäßig unproblematisch abzuwickeln:[2] Die Eigenkapitalgeber (bzw. die sie repräsentierenden Manager) hätten einzuschätzen, ob das Unternehmen fortführungswürdig ist. Fiele ihre Prognose positiv aus, so würde das Unternehmen – eventuell durch Aufnahme neuen Kapitals – am Leben erhalten. Bei negativer Fortführungsprognose wäre das Unternehmen aufzulösen und sein Wert anteilig unter den Eigenkapitalgebern aufzuteilen.

Ist ein Unternehmen hingegen teilweise fremdfinanziert, so verkompliziert sich die Vorgehensweise aufgrund eines wesentlichen Unterschieds zwischen Gläubigern und Eigenkapitalgebern: Ein Gläubiger hat das Recht, seinen Forderungsbetrag an einem zuvor festgelegten Fälligkeitstag herauszuverlangen. Ihm steht das Instrument der Einzelzwangsvollstreckung zur Verfügung, um seine Forderung durchzusetzen. Dabei gilt das Prioritätsprinzip: Der Gläubiger, der zuerst auf einen bestimmten Vermögensgegenstand des Schuldners zugreift, wird auch zuerst aus diesem Gegenstand befriedigt (vgl. für das deutsche Einzelzwangsvollstreckungsrecht § 804 III ZPO). Ein Eigenkapitalgeber hat diese Möglichkeiten hinsichtlich seines Finanzierungsbeitrags nicht. Er kann diesen Beitrag dem Unternehmen nur im Zusammenwirken mit den übrigen Eigenkapitalgebern entziehen.

Sinkt der Wert des Unternehmensvermögens unter den Betrag des Fremdkapitals und ist das Unternehmen nicht mehr in der Lage die Forderungen seiner Gläubiger am Fälligkeitstag zu begleichen, so wäre anzunehmen, dass die Gläubiger nun – da das Eigenkapital nicht mehr vom Unternehmensvermögen gedeckt ist – zu den neuen Eigentümern des Unternehmens würden. Sie hätten dann – ebenso wie die Eigenkapitalgeber in dem rein eigenfinanzierten Unternehmen – über das weitere Unternehmensschicksal (Fortführung oder Auflösung) zu entscheiden. Der soeben genannte Unterschied zwischen Gläubigern und Eigenkapitalgebern erschwert diese Entscheidung jedoch. Die Verhandlungen zwischen den Gläubigern können daran scheitern, dass Einzelne versuchen,

[2] Vgl. zum Folgenden *Bhandari/Weiss* (1996), S. 25 ff.

ihren Finanzierungsbeitrag dem Unternehmen sofort zu entziehen. Wenn der Wert des Unternehmensvermögens geringer ist als der gesamte Forderungsbetrag, führt dieses Vorgehen dazu, dass die zuletzt zugreifenden Gläubiger leer ausgehen. Dies allein ist allerdings kein hinreichendes Argument für die Notwendigkeit einer kollektiven Rechtsverfolgung durch die Gläubiger. Eine Rechtsordnung, die den Grundprinzipien der Marktwirtschaft verpflichtet ist, könnte durchaus denjenigen Gläubigern den Vorteil der vollen Befriedigung belassen, die auf die schwierige finanzielle Situation des Schuldnerunternehmens am schnellsten reagieren. Geschicktes und rechtzeitiges individuelles Handeln zur Erlangung eines wirtschaftlichen Vorteils würde auf diese Weise – aus marktwirtschaftlicher Sicht zu Recht – belohnt.[3] Die Benachteiligung einzelner Gläubiger spricht daher nicht zwingend gegen eine individuelle und für eine kollektive Rechtsverfolgung.

Entscheidend sind vielmehr die geringeren Einbußen der Gesamtheit der Gläubiger bei Durchführung eines Kollektivverfahrens. Es werden im Wesentlichen folgende Argumente angeführt, die für diese geringeren Einbußen sprechen:[4]

- Zunächst ist es naheliegend, dass ein Gesamtverfahren kostengünstiger abgewickelt werden kann als eine Vielzahl einzelner Verfahren.
- Die Kollektivierung der Haftungsverwirklichung bewirkt auch, dass Informationen über die finanzielle Situation des Schuldners, die eventuell nur wenigen Gläubigern zur Verfügung stehen, im Interesse aller genutzt werden. Gerade ein gut informierter Gläubiger kann es sich ohne die Kollektivierung leisten, bei einer (absehbaren) Insolvenz den Eröffnungsantrag hinauszuzögern und sich dann dennoch rechtzeitig zu befriedigen, auch wenn in der Zwischenzeit das Schuldnervermögen zum Nachteil der übrigen Gläubiger weiter schrumpft. Findet die Rechtsverfolgung hingegen im Kollektiv statt und wird ein individuelles Vorgehen verhindert (vgl. für das deutsche Insolvenzrecht die §§ 88, 89, 129 ff. InsO), so schadet sich der Gläubiger durch das Hinauszögern des Eröffnungsantrags selbst.

---

3 *Eidenmüller* (1999), S. 21.

4 Vgl. *Balz*, ZIP 1988, S. 1438 f.; *Balz* (2000), S. 6 f. Rn. 9 ff.; *Bhandari/Weiss* (1996), S. 26; *Eidenmüller* (1999), S. 20; *Jackson* (1986), S. 7 ff., insbes. S. 14 ff.; *Schmidt*, AG 1981, S. 38 f.

• Ein weiterer Grund für geringere Einbußen der Gläubiger ist darin zu sehen, dass die Gläubiger ohne die Existenz einer kollektiven Haftungsverwirklichung in Antizipation eines „Wettlaufs" um die Verwertung der schuldnerischen Vermögensgegenstände erhebliche Anstrengungen unternehmen werden, um als erste auf das schuldnerische Vermögen zugreifen zu können. Viele Gläubiger werden es für erforderlich halten, den Schuldner ständig zu überwachen, um den richtigen Zeitpunkt zum Zugriff auf seine Vermögensgegenstände nicht zu verpassen. Für die Gesamtheit der Gläubiger erscheint es vorteilhaft, sich diesen Überwachungsaufwand zu ersparen und dafür einer anteilige Verteilung des Unternehmensvermögens unter den Gläubigern hinzunehmen. Eine kollektive Haftungsverwirklichung erhöht den Wert des gesamten „Gläubigerinvestments" in das Schuldnerunternehmen also um einen Betrag in Höhe der Summe der (ersparten) Überwachungskosten.

• Schließlich dient eine kollektive Rechtsverfolgung dazu, die Gesamtheit der Vermögensgegenstände vor einer Zerschlagung zu bewahren, wenn dies zum Zwecke der Maximierung der Haftungsmasse erforderlich ist. Der „Zerschlagungsmechanismus", der ohne die Kollektivierung der Rechtsverfolgung ablaufen würde, kann mit dem aus der Spieltheorie bekannten Gefangenendilemma („prisoner`s dilemma") erklärt werden.[5] Ein Gefangenendilemma zeichnet sich durch dreierlei aus:[6] Zum Ersten muss ein Kollektivhandlungsproblem („collective action problem") bestehen, d.h. die Beteiligten müssen aus irgendeinem Grund unfähig sein, eine gemeinsame Entscheidung zu treffen. Zum Zweiten müssen die Beteiligten eigennützig, nicht altruistisch denken und handeln. Drittens muss das Ergebnis, dass bei individuellem Handeln erzielt wird, für das Kollektiv schlechter sein als im Falle eines gemeinsamen Vorgehens. Fehlt in der Insolvenz eines Unternehmens eine Möglichkeit zur kollektiven Rechtsverfolgung durch die Gläubiger, so ist die erste Voraussetzung – die Unfähigkeit zur gemeinsamen Entscheidungsfindung – gegeben. Die Annahme eines eigennützigen Verhaltens der Gläubiger im Falle einer Unternehmensinsolvenz (s. die zweite Voraussetzung) erscheint realitätsnah. Ein eigennütziger Gläubiger wird

---

5 Vgl. *Eidenmüller* (1999), S. 19 f.; *Eidenmüller*, ZHR 1996, S. 350 f.; *Jackson*, 91 Yale L.J. 1982, S. 862; *Jackson* (1986), S. 10 ff. zeigt anhand eines anschaulichen Beispiels, dass sich die Situation der Gläubiger alternativ auch als sog. „common pool"-Problem verstehen lässt.

6 *Jackson* (1986), S. 10 Fn. 9.

im Falle des Fehlens einer Möglichkeit zur kollektiven Rechtsverfolgung in der Insolvenz eines Unternehmens versuchen, seine Forderung alleine beizutreiben. Da er sich der Kooperation der übrigen Gläubiger nicht sicher sein kann, muss es sein Ziel sein, so frühzeitig tätig zu werden, dass das Schuldnervermögen nicht schon durch die Zugriffe der anderen Gläubiger aufgezehrt ist. Gelingt es dem Gläubiger nicht, den anderen zuvorzukommen, so läuft er Gefahr, im Ergebnis schlechter zu stehen als diese. Jeder Gläubiger sieht sich also gezwungen, seine Forderung vor den anderen zu realisieren, um am Ende nicht selbst leer auszugehen. Eine frühzeitige Zerschlagung des Unternehmensvermögens ist die Folge. Durch kooperatives Verhalten der Gläubiger kann die automatische Zerschlagung des Schuldnerunternehmens verhindern werden. Dies ist sinnvoll, wenn das Unternehmen als Ganzes bei Fortführung (evtl. nach Durchführung verschiedener Sanierungsmaßnahmen) mehr wert ist, als die Summe seiner Einzelteile im Falle der Zerschlagung. Eine kollektive Rechtsverwirklichung, die ein kooperatives Verhalten der Gläubiger begünstigt, kann den Gläubigern diesen Mehrwert erhalten (vgl. die dritte Voraussetzung für das Vorliegen eines Gefangenendilemmas).

Teilweise wird auch darauf hingewiesen, dass ein kollektives Vorgehen – von den geringeren Einbußen der Gläubigergesamtheit ganz abgesehen – schon allein deswegen vorteilhaft sein kann, weil die Schwankungsbreite der zu erwartenden Befriedigungsquoten der Gläubiger geringer wird.[7] D.h. ein Gläubiger kann zwar kaum damit rechnen volle Befriedigung zu erlangen; dafür muss er aber auch nicht befürchten, leer auszugehen, weil ihm andere Gläubiger beim Zugriff auf das Schuldnervermögen zuvorkommen. Für einen risikoscheuen Gläubiger ist schon allein hierin ein Vorteil zu sehen.

Im Ergebnis herrscht im juristischen und wirtschaftswissenschaftlichen Schrifttum – bei unterschiedlicher Betonung der angeführten Argumente – Einigkeit darüber, dass eine Kollektivierung der Rechtsverfolgung in der Unternehmensinsolvenz vorteilhaft ist.[8]

---

7 *Jackson*, Yale L.J. 1982, S. 862; *Jackson* (1986), S. 15; *Schmidt*, AG 1981, S. 38.

8 Vgl. bspw. (neben den bereits zitierten Autoren) *Aghion/Hart/Moore*, j. of law, econ., & org. 1992, S. 526 f.; *Baur/Stürner* (1990), S. 1 f. Rn. 1.2; *Drukarczyk* (1987), S. 61 f.

Verschiedene Normen der deutschen Insolvenzordnung spiegeln die Bemühungen des Gesetzgebers wider, im Sinne einer kollektiven Rechtsverfolgung das eigennützige Verhalten Einzelner zum Schaden der Gläubigergesamtheit zu verhindern. So sind bspw. Einzelzwangsvollstreckungen während der Dauer eines Insolvenzverfahrens unzulässig (§ 89 InsO; s. auch § 88 InsO), Sicherungseigentum kann nicht herausverlangt werden (§§ 51 Nr. 1, 166 I InsO) und Gläubiger, die sich einem Insolvenzplan widersetzen, können unter bestimmten Voraussetzungen überstimmt werden (§§ 244, 245, 251 InsO; näher zu den §§ 244 ff. InsO s. unten Kap. 3, B.III.3.).[9]

B. Existieren Alternativen zu einem gesetzlichen Insolvenzverfahren?

Weniger Einigkeit als bei der Frage der Notwendigkeit einer kollektiven Rechtsverfolgung in der Unternehmensinsolvenz besteht bei der Frage, auf welchem Wege diese prinzipiell realisiert werden sollte. Muss der Gesetzgeber ein Verfahren zur kollektiven Haftungsverwirklichung zur Verfügung stellen oder gibt es auch andere Möglichkeiten? Denkbar ist hier zum einen, dass die Beteiligten schon beim Abschluss der Verträge, die die Grundlage für die Unternehmenstätigkeit bilden (insbesondere der Kreditverträge), Vereinbarungen darüber treffen, was mit dem Unternehmen im Falle der Insolvenz geschehen soll und wie die vertraglichen Beziehungen dann modifiziert werden sollen (Punkt I.). Die näherliegende Alternative zur kollektiven Rechtsverfolgung in einem gesetzlich vorgegebenen Verfahren stellt allerdings die erst nach Eintritt der Krise einsetzende außergerichtliche Insolvenzbewältigung, besonders die sog. „freie Sanierung“, dar (Punkt II.).

[9] Im US-amerikanischen Insolvenzrecht dienen 11 USC §§ 362, 725 f., 1129 einer gerichtlich überwachten Vermögensverteilung an die Gläubiger, die ihrem Rang entspricht bzw. bei gleichem Rang anteilig erfolgt. Das Reorganisationsverfahren nach 11 USC §§ 1101 ff. verhindert die Zerschlagung des Unternehmens, wenn dieses als Einheit mehr wert ist. Vgl. *Adler*, Stanford L.R. 1993, S. 313 f.

I. Vertragliche Absprachen ex ante als Ersatz für ein gesetzliches Insolvenzverfahren?

1. Die Schwierigkeiten einer vertraglichen ex ante-Regelung

a. Ein gesetzliches Insolvenzverfahren wäre entbehrlich, wenn die Beteiligten die notwendigen Regelungen für eine kollektive Rechtsverwirklichung in der Insolvenz schon ex ante, beim Vertragsabschluss selbst, treffen könnten. Um ein gesetzliches Insolvenzverfahren vollständig zu ersetzen, müsste durch ein Netz von Verträgen ein System bindender Einzelregelungen geschaffen werden, das alle Beteiligten mit einbezieht. Es müsste vereinbart werden, wann Rechte und Pflichten zur Entstehung gelangen, wen sie treffen und welche genauen Inhalte sie haben. Zu regeln wäre etwa, wer an den Verhandlungen zur Krisenbewältigung teilzunehmen hat, welche Verhaltensweisen bei solchen Verhandlungen geboten oder verboten sind und unter welchen Voraussetzungen eine Pflicht zur Mitwirkung an bestimmten Maßnahmen bestehen kann.[10] In Kreditverträgen müsste festgelegt werden, wie das Vermögen eines Schuldnerunternehmens im Falle der Insolvenz zwischen mehreren Gläubigern (und dem Schuldnerunternehmen selbst) aufzuteilen ist.[11] Praktisch finden sich derart umfassende Vertragsnetze zur Insolvenzbewältigung nicht. Möglicherweise liegt dies zunächst einmal daran, dass es das staatliche Insolvenzrecht gar nicht zulässt, dass die Beteiligten bereits von vornherein aus ihm „aussteigen" und sich für eine rein vertragliche Lösung entscheiden.[12] So *ist* in Deutschland ein Insolvenzverfahren vom Insolvenzgericht zu eröffnen, wenn ein zulässiger Antrag vorliegt (§ 13 InsO) und ein Eröffnungsgrund besteht (§§ 16 ff. InsO).

In der Literatur finden sich weitere – weniger „formale" – Begründungen:

- Im Zeitverlauf wird das schuldnerische Unternehmen weitere Vermögensgegenstände hinzuerwerben und neue Verbindlichkeiten eingehen. Diese Veränderungen sind selbst für den Schuldner kaum vorhersehbar. Soweit es um die Entwicklung von Verbindlichkeiten nichtvertraglichen Ursprungs (z.B. um nicht-

---

[10] *Eidenmüller* (1999), S. 246.

[11] *Aghion/Hart/Moore*, j. of law, econ., & org. 1992, S. 526.

[12] Vgl. *Aghion/Hart/Moore*, j. of law, econ., & org. 1992, S. 526 Fn. 4; *Rasmussen/Skeel*, Am.Bankr.Inst.L.Rev. 1995, S. 97 m.w.N. in Fn. 50, 51.

vertragliche Schadensersatzansprüche) geht, gilt dies in besonderem Maße.[13] Es dürfte erhebliche Schwierigkeiten bereiten, vertraglich im voraus zu vereinbaren, wie sich die Vermögensverteilung unter den Beteiligten im Insolvenzfall in Abhängigkeit von diesen Entwicklungen verändern soll.[14]

• Die Transaktionskosten,[15] die beim Aushandeln, Formulieren und Überwachen eines Vertragsnetzes zur Insolvenzbewältigung anfielen, wären prohibitiv hoch.[16] Im Prinzip müsste im Verhandlungswege für den Fall der Insolvenz – unabhängig davon, ob diese später eintritt oder ausbleibt – eine eigene (Nachinsolvenz-)Kapitalstruktur mit verminderten Verbindlichkeiten entwickelt werden.[17]

• Die Einbeziehung bestimmter Gläubiger in das Vertragsnetz ist schwierig oder sogar unmöglich. Dies gilt bspw. für Deliktsgläubiger und andere Gläubiger, die kraft Gesetzes etwas von dem schuldnerischen Unternehmen zu fordern haben (z.B. für den Fiskus hinsichtlich seiner Steueransprüche).[18] Ein faires Verfahren ist jedoch nur gewährleistet, wenn es gelingt, alle Beteiligten in das Regelungssystem mit einzubinden. Werden einzelne Gläubiger ausgespart, so ist mit Widerstand der übrigen Gläubiger zu rechnen, da diese die Auferlegung von Sonderopfern zugunsten der ausgesparten Gläubiger befürchten müssten.[19]

• Möglicherweise wären mit der Schaffung eines vertraglichen Regelungssystems zur Insolvenzbewältigung auch unerwünschte Anreiz- und Signaleffekte verbunden.[20] So ist denkbar, dass bspw. Vereinbarungen, die bereits ex ante Stundungen von oder Verzichte auf Forderungen für den Krisenfall festsetzen, den Schuldner zu nachlässigem Wirtschaften verleiten. (Potentielle) Gläubiger könnten die Schaffung von Regelungen zur Insolvenzbewältigung als Zeichen für eine sich verschlechternde Bonität des schuldnerischen Unternehmens werten und ihre Finanzierungsbedingungen entsprechend anpassen.

---

[13] *Jackson*, Yale L.J. 1982, S. 866.

[14] *Aghion/Hart/Moore*, j. of law, econ., & org. 1992, S. 526.

[15] S. ausführlich zu diesem Begriff *Eidenmüller* (1998), S. 97 ff.

[16] Vgl. *Adler*, Stanford L.R. 1993, S. 322 f.; *Aghion/Hart/Moore*, j. of law, econ., & org. 1992, S. 526; *Eidenmüller* (1999), S. 249; *Jackson*, Yale L.J. 1982, S. 865.

[17] *Adler*, Stanford L.R. 1993, S. 322.

[18] *Eidenmüller* (1999), S. 247 f.; vgl. auch *Warren*, Yale L.J. 1992, S. 472 f.

[19] *Eidenmüller* (1999), S. 246 ff.

[20] Vgl. *Eidenmüller* (1999), S. 248 f. sowie *Roe*, Yale L.J. 1987, S. 274.

- Das Fehlen eines vollständigen vertraglichen ex ante-Regelungssystems in der Praxis könnte auch darauf zurückzuführen sein, dass die Beteiligten darauf vertrauen, im Falle einer Insolvenz zu einer einvernehmlichen Lösung zu gelangen. Das Risiko, dass eine Einigung nicht erzielt wird, wird möglicherweise unterschätzt (näher zu diesem Risiko nachfolgend Punkt II.2.).[21]
- Schließlich fehlen umfassende Vertragsnetze zur Insolvenzbewältigung in der Praxis möglicherweise, weil die Nachteile des gegenwärtig bestehenden gesetzlichen Regelungssystems (zu diesen Nachteilen s. unten Zweiter Teil) unterschätzt werden.[22]

b. Aus den bisherigen Ausführungen darf nicht der Schluss gezogen werden, dass vertragliche Vereinbarungen zur Krisenbewältigung, die bereits im vorhinein getroffen werden, praktisch bedeutungslos wären. So eignen sich bspw. Konsortialkreditverträge, die in der Praxis häufig bei der Vergabe von Großkrediten zwischen einem Schuldnerunternehmen und mehreren Gläubigerbanken geschlossen werden, zur Aufnahme von Regelungen, die ein koordiniertes Vorgehen der Konsorten in der Krise des Schuldners begünstigen.[23] In die Bedingungen von Anleihen – als weiterem wichtigen Finanzierungsinstrument für Großunternehmen – lassen sich ebenfalls Regelungen zur Kollektivierung von Rechtsausübung und -durchsetzung aufnehmen.[24] Erwähnt sei auch die Möglichkeit der Koordination des Handelns verschiedener Gläubigergruppen durch einen rechtlich unverbindlichen, aber eine moralische Verpflichtung begründenden „Verfassungsvertrag".[25] Die vollständige Ersetzung eines gesetzlichen In-

---

21 *Eidenmüller* (1999), S. 249 ff.

22 Vgl. *Eidenmüller* (1999), S. 251.

23 Zu denken ist etwa an sog. Teilungsklauseln, nach denen ein Konsorte Zahlungen, die er von dem Kreditnehmer auf offene Forderungen erhält, pro rata mit den anderen Konsorten teilen muss. Diese Klauseln verringern den Anreiz für unabgestimmte Rechtsverfolgungsmaßnahmen einzelner Konsorten; vgl. *Eidenmüller* (1999), S. 164 ff.

24 *Eidenmüller* (1999), S. 202 ff.

25 S. *Eidenmüller* (1999), S. 236 ff.: Ein solcher „Verfassungsvertrag" als ein System verschiedener Prinzipien, das die außergerichtliche Bewältigung einer Unternehmenskrise fördern soll, ist in England unter der Bezeichnung „London Approach" bekannt und bewährt. Die Prinzipien des „London Approach" richten sich allerdings nur an Banken.

solvenzverfahrens können diese Instrumente allerdings nicht leisten und bezwecken sie auch gar nicht.[26]

c. Trotz der genannten Argumente, die starke Zweifel wecken, ob das gesetzliche Insolvenzverfahren durch bereits vor einer Krise geschlossene Verträge vollständig ersetzbar ist, gibt es in der US-amerikanischen Literatur einige Stimmen, die es für überflüssig halten und für eine Alternativlösung plädieren. So fordern *Bradley* und *Rosenzweig*: „Chapter 11 should be repealed, abolishing court-supervised corporate reorganizations...“.[27, 28] *Schwartz* meint, dass die

---

26 Zur vertraglichen Krisenbewältigung durch die Aufnahme von Regelungen in Konsortialkreditverträge und Anleihebedingungen sowie zur Koordination des Gläubigerhandelns durch Verfassungsverträge s. ausführlich *Eidenmüller* (1999), S. 133 ff.; S. 196 ff.; S. 235 ff. Neben den Möglichkeiten, mit Hilfe dieser Instrumente das Gläubigerhandeln effektiv zu koordinieren, untersucht *Eidenmüller* auch die Möglichkeiten, durch vertragliche Regelungen eine frühzeitige Auslösung von Maßnahmen zur Krisenbewältigung zu erreichen (s. a.a.O., S. 136 ff.).

27 *Bradley/Rosenzweig*, 101 Yale L.J. 1992, S. 1078; Der Reformvorschlag von *Bradley* und *Rosenzweig* (vgl. a.a.O., S. 1078 ff.) ist (in groben Zügen) folgender: Sobald das Schuldnerunternehmen in Zahlungsverzug gerät, soll der betroffene Gläubiger von den Anteilsinhabern des Unternehmens verlangen können, dass diese den Verzug sofort beseitigen. Sind diese dazu nicht in der Lage, so werden ihre sämtlichen Ansprüche gegen das bzw. Rechte an dem Unternehmen annulliert („...automatic cancellation of residual claims in the event of default“; a.a.O., S. 1078) und die nächstniedrigste Klasse von Anspruchsinhabern erhält die Rolle der Anteilsinhaber. Sie erhält nun die Chance, die Schulden (durch Kreditaufnahme oder Einbringung eigener Mittel) zu bezahlen. Gelingt dies auch ihr nicht, so werden ihre Ansprüche ebenfalls annulliert. Dieser Prozess setzt sich so lange fort, bis entweder eine Klasse in der Lage ist, die ausstehenden Forderungen zu begleichen oder der Gläubiger, demgegenüber der Zahlungsverzug besteht, die niedrigste Rangstufe in der Kapitalstruktur des Unternehmens einnimmt (a.a.O., S. 1084). Das System soll eine gerichtlich überwachte Restrukturierung der Kapitalstruktur eines Krisenunternehmens in einem gesetzlichen geregelten Verfahren überflüssig machen. Der Vorschlag ähnelt dem im Text sogleich unter 2. beschriebenen Vorschlag von *Adler*. Der wichtigste Unterschied besteht darin, dass *Bradley* und *Rosenzweig* den Gläubigern ihr Recht belassen, ihre Forderungen individuell zu verfolgen. Kritisch zum Vorschlag von *Bradley* und *Rosenzweig*: *LoPucki*, Michigan L.R. 1992, S. 79 ff.; *Rasmussen/Skeel*, Am.Bankr.Inst.L.Rev. 1995, S. 107 f.; *Skeel*, Wisconsin L.R. 1993, S. 483 ff.; *Warren*, 102 Yale L.J. 1992, S. 472 ff.

28 *Baird* und *Jackson* haben bereits zu einem früheren Zeitpunkt die Frage aufgeworfen, ob Chapter 11 BC aufgehoben werden sollte. Ihnen geht es allerdings um den Verzicht auf die Reorganisationsalternative zu Gunsten der zwingenden Durchführung eines Auktionsverfahrens; s. *Baird*, j. of legal st. 1986, S. 127 ff., insbes. S. 138 ff. und *Jackson* (1986), S. 218 ff. sowie unten Dritter Teil, Kap.1.

Beteiligten zumindest die Möglichkeit haben sollten, von vornherein auf das gesetzliche Insolvenzverfahren zu verzichten und eine Lösung auf vertraglicher Basis zu vereinbaren: "When the parties can solve (...) (the) coordination problem more cheaply outside the legal process, they should not be forced into it. (...) Commercial parties thus should be free to make bankruptcy waivers."[29, 30] Ähnlich ist die Auffassung von *Adler*: „In principle, a firm's creditors could agree in advance of insolvency to forego individual debt collection in favor of a collective remedy. Thus, bankruptcy is unnecessary to preserve an insolvent firm's value...".[31] Der Vorschlag von *Adler* soll im Folgenden vorgestellt werden.

2. Der Vorschlag von *Adler*: „Chameleon Equity"

a. Auch *Adlers* Vorschlag[32] zielt darauf ab, Unternehmensinsolvenzen durch Verträge zu bewältigen, die schon geschlossen werden bevor eine Insolvenz absehbar ist, und ein gesetzliches Insolvenzverfahren überflüssig zu machen. Die Besonderheit seines Vorschlags besteht darin, dass er die herkömmliche Beziehung zwischen Gläubigern und Unternehmen in Frage stellt: In der Kapitalstruktur eines Unternehmens sollen nach wie vor die Anteilsinhaber die

29 *Schwartz*, j. of law and econ. 1993, S. 630 f.; *Schwartz* (a.a.O. S. 595 ff.) meint, dass einige Investoren, wenn sie von dem gesetzlichen Insolvenzverfahren befreit wären, schon im vorhinein vertraglich vereinbaren würden, wie ihre Forderungen im Insolvenzfall zu modifizieren sind. Sie würden also schon ex ante festlegen, wie die Kapitalstruktur des Unternehmens im Insolvenzfall umzugestalten ist. Kritisch zu diesem Vorschlag: *Adler*, Stanford L.R. 1993, S. 322 f.

30 Als eine Möglichkeit der Insolvenzbewältigung durch ex ante stattfindende vertragliche Absprachen lässt sich auch ein Vorschlag verstehen, der auf der Idee des sog. „strip financing" beruht (zum „strip financing" vgl. *Jensen*, j. of applied corp. finance 1991, S. 25; *Eidenmüller* (1999), S. 244 ff.). Danach soll die Finanzierung eines Unternehmens über kombinierte „debt-equity strips" erfolgen, also über Finanzierungsinstrumente, die sich aus einem Eigen- und einem Fremdkapitalanteil zusammensetzen. Hielten alle Investoren diese Instrumente in gleichartiger Zusammensetzung, so könnte das Unternehmensbewertungsproblem in der Insolvenz (dazu näher unten Zweiter Teil, Kap. 2) ausgeschaltet und auf ein gesetzliches Insolvenzverfahren verzichtet werden: Da es unter den Investoren keine Rangfolge gäbe, müssten ihre Rechte im Insolvenzfall lediglich im Verhältnis zur Höhe ihres Investments durch neue Rechte an dem (Nachinsolvenz-)Unternehmen ersetzt werden. Näher dazu: *Adler*, Stanford L.R. 1993, S. 322 f.

31 *Adler*, Stanford L.R. 1993, S. 311.

32 *Adler*, Stanford L.R. 1993, S. 311 ff., insbes. S. 323 ff.

Gruppe mit dem niedrigsten Befriedigungsrang sein. Die Plätze der Gläubiger nehmen hingegen „Chameleon Equity"-Inhaber ein. In der Kapitalstrukur eines Unternehmens sollen mehrere Gruppen („tranches") von „Chameleon Equity"-Inhabern mit verschiedenen Prioritätsstufen Platz finden. Innerhalb einer Gruppe sind die einzelnen „Chameleon Equity"-Inhaber gleichrangig. Ein „Chameleon Equity"-Inhaber hat, wie ein gewöhnlicher Gläubiger, das vertragliche Recht, zu bestimmten Zeitpunkten Zahlungen von dem Unternehmen zu verlangen. Anders als dieser ist er jedoch nicht berechtigt, sein Recht auf Zahlung im Falle des Verzugs individuell zu verfolgen („prohibition of (...) the (...) individual collection right").[33] Kann ein mit „Chameleon Equity" finanziertes Unternehmen die geforderten Zahlungen nicht mehr erbringen, so geschieht stattdessen Folgendes:[34]

- Die Ansprüche derjenigen „Chameleon Equity"-Gruppen, die so hochrangig sind, dass sie noch befriedigt werden können, bleiben unverändert bestehen.
- Die Gruppe von „Chameleon Equity"-Inhabern mit dem höchsten Rang unter denjenigen Gruppen, die nicht (voll) befriedigt werden können, wird zu den Anteilsinhabern des Unternehmens.
- Alle Gruppen mit niedrigerem Rang (einschließlich der bisherigen Anteilsinhaber) werden gelöscht.

Die finanzielle Restrukturierung eines angeschlagenen Unternehmens ginge auf diese Weise ohne ein aufwendiges gesetzliches Verfahren vonstatten. Eine Bewertung des Unternehmensvermögens wäre nicht notwendig.[35] Ab wann genau ein Zahlungsverzug hinreichend signifikant ist, um die genannten Maßnahmen auszulösen, ist in den „Chameleon Equity"-Verträgen zu bestimmen.[36] Die Ent-

---

[33] *Adler*, Stanford L.R. 1993, S. 332; s. auch *Adler*, a.a.O., S. 336: „At its core, Chameleon Equity is an agreement among all investors that an individual investor will have the right to collect a debt from the firm only to the extent provided by the firm`s initial contracts."

[34] *Adler*, Stanford L.R. 1993, S. 324.

[35] Zum Unternehmensbewertungsproblem in der Insolvenz s. unten Zweiter Teil, Kap. 2.

[36] *Adler*, Stanford L.R. 1993, S. 325. So kann wohl auch gegenüber einer hochrangigen Gruppe von „Chameleon Equity"-Inhabern durchaus ein kurzfristiger Zahlungsverzug entstehen, ohne dass diese gleich von den angeführten Maßnahmen erfasst wird. Wird eine Gruppe mit niedrigerem Rang in eine Gruppe von Anteilsinhabern umgewandelt, weil ihr gegenüber der Zahlungsverzug hinreichend signifikant war, so muss sie dafür sorgen, dass

scheidung, ein Unternehmen mit einer „Chameleon Equity"-Struktur zu führen, ist nach *Adlers* Vorstellung bereits bei der Unternehmensgründung zu treffen. Auch eine spätere Umwandlung eines bislang herkömmlich finanzierten Unternehmens soll möglich sein.[37]

b. Das folgende kurze Beispiel soll das Konzept verdeutlichen:[38] Ein herkömmliches Unternehmen mit Anteilsinhabern, unbesicherten und besicherten Gläubigern nimmt eine „Chameleon Equity"-Struktur an. Die Gläubiger werden zu „Chameleon Equity"-Inhabern. Anschließend wird das Unternehmen insolvent, kann also seine Zahlungspflichten nicht mehr erfüllen. Damit verlieren die Anteilsinhaber ihre Rechte an dem Unternehmen. Die unbesicherten „Chameleon Equity"-Inhaber werden die neuen Anteilsinhaber und erhalten die letztrangigen Ansprüche („residual claims") gegen das Unternehmensvermögen. Sie kontrollieren nun das Unternehmen und können, wenn sie dies für sinnvoll halten, das bisherige Management auswechseln. Ihnen obliegt jetzt die bestmögliche Allokation des Unternehmensvermögens.[39] Das Unternehmen ist den besicherten „Chameleon Equity"-Inhabern, deren Position unverändert geblieben ist, weiterhin zur Begleichung der vereinbarten Forderungen verpflichtet. Sollte das Unternehmen zu einem späteren Zeitpunkt auch die Forderungen der besicherten „Chameleon Equity"-Inhaber nicht mehr begleichen können, so werden diese die neuen Anteilsinhaber und somit die einzige Gruppe, die Rechte an dem verbliebenen Unternehmensvermögen hat. Das Unternehmen wird also nur dann ganz von festvereinbarten Zahlungsverpflichtungen frei, wenn die Insolvenz die Gruppe mit dem höchsten Rang (hier: die besicherten „Chameleon Equity"-Inhaber) erreicht. Aufgrund ihrer Sicherungsrechte haben die nun übrig gebliebenen (neuen) Anteilsinhaber das Recht, sich im Wege der Sicherheitenverwertung Befriedigung zu verschaffen. Möglich ist aber auch, dass sie sich einvernehmlich auf eine andere Lösung einigen. Aufgrund des Verwertungsrechts sollte immer nur die „Chameleon Equity"-Gruppe mit dem höchsten Rang die Mög-

---

der Zahlungsverzug gegenüber der höherrangigen, unverändert gebliebenen Gruppe beseitigt wird; vgl. *Adler*, a.a.O., S. 326.

37 *Adler*, Stanford L.R. 1993, S. 324.

38 Vgl. *Adler*, Stanford L.R. 1993, S. 326 f.

39 Die neuen Anteilsinhaber können auch die Liquidation des Unternehmensvermögens bestimmen, wenn sie in ihr die günstigste Allokationsentscheidung sehen; *Adler*, Stanford L.R. 1993, S. 324.

lichkeit erhalten, Sicherungsrechte zu bestellen.[40] Denn individuelle Zugriffe auf das Gläubigervermögen sollen im Rahmen des „Chameleon Equity"-Modells ja gerade nicht die Regel sein.

c. Die Eingehung neuer Verbindlichkeiten durch ein Unternehmen mit einer „Chameleon Equity"-Struktur hält *Adler* für unproblematisch. Auch kaufmännisch weniger erfahrene Gläubiger könnten durch die Schaffung eines standardisierten Vertrages, den sie beim Geschäftsabschluss zu unterschreiben hätten, in die Struktur eingebunden werden.[41]

d. *Adler* weist darauf hin, dass es sich bei „Chameleon Equity" eigentlich nur um besonders ausgestaltete Vorzugsanteilsrechte („preferred stock") handelt.[42] Herkömmlicherweise hätten die Inhaber von Vorzugsanteilsrechten festvereinbarte Zahlungsansprüche und für den Fall der Liquidation des Unternehmens ein Recht auf vorzugsweise Befriedigung gegenüber den Inhabern allgemeiner Anteilsrechte („common stock"). Für den Fall des Zahlungsverzugs würden den Inhabern von „preferred stock" auch teilweise Kontrollrechte eingeräumt. Nach dem oben (unter a.) Gesagten handelt es sich bei „Chameleon Equity" um Vorzugsanteilsrechte, die für den Fall, dass das Unternehmen seine Zahlungspflichten nicht erfüllt oder nicht in der Lage ist, die Anteile nach einer bestimmten Zeit zurückzukaufen, ein Recht auf den Umtausch in allgemeine Anteilsrechte (verbunden mit den entsprechenden Kontrollrechten) vorsehen. Das Recht, ihre Zahlungsansprüche individuell zu verfolgen, steht den Inhabern dieser Vorzugsanteilsrechte nicht zu. Sieht man „Chameleon Equity" somit als eine Form von „preferred stock" an, so besteht die einzige Besonderheit eines „Chameleon Equity"-Unternehmens darin, dass die herkömmlichen Verbindlichkeiten (und das mit ihnen verbundene Recht auf individuelle Anspruchsverfolgung) vollkommen durch „preferred stock" ersetzt werden.

---

40 Näher zur Vereinbarung von Sicherungsrechten im „Chameleon Equity"-Konzept: *Adler*, Stanford L.R. 1993, S. 327.

41 *Adler*, Stanford L.R. 1993, S. 327. Zur Aufnahme neuen Kapitals und zur Verhinderung von Kapitalabflüssen in der finanziellen Krise s. *Adler*, a.a.O., S. 328 ff.

42 *Adler*, Stanford L.R. 1993, S. 332 f. Die Übersetzung von „preferred stock" mit dem geläufigeren Begriff der „Vorzugsaktien" wäre wohl zu eng.

e. Misst man das Modell von *Adler* an den oben (unter 1.) aufgezählten Argumenten, die der Möglichkeit einer Insolvenzbewältigung durch ex ante ausgehandelte Verträge in der Literatur entgegengehalten werden, so muss festgestellt werden, dass einige der Argumente nun weniger schlagkräftig erscheinen. Insbesondere lässt sich nicht ohne weiteres behaupten, dass die durch das Aushandeln, Formulieren und Überwachen der „Chameleon Equity"-Verträge erwachsenden Transaktionskosten die Kosten, die mit einem gesetzlichen Insolvenzverfahren verbunden sind, weit übersteigen.[43] Der „Chameleon Equity"-Ansatz erfordert jedenfalls nicht, dass eigens eine neue Kapitalstruktur für den Fall der Insolvenz ausgehandelt wird.[44] Die neue Kapitalstruktur ergibt sich vielmehr aus dem beschriebenen System der Ablösung der alten Anteilsinhaber durch eine „Chameleon Equity"-Gruppe. Probleme, die mit der Umsetzung seines Modells in die Praxis verbunden sind, haben für *Adler* einen anderen Grund: Das gegenwärtige gesetzliche Umfeld stehe Reformvorschlägen wie dem seinen im Wege.[45] Dabei sei die Tatsache, dass die Beteiligten von Gesetzes wegen nicht von vornherein auf die Durchführung des gesetzlichen Insolvenzverfahrens verzichten könnten (s. oben 1.a.), nicht ausschlaggebend. Im Zweifel würde ein Gericht ein Insolvenzverfahren ohnehin nicht aufrecht erhalten, wenn dieses aufgrund der vereinbarten „Chameleon Equity"-Struktur des Unternehmens überflüssig wäre.[46] Es gäbe jedoch andere, außerhalb des Insolvenzrechts angesiedelte, rechtliche Regelungen, die den Einsatz von „Chameleon Equity" behindern oder sogar unmöglich machen würden. Ein wichtiges Hindernis sieht *Adler* in den US-amerikanischen Regelungen für die Berechnung der zu versteuernden Unternehmensgewinne.[47] § 163 (a) des Internal Revenue Code erlaube es, die zu versteuernden Unternehmensgewinne um Zinszahlungen auf Gläubigerforderungen („...all interest paid or accrued within the taxable year on indebtedness...") zu vermindern. Eine entsprechende Regelung gäbe es jedoch nicht für Gewinnausschüttungen an Anteilsinhaber. „Chameleon Equity"-Inhaber erhielten zwar, wie Gläubiger, fest vereinbarte Zahlungen. Aufgrund ihres Kontrollrechts im Falle der Umwandlung würden sie jedoch voraussichtlich steuer-

[43] Näher zu den Kosten eines gesetzlichen Insolvenzverfahrens Zweiter Teil, Kap. 5.
[44] Vgl. *Adler*, Stanford L.R. 1993, S. 322 f.
[45] *Adler*, Stanford L.R. 1993, S. 333 ff.
[46] *Adler*, Stanford L.R. 1993, S. 334.
[47] *Adler*, Stanford L.R. 1993, S. 334 ff.

rechtlich den Anteilsinhabern gleichgestellt. Würden sich Kapitalgeber für die Finanzierung eines Unternehmens mit „Chameleon Equity" entscheiden, so käme demnach ein steuerlicher Abzug der Zahlungen an die „Chameleon Equity"-Inhaber nicht in Frage.[48] Dass dieser Steuernachteil gegenüber einem gewöhnlich finanzierten Unternehmen nicht in Kauf genommen würde, sei – so *Adler* – nicht erstaunlich. Gerade die hochverschuldeten Unternehmen, die der Gefahr einer Insolvenz am stärksten ausgesetzt seien[49] und denen eine „Chameleon Equity"-Struktur die größten Vorteile böte, seien auch diejenigen, die von der steuerlichen Abzugsmöglichkeit der Fremdkapitalzinsen am meisten profitierten. Neben den steuerrechtlichen Regelungen sieht *Adler* ein weiteres Hindernis darin, dass keine rechtlichen Regelungen bestünden, die die Aufnahme gewöhnlicher Verbindlichkeiten in die Kapitalstruktur eines „Chameleon Equity"-Unternehmens effektiv verhinderten. Solche Regelungen seien aber erforderlich, da mit der Aufnahme gewöhnlicher Verbindlichkeiten im Falle der Zahlungsunfähigkeit die Durchführung des gesetzlichen Insolvenzverfahrens drohe. Gerade für das Management, dem im Falle der Insolvenz eines „Chameleon Equity"-Unternehmens die Entlassung drohe, könne die „Flucht" in das gesetzliche Insolvenzverfahren reizvoll sein. Werde ein gesetzliches Insolvenzverfahren durchgeführt, so könne die „Chameleon Equity"-Struktur ihren Zweck nicht mehr erfüllen. Außerdem sei die Aufnahme herkömmlicher Verbindlichkeiten mit der Gefahr der individuellen Rechtsverfolgung durch die entsprechenden Gläubiger zum Nachteil der „Chameleon Equity"-Inhaber verbunden.[50]

---

48 In Deutschland fällt der steuerliche Belastungsvergleich weniger deutlich zu Gunsten der Kreditfinanzierung aus. Dies hängt damit zusammen, dass dem Eigenkapitalgeber im Normalfall die von der Bruttodividende abgezogene Körperschaft- und Kapitalertragsteuer auf seine Steuerpflicht angerechnet werden. Auf der Ebene des Kapitalgebers kommt die Körperschaftsteuer daher nicht zum Tragen. Er wird lediglich mit seiner individuellen Einkommen- und Kirchensteuer belastet. Lediglich im Hinblick auf die Gewerbeertragsteuer ergibt sich eine Benachteiligung der Beteiligungsfinanzierung gegenüber der (langfristigen) Kreditfinanzierung, da Dauerschuldzinsen die Bemessungsgrundlage für die Gewerbeertragsteuer nur zur Hälfte (, also nicht in voller Höhe des Zinsbetrags,) erhöhen. Vgl. dazu den steuerlichen Belastungsvergleich zwischen Beteiligungs- und langfristiger Kreditfinanzierung bei Kapitalgesellschaften bei *Perridon/Steiner* (1999), S. 466 ff. Das deutsche Steuerrecht dürfte im Ergebnis bei der Umsetzung des „Chameleon Equity"-Modells kein prohibitiv wirkendes Hindernis darstellen.

49 Zum vom Verschuldungsgrad abhängigen Kapitalstrukturrisiko s. unten Zweiter Teil, Kap. 2, E.I.3. (einschließlich der den Leverage-Effekt betreffenden Fn. 136 dort).

50 Näher *Adler*, Stanford L.R. 1993, S. 336 ff.

Die Gefahr der individuellen Rechtsverfolgung sei auch von Seiten der nichtvertraglichen Gläubiger (etwa der Deliktsgläubiger) gegeben, obwohl die Unterbindung dieser Gefahr ohne weiteres möglich sei, wenn die Gesetzeslage die Einbindung dieser Gläubiger in die „Chameleon Equity"-Struktur eines Unternehmens zuließe.[51]

f. *Adler* ist der Meinung, dass alle genannten gesetzlichen Hindernisse durch geeignete Gesetzesänderungen „im Prinzip" verhältnismäßig einfach ausgeräumt werden könnten.[52] Dass dennoch keine Änderungen vorgenommen werden, erklärt *Adler* damit, dass die Nachteile des bestehenden gesetzlichen Verfahrens Personen und Gruppen treffen würden, die ihre Interessen gegenüber den politischen Entscheidungsträgern aus verschiedenen Gründen nicht in ausreichendem Maße zur Geltung bringen könnten. Andererseits gäbe es gut organisierte Interessengruppen, die vom Status quo profitieren und sich für dessen Erhalt einsetzen würden.[53]

Von den Vorteilen des „Chameleon Equity"-Modells würden am meisten die Kapitalgeber profitieren, da hauptsächlich diese die Nachteile eines teuren gesetzlichen Insolvenzverfahrens zu tragen hätten. Von diesen seien in erster Linie institutionelle Investoren, insbesondere Banken, in der Lage, ihre Interessen gebündelt in die Waagschale zu werfen. Diese hätten aber bei näherem Hinsehen kaum einen Anreiz, dies auch zu tun. Denn Banken hielten in der Regel stark diversifizierte Kreditportfolios. Die Insolvenz eines einzelnen oder einiger weniger von einer Bank finanzierter Unternehmen löse für diese daher zumeist noch keine bedrohliche Lage aus. Dementsprechend würden erst recht die höheren Verluste, die durch ein kostenträchtiges gesetzliches Insolvenzverfahren gegenüber der Insolvenzbewältigung durch das „Chameleon Equity"-Modell ausgelöst würden, für die einzelne Bank kaum ins Gewicht fallen.

Zu den Profiteuren des bestehenden US-amerikanischen Insolvenzverfahrens zählt *Adler* vor allem die Anwaltschaft und die Manager der insolventen Unter-

---

[51] Näher *Adler*, Stanford L.R. 1993, S. 339 f.

[52] S. *Adler*, Stanford L.R. 1993, S. 335, 338, 340.

[53] S. *Adler*, Stanford L.R. 1993, S. 341 f.: „Corporate bankruptcy survives because its costs are too dispersed to overcome the concentrated interests of those who benefit from the bankruptcy process or the laws that preserve it."

nehmen.[54] Anwälte würden von ihren Kenntnissen im Bereich des komplexen geltenden Insolvenzrechts und der mit ihm verbundenen Nebengebiete leben. Durch die Einführung von „Chameleon Equity" würde das Spezialwissen der Anwälte im Bereich des gesetzlichen Verfahrens für Unternehmensinsolvenzen weitestgehend nutzlos. Ein „Ersatzrechtsgebiet" würde nicht entstehen. Managern würde mit Einführung von „Chameleon Equity" im Insolvenzfall durch Beschluss der neuen Anteilsinhaber die Entlassung drohen. Das gegenwärtige Recht hingegen böte Managern gute Möglichkeiten auch nach Eintritt der Insolvenz im Amt zu bleiben und den Fortgang des Insolvenzverfahrens hinauszuzögern. Beide genannten Gruppen hätten gute Möglichkeiten ihrem starken Interesse am Erhalt des Status quo auf politischer Ebene Gewicht zu verleihen.

g. *Adler* schließt seine Ausführungen mit den Worten: „Yet we do not observe contractual alternatives to bankruptcy, likely because the most effective of these alternatives, such as the „Chameleon Equity" structure proposed in this article, face an array of tax, commercial, corporate, and tort law impediments and limitations. Potential efforts to reform those impediments and limitations face, in turn, a powerful concentration of political interests that prefer and preserve the status quo, inefficient though it may be."[55] Es soll und kann an dieser Stelle kein abschließendes Urteil darüber fallen, ob das „Chameleon Equity"-Modell eine „bessere" Insolvenzbewältigung ermöglichen würde als das gegenwärtige US-amerikanische (oder auch als das deutsche) gesetzliche Insolvenzverfahren.[56] Festzuhalten ist jedoch, dass *Adler* selbst das Konzept im gegenwärtigen gesetzlichen Umfeld für nicht umsetzbar hält und dass ihm die für eine Umsetzung notwendigen Gesetzesänderungen nicht durchsetzbar erscheinen.

3. Der „menu approach" von *Rasmussen*

Der als „menu approach" bezeichnete Reformvorschlag von *Rasmussen* stellt gewissermaßen einen Mittelweg bzw. Kompromiss zwischen einem gesetzlichen

[54] S. *Adler*, Stanford L.R. 1993, S. 343 ff. Als dritte Gruppe nennt *Adler* (mit wenig überzeugender Begründung) die Politiker, s. *Adler*, a.a.O., S. 345 f.

[55] *Adler*, Stanford L.R. 1993, S. 346; s. auch *Adler*, a.a.O., S. 313: „The political reality, however, is that the needed reforms are impractical. Society as a whole suffers the consequences."

Insolvenzverfahren und einer Insolvenzbewältigung auf rein vertraglicher Grundlage dar.[57] *Rasmussen* geht davon aus, dass keines der gegenwärtig in der juristischen und wirtschaftswissenschaftlichen Literatur diskutierten Reformmodelle zur Insolvenzbewältigung – seien es nun die bereits erwähnten Modelle, die ganz auf ein gesetzliches Verfahren verzichten wollen, oder andere Vorschläge[58] – dem Verfahren nach Chapter 11 BC in allen Belangen überlegen ist. Je nach Unternehmenstyp könne das eine oder das andere Verfahren vorteilhaft sein: „Some firms may do better with a set of private contracts, others may find a mandatory auction or a selective stay preferable, and still others may benefit from retaining Chapter 11 in its existing form. Simply put, one size does not fit all."[59] *Rasmussen* schlägt vor, dass der Gesetzgeber den Unternehmen eine Reihe von alternativen Verfahren zur Insolvenzbewältigung zur Verfügung stellen sollte. Schon im Zeitpunkt ihrer Gründung hätten sich die Eigentümer des Unternehmens dann für eines der Verfahren, das im Falle einer Insolvenz zum Einsatz kommen soll, zu entscheiden. Spätere Vertragspartner des Unternehmens könnten – im Wissen um das gewählte Verfahren – einschätzen, wie sie im Falle der Insolvenz gestellt wären und bspw. ihre Kreditvergabekonditionen daran ausrichten. Da sich ein Unternehmen im Laufe der Jahre stark verändern kann, soll ein Wechsel zwischen den verschiedenen Insolvenzverfahren erfolgen können. Die Wechselmöglichkeit muss allerdings strengen Beschränkungen unterworfen sein, damit die Vertragspartner des Unternehmens auf die grundsätzliche Dauerhaftigkeit der einmal getroffenen Wahl vertrauen können. Einen wichtigen Vorteil seines Vorschlags sieht *Rasmussen* in den gegenüber der Schaffung eines Vertragsnetzes zur Insolvenzbewältigung niedrigeren Transaktionskosten: Beim Aushandeln und Formulieren einer Vielzahl von Einzelverträgen seien die Kosten erheblich höher, als bei der Wahl einer von mehreren gesetzlich vorgegebenen Alternativen durch die Eigentümer.[60]

---

56 Eine Reihe gewichtiger Kritikpunkte an dem Modell äußert *Skeel*, Wisconsin L.R. 1993, S. 483 ff.

57 *Rasmussen*, Texas L.R. 1992, S. 51 ff.; s. auch *Rasmussen/Skeel*, Am.Bankr.Inst.L.Rev. 1995, S. 110 ff.

58 *Rasmussen/Skeel*, Am.Bankr.Inst.L.Rev. 1995, S. 108 ff. nennen hier beispielhaft Auktionen (unter Verweis auf *Jackson* (1986), S. 218 ff.; s. dazu näher unten Dritter Teil, Kap. 1) und den sog. „selective stay" (s. *Baird/Picker*, j. of legal st. 1991, S. 311 ff.).

59 *Rasmussen/Skeel*, Am.Bankr.Inst.L.Rev. 1995, S. 111.

60 *Rasmussen/Skeel*, Am.Bankr.Inst.L.Rev. 1995, S. 111 f.

4. Ergebnis

Es erscheint gegenwärtig nicht möglich, gesetzliche Insolvenzverfahren vollständig durch ex ante erfolgende vertragliche Absprachen zu ersetzen. Zwar gibt es Stimmen, die ein gesetzliches Verfahren im Prinzip für ersetzbar halten. Selbst *Adler*, als starker Befürworter einer Insolvenzbewältigung auf vertraglichem Wege, sieht jedoch im gegenwärtigen gesetzlichen Umfeld keine Möglichkeit der Umsetzung seines Konzepts. Der Vorschlag von *Rasmussen* lässt zwar eine Insolvenzbewältigung durch ex ante geschlossene Verträge zu; er verzichtet jedoch nicht auf vom Gesetzgeber vorgegebene Verfahrensalternativen.

II. Außergerichtliche Insolvenzbewältigung (ex post) als Alternative zu einem gesetzlichen Insolvenzverfahren?

Da die Bewältigung von finanziellen Unternehmenskrisen allein mit Hilfe umfassender vertraglicher ex ante-Regelungen gegenwärtig nicht möglich erscheint (s. oben I.), fragt sich, ob ein gesetzliches Insolvenzverfahren durch außergerichtliche Verhandlungen, die ex post, d.h. nach Eintritt einer finanziellen Krise, stattfinden, ersetzt werden kann.

1. Möglichkeiten der außergerichtlichen Insolvenzbewältigung

Im Wesentlichen gibt es in der Insolvenz eines Unternehmens drei Handlungsmöglichkeiten:

- Das Unternehmen wird liquidiert: Die Vermögensgegenstände des Unternehmens werden einzeln veräußert und die Erlöse werden an die Gläubiger verteilt.
- Das Unternehmen wird als Vermögensgesamtheit von dem insolventen Unternehmensträger auf einen anderen, bereits bestehenden oder neu zu gründenden Rechtsträger übertragen und in dessen Händen fortgeführt. Der ursprüngliche Rechtsträger, gegen den sich die Ansprüche der Gläubiger richten, bleibt als „leere Hülle“ zurück. Die Anspruchsbefriedigung erfolgt aus dem gezahlten

Kaufpreis. Für diesen Vorgang wird der Begriff der „übertragenden Sanierung" verwendet.[61]

- Die Finanzierungsbeziehungen und Leistungsprozesse des insolventen Unternehmens werden neu geordnet. Der alte Unternehmensträger wird beibehalten. Die Gläubiger werden aus den zukünftigen Erträgen des Unternehmens befriedigt. Dieser Vorgang soll nachfolgend als „Reorganisation" bezeichnet werden.[62] (Der Begriff der „reorganization" im US-amerikanischen Verfahren nach Chapter 11 BC ist weiter, s. dazu unten Kap. 3, A.I..)

Die drei Handlungsmöglichkeiten bestehen unabhängig davon, ob die Insolvenzbewältigung im Rahmen des gesetzlichen Insolvenzverfahrens oder außerhalb eines solchen, also „frei", stattfindet. So ermöglicht das deutsche Insolvenzplanverfahren (§§ 217 ff. InsO) die Schaffung von Reorganisationsplänen, aber auch von Liquidations- und Übertragungsplänen.[63] Liquidation und übertragende Sanierung können auch im (sog.) gesetzlichen Regelverfahren, also außerhalb des Insolvenzplanverfahrens, stattfinden (vgl. §§ 159, 160 II Nr. 1, 162, 163 InsO). Erfolgen übertragende Sanierung oder Reorganisation außerhalb des gesetzlichen Insolvenzverfahrens, so wird von „freier Sanierung" gesprochen.[64] Die außergerichtliche Reorganisation wird auch als „workout" bezeichnet.

2. Freie Sanierung in Form der Reorganisation als Alternative zur Nutzung eines gesetzlichen Insolvenzverfahrens?

a. Bei der Beantwortung der Frage, ob das gesetzliche Insolvenzverfahren durch die genannten, nach Kriseneintritt einsetzenden, Maßnahmen der außergerichtlichen Insolvenzbewältigung ersetzt werden kann, soll die Betrachtung auf die freie Sanierung in Form der Reorganisation beschränkt werden. Diese Beschränkung lässt sich mit zwei Erwägungen rechtfertigen:

[61] Vgl.auch die Definition des RefEs Gesetz zur Reform des Insolvenzrechts, 1989, Allgemeine Begründung, S. 78. Teilweise wird auch von „sanierender Liquidation" gesprochen; s. etwa MK-InsO-*Stürner*, Einleitung Rn. 2.

[62] Dies entspricht der von *Eidenmüller* verwendeten Terminologie, vgl. *Eidenmüller* (1999), S. 15.

[63] Näher zum Insolvenzplanverfahren unten Kap. 3, B.

[64] *Eidenmüller* (1999), S. 34. Der Begriff der „freien Liquidation" ist hingegen nicht gängig.

• Es gibt einen wichtigen Vorteil, den eine Insolvenzbewältigung außerhalb eines gesetzlichen Insolvenzverfahrens immer gegenüber der Insolvenzbewältigung in einem gesetzlichen Verfahren hat, selbst wenn dieses noch so geschickt konzipiert ist:[65] Die Eröffnung eines gesetzlichen Verfahrens signalisiert der Umwelt, dass sich das betroffene Unternehmen in einer schwerwiegenden finanziellen Krise befindet. Dieses Signal ruft bei den Transaktionspartnern des insolventen Unternehmens, die eine mögliche Liquidation zumindest in Erwägung ziehen, in der Regel Vorsichtsmaßnahmen und Anpassungsreaktionen hervor. Diese können in einer Verschärfung der Transaktionsbedingungen bei zukünftigen Geschäften bestehen. Schlimmstenfalls werden die Geschäftsbeziehungen auch ganz abgebrochen. In einem außergerichtlichen Verfahren können die (indirekten) Kosten, die dem insolventen Unternehmen durch diese Reaktionen entstehen, weitestgehend vermieden werden, wenn das Verfahren geheim gehalten werden kann.[66] Dieser (potentielle) Vorteil des außergerichtlichen Verfahrens tritt bei weitem am deutlichsten bei der freien Sanierung in Form der Reorganisation zu Tage, da bei dieser das Unternehmen mit demselben Unternehmensträger fortgeführt werden soll. Soll das Unternehmen liquidiert werden oder als Ganzes auf einen anderen Unternehmensträger übertragen werden, so spielt die Geheimhaltungsmöglichkeit keine oder eine weitaus geringere Rolle: Im Falle der Liquidation ist eine Fortsetzung der Geschäftsbeziehungen ohnehin nicht geplant. Auch bei der übertragenden Sanierung wird es zumeist nicht auf eine möglichst stille Abwicklung ankommen. Unter Umständen kann Publizität sogar erwünscht sein, wenn es darum geht, zur Erzielung eines hohe Kaufpreises für das Unternehmen möglichst viele potentielle Bieter anzusprechen. Auch die weiteren Vorteile, die einer außergerichtlichen Insolvenzbewältigung gegenüber einer Insolvenzbewältigung in einem gesetzlichen Verfahren beigemessen werden (insbesondere die größere Flexibilität und ein höheres Maß an privatautonomen Gestaltungsmöglichkeiten), dürften bei der freien Sanierung in Form der Reorganisation am stärksten zum Tragen kommen.[67]

• Die Gestaltung eines geeigneten gesetzlichen Verfahrens, das eine Reorganisation ermöglichen soll, ist besonders problematisch. Dies zeigt sich für das

---

[65] Vgl. *Eidenmüller* (1999), S. 117 f.; 331 ff.

[66] Näher zu den Kosten, die in einem gesetzlichen Insolvenzverfahren durch die Reaktionen Beteiligter und Dritter ausgelöst werden, s. unten Zweiter Teil, Kap. 5, A.III. und B.II.

[67] Vgl. zu diesen Vorteilen *Eidenmüller* (1999), S. 337 ff.

deutsche Insolvenzrecht schon daran, dass zwar die Liquidation und die übertragende Sanierung, nicht aber die Reorganisation, im gesetzlichen Regelverfahren abgewickelt werden können (vgl. oben 1. sowie §§ 159, 160 II Nr. 1, 162, 163 InsO). Ein wichtiger Grund für die Schwierigkeiten besteht darin, dass die Vermögensgegenstände des Unternehmens im Rahmen der Reorganisationsalternative – anders als bei Liquidation und übertragender Sanierung – nicht (in Einzelteilen oder als Vermögensgesamtheit) an außenstehende Dritte veräußert werden. Daher gibt es keinen Erlös in Form eines Geldbetrags, der an die Gläubiger entsprechend ihrer Forderungshöhe und ihres Ranges verteilt werden kann (näher hierzu unten Zweiter Teil, Kap. 2. A.). Konflikte zwischen den Gläubigern sind daher vorprogrammiert. Die Schwierigkeiten bei der Gestaltung eines gesetzlichen Insolvenzverfahrens, das eine Reorganisation zulässt, lassen eine außergerichtliche Lösung gerade für diesen Bereich besonders attraktiv erscheinen.

Die Tatsache, dass außergerichtliche Unternehmensreorganisationen teilweise Scheitern oder gar nicht erst eingeleitet werden und es daher zur Einleitung eines gerichtlichen Insolvenzverfahrens kommt, zeigt, dass sich außergerichtliche Reorganisationen Hindernissen gegenübergestellt sehen. Worin diese bestehen und ob sie ausreichend hoch sind, um die Notwendigkeit eines gesetzlichen Insolvenzverfahrens zu begründen, ist nachfolgend (unter b. bis d.) zu untersuchen.

b. Es gibt eine Reihe von Hindernissen, die einer freien Sanierung in Form der Reorganisation entgegenstehen können:[68]

aa. Ein gemeinsames Vorgehen kann durch Beteiligte, die sich als Akkordstörer betätigen, vereitelt werden. So kann es vorkommen, dass sich einzelne Gläubiger als „Trittbrettfahrer" („free rider") betätigen: In der Hoffnung, die anderen Beteiligten werden die Reorganisationslast unter sich aufteilen, verweigern sie die Erbringung eines eigenen Beitrags (z.B. eines Forderungsverzichts oder einer Beteiligung an einem Überbrückungskredit zur Erhaltung des Unternehmens bis zur Fertigstellung eines Sanierungsgutachtens). Mit anderen Worten:

[68] Vgl. zum Folgenden ausführlich *Eidenmüller* (1999), S. 344 ff., *Eidenmüller* (1997), S. 148 ff.

Gläubiger könnten den Störwert („nuisance value“) ihres obstruktiven Verhaltens ausnutzen und mit ihrem Forderungsrecht einen Gewinn erzielen, für den sie beim Erwerb der Forderung nicht „bezahlt“ haben.[69] Wenn viele Gläubiger so handeln, scheitert die außergerichtliche Reorganisation zum Nachteil aller. Der Vorgang ähnelt dem oben (unter A.) beschriebenen „Zerschlagungsmechanismus“ für den Fall des Fehlens einer kollektivierten Rechtsverfolgung. Individuell rationales Verhalten führt für das Kollektiv der Beteiligten zu einem suboptimalen Ergebnis. Neben dem Trittbrettfahrerverhalten können auch Informations-, Erwartungs- und Interessenunterschiede zwischen den Beteiligten dazu führen, dass diese sich als Akkordstörer betätigen. So können sich aufgrund unterschiedlicher Informationsstände bspw. die Annahmen hinsichtlich der Erfolgswahrscheinlichkeit einer Sanierungsstrategie so stark unterscheiden, dass einzelne Gläubiger zu einer Zustimmung nicht bereit sind.

bb. Verhandlungen im Rahmen außergerichtlicher Reorganisationsvorhaben können an Hindernissen scheitern, die ihre Ursache in einem strategischen Verhalten der Beteiligten oder in der Existenz verschiedener psychologischer Barrieren haben. So kann es bspw. für eine (deutsche) Gläubigerbank strategisch günstig sein, noch vor Aufnahme der Verhandlungen einen Aufsichtsratsbeschluss herbeizuführen, der ihren Sanierungsbeitrag auf eine bestimmte Höhe begrenzt (vgl. § 111 IV 2 AktG). Durch diese „Selbstbindung“ kann auf die anderen Gläubigerbanken Druck ausgeübt werden, selbst einen entsprechend höheren Sanierungsbeitrag zu übernehmen, obwohl dies unter wirtschaftlichen Gesichtspunkten nicht gerechtfertigt ist. Beugen sich diese dem Druck nicht, so können die Verhandlungen scheitern. Psychologische Barrieren können bspw. entstehen, wenn gutgemeinte Kompromissvorschläge als suspekt eingestuft werden, weil sie nicht von einem neutralen Dritten, sondern vom Verhandlungspartner stammen. Auch die möglicherweise mangelnde Akzeptanz der außergerichtlichen Reorganisation, die sich aus dem Fehlen eines detaillierten Regelungssystems ergibt, das dem Verfahren eine klare, verbindliche Struktur gibt, kann zu psychologischen Barrieren führen.

cc. Verhandlungen können auch an der Beteiligung von Vertretern, deren Interessen nicht notwendig mit denen der von ihnen Vertretenen übereinstim-

---

69 *Balz* (2000), S. 6 Rn. 12.

men müssen, scheitern. Werden bspw. Rechtsanwälte, die die Interessen der wirtschaftlich Betroffenen in den Verhandlungen vertreten, entsprechend der eingesetzten Arbeitszeit bezahlt, so besteht für sie ein Anreiz, den Verhandlungsprozess zu verzögern. Mit einer Verzögerung ist häufig eine Minderung des Unternehmenswerts verbunden, der sich negativ auf die Befriedigungsquoten der Beteiligten auswirkt.

dd. Ein weiteres wichtiges Hindernis für außergerichtliche Reorganisationsvorhaben kann sich daraus ergeben, dass dem insolventen Unternehmen durch gesicherte Gläubiger betriebsnotwendiges Vermögen entzogen wird. Damit ist zu rechnen, wenn der gesicherte Gläubiger kein Interesse an einer Unternehmensfortführung hat. Theoretisch wird dies immer dann der Fall sein, wenn der Erlös aus der sofortigen (Einzel-)Verwertung des Sicherungsguts zur vollständigen Befriedigung des Gläubigers führt oder wenn dieser Erlös zumindest größer ist als der (abgezinste) Wert des Sicherungsguts bei Unternehmensfortführung. Ob es in der Krise gelingt, hinsichtlich der betriebsnotwendigen Sicherungsgüter mit den Sicherungsgläubigern ad hoc einen Verwertungsstopp (unter Garantie der jeweiligen Liquidationswerte) zu vereinbaren, ist keinesfalls sicher.

ee. Nach deutschem Recht sind die handelnden Akteure in einem außergerichtlichen Reorganisationsverfahren darüber hinaus besonderen Haftungsrisiken ausgesetzt. In erster Linie ist hier an die Haftungsrisiken zu denken, die involvierten (Groß-)Banken daraus erwachsen, dass sie die Geschäftsführung eines Krisenunternehmens maßgeblich beeinflussen. Zu dieser Einflussnahme kann es kommen, wenn sich eine insolvente Gesellschaft (z.B. im Zusammenhang mit der Aufnahme weiterer Kredite) verpflichtet hat, wesentliche Entscheidungsbefugnisse an einen von den Banken benannten „Sanierungsmanager" abzugeben, der in engem Kontakt mit den Banken bzw. mit einem von diesen eingesetzten „Lenkungsausschuss" steht.[70] Verletzt dieser durch eine schuldhafte Handlung die Rücksichtnahmepflichten, die zwischen Banken und Gesell-

[70] Vgl. das Muster einer entsprechenden „Verpflichtungserklärung" bei *Eidenmüller* (1999), S. 286.

schaft bestehen, so sind die Banken gem. §§ 280 I, 241 II, 278 BGB[71] zum Ersatz des der Gesellschaft daraus entstehenden Schadens verpflichtet.[72]

Ein weiteres nicht zu vernachlässigendes Haftungsrisiko kann den involvierten Banken in Deutschland aus dem Kapitalersatzrecht, in dessen Zentrum die §§ 32a und 32b GmbHG stehen, erwachsen.[73] Gelangen auf die von den Banken im Rahmen eines außergerichtlichen Reorganisationsvorhabens gewährten Kredite die Regeln über kapitalersetzende Gesellschafterdarlehen zur Anwendung, so hat dies zur Folge, dass diese Kredite in einem nachfolgenden Insolvenzverfahren über das Vermögen des Schuldnerunternehmens (– d.h. im Falle des Scheiterns der außergerichtlichen Reorganisation –) als nachrangige und damit wirtschaftlich praktisch wertlose Insolvenzforderungen qualifiziert werden, § 32a GmbHG, § 39 I Nr. 5 InsO. Adressaten des Kapitalersatzrechts sind die Banken jedenfalls dann, wenn sie bereits vor Eintritt der Krise in dem erforderlichen Umfang (s. § 32a III 2 GmbHG) als Gesellschafter an dem notleidenden Unternehmen beteiligt waren. Ein gewisses Haftungsrisiko besteht jedoch auch für nicht beteiligte Banken, die die Unternehmenstätigkeit faktisch wie Gesellschafter beeinflussen, falls der BGH die Kapitalersatzhaftungsregeln entsprechend ausdehnt.[74]

c. Die meisten der angesprochenen Schwierigkeiten innerhalb eines außergerichtlichen Reorganisationsvorhabens können durch verhältnismäßig einfache Regelungen in einem gesetzlichen Insolvenzverfahren überwunden oder zumindest gemildert werden. Insbesondere im Hinblick auf die Akkordstörerproblematik (s. oben b.aa.) hat ein gesetzliches Verfahren einen wichtigen Vorteil: In der konkreten Krisensituation ist eine vertragliche Einigung schwer zu erreichen, weil die Akkordstörer den aussichtsreichen Versuch machen können, sich die Aufgabe ihrer Rechte teuer bezahlen zu lassen. Würden die Vereinbarungen

71 Bis zum 31.12.2001: nach den Grundsätzen der pVV i.V.m. § 278 BGB.

72 *Eidenmüller* bejaht sogar eine Erstreckung der Rücksichtnahmepflicht auf die (sonstigen) Gesellschaftsgläubiger und spricht daher auch ihnen einen Schadensersatzanspruch zu; näher *Eidenmüller* (1999), S. 380 f.

73 Nach einer Entscheidung des BGH vom 26.3.1984 sollen die für die GmbH entwickelten kapitalersatzrechtlichen Regeln im Grundsatz auch auf die Aktiengesellschaft anwendbar sein, s. BGHZ 90, S. 381 ff.

74 Näher *Eidenmüller* (1999), S. 390 ff.

über die Vorgehensweise in der Krise jedoch zu einem Zeitpunkt weit vor der Krise getroffen, in dem den Beteiligten ihre individuelle Betroffenheit im Falle des Kriseneintritts noch nicht bekannt ist, so wäre eine Einigung weitaus einfacher zu erzielen: Der „Schleier des Nichtwissens" („the veil of ignorance"), der über den Beteiligten läge, würde sie gleich machen. Individuelle Interessen würden verallgemeinerungsfähig.[75] Ein Gesetz ähnelt einer solchen, weit vor der Krise getroffenen Vereinbarung und kann daher eine Problembewältigung ermöglichen, die in der konkreten Krisensituation nicht (mehr) erzielbar ist. Die deutsche Insolvenzordnung versucht das Akkordstörerproblem zu lösen, indem sie die Möglichkeit bietet, einzelne oder mehrere Gläubiger, die sich einem Reorganisationsplan widersetzen, zu majorisieren, sofern sie durch den Plan nicht schlechter gestellt werden, als sie ohne ihn stünden, §§ 244 I, 251 InsO. Das Obstruktionsverbot des § 245 InsO ermöglicht sogar das „Einfangen" einer ganzen Gläubigergruppe (näher zu den § 244 ff. InsO s. unten Kap. 3, B.III.3.). Verzögerungen des Verhandlungsprozesses (s. oben b.cc.) versucht die Insolvenzordnung durch zahlreiche Fristsetzungen und andere Vorschriften zur Verfahrensbeschleunigung entgegenzuwirken (s. für das Insolvenzplanverfahren z.B. §§ 231, 232 III, 235 I 2, 236, 252 I 1 InsO). Den Entzug betriebsnotwendigen Vermögens durch gesicherte Gläubiger (s. oben b.dd.) verhindert die Insolvenzordnung für sicherungsübereignete Gegenstände und sicherungshalber abgetretene Forderungen durch Übertragung des Verwertungsrechts auf den Insolvenzverwalter (s. §§ 51 Nr. 1, 166 I, II InsO). Für Gegenstände, die unter Eigentumsvorbehalt geliefert wurden, gibt § 107 II InsO dem Insolvenzverwalter das Recht, die Aussonderung bis zum Berichtstermin abzuwehren (also bis maximal drei Monate nach Verfahrenseröffnung, vgl. § 29 I Nr. 1, 2.Hs. InsO). Die Zwangsversteigerung oder Zwangsverwaltung von Grundstücken kann auf Antrag des Insolvenzverwalters (einstweilen) eingestellt werden, §§ 30d, 153b ZVG. Droht eine Vermögensverwertung, die einen Reorganisationsplan des Schuldners vereiteln könnte, durch den Insolvenzverwalter selbst, so kann dieser durch einen Aussetzungsantrag gem. § 233 InsO an weiteren Verwertungsmaßnahmen gehindert werden.

---

[75] *Schmidt*, AG 1981, S. 36 f., 39 f. Die Idee, dass Vereinbarungen einfacher erreichbar sind, wenn die Beteiligten noch nicht wissen, wie sie individuell betroffen sind, hat *Rawls* entwickelt; s. *Rawls* (1971), S. 136 ff. Von ihm stammt die Formulierung „under the veil of ignorance".

Insolvenzrechtliche Vorschriften können weitere wichtige Hilfestellungen bieten, die bei einer außergerichtlichen Reorganisation fehlen.[76] So unterstützt das deutsche Insolvenzrecht die Wiederherstellung und Aufrechterhaltung der Liquidität, indem Darlehen, die ein Insolvenzverwalter oder ein verfügungsberechtigter vorläufiger Insolvenzverwalter (vgl. § 22 I InsO) aufnehmen, als vorrangig zu berichtigende Masseverbindlichkeiten (§ 53 InsO) eingeordnet werden, §§ 55 I Nr. 1, II 1 InsO. Die in § 264 InsO vorgesehene Privilegierungsmöglichkeit für Neukredite, die während der Zeit der Planüberwachung aufgenommen werden, in einem späteren Insolvenzverfahren erleichtert die Aufnahme von Sanierungskrediten. Auch die Vorschriften über die Insolvenzanfechtung (§§ 129 ff. InsO) können einen Beitrag zur Verbesserung der Vermögens- und Liquiditätslage leisten, wenn es gelingt, werthaltige Anfechtungsansprüche durchzusetzen und auf diese Weise die Insolvenzmasse zu vergrößern.[77] Eine wichtige Hilfe bei der im Rahmen von Sanierungen meist unumgänglichen Personalkostenreduzierung bieten im deutschen Insolvenzverfahren die §§ 125 ff. InsO, die die Beendigung von Arbeitsverhältnissen erleichtern, und § 123 I InsO, der die Sozialplanansprüche zu entlassender Arbeitnehmer begrenzt. Auch das im deutschen Insolvenzverfahren bestehende Wahlrecht des Insolvenzverwalters hinsichtlich der Erfüllung nicht oder nicht vollständig erfüllter Verträge nach § 103 InsO, die Kündigungssperre des § 112 InsO für Miet- oder Pachtverhältnisse und die erleichterten Möglichkeiten einer Kündigung belastender Betriebsvereinbarungen nach § 120 InsO können wichtige Argumente gegen eine außergerichtliche Reorganisation liefern.

d. Es gibt verschiedene Hilfsmittel, mit deren Hilfe versucht werden kann, die (unter b.) genannten Hindernisse zu überwinden und ein außergerichtliches Reorganisationsvorhaben zu einem erfolgreichen Abschluss zu bringen. Große Bedeutung im Zusammenhang mit der Verbesserung der Erfolgsaussichten von Verhandlungen zwischen den Beteiligten wird der sog. Mediation beigemessen. Es handelt sich hierbei um ein „...außergerichtliches, freiwilliges Konfliktbehandlungsverfahren, in dem die Konfliktparteien mit Unterstützung eines neutralen Dritten, der keine eigene inhaltliche Entscheidungsbefugnis besitzt, ge-

---

[76] Vgl. zum Folgenden *Eidenmüller* (1999), S. 369 f.

[77] Das Anfechtungsrecht nach dem Anfechtungsgesetz bietet keinen gleichwertigen Ersatz; *Eidenmüller* (1999), S. 369, insbes. Fn. 216.

meinsam getragene, aufeinander bezogene Entscheidungen treffen bzw. Konfliktlösungen finden."[78] In dem Maße, in dem die Mediation oder andere Formen des Verhandlungsmanagements an Grenzen stoßen, kann die Lösung der Akkordstörerproblematik auch in einem System materiellrechtlicher Kooperationspflichten gesucht werden, wie es von *Eidenmüller* entwickelt wurde.[79] Ziel eines solchen Systems ist es, den auf der Außenseite eines außergerichtlichen Reorganisationsvorhabens Beteiligten (d.h. insbesondere den Gläubigern) Pflichten zur Verhandlung über die Reorganisation eines notleidenden Unternehmens und Pflichten zur Zustimmung zu bestimmten Reorganisationsmaßnahmen aufzuerlegen.[80] In der Diskussion um die Bewältigung der Akkordstörerproblematik spielt schließlich der aus der US-amerikanischen Insolvenzpraxis stammende „vorgefertigte Konkurs" („prepackaged bankruptcy") eine gewisse Rolle. Hierbei finden die wesentlichen Verhandlungen über einen Reorganisationsplan außerhalb eines gesetzlichen Verfahrens statt. Lediglich zur Einbindung potentieller Akkordstörer bedienen sich die Beteiligten der Bestimmungen des gesetzlichen Insolvenzverfahrens über den „automatic stay" und die Zulässigkeit von Mehrheitsentscheidungen.[81] Die „prepackaged bankruptcy" steht also zwischen außergerichtlicher und gerichtlich überwachter Unternehmensreorganisation. Ihre Übertragbarkeit auf deutsche Verhältnisse, d.h. die Verwendung vorgefertigter Insolvenzpläne („prepackaged plans") und die Nutzung der Vorschriften des Insolvenzplanverfahrens zur Einbindung von Akkordstörern, erscheint möglich. Die Vorteile die sich aus dieser „Kombination" von außerge-

---

[78] *Schuhmacher/Thiemann*, DZWIR 1999, S. 441. Ausführlich zur Mediation bei außergerichtlichen Unternehmensreorganisationen *Eidenmüller* (1999), S. 309 ff., 529 ff. Die Bedeutung der Mediation als Konfliktlösungsinstrument wird auch für das Insolvenzplanverfahren der InsO diskutiert; s. *Eidenmüller* (1999), S. 536 ff.; *Kassing*, ZInsO 1999, S. 266 ff.; *Schuhmacher/Thiemann*, DZWIR 1999, S. 441 ff.

[79] *Eidenmüller* (1999), S. 555 ff.; *Eidenmüller*, ZHR 1996, S. 344 ff., insbes. S. 354 ff.

[80] *Eidenmüller* sieht eine tragfähige Rechtsgrundlage für derartige Kooperationspflichten in dem „gesellschaftsähnlichen Verhältnis" aller auf der Außenseite eines außergerichtlichen Reorganisationsvorhabens Beteiligten; s. *Eidenmüller* (1999), S. 583 ff.

[81] Vgl. 11 USC §§ 362, 1126 (näher zu diesen Vorschriften unten Kap.3, A.II. und III.); ausführlich zur „prepackaged bankruptcy" *Braun/Uhlenbruck* (1997), S. 560 ff., *Eidenmüller* (1999), S. 437 ff.

richtlicher Reorganisation und Reorganisation in einem gerichtlich überwachten Verfahren ergeben, werden jedoch unterschiedlich beurteilt.[82]

3. Ergebnis

Die (unter 2.d.) genannten Hilfsmittel zur Lösung der in einem außergerichtlichen Reorganisationsverfahren zentralen Akkordstörerproblematik ermöglichen – wie die Sanierungspraxis belegt – oftmals den erfolgreichen Abschluss der Verhandlungen. Sie stellen jedoch kein „Allheilmittel" dar. Die Diskussion um ein System von Kooperationspflichten steht – obgleich sie vielversprechend erscheint – noch am Anfang.[83] Die (unter 2.b.) genannten Hindernisse, die einer freien Sanierung in Form der Reorganisation entgegenstehen können, sind daher (gegenwärtig) nicht völlig ausräumbar. Die vollständige Ersetzung eines gesetzlichen Insolvenzverfahrens durch außergerichtliche („freie") Verhandlungen nach Eintritt der finanziellen Krise erscheint für den Bereich der Reorganisation eines Unternehmens daher nicht möglich. Der Vorschlag, die außergerichtliche Unternehmensreorganisation auf dem Wege einer „prepackaged bankruptcy" zu optimieren, zielt ohnehin nicht auf eine Umgehung des gesetzlichen Insolvenzverfahrens; vielmehr wird hier versucht, das Akkordstörerproblem gerade unter Einbeziehung der Regelungen des gesetzlichen Insolvenzverfahrens und ihrer Vorteile zu lösen.

---

[82] Vgl. einerseits (optimistisch) *Braun/Uhlenbruck* (1997), S. 561 f., andererseits (skeptisch) *Eidenmüller* (1999), S. 442 ff. *Eidenmüllers* Skepsis beruht darauf, dass sog. pre-voted prepacks, bei denen die Abstimmung über einen Plan bereits vor Einleitung des Insolvenzverfahrens stattfinde, in Deutschland nicht möglich seien. Gerade in der vorgezogenen Abstimmung liege jedoch der entscheidende Effizienzvorteil einer prepackaged bankruptcy.

[83] So vertrat der BGH in seinem Urteil vom 12.12.1991 (BGHZ 116, S. 319 (Leitsatz a)) noch folgende Auffassung: „Nach geltendem Recht entfaltet ein außergerichtlicher Sanierungsvergleich eine Bindungswirkung nur für diejenigen Gläubiger, die ihn geschlossen haben. Sog. Akkordstörer sind grundsätzlich auch dann nicht gehindert, ihre Ansprüche gegen den Schuldner uneingeschränkt durchzusetzen, wenn eine ganz überwiegende Mehrheit der Gläubiger einen derartigen Vergleich befürwortet."

III. Zusammenfassung der Ergebnisse

Ziel dieses Abschnitts war die Beantwortung der Frage, ob ein gesetzliches Insolvenzverfahren entbehrlich ist, weil es andere Möglichkeiten gibt, eine kollektive Haftungsverwirklichung zu erreichen. Die Idee einer Insolvenzbewältigung ausschließlich auf der Basis vertraglicher Regelungen, die bereits vor Kriseneintritt (ex ante) getroffen werden, wird auf Grund der vermuteten Nachteile (insbesondere der hohen Transaktionskosten), teilweise von vornherein verworfen. Selbst Befürworter geben jedoch zu, dass gegenwärtig unüberwindliche Hürden eine Umsetzung der Idee vereiteln. Auch die vollständige Ersetzung eines gesetzlichen Insolvenzverfahrens durch außergerichtliche Verhandlungen, die ex post, d.h. nach Eintritt einer finanziellen Krise, stattfinden, sieht sich vor Hindernisse gestellt. Oftmals sind die Hindernisse für eine freie Sanierung in Form einer Reorganisation – auf diese Form der außergerichtlichen Insolvenzbewältigung wurde die Betrachtung beschränkt – überwindbar. Für den Fall, dass die Schwierigkeiten, insbesondere die Akkordstörerproblematik, nicht bewältigt werden können, muss jedoch ein gesetzliches Insolvenzverfahren zur Verfügung stehen. Die weiteren Ausführungen gehen daher von der Notwendigkeit eines gesetzlichen Verfahren aus. Auf dieses soll der Blick nachfolgend gerichtet und beschränkt werden.

Kapitel 2: Konzeptionelle Ansätze zur Gestaltung einer Insolvenzrechtsordnung

Nachdem im vorangegangenen Kapitel die Notwendigkeit eines gesetzlichen Insolvenzverfahrens begründet wurde, stellt sich nun die Frage, welchem konzeptionellen Ansatz ein solches unterliegen sollte. Um einen Bewertungsmaßstab für einen Verfahrensvorschlag wie denjenigen von *Bebchuk* zu gewinnen, ist Klarheit darüber anzustreben, welche Ziele ein Insolvenzverfahren verfolgen sollte. Auch für die Besprechung der Schwächen des US-amerikanischen Reorganisationsverfahrens nach Chapter 11 BC und des deutschen Insolvenzplanverfahrens im Zweiten Teil der Arbeit soll die Suche nach den Zielen eines Insolvenzverfahrens hilfreich sein. Es geht an dieser Stelle nur um die grundlegenden Verfahrensziele, die mit einem bestimmten Verständnis von Unternehmensinsolvenz und Unternehmensinsolvenzrecht verbunden sind. Verschiedene „Unterziele“, die bei der Gestaltung eines Insolvenzverfahrens Bedeutung haben können (z.B. Kostengünstigkeit, Effizienz, kurze Verfahrensdauer), sind hier nicht Gegenstand der Betrachtung.[1]

In der Literatur finden sich eine ganze Reihe konzeptioneller Ansätze, die teilweise gegensätzliche Positionen einnehmen, sich teilweise aber auch überschneiden oder nahezu decken.[2] Zum Teil handelt es sich nicht um geschlossene Konzepte, weil eine Beschränkung auf Teilaspekte vorgenommen wird.[3] Zwei zentrale Konzepte sollen hier in ihren Grundzügen beschrieben und kritisch gewürdigt werden. Es handelt sich zum einen um die Ideen von *Baird* und *Jackson*, die mit ihren in den achtziger Jahren (zum Teil in Zusammenarbeit) entstandenen Beiträgen zur „economic analysis of bankruptcy law“ die Sichtweise des Unternehmensinsolvenzrechts in den USA, aber auch in Deutschland, bis heute entscheidend geprägt haben (Punkt B.).[4] Zuvor soll das Konzept von *Warren* dargestellt werden, das eine ganz andere Sichtweise des Insolvenzrechts repräsentiert (Punkt A.).[5]

---

1 Einige dieser „Unterziele“ werden im Zweiten Teil der Arbeit im Rahmen der Erörterung zentraler Schwächen des US-amerikanischen Reorganisationsverfahrens und des deutschen Insolvenzplanverfahrens näher betrachtet.

2 Vgl. die Darstellungen verschiedener Konzepte bei *Finch*, Oxford J. of Legal St. 1997, S. 227 ff.; s. auch die Darstellung einiger konzeptioneller Ansätze deutscher Autoren bei *Schiessler* (1997), S. 42 ff.

3 So beschränkt sich bspw. ein Vorschlag der IG Metall auf die Formulierung der Ziele eines Sanierungsverfahrens, während die möglichen Ziele eines Liquidationsverfahrens offen gelassen werden; s. *Vorstand der Industriegewerkschaft Metall für die Bundesrepublik Deutschland* (1982), S. 9 ff.

4 S. z.B. *Skeel*, Wisconsin L.R. 1993, S. 469: „...the path-breaking work on bankruptcy theory done by Douglas Baird and Thomas Jackson in the 1980s.” Es handelt sich u.a. um folgende Beiträge: *Baird*, Law and Cont. Pr. 1987, S. 173 ff.; *Baird*, Univ. of Chic. L.R. 1987, S. 815 ff.; *Baird/Jackson*, Univ. of Chic. L.R. 1984, S. 97 ff.; *Jackson*, 91 Yale L.J. 1982, S. 857 ff.; *Jackson*, j. of legal st. 1985, S. 73 ff.; *Jackson* (1986). Zur Beeinflussung der rechts- und wirtschaftswissenschaftlichen Diskussion in Deutschland durch die Ideen von *Baird* und *Jackson* vgl. Balz, ZIP 1988, S. 1438 ff., Drukarczyk ZIP 1989, S. 342; vgl. auch die Einführung der Arbeit (unter 1.).

5 *Warren*, Univ. of Chic. L.R. 1987, S. 775 ff.

A. *Warrens* „traditionelle Sichtweise" des Insolvenzrechts

Warren sieht die Aufgabe des Insolvenzrechts darin, die durch die Insolvenz eines Unternehmens entstandenen Verluste gerecht zu verteilen.[6] „Bankruptcy is simply a (...) scheme designed to distribute the costs among those at risk."[7] Auch ohne ein Insolvenzrecht seien die Verluste, die mit der finanziellen Krise eines Unternehmens verbunden seien, von irgendjemandem zu tragen. Die Verteilung der Lasten würde sich dann möglicherweise nach der Zugriffsgeschwindigkeit der Gläubiger oder nach deren Einflussmöglichkeiten auf den Schuldner richten. Das Insolvenzrecht solle ein geeigneteres Verteilungsschema bereitstellen. Bei der Gestaltung eines solchen Verteilungsschemas seien viele verschiedene Interessen zu beachten, die teilweise miteinander im Widerstreit stünden und gegeneinander abzuwägen seien. Zu diesem Zweck müssten schwierige Wertentscheidungen getroffen werden. *Warren* nennt einige wichtige Faktoren, die bei der Verteilung der Lasten zu beachten seien, weist jedoch ausdrücklich darauf hin, dass es sich nicht um eine abschließende Aufzählung handele.[8] So spiele das „beinahe axiomatische Prinzip" eine Rolle, dass Anteilseigner die Insolvenzlasten bis hin zum völligen Verlust ihrer Anteilsrechte zu tragen hätten, da sie auch diejenigen seien, die am stärksten vom Erfolg des Unternehmens profitierten. Für die Verteilungsentscheidung sei auch relevant, dass es Beteiligte gäbe, denen es besonders schwer fiele, die Lasten, die mit dem Scheitern eines Unternehmens verbunden seien, mitzutragen. Dies könne bspw. auf Arbeitnehmer des Schuldnerunternehmens zutreffen, die regelmäßig nur für eben dieses Unternehmen tätig seien und daher keine Risikostreuung für den Fall einer finanziellen Krise vorgenommen hätten. Einschnitte, die bei den Gehaltszahlungen vorgenommen würden, träfen sie daher besonders hart. Die Entscheidung, wie die Lasten einer Unternehmensinsolvenz zu verteilen seien, müsse sich hier also (auch) von sozialpolitischen Erwägungen leiten lassen. Andererseits seien bei der Verteilung der Lasten Beeinträchtigungen der Rechtspositionen einzelner Beteiligten durchaus denkbar, wenn diese erforderlich seien, um

---

[6] *Warren*, Univ. of Chic. L.R. 1987, S. 789 ff. Die in der Überschrift gewählte Bezeichnung des Konzepts von *Warren* als „traditional view" stammt von *Baird*, Univ. of Chic. L.R. 1987, S. 816.

[7] *Warren*, Univ. of Chic. L.R. 1987, S. 790; *Warren* spricht uneinheitlich von Kosten- oder von Verlustverteilung.

[8] S. *Warren*, Univ. of Chic. L.R. 1987, S. 790 ff.

das Krisenunternehmen am Leben zu erhalten. So seien Anspruchskürzungen bei Arbeitnehmern unter Umständen hinnehmbar, wenn dadurch das Überleben des Unternehmens sichergestellt werde.

Die Fortführung eines Unternehmens sieht *Warren* als sinnvoll an, wenn sie dem Verteilungsinteresse insgesamt dienlich sei.[9] Dabei seien nicht nur die Interessen der Gläubiger zu beachten, sondern bspw. auch die der Arbeitnehmer, die im Falle der Zerschlagung des Unternehmens ihren Arbeitsplatz verlören, die der Kunden und Lieferanten, die möglicherweise auf ihren Anbieter bzw. Abnehmer angewiesen seien, die der Eigentümer angrenzender Grundstücke, deren Wert durch eine Unternehmenszerschlagung beeinflusst würde und die des Fiskus, dessen Steuereinnahmen von der Unternehmensfortführung abhingen.

Warren weist darauf hin, dass ihre Sichtweise des Insolvenzrechts nicht unmittelbar Antworten auf konkrete gesetzgeberische Fragen liefere.[10] Sie gebe lediglich einen Rahmen vor, der gesetzgeberische Entscheidungen leiten könne. Um konkrete Antworten zu erhalten, müsse untersucht werden, welche Werte durch das insolvenzrechtliche Verteilungsschema geschützt werden müssten und wie eine effektive (gesetzliche) Implementierung der getroffenen Wertentscheidungen erfolgen könne. Auf die Beantwortung dieser Fragen habe sich die Insolvenzpolitik zu konzentrieren. Zur Bestimmung der Verteilungsziele, die das Insolvenzrecht erreichen solle, seien eine ganze Reihe von Untersuchungen erforderlich. So müsse geklärt werden, wer in welchem Ausmaß durch eine Unternehmensinsolvenz geschädigt werde, ob (und zu welchen Kosten) der Schaden vermieden werden könne, wer von der Krise profitiere, wer in der Lage sei, das Risiko einer Unternehmensinsolvenz abzuschätzen, wer in welchem Ausmaß zum Scheitern eines Unternehmens beigetragen habe, wer am ehesten in der Lage sei, die Lasten einer Insolvenz zu tragen, wer damit rechnen musste, diese Lasten zu tragen, usw.[11]

---

9 S. *Warren*, Univ. of Chic. L.R. 1987, S. 787 f.

10 S. *Warren*, Univ. of Chic. L.R. 1987, S. 795 ff.

11 *Warren*, Univ. of Chic. L.R. 1987, S. 796. Vgl. auch die Ähnlichkeiten mit dem von *Korobkin* entwickelten „value-based account". Auch *Korobkin* glaubt, dass das Insolvenzrecht dem Schutz von Werten dient; s. *Korobkin*, Columbia L.R. 1991, S. 722 und S. 781: „The value-based account (...) explains bankruptcy law as a system with varied contours and dimensions, having the distinct function of facilitating the expression and

B. Der ökonomische Ansatz von *Baird* und *Jackson*

Ausgangspunkt der Überlegungen von *Baird* und *Jackson* ist die Frage nach der zentralen ökonomischen Funktion des Insolvenzrechts.[12] Sie gehen davon aus, dass das Insolvenzrecht der kollektiven Haftungsverwirklichung („collective debt-collection") dient. Dies sei die ursprüngliche Rolle des Insolvenzrechts, die nach wie vor weitestgehend unbestritten sei.[13] Die Situation der Gläubiger eines insolventen Unternehmens ließe sich als Gefangenendilemma (oder alternativ als „common pool"-Problem) beschreiben: Ein Insolvenzverfahren werde benötigt, damit das Kollektiv der Gläubiger nicht durch eigennütziges Vorgehen Einzelner gegen den Schuldner geschädigt werde. Nur durch ein kollektives Vorgehen könnten Einbußen der Gläubigergesamtheit vermieden und somit eine Maximierung des haftenden Schuldnervermögens erreicht werden (s. zum „prisoner's dilemma" und zu den Vorteilen einer Kollektivierung der Rechtsverfolgung bereits oben Kap. 1, A.). *Jackson* beschreibt die aus seiner Sicht zentrale Aufgabe des Insolvenzrechts zusammenfassend wie folgt: „Bankruptcy provides a collective forum for sorting out the rights of „owners" (creditors and others with rights against a debtor's assets) and can be justified because it provides protection against the destructive effects of an individual remedies system when there are not enough assets to go around."[14]

---

recognition of those diverse values important in dealing with financial distress. (...) the value-based account understands bankruptcy law's economic and noneconomic dimensions, and the principle of fairness as a moral, political, personal, and social value."

12 S. *Jackson* (1986), S. 7 ff. Die in der Überschrift gewählte Charakterisierung des Konzepts als „ökonomischer Ansatz" („economic approach"/„economic account") wurde von *Finch*, Oxford J. of Legal St. 1997, S. 232 und *Korobkin*, Columbia L.R. 1991, S. 722 übernommen.

13 Die zweite wesentliche Funktion, die *Baird* und *Jackson* dem Insolvenzrecht zuschreiben, die Ermöglichung eines „fresh start" für den Schuldner, bleibt hier außer Betracht. Sie spielt nur im Zusammenhang mit natürlichen Personen eine Rolle. Vgl. *Baird* (1993), S. 28 ff.; *Jackson* (1986), S. 4 f., 225 ff.

14 *Jackson* (1986), S. 20. S. auch *Baird/Jackson*, Univ. of Chic. L.R. 1984, S. 105 f.: „Bankruptcy law is fundamentally a collective proceeding (...). Bankruptcy law, at bottom, is designed to require (...) investors to act collectively rather than to take individual actions that are not in the interests of the investors as a group." Von *Jackson* stammt auch die These, dass das Insolvenzrecht als ein System angesehen werden müsse, das eine Vereinbarung widerspiegele, wie sie entstünde, wenn die Gläubiger in der Lage wären, sich bereits weit im Vorfeld einer Insolvenz unter einem „Schleier des Nichtwissens" („veil of ignorance") über die Vorgehensweise in der Insolvenz zu einigen; vgl. *Jackson* (1986),

Es war und ist kaum bestritten, dass das Insolvenzrecht dazu dienen kann, unter Knappheitsbedingungen eine vorteilhafte kollektive Haftungsverwirklichung zu erreichen. *Baird* und *Jackson* leiten nun aus dieser weithin anerkannten Rolle des Insolvenzrechts die Grenzen ab, die im Hinblick auf weitere denkbare Aufgaben des Insolvenzrechts gesetzt werden müssen.[15] Aus der zentralen Kollektivierungsfunktion, die das Insolvenzrecht erfüllen soll, folgt ihrer Meinung nach zugleich, was das Insolvenzrecht nicht darf bzw. welchen Zwecken es nicht dient.

So sei es nicht Aufgabe des Insolvenzrechts, die relativen Berechtigungen („relative entitlements“) der Beteiligten an dem Vermögen eines insolventen Unternehmens zu verändern.[16] *Jackson* spricht von „relativen“ Berechtigungen, weil er sich dessen bewusst ist, dass die Vorinsolvenzrechte der Beteiligten im Insolvenzverfahren nicht völlig unverändert fortbestehen können. Dies zeige sich schon daran, dass den Gläubigern die Möglichkeit der Einzelzwangsvollstreckung genommen werden müsse, um das Kollektivierungsziel zu erreichen. Entscheidend sei, dass den einzelnen Beteiligten die relativen (wirtschaftlichen) Werte, die ihren Rechtspositionen gegenüber den Rechtspositionen anderer Beteiligter vor Eröffnung des Insolvenzverfahrens beizumessen seien, im Insolvenzverfahren erhalten blieben. Denn auch wenn ein unverändertes Fortbestehen der Rechtspositionen nicht möglich sei, so rechtfertige der Übergang von einem System der individuellen zu einem System der kollektiven Rechtsverfolgung, wie er durch das Insolvenzrecht bewirkt werden solle, nicht eine Veränderung dieser relativen Werte. Erhalt der relativen Berechtigungen bedeute für ungesicherte Gläubiger, dass diese untereinander anteilig, mit der gleichen Quote, befriedigt werden müssten. Dies gelte unabhängig davon, ob es sich bei dem ungesicherten Gläubiger um die Bank of America oder um den Gläubiger einer Schadensersatzforderung aus unerlaubter Handlung handele. Das Insolvenzrecht habe sich auf seine Aufgabe der Kollektivierung der Haftungsverwirklichung zu beschränken und müsse es hinnehmen, wenn außerinsolvenzrechtliche Regelun-

S. 17 sowie oben Kap. 1, B.II.2.c. Eine so getroffene Vereinbarung würde ein Kollektivverfahren vorsehen. Diese These *Jacksons* ist unter der Bezeichnung „creditors`bargain theory“ bekannt geworden; s. *Finch*, Oxford J. of Legal St. 1997, S. 231.

15 S. *Jackson* (1986), S. 7: „To show why bankruptcy's principal role limits what other functions it can usefully perform is the objective of this book.”

16 Vgl. *Jackson* (1986), S. 27 ff.

gen – das „nonbankruptcy law" – diese (eigentlich sehr verschiedenen) Gläubiger untereinander mit gleichen Rechten ausstatteten. Auch im Hinblick auf gesicherte Gläubiger habe sich das Insolvenzrecht auf die Lösung des Kollektivhandlungsproblems zu beschränken. Daher seien die relativen Werte der Rechtspositionen der gesicherten Gläubiger – insbesondere gegenüber den Werten der Rechtspositionen ungesicherter Gläubiger – so zu akzeptieren, wie sie durch die außerinsolvenzrechtlichen Regelungen vorgegeben seien.[17] In Bezug auf die gesicherten Gläubiger bedeute das Konzept der relativen Berechtigungen nicht, dass diese Gläubiger im Insolvenzverfahren weiterhin berechtigt sein müssten, die Gegenstände, an denen Sicherungsrechte bestünden, dem schuldnerischen Vermögen zu entziehen.[18] Die Einschränkung der vorinsolvenzlichen Rechtspositionen gesicherter Gläubiger durch Verhinderung des Entzugs einzelner Vermögensgegenstände sei erforderlich, um das Ziel der Maximierung des haftenden Schuldnervermögens durch ein kollektives Vorgehen nicht zu vereiteln. Denn möglicherweise sei das Vermögen des Schuldners als Einheit mehr wert als in Einzelteilen. Die Einschränkung vorinsolvenzlicher Rechtspositionen sei also durchaus legitim, wenn sonst das Ziel der Maximierung des Schuldnervermögens durch Kollektivierung der Haftungsverwirklichung gefährdet werde. Diese Möglichkeit der Einschränkung vorinsolvenzrechtlicher Rechtspositionen verdeutliche den Unterschied zwischen einer – nicht zwingend erforderlichen – *vollen* Respektierung von Vorinsolvenzrechten und einer – erforderlichen – Respektierung der *relativen Werte* von Rechtspositionen.

Baird und *Jackson* erläutern, warum das Insolvenzrecht die relativen Berechtigungen der Beteiligten nicht verändern darf: Die Veränderung relativer Rechtspositionen laufe dem Ziel der kollektiven Haftungsverwirklichung zuwider, da sie für einige Rechtsinhaber unweigerlich Anreize schaffe, aus verteilungspolitischen Motiven ein Insolvenzverfahren auszulösen, auch wenn dessen Durchführung nicht im Interesse des Kollektivs der Beteiligten sei.[19] Mit anderen Worten: Die Änderung relativer Berechtigungen durch das Insolvenzrecht schaffe An-

[17] Nichts anderes gelte bezüglich der Anteilsinhaber, s. *Jackson* (1986), S. 62.
[18] Vgl. *Jackson* (1986), S. 57 ff.
[19] *Jackson* (1986), S. 21, 61; *Baird*, Law and Cont. Pr. 1987, S. 185 f.; s. auch *Baird/Jackson*, Univ. of Chic. L.R. 1984, S. 100 ff.

reize zu einem „forum shopping“ zwischen Insolvenzverfahren und dem Vorgehen außerhalb des Insolvenzverfahrens. Eine Maximierung des haftenden Schuldnervermögens durch die Kollektivierung der Haftungsverwirklichung setze voraus, dass die Beteiligten die bestmögliche Entscheidung über die Allokation („deployment“) des Schuldnervermögens treffen. Wie die Entscheidung ausfalle, dürfe prinzipiell nicht davon abhängen, ob ein einziger Eigentümer oder eine Vielzahl Berechtigter über die Verwendung des Vermögens entscheiden. Die dementsprechende Koordinierung der Beteiligten sei durch das Insolvenzrecht zu gewährleisten. Die Koordinierung werde jedoch verunmöglicht, wenn das Insolvenzrecht die relativen Berechtigungen der Beteiligten verändere. Es sei bspw. denkbar, dass eine insolvenzrechtliche Regelung die relativen Berechtigungen zwischen gesicherten und ungesicherten Gläubigern ändere, indem es eine völlige Gleichbehandlung dieser Gläubigergruppen in der Insolvenz anordne.[20] Die erste Konsequenz einer solchen Regelung wäre ein ansteigen der Kreditkosten für die nun riskanter gewordenen gesicherten Kredite und ein sinken der Kreditkosten für die nun weniger riskanten ungesicherten Kredite. Für sich genommen, müsse dies nicht negativ sein. Es sei jedoch erforderlich, die gesicherten Kredite durch die allgemeinen, außerinsolvenzrechtlichen Regelungen schlechter zu stellen oder ganz zu verbieten, sofern man der Auffassung sei, dass gesicherte Gläubiger zu gut stünden. Stelle man gesicherte Kredite nur durch das Insolvenzrecht schlechter, so führe dies dazu, dass die Durchführung eines Insolvenzverfahrens für ungesicherte Gläubiger nur aufgrund ihrer Besserstellung gegenüber der Rechtsverfolgung außerhalb eines Insolvenzverfahrens attraktiv sei. Sie würden ein Insolvenzverfahren also selbst dann vorziehen, wenn dieses für die Gesamtheit der Gläubiger nicht zu einer Maximierung der Haftungsmasse führe. Letztlich würde genau das Problem wieder eingeführt, das eigentlich durch das Insolvenzrecht gelöst werden sollte: die Schädigung des Kollektivs der Beteiligten durch eigennütziges individuelles Verhalten. Reichtumsverschiebungen unter den Beteiligten, die allein aus der Eröffnung eines Insolvenzverfahrens resultieren (sog. „windfall profits“), seien daher zu vermei-

20 Vgl. *Jackson* (1986), S. 61.

den, indem die relativen Berechtigungen der Beteiligten durch das Insolvenzrecht nicht verändert werden.[21]

Baird und *Jackson* betonen, es könne auch keine selbstständige Aufgabe eines Insolvenzrechts sein, ein Unternehmen – etwa zur Rettung von Arbeitsplätzen – am Leben zu erhalten.[22] Eine Unternehmenserhaltung sei nur dann anzustreben, wenn diese mit der Aufgabe der Maximierung des haftenden Schuldnervermögens durch die Kollektivierung der Haftungsverwirklichung in Einklang stehe. Man könne durchaus der Ansicht sein, dass bspw. Arbeitnehmern ein Recht auf die Erhaltung des Unternehmens (bzw. auf Beteiligung an der Entscheidung über die Erhaltung), also auf die weitere Verwendung des Unternehmensvermögens in der bisherigen Form, zugestanden werden müsse.[23] Dies sei jedoch keine spezifisch insolvenzrechtliche Frage. Die bestehenden außerinsolvenzrechtlichen Regelungen sähen keine Rechte der Arbeitnehmer an dem Vermögen des Unternehmens, wie sie bspw. Gläubigern oder Aktionären nach materiellem Recht zustünden, vor. Daher seien die „Eigentümer" (also alle Personen mit Rechten an dem Unternehmensvermögen) grundsätzlich jederzeit berechtigt, ihr Unternehmen zu schließen ohne die Erlaubnis der Arbeitnehmer einzuholen, wenn dies die wertmaximierende Entscheidung sei. Die Tatsache, dass diese Eigentümer im Insolvenzfall ein Kollektivhandlungsproblem hätten und daher ein Kollektivierungsverfahren anwenden müssten, sei kein Grund, einer neuen Gruppe – den Arbeitnehmern – Rechte zu gewähren, die sie außerhalb eines solchen Verfahrens nicht hätten.[24] Die Frage, ob Arbeitnehmern derartige Rechte zustehen sollen, sei – ebenso wie die Frage, welche Position gesicherte Gläubiger gegenüber ungesicherten einnehmen sollen – außerhalb des Insolvenzrechts zu regeln. Arbeitnehmer als Opfer wirtschaftlicher Krisen zu schüt-

---

[21] Auch der Supreme Court hielt es im Falle Butner v. United States, 440 U.S. 48, 54 f. (1979) für notwendig, „...to prevent a party from receiving a windfall merely by reason of the happenstance of bankruptcy."

[22] Vgl. *Jackson* (1986), S. 24 ff.; *Baird*, Law and Cont. Pr. 1987, S. 184 ff.

[23] S. *Baird*, Law and Cont. Pr. 1987, S. 186: „A law could provide that when a firm liquidated or when its assets were put to a substantially different use, the workers who would lose their jobs as a result would have a right to some fraction of their annual salary, adjusted by the length of their service."

[24] Die Auffassung, dass im Insolvenzverfahren alle real betroffenen Interessen auf das Forum, auf dem über die Zukunft des Unternehmens verhandelt wird, herbeitreten können müssten (so *Flessner* (1982), S. 197), geht hingegen in diese Richtung.

zen, sei eine wichtige soziale und gesetzgeberische Aufgabe. Es handele sich jedoch nicht um eine insolvenzspezifische Frage. Ein Insolvenzverfahren sei unabhängig davon, wie diese Frage beantwortet werde, erforderlich, um das Kollektivhandlungsproblem der an einer Insolvenz Beteiligten zu lösen. *Jackson* betrachtet die Schaffung einer besonderen insolvenzrechtlichen Regelung, die den Arbeitnehmern im Insolvenzverfahren Rechte zugesteht, die sie sonst nicht innehaben, noch aus einem anderen Blickwinkel. Er sieht in ihr ein Beispiel für die (zuvor erläuterte) unerwünschte Änderung relativer Berechtigungen der Beteiligten und deren negative Folgen:[25] Würden Arbeitnehmer mit der Durchführung eines Insolvenzverfahrens Rechte gewährt, die ihnen außerhalb des Verfahrens nicht zustünden, so stelle dies eine Veränderung der relativen Berechtigungen der Beteiligten dar. Für die durch die insolvenzrechtlichen Regelungen bevorzugten Arbeitnehmer bestünde ein Anreiz, ein Insolvenzverfahren in Gang zu setzen, selbst wenn dies für das Kollektiv der Beteiligten nachteilig wäre. Eine sinnvolle Koordinierung der Interessen der Beteiligten mit dem Ziel der Maximierung des haftenden Schuldnervermögens werde so vereitelt.

Im Hinblick auf das Reorganisationsverfahren in Chapter 11 BC ziehen *Baird* und *Jackson* aus den angestellten Überlegungen den Schluss, dass sein Wert daran zu messen sei, ob es eine Allokation des Schuldnervermögens fördert, die zu einer Maximierung der Haftungsmasse führt.[26] Das Reorganisationsverfahren dürfe nicht die selbständige Aufgabe erhalten, Unternehmen „Raum zum Atmen“ zu verschaffen oder Arbeitsplätze zu bewahren.

C. Kritische Würdigung

Baird und *Jackson* sehen die zentrale Aufgabe des Insolvenzrechts in der Lösung des Kollektivhandlungsproblems der Beteiligten und – damit verbunden – in der Maximierung der zur Verfügung stehenden Haftungsmasse. Die Änderung der relativen Berechtigungen der Beteiligten laufe diesem Ziel zuwider. Für *Warren* steht demgegenüber die gerechte Verteilung der Insolvenzlasten unter den von der Insolvenz Betroffenen ganz im Mittelpunkt der Betrachtung.

[25] *Jackson* (1986), S. 22 ff., 26.
[26] *Jackson* (1986), S. 210.

Eine Verschiebung der relativen Berechtigungen der Beteiligten nimmt sie dabei – sozusagen als „Nebenprodukt" – in Kauf. Nach ihrer Auffassung stellt die Insolvenz eine Sondersituation dar, in der es zu solchen Verschiebungen kommen kann.

Warren gesteht selbst ein, dass ihre Sichtweise von Insolvenz und Insolvenzrecht „...dirty, complex, elastic, (and) interconnected..." sei.[27] Sie fordert eine Verteilung der Insolvenzlasten unter Berücksichtigung einer Vielzahl verschiedener, teilweise miteinander im Widerstreit stehender Interessen. Ihrem Ansatz lassen sich jedoch kaum Bewertungshilfen entnehmen, die eine Gewichtung der beteiligten Interessen erleichtern. Welche Interessen verdienen den Schutz des Insolvenzrechts? Wie ist bspw. das Interesse an der Erhaltung von Arbeitsplätzen gegenüber dem Interesse an der Vermeidung potentieller Umweltschäden durch die Weiterführung des Unternehmens zu gewichten?[28] Die Schwierigkeiten erhöhen sich dadurch, dass keineswegs sicher ist, ob die Bevorzugung einzelner Interessen wirklich nur die erwünschten Auswirkungen hat. Wie wertvoll ist bspw. die Fortführung eines Unternehmens im Hinblick auf die Erhaltung von Arbeitsplätzen? Es ist ohne weiteres denkbar, dass sich die Fortführung eines unrentablen Unternehmens negativ auf die Gesamtzahl der Arbeitsplätze in einer Volkswirtschaft auswirkt. *Baird* verdeutlicht dies sehr plastisch: „Even if one wants to save jobs, it does not follow that allowing a bad restaurant to fold reduces the number of jobs in the economy. The hardware store, that replaced the restaurant, in fact, might hire more people. The person who bought the restaurant equipment might open another restaurant in a different city, become very successful, and need to hire more workers than the owner of the bad restaurant."[29] Ähnlich unklar sind die Auswirkungen einer Schlechterstellung von Gläubigern zu Gunsten anderer Beteiligter.[30] In Antizipation der Schlechterstellung erhöhen die Gläubiger möglicherweise die Kreditkosten. Dies könnte zu einer Abnahme der Investitionsbereitschaft, zu einer Abschwächung wirtschaftlicher Aktivitäten und schließlich zu erhöhter Arbeitslosigkeit führen. Die mit der Besser- oder Schlechterstellung einzelner Beteiligter intendierten Effekte

27 *Warren*, Univ. of Chic. L.R. 1987, S. 811.
28 Diese Frage stellt *Finch*, Oxford J. of Legal St. 1997, S. 237.
29 *Baird*, Law and Cont. Pr. 1987, S. 184; s. auch *Jackson* (1986), S. 25 Fn. 8.
30 Vgl. *Rasmussen/Skeel*, Am.Bankr.Inst.L.Rev. 1995, S. 87.

könnten daher sogar ins Gegenteil verkehrt werden. Die von *Warren* geforderten Untersuchungen dürften nur schwerlich brauchbare Antworten auf die gestellten Fragen ergeben. Hinzu kommt, dass die Zahl der in Frage kommenden Interessen kaum überschaubar ist. Beinahe jeder, vom Arbeitnehmer bis zum unbedeutenden Lieferanten, kann irgendeine vage Beeinträchtigung seiner Interessen durch das Scheitern des Schuldnerunternehmens geltend machen. Die Entscheidung, ab wann diese Interessen so unbedeutend sind, dass das Insolvenzrecht sie vernachlässigen kann, ist schwierig zu treffen. Wenn das Ergebnis lautet, dass sämtliche Interessen zu berücksichtigen sind, dann ist dies keine brauchbare Basis für praktische gesetzgeberische Entscheidungen. Das Resultat wäre, dass die Verteilungsentscheidungen den Insolvenzrichtern zu überlassen wären, denen auf diese Weise ungehemmte Machtbefugnisse eingeräumt und politisch beladene Entscheidungen aufgebürdet würden. Aufgrund der Schwierigkeit der Berücksichtigung und Bewertung der zahlreichen Interessen, erscheint es also fraglich, ob *Warrens* Ansatz eine wirkliche Hilfe bei der Gestaltung des Insolvenzrechts bietet.

Demgegenüber gibt der Ansatz von *Baird* und *Jackson* einfache Leitlinien dafür, was Thema insolvenzrechtlicher Fragestellungen sein kann und was nicht, was ein Insolvenzrecht also leisten muss und was es nicht versuchen sollte zu leisten: Das Insolvenzrecht solle das Kollektivhandlungsproblem der Beteiligten lösen, um die verfügbare Haftungsmasse zu erhöhen. Verteilungsfragen wollen *Baird* und *Jackson* den außerinsolvenzrechtlichen Regelungen überlassen.

Es fragt sich, ob diese schlichten Leitlinien den komplexen Problemen, die mit einer Unternehmensinsolvenz verbunden sind, gerecht werden. So wird eingewandt, dass *Baird* und *Jackson* die legitimen Interessen vieler, deren Positionen gegenüber dem Unternehmen rechtlich nicht (ausreichend) abgesichert sind – seien dies nun Manager, Lieferanten, Arbeitnehmer oder die Gesellschaft im Ganzen –, unberücksichtigt ließen.[31] Es gäbe eben neben den Gläubigern weitere Betroffene, die zwar nicht Inhaber formaler rechtlicher Positionen seien, aber dennoch unter einer Insolvenz beträchtlich zu leiden hätten. Im Insolvenzverfahren ginge es nicht nur um die Beachtung von Rechtspositionen und um wirtschaftliche Kalkulationen; vielmehr müssten auch moralische, politische, soziale

---

[31] Vgl. *Finch*, Oxford J. of Legal St. 1997, S. 231.

und persönliche Überlegungen ihren Platz haben. Diesen unbequemen Themen könne nicht durch das Spielen eines „...narrow game of logic..."[32] ausgewichen werden.

Baird und *Jackson* halten dem entgegen, dass die genannten Themen wichtig seien und durchaus behandelt werden müssten; sie bestreiten jedoch, dass ihre Behandlung durch das Insolvenzrecht erfolgen müsse. *Baird* und *Jackson* treffen also keine Aussage darüber, wer die Verluste im Falle des Scheiterns eines Unternehmens zu tragen hat, weil sie diese Frage nicht für eine insolvenzrechtliche halten. Das Insolvenzrecht habe sich lediglich mit den Fragestellungen zu befassen, die verbleiben, nachdem bereits entschieden ist, wie die Verluste zu verteilen sind. Die Ansätze von *Baird/Jackson* und *Warren* unterscheiden sich also nicht aufgrund politischer oder ideologischer Differenzen. Der Unterschied besteht vielmehr darin, dass *Baird* und *Jackson* die Fragen, die *Warren* dem Insolvenzrecht zuordnen will, dem Regelungsbereich der außerinsolvenzrechtlichen Normen zuordnen wollen.[33] Mit der Argumentation, der Ansatz von *Baird* und *Jackson* vernachlässige die Interessen einer Vielzahl durch eine Insolvenz Betroffener, ist daher nichts gewonnen. Um den Ansatz von *Baird* und *Jackson* wirkungsvoll anzugreifen, müssten vielmehr Gründe geliefert werden, warum das Insolvenzrecht Interessen schützen soll, die außerhalb eines Insolvenzverfahrens nicht geschützt sind.[34] Mit anderen Worten: Es müsste die These von *Baird* und *Jackson* angegriffen werden, dass es nicht Aufgabe des Insolvenzrechts sei, die relativen Berechtigungen der Beteiligten zu verändern. Die bloße Feststellung, dass es ungerecht sei, sich in der Insolvenz strikt an die (relativen) Berechtigungen, die außerhalb der Insolvenz gelten, zu halten, reicht nicht aus. Es müsste vielmehr dargelegt werden, warum die relativen Berechtigungen durch das Insolvenzrecht verändert werden sollen, während sie außerhalb des Insolvenzverfahrens hingenommen werden. Es wäre zu zeigen, dass eine Änderung der relativen Berechtigungen durch das Insolvenzrecht erforderlich ist, weil die Änderung durch außerinsolvenzrechtliche Regelungen nicht möglich ist. Solange dies nicht geschieht, spricht das von *Baird* und *Jackson* überzeugend

---

32 *Warren*, Univ. of Chic. L.R. 1987, S. 797.

33 S. *Baird*, Univ. of Chic. L.R. 1987, S. 834: „I believe that one can talk intelligently about bankruptcy without at the same time developing an all-encompassing view of social policy."

angeführte Argument des „forum shopping" für die Beibehaltung der relativen Berechtigungen im Insolvenzverfahren und gegen eine interessenorientierte (Um-)Verteilung: Es erscheint durchaus plausibel, dass eine Veränderung der relativen Berechtigungen die Beteiligten zur Auslösung oder Vermeidung eines Insolvenzverfahrens verleiten kann, obwohl diese für die Gesamtheit der Gläubiger unter dem Aspekt der Maximierung der Haftungsmasse suboptimal ist (vgl. oben B.).

Die Beschränkung der Funktion des Insolvenzrechts auf die Lösung des Kollektivhandlungsproblems der Beteiligten mit dem Ziel der Maximierung des haftenden Schuldnervermögens gibt klare Vorgaben für die Gestaltung eines Insolvenzrechts und ist dogmatisch überzeugend. Solange nicht dargelegt ist, warum schutzwürdigen Interessen nicht unabhängig von einem Insolvenzverfahren außerhalb des Insolvenzrechts rechtliche Bedeutung beigemessen werden kann, ist die klare Beschränkung des Aufgabenbereichs des Insolvenzrechts als Stärke und nicht als Schwäche des Ansatzes von *Baird* und *Jackson* zu werten. Bei der Bewertung des Optionsmodells von *Bebchuk* im Dritten Teil der Arbeit soll der Ansatz von *Baird* und *Jackson* daher als Bewertungsmaßstab dienen: Es soll Wert auf die Frage gelegt werden, ob das Optionsmodell eine vorteilhafte Alternative zur Lösung des Kollektivhandlungsproblems der Beteiligten bietet, ob es also insbesondere eine Maximierung des haftenden Schuldnervermögens unter Beachtung der relativen Berechtigungen der Beteiligten ermöglicht. Auch bei der Besprechung zentraler Schwächen des US-amerikanischen Reorganisationsverfahrens nach Chapter 11 BC und des deutschen Insolvenzplanverfahrens im Zweiten Teil der Arbeit sollen die Anforderungen, die *Baird* und *Jackson* an ein Insolvenzrecht stellen im Auge behalten werden. Zuvor ist jedoch (unter D.) festzustellen, inwieweit sich die konzeptionellen Ansätze, die dem US-amerikanischen Reorganisationsverfahren und dem deutschen Insolvenzplanverfahren bei ihrer Gestaltung zugrunde gelegt wurden, mit dem Konzept von *Baird* und *Jackson* decken.

[34] Vgl. zur folgenden Argumentation auch *Baird*, Univ. of Chic. L.R. 1987, S. 823 f.

D. Vergleich mit den kodifikatorischen Ideen des US-amerikanischen Reorganisationsverfahrens und der Insolvenzordnung

Im US-amerikanischen Insolvenzrecht spielt der Gedanke des Schuldnerschutzes eine erhebliche Rolle.[35] Dies gilt auch im Hinblick auf das Reorganisationsverfahren nach Chapter 11 BC.[36] Den Gesetzesberatungen zum Erlass des Bankruptcy Code ist zu entnehmen, dass das Chapter 11-Verfahren einen Rechtsrahmen für Verhandlungen zwischen Schuldnern und Gläubigern zur Verfügung stellen sollte, um die planvolle Restrukturierung des Schuldners in leistungs- und finanzwirtschaftlicher Hinsicht zu ermöglichen.[37] Ziel war es, dem finanziell angeschlagenen Unternehmen eine „Erholungsphase" zu gewähren, um die Wiederherstellung eines „überlebensfähigen Zustands" zu erleichtern.[38] Der Gesetzgeber ließ sich von dem Glauben leiten, dass der Fortführungswert eines finanziell angeschlagenen Unternehmens seinen Liquidationswert regelmäßig übersteige: „The premise of a business reorganization is that assets that are used for production in the industry for which they were designed are more valuable than those same assets sold for scrap."[39] Es sei „ökonomisch effizienter" zu reorganisieren als zu liquidieren, weil dadurch Arbeitsplätze und Vermögenswerte erhalten blieben und die Verschwendung wirtschaftlicher Ressourcen vermieden werde.[40] Die Reorganisation war aus Sicht des Gesetzgebers die gegenüber der Liquidation vorzugswürdige Alternative. Chapter 11 BC ist daher darauf ausgelegt, eine Perpetuierung des Unternehmens und seines Trägers zu ermöglichen. Dementsprechend sollten für das Management Anreize geschaffen werden, eine Reorganisation anzustreben.[41]

---

35 Vgl. *Fassbach* (1997), S. 175 ff.

36 Ein Überblick zum US-amerikanischen Reorganisationsverfahren nach Chapter 11 Bankruptcy Code findet sich sogleich in Kap. 3, A.

37 Vgl. H.R. Rep. No. 595, 95th Cong., 1st Sess., S. 220 f.

38 Dieser Gedanke kommt auch in einer Reihe gerichtlicher Entscheidungen zum Ausdruck, s. z.B.: In re Dolton Lodge Trust No. 35188, 22 B.R. 918, 922 (1982); Matter of Winshall Settlor's Trust, 758 F.R. Sec.Ed. 1136, 1137 (1985).

39 H.R. Rep. No. 595, 95th Cong., 1st Sess., S. 220.

40 H.R. Rep. No. 595, 95th Cong., 1st Sess., S. 220.

41 S. im Einzelnen zu den Vorschriften, die diese Anreize schaffen, unten Zweiter Teil, Kap. 4, B.II.

Die Bevorzugung der Reorganisation gegenüber der Liquidation steht im Widerspruch zu den Überlegungen von *Baird* und *Jackson*, wonach das Insolvenzrecht eine Allokation des Schuldnervermögens fördern soll, die zu einer Maximierung der Haftungsmasse führt. Da das Verfahren nach Chapter 11 BC die Erhaltung des Unternehmens als eigenständiges Ziel anstrebt, führt es zu suboptimalen Ergebnissen, wenn die Liquidation die Alternative ist, die die Haftungsmasse maximiert.[42] Außerdem ist der Versuch, eine Verwertungsalternative zu fördern, mit Anreizen für einzelne Beteiligte verbunden, ein Insolvenzverfahren nur auszulösen, um in den Genuss der Vorteile zu gelangen, die diese Verwertungsalternative ihnen bietet. Dem Ziel der Koordinierung der Interessen der Beteiligten, um für die Gemeinschaft die vorteilhafteste Verwertung zu ermöglichen, laufen diese Anreize zuwider.

Der Gesetzgeber der deutschen Insolvenzordnung zeigte sich von der Kritik beeindruckt, die das US-amerikanische Reorganisationsverfahren mit seiner Tendenz zur Erhaltung von Unternehmen und Unternehmensträgern von Vertretern der ökonomischen Analyse des Insolvenzrechts geerntet hatte. Die in Deutschland verbreitete Unzufriedenheit mit dem Reorganisationsverfahren der Kommission für Insolvenzrecht[43] erhielt durch diese Kritik Unterstützung.[44] Der Einfluss, den insbesondere die Überlegungen von *Baird* und *Jackson* auf den deutschen Gesetzgeber hatten, zeigte sich deutlich bei der Formulierung der Reformziele im Allgemeinen Teil der Begründung zum Regierungsentwurf der Insolvenzordnung.[45] Im Mittelpunkt dieser Zielformulierung stand die Absicht,

---

[42] *Baird* und *Jackson* fragen sogar, ob die Reorganisationsalternative überhaupt jemals vorteilhaft sei, oder ob nicht ganz auf Chapter 11 BC verzichtet werden könne, s. *Baird*, j. of legal st. 1986, S. 127 ff. und *Jackson* (1986), S. 218 ff. sowie unten Dritter Teil, Kap. 1.

[43] Die Kommission wurde im Jahre 1978 vom damaligen Bundesminister der Justiz *Vogel* ins Leben gerufen. 1985 legte sie ihren ersten Bericht vor, der unter dem Gliederungspunkt 2. Vorschriften zu einem Reorganisationsverfahren enthielt; *Bundesministerium der Justiz* (1985), Gliederungspunkt 2., S. 152 ff.

[44] *Balz/Landfermann* (1999), S. XXXVI.

[45] Vgl. (auch zu den folgenden Zitaten) den Allgemeinen Teil der Begründung zum RegE der Insolvenzordnung, Gliederungspunkt A.3. (insbes. a)), abgedruckt in: *Balz/Landfermann* (1999), S. 143 ff. Im Wesentlichen – insbesondere im Hinblick auf die Hauptziele – entspricht die heutige Insolvenzordnung dem RegE, wenn auch eine Reihe von Vorschriften durch den Rechtsausschuss des BT geändert worden sind; zu Einzelheiten vgl. den Allgemeinen Teil des Berichts des Rechtsausschusses des BT zum RegE der InsO, abge-

die Insolvenzabwicklung „marktkonform" auszugestalten. Die Herbeiführung von Sanierungen war – anders als im Gesetzgebungsverfahren für das US-amerikanische Reorganisationsrecht – „...kein eigenständiges Reformziel".[46] Stattdessen wurde die „...bestmögliche Verwertung des Schuldnervermögens..."[47] zum Ziel des Insolvenzverfahrens erhoben. Die in dem insolventen Unternehmen gebundenen Ressourcen sollten der wirtschaftlich produktivsten Verwendung zugeführt werden. Dabei sollte in jedem Einzelfall entschieden werden können, welche Verwendung dies ist. Da keine Verwertungsart – Liquidation, übertragende Sanierung oder Reorganisation – als den anderen eindeutig überlegen angesehen wurde,[48] sollte die Verfahrensstruktur so angelegt werden, dass alle Verwertungsarten gleichrangig nebeneinander stehen. Die Beteiligten sollten die für sie vorteilhafteste Lösung entdecken und durchsetzen können. Dementsprechend bringt der mit „Ziele des Insolvenzverfahrens" überschriebene § 1 InsO heute klar zum Ausdruck, dass das Insolvenzverfahren Raum für unterschiedliche Gestaltungsmöglichkeiten lassen soll. Auch die Überlegungen von *Baird* und *Jackson* über die Notwendigkeit der Beachtung der relativen Berechtigungen der Beteiligten haben sich deutlich in der Begründung zum Regierungsentwurf der Insolvenzordnung niedergeschlagen. So ist dort zu lesen: „Zwangseingriffe in die private Güterordnung mit der Folge von Vermögensverlagerungen sind ebenso als Mittel zur Eröffnung von Insolvenzverfahren wie als Hilfen zur Durchführung von Sanierungen zurückzuweisen. (...) Es käme zu wirtschaftlich fehlerhaften Verwertungsentscheidungen, wenn die Ausgestaltung des Verfahrens zu Vermögensverschiebungen unter den Beteiligten führen würde. (...) Die zivilrechtliche Haftungsordnung muss nicht nur dann maßgeblich sein, wenn das Schuldnervermögen zwangsverwertet wird, sondern auch

---

druckt in: *Balz/Landfermann* (1999), S. 193 ff. Ausführlich zu den einzelnen Teilzielen der Reform s. *Balz* (2000), S. 5 ff. Rn. 8 ff.

46 So wurde sehr deutlich formuliert: „Ebensowenig wie die Gläubiger ein Recht auf den Fortbestand der Unternehmensorganisation des Schuldners haben, hat ein insolventer Schuldner ein schutzwürdiges Interesse am Fortbestand seiner Unternehmerrolle, das gegen die Gläubigerinteressen durchzusetzen wäre. Es ist daher kein Reformziel, gegen die Kräfte des Marktes zu einer Perpetuierung von Unternehmensträgern beizutragen."; s. *Balz/Landfermann* (1999), S. 143.

47 Allgemeiner Teil der Begründung zum RegE der Insolvenzordnung, Gliederungspunkt A.3.a)aa), abgedruckt in: *Balz/Landfermann* (1999), S. 143.

48 *Baird* und *Jackson* bezweifeln demgegenüber die Notwendigkeit der Reorganisationsalternative; s. *Jackson* (1986), S: 218 ff.; *Baird*, j. of legal st. 1986, S. 127 ff.

dann, wenn es im Rahmen einer Fortführung oder Sanierung investiert bleibt, wenn also nicht nur ein Liquidations-, sondern ein Fortführungswert erzielt wird. (...) Nur so ist gewährleistet, dass die Entscheidung über Zerschlagung oder Sanierung nicht zur Erlangung von Sondervorteilen genutzt werden kann und dann das wirtschaftlich richtige Ziel verfehlt."[49] Der Ansicht *Warrens*, dass im Insolvenzverfahren auch die Interessen zahlreicher Beteiligter zu berücksichtigen seien, die keinen rechtlichen Schutz genießen, wurde eine Absage erteilt: „Die Marktkonformität des Verfahrens gebietet es, die Entscheidung über die Verwertung der Insolvenzmasse allein den Geldgebern (Gläubigern und Eigenkapitalgebern) des Schuldners vorzubehalten, soweit deren Rechte einen positiven Vermögenswert besitzen. Interessen Außenstehender sind im Verfahren nicht zu repräsentieren."[50]

Durch die Behandlung einzelner zentraler Schwächen des US-amerikanischen Reorganisationsverfahrens und den vergleichenden Blick auf das deutsche Insolvenzplanverfahrens im Zweiten Teil der Arbeit soll deutlich werden, ob und inwieweit die Vorgaben, die sich der deutsche Gesetzgeber selbst gesetzt hat, zur Beseitigung (zumindest einzelner) dieser Schwächen geführt haben.

Zunächst ist jedoch ein Überblick über das US-amerikanisches Reorganisationsverfahren nach Chapter 11 BC und das deutsche Insolvenzplanverfahren zu geben.

---

[49] Allgemeiner Teil der Begründung zum RegE der Insolvenzordnung, Gliederungspunkt A.3.a)ee), abgedruckt in: *Balz/Landfermann* (1999), S. 144 f.

[50] Allgemeiner Teil der Begründung zum RegE der Insolvenzordnung, Gliederungspunkt A.3.a)ll), abgedruckt in: *Balz/Landfermann* (1999), S. 147.

Kapitel 3: US-amerikanisches Reorganisationsverfahren und deutsches Insolvenzplanverfahren im Überblick

A. Das US-amerikanische Reorganisationsverfahren nach Chapter 11 Bankruptcy Code (11 USC Chapter 11)

Der Bankruptcy Reform Act, das US-amerikanische Bundesgesetz über die Insolvenz, wurde am 6.11.1978 verabschiedet und trat am 1.10.1979 in Kraft.[1] Er ersetzte das bisherige Bundeskonkursgesetz von 1898. Der erste der vier Titel des Bankruptcy Reform Act ist das eigentliche Insolvenzgesetz, das auch Bankruptcy Code genannt wird. Es enthält alle Bestimmungen über das materielle und prozessuale Insolvenzrecht. Der Bankruptcy Code bildet nun den mit „Bankruptcy" überschriebenen Titel 11 des United States Code (USC).[2] Titel 11 besteht aus acht Kapiteln. Er regelt fünf Arten von Insolvenzverfahren: liquidation (Chapter 7), adjustment of debts of a municipality (Chapter 9), reorganization (Chapter 11), adjustment of debts of family farmers with regular annual income (Chapter 12), adjustment of debts of an individual with regular income (Chapter 13).[3] Chapter 1, 3 und 5 enthalten allgemeine Regeln für alle Verfahrensarten.

---

[1] Lediglich das Inkrafttreten von Titel II wurde bis zum 1.4.1984 aufgeschoben.

[2] Daher werden die §§ („sections") des BC entsprechend US-amerikanischer Übung mit 11 USC § (...) zitiert.

[3] Zum Chapter 11-Verfahren gibt es bereits zahlreiche Darstellungen, s. z.B.: *Broude*, Bus.Law. 1984, S. 441 ff.; *Bull*, ZIP 1980, S. 843 ff.; *Fassbach* (1997), S. 8 ff.; *Häussermann* (1986), S. 18 ff.; *Hohloch*, ZGR 1982, S. 145, 152 ff.; *Jander*, RIW 1993, S. 547 ff.; *Kemper* (1996), S. 3 ff.; *King*, Am.Bankr.L.J. 1979, S. 107 ff.; *Klein*, Am.Bankr.L.J. 1979, S. 1 ff.; *Moller/Foltz*, N.C.L.Rev. 1980, S. 881 ff.; *Pachulski*, N.C.L.Rev. 1980, S. 925 ff.; *Riesenfeld*, KTS 1983, S. 85 ff.; *Terhart* (1996), S. 51 ff.; *Waxman* (1997), S. 189 ff.; für einen kurzen Überblick auch über das Liquidationsverfahren und das Schuldenregulierungsverfahren für Gehaltsempfänger s. *Baur/Stürner* (1990), S. 478 ff. Rn. 39.87 ff. m.w.N.

I. Gestaltungsspielraum für Reorganisationen[4]

Der Begriff der „Reorganisation", wie er oben definiert worden ist (Kap. 1, B.II.1.) und im Rahmen dieser Arbeit Verwendung findet, beschreibt die Möglichkeiten, die das US-amerikanische Reorganisationsverfahren bietet, nur unvollständig. „Reorganization" i.S.v. 11 USC Chapter 11 meint jede Gestaltung, die den Finanziers (Fremd- und Eigenkapitalgebern) des Gemeinschuldners den Zugriff auf den Going Concern-Wert seines Vermögens verschafft. Die Organisation des Schuldnerunternehmens kann zu diesem Zweck vollständig umgestaltet werden. Die Änderung der rechtlichen Identität des Unternehmensträgers ist möglich. So kann bspw. eine Personengesellschaft („partnership") in eine Kapitalgesellschaft („corporation") umgewandelt werden.[5] Ein Reorganisationsplan kann auch eine Verschmelzung oder eine Neugründung unter Übernahme des Betriebs vorsehen, vgl. 11 USC § 1123 (a)(5)(B) und (C). Teilliquidationen und Teilsanierungen können in jeder Form miteinander verbunden werden.[6] Denkbar ist – entgegen dem Grundgedanken der Realisierung des Going Concern-Wertes –[7] sogar ein Plan, der die Liquidation des Unternehmens (unter Abweichung von den Vorschriften des Chapter 7-Verfahrens) vorsieht, 11 USC § 1123 (b)(4) i.V.m. § 1123 (a)(5)(D) und § 1129 (a)(11) a.E. Dieser Weg kann (selbstverständlich) nur unter Erfüllung der sonstigen für die Bestätigung eines Plans vorgeschriebenen Bedingungen gegangen werden. Ist die Erfüllung dieser Bedingungen nicht möglich, so bleibt dem Gericht die Überleitung des Verfahrens in ein Chapter 7-Verfahren oder die Beendigung des Verfahrens, 11 USC § 1112 (b).[8]

---

4 Die im Folgenden häufig genannte Bestimmung des 11 USC § 1129 ist im Anhang der Arbeit abgedruckt (unter I.).

5 Vgl. *Balz* (1986), S. 13 f. Das US-amerikanische Gesellschaftsrecht kennt die Kategorien Personen- und Kapitalgesellschaften an sich nicht; dennoch lassen sich seine Gesellschaftsformen recht gut in dieses kontinentaleuropäische Schema einordnen. S. *Merkt* (1991), S. 113 Rn. 103.

6 Näher *Fassbach* (1997), S. 23 f.

7 Zu diesem Grundgedanken s. oben Kap. 2, D.

8 Vgl. *Riesenfeld*, KTS 1983, S. 90 und S. 90 Fn. 47.

II. Zugang zum gerichtlichen Reorganisationsverfahren

Schuldner („debtor") i.S.d. Bankruptcy Code können grundsätzlich alle natürlichen Personen, „partnerships" und „corporations" sein, die ihren Wohnsitz bzw. ihren Unternehmenssitz in den USA haben, 11 USC § 109 (a). Für die Teilnahme an einem Reorganisationsverfahren nach Chapter 11 BC gibt es gem. 11 USC § 109 (d) i.V.m. (b) einige Ausnahmen. So sind vor allem in- und ausländische Banken und Versicherungsgesellschaften sowie Börsenmakler im Chapter 11-Verfahren nicht als Schuldner zugelassen. Für sie gelten gesetzliche Sonderregelungen.[9] Für Eisenbahngesellschaften existieren besondere Regeln in 11 USC §§ 1161 bis 1174. In der Praxis wird das Chapter 11-Verfahren fast nur von Unternehmen beantragt, auf die es auf Grund des aufwendigen Ablaufs und der mit ihm verbundenen Kosten auch zugeschnitten ist.[10]

In aller Regel stellt der Gemeinschuldner selbst den Antrag auf Verfahrenseröffnung („voluntary petition"). Das Verfahren gilt in diesem Fall bereits dann als eröffnet, wenn der Antrag gestellt ist, 11 USC § 301. Die Verfahrenseröffnung wird also, anders als im deutschen Recht (§§ 17 bis 19 InsO), nicht von der (drohenden) Zahlungsunfähigkeit oder Überschuldung abhängig gemacht.[11] Stellen Gläubiger den Eröffnungsantrag („involuntary petition"), so ist grundsätzlich ein Zusammenwirken mehrerer Antragsteller und das Erreichen bestimmter Forderungshöhen erforderlich, 11 USC § 303. Das Verfahren wird in diesem Fall erst eröffnet, wenn der Gemeinschuldner dem Antrag nicht fristgemäß widerspricht, 11 USC § 303 (h) S.1. Widerspricht er, so bedarf es zusätzlich der Durchführung eines Gerichtsverfahrens und des Vorliegens eines der Eröffnungsgründe in 11 USC § 303 (h)(1), (2).[12]

Mit der gerichtlichen Eröffnung des Reorganisationsverfahrens ist gleichzeitig die Eröffnung eines Liquidationsverfahrens nach Chapter 7 gesperrt. Ein Über-

---

9 Banken und Versicherungsgesellschaften folgen speziellen Regeln außerhalb des BC. Für sie gibt es besondere Überwachungsstellen mit der Befugnis, ihre Geschäfte im Insolvenzfall abzuwickeln; näher *Jander*, RIW 1993, S.549. Für „stockbroker" und „commodity broker" s. 11 USC §§ 741 ff. und 761 ff.

10 *Balz* (1986), S. 13 f.; *Kemper* (1996), S. 17 ff.; *Waxman* (1997), S. 25.

11 S. auch *Waxman* (1997), S. 23.

12 Näher *Kemper* (1996), S. 39 ff.

gang in das Liquidationsverfahren ist möglich, wenn der Gemeinschuldner dies beantragt oder wenn er bestimmten Verfahrenserfordernissen nicht nachkommt, vgl. 11 USC § 1112.[13]

Die Verfahrenseröffnung löst eine sofortige Sperre gegen Vollstreckungen und den Abzug von Sicherungsgegenständen aus („automatic stay", 11 USC § 362). Ein Gläubiger, der sein Sicherungsrecht dennoch ausüben will, muss darlegen, dass sein Sicherungsrecht keinen hinreichenden Schutz besitzt, dass ein anderer triftiger Grund für die Aufhebung der Sperre existiert oder dass das Sicherungsrecht den Wert des Gegenstands erschöpft[14] und dass der Sicherungsgegenstand nicht zu einer wirksamen Sanierung benötigt wird, 11 USC § 362 (d)(1) und (2). Auf diese Weise wird dem Gemeinschuldner eine Atempause verschafft. Außerdem erhält der Schuldner die Erlaubnis zur Weiterbenutzung und Verwertung von Sicherungsgegenständen, 11 USC § 363 (i.V.m. 11 USC § 1107 (a)). Der Schuldner ist also grundsätzlich befugt, Eigentum an dem ein anderer ein Sicherungsrecht innehat, im regelmäßigen Geschäftsbetrieb zu gebrauchen, 11 USC § 363 (c)(1).

Während in Deutschland die Eigenverwaltung der Insolvenzmasse durch den Schuldner als Ausnahmefall anzusehen ist,[15] bleibt der Gemeinschuldner in den USA in der großen Mehrzahl der Reorganisationsverfahren – d.h. in 95 bis 97 Prozent der Fälle –[16] über die Insolvenzmasse verfügungsberechtigt. Der Schuldner („debtor in possession", 11 USC § 1101 (1)) darf zunächst den Geschäftsbetrieb weiterführen. Er kann Klage erheben und verklagt werden. Die Stellung des „debtor in possession" ist gem. 11 USC § 1107 so ausgestaltet, als ob der Schuldner sein eigener Verwalter wäre, „in dessen Schuhe er tritt".[17] Ihm obliegt daher eine Treuepflicht gegenüber den Gläubigern. Nur ausnahmsweise[18]

---

13 Näher *Häussermann* (1986), S.87 f.

14 S. das Bsp. bei *Waxman* (1997), S. 155.

15 So jedenfalls die gesetzgeberische Absicht, s. die Begr. zum Ersten Abschnitt des Achten Teils des RegE der InsO (jetziger Siebter Teil der InsO), abgedruckt in: *Balz/Landfermann* (1999), S. 526.

16 So *Balz* (1986), S. 11.

17 So die Formulierung von *Balz* (1986), S. 11 Fn. 33.

18 *Baur/Stürner* (1990), S. 478 Rn. 39.86. Die Regelung der Verwaltungs- und Verfügungsbefugnis im US-amerikanischen Reorganisationsverfahren ist vielfach kritisiert worden;

wird im Chapter 11-Verfahren im Interesse der Gläubiger auf richterliche Anordnung ein treuhänderischer Sanierer („trustee") bestellt, der die Verwaltung des gemeinschuldnerischen Vermögens übernimmt und die Geschäfte fortführt, vgl. 11 USC § 1104.

III. Planaufstellung, Abstimmung der beeinträchtigten Klassen und Planbestätigung

Kern des Reorganisationsverfahrens nach 11 USC Chapter 11 sind die Vorschriften, die die Planaufstellung, die Abstimmung der verschiedenen Gläubiger- und Teilhaberklassen über den Plan und die Planbestätigung durch das Gericht regeln (Subchapter II und III, 11 USC §§ 1121 bis 1146).

1. Planaufstellung

Grundsätzlich darf innerhalb der ersten 120 Tage nach der Verfahrenseröffnung nur der Gemeinschuldner einen Reorganisationsplan vorlegen, 11 USC § 1121 (b). Dieser Zeitraum kann vom Gericht ausnahmsweise auf Antrag hin verlängert oder verkürzt werden, 11 USC § 1121 (d). Eine Verkürzung ist nur möglich, wenn Anhaltspunkte für einen Missbrauch vorliegen.[19] Hält der Schuldner die Frist nicht ein oder erreicht er binnen weiterer 60 Tage nicht die Annahme seines Plans, so steht jeder am Verfahren beteiligten Partei („creditors′ committee", „equity holders′committee", „creditor", „equity holder" etc.) das Planvorlagerecht zu, 11 USC § 1121 (c)(2) und (3). Nur falls ausnahmsweise ein „trustee" zur Verwaltung der Insolvenzmasse bestimmt wurde (vgl. II.), können die beteiligten Parteien bereits von der Verfahrenseröffnung an einen Plan vorlegen, 11 USC § 1121 (c)(1).

Bei der Planaufstellung wirken die gem. 11 USC § 1102 eingesetzten Gläubiger- und Teilhaberausschüsse mit.[20]

---

zusammenfassend dazu *Kemper* (1996), S. 58 ff.; vgl. auch unten Zweiter Teil, Kap. 4, B.II.

[19] *Kemper* (1996), S. 154.

[20] Zu Zusammensetzung und Funktion der Ausschüsse s. näher *Riesenfeld*, KTS 1983, S. 91 f.

Die Gläubiger und die Inhaber von Anteilsrechten sind vor der Abstimmung durch ein „disclosure statement" über alle wesentlichen Umstände, die zur Beurteilung des Plans erforderlich sind, angemessen zu informieren, 11 USC § 1125.

2. Einteilung der abstimmenden Klassen

a. Der Plan muss die Gläubiger- und Anteilsrechte gemäß 11 USC § 1123 (a)(1) in verschiedene Klassen einteilen. Dabei darf eine Klasse nur Forderungen und Anteilsrechte enthalten, die im Wesentlichen gleich („substantially similar") sind, 11 USC § 1122 (a). Eine Ausnahme besteht zum Zwecke der Verwaltungskostenersparnis für Kleinforderungen, § 1122 (b). Zur Benennung des von einem Reorganisationsplan betroffenen und in Klassen einzuteilenden Personenkreises kann grob zwischen gesicherten Gläubigern, ungesicherten Gläubigern und Inhabern von Anteilsrechten unterschieden werden. Jedoch sollten Eigenkapital („equity") und Fremdkapital („debt") dabei nicht als absolute Gegensätze verstanden werden. Sie werden in den USA vielmehr als Pole eines Kontinuums denkbarer Finanzierungsbeiträge angesehen. *Balz* nennt folgende denkbare Hierarchie der Finanzierungsbeiträge:[21]

• secured debt	Sicherungsgläubiger
• priority debt	Masse- und Vorrechtsgläubiger
• general unsecured debt	ungesicherte Gläubiger
• subordinated debt	ungesicherte nachrangige Gläubiger (etwa Gläubiger aus Gesellschafter- oder Insider darlehen oder Gläubiger mit bestimmten Obligationen oder Genussscheinen)
• preferred stock	Inhaber von Vorzugsanteilsrechten (insbe sondere mit Liquidationsvorzug)
• common stock	Inhaber allgemeiner Anteilsrechte

[21] *Balz* (1986), S. 5 f.; s. auch *Waxman* (1997), S. 99 ff. (ausführlich zur Hierarchie der Gläubigerforderungen)

Bei der Ausgestaltung der Eigentümerpositionen kennt das US-amerikanische Gesellschaftsrecht große Gestaltungsfreiheit.[22] Es kommen Vorzugsrechte aller Art, etwa hinsichtlich der Dividende, des Stimmrechts oder der Verteilung eines Liquidationserlöses in Betracht. Das Gesetz verwendet daher (z.B. in 11 USC § 1122 (a)) den Begriff „interest", um alle möglichen Eigentümerpositionen zu erfassen.[23] Durch die Einteilung der Gläubiger- und Anteilsrechte in verschiedene Klassen, die jede für sich abstimmen (vgl. 11 USC § 1126 (c) und (d)), wird das Prinzip der Mehrheitsentscheidung auf sachgerecht gebildete Abstimmungsgruppen beschränkt. Durch die getrennte Abstimmung in weitgehend homogenen Klassen wird vermieden, das mit Hilfe eines Reorganisationsplans (jedenfalls) eine ganze solche Klasse durch die Abstimmungsentscheidung der anderen Beteiligten fremdbestimmt wird.[24] Es wird verhindert, dass Klassen mit bestimmter Interessenlage überstimmt und benachteiligt werden. Wenn die Mehrheit einer homogenen Klasse den Plan befürwortet, so erscheint die Vermutung begründet, dass der Plan für alle Mitglieder der Klasse nicht nachteilig ist.[25] Außerdem ermöglicht die Klassenbildung eine flexible Differenzierung der Planwirkungen für die einzelnen Klassen. „Wesentlich gleich" i.S.v. 11 USC § 1122 (a) bedeutet dabei, dass nur Beteiligte mit gleichem Rang und – im Lichte des konkreten Plans – gleichartigen wirtschaftlichen Interessen in einer Klasse zusammengefasst werden dürfen.[26] Eine Verteilung gleichartiger Berechtigungen auf mehrere Klassen ist erlaubt, wenn eine solche Verteilung sachgerecht, d.h. einleuchtend und nicht unbillig ist.[27]

b. Der Plan muss die Klassen aufzählen, die vom Plan nicht beeinträchtigt („not impaired") sind, 11 USC § 1123 (a)(2). Eine nicht beeinträchtigte Klasse gilt gemäß 11 USC § 1126 (f) als annehmende Klasse. Gemäß 11 USC § 1129 (a)(8)

---

22 *Balz* (1986), S. 10.

23 *Bull*, ZIP 1980, S. 847 Fn. 4. Es kann zwischen „stock interest", „partnership interest" und „proprietorship interest" unterschieden werden; s. *Klee*, Am.Bankr.L.J. 1979, S. 145 Fn. 98.

24 So zur Gruppenbildung im deutschen Insolvenzrecht HK-InsO-*Flessner*, § 222 Rn. 2; s. auch *Balz*, ZIP 1988, S. 279: „Äpfel und Birnen" dürfen nicht addiert werden.

25 *Hax* (1989), S. 32.

26 Zur Behandlung nur teilweise gesicherter Forderungen und forderungsentkleideter Sicherungsrechte s. *Riesenfeld*, KTS 1983, S. 96 f.

27 Näher *Riesenfeld*, KTS 1983, S. 93 ff.

kann das Gericht einen Reorganisationsplan grundsätzlich[28] nur bestätigen, wenn jede Klasse entweder für den Plan gestimmt hat oder nicht beeinträchtigt ist. Wann eine Klasse vom Plan nicht beeinträchtigt ist, regelt 11 USC § 1124. Dies ist vor allem dann der Fall, wenn der Reorganisationsplan die gesetzlichen und vertraglichen Rechte der Klassenangehörigen unberührt lässt, 11 USC § 1124 (1).

c. Der Plan muss genau bezeichnen, wie beeinträchtigte Klassen von Gläubigern und Anteilsinhabern zu behandeln sind, 11 USC § 1123 (a)(3). Gemäß 11 USC § 1123 (a)(4) ist jede Forderung und jedes Anteilsrecht in einer Klasse gleich zu behandeln wie alle anderen Rechte in derselben Klasse, sofern sich der Inhaber nicht damit einverstanden erklärt hat, weniger zu erhalten.

3. Abstimmung der beeinträchtigten Klassen

Eine Klasse von Forderungsrechten hat den Plan angenommen, wenn die Gläubiger, denen die Mehrzahl der Forderungen der Klasse im Betrag von mindestens zwei Dritteln der Gesamtsumme zusteht, dem Vorschlag zugestimmt hat, 11 USC § 1126 (c). Für die Annahme des Plans durch eine Klasse von Anteilsinhabern ist erforderlich, dass die Zustimmung mindestens zwei Drittel des festgestellten Betrags der in die Klasse fallenden Anteilsrechte ausmacht, 11 USC § 1126 (d). Nach 11 USC § 1126 (e) kann das Insolvenzgericht Gläubiger, deren Abstimmungsverhalten das Merkmal „lack of good faith" erfüllt, von der Wertung ausnehmen.[29] Gegenstück zu der Regelung in 11 USC § 1126 (f), nach der eine nicht vom Plan beeinträchtigte Klasse als annehmende Klasse gilt, ist die Regelung in 11 USC § 1126 (g), wonach die Ablehnung einer Klasse vermutet wird, wenn der Plan keine Zuwendungen an die Forderungs- oder Anteilsinhaber der Klasse vorsieht.

4. Gerichtliche Bestätigung des Plans

a. Das Gericht muss den Plan nach der Abstimmung bestätigen, wenn die in 11 USC § 1129 (a)(1) bis (13) aufgezählten Voraussetzungen erfüllt sind.

---

[28] Ausnahmsweise kann die Bestätigung auch erfolgen, ohne dass die Voraussetzungen gem. 11 USC §1129 (a)(8) vorliegen; näher sogleich unter 4.b.

[29] Näher *Kemper* (1996), S. 165 f.

Die Voraussetzungen unter 11 USC § 1129 (a)(1) bis (6) sollen sicherstellen, dass der Verlauf des Verfahrens den Vorschriften des Bankruptcy Code entspricht und verschiedene Schutzmaßnahmen beachtet wurden.

11 USC § 1129 (a)(7) stellt die Bedingung auf, dass alle dem Plan nicht zustimmenden Gläubiger und Anteilsinhaber mindestens soviel erhalten müssen wie im Falle einer Liquidation nach Chapter 7 BC. Die Regelung wird als „best interests of creditors test“ (kurz: „best interests test“) bezeichnet. Sie schützt denjenigen, der dem Plan nicht zugestimmt hat, da er nicht schlechter gestellt werden darf als bei einer sofortigen Verteilung der Masse.[30]

Nach 11 USC § 1129 (a)(9) muss ein Reorganisationsplan die vom Gesetz vorgeschriebene Behandlung bevorzugter Forderungen beachten, damit das Gericht ihn bestätigen kann. Bevorzugte Forderungen sind z.B. die Kosten der Verfahrensverwaltung und bestimmte Gehalts- und Steueransprüche, s. 11 USC § 507 (a).

Gemäß 11 USC § 1129 (a)(10) ist der Plan nur zu bestätigen, wenn ihn mindestens eine Klasse von Forderungen angenommen hat. Es genügt nicht, dass eine Klasse von Forderungen unbeeinträchtigt ist und deshalb gemäß 11 USC § 1126 (f) als annehmende Klasse gilt. Vielmehr ist das positive Votum mindestens einer Klasse erforderlich.[31]

11 USC § 1129 (a)(11) legt fest, dass der Plan nur bestätigt werden darf, wenn nicht wahrscheinlich ist, dass ihm doch nur die Liquidation oder eine weitere Reorganisation des Unternehmens folgen wird. Dieses Erfordernis der Durchführbarkeit eines Plans („feasibility requirement“) verlangt vom Gericht also eine Prognose darüber, ob sich das sanierte Unternehmen am Markt behaupten können wird.[32]

b. Unter den in 11 USC § 1129 (b) aufgeführten Bedingungen bestätigt das Gericht den Plan auf Antrag des Planvorlegenden auch dann, wenn die Voraussetzung in 11 USC § 1129 (a)(8), dass jede Klasse dem Plan zugestimmt hat oder

---

30 *Bull*, ZIP 1980, S. 848.

31 *Hirte/Otte*, ZIP 1994, S. 1494; *Riesenfeld*, KTS 1983, S. 95 Fn. 82.

32 Ausführlich *Flessner* (1982), S. 91 ff.

nicht vom Plan beeinträchtigt ist, nicht erfüllt ist. Damit das Gericht diese „cram down power“[33] ausüben kann, müssen jedoch alle anderen Bedingungen des 11 USC § 1129 (a) erfüllt sein. Die Cram Down-Regelungen wollen verhindern, dass einzelne Beteiligtenklassen die Annahme eines Plans aus eigennützigen Erwägungen obstruieren und damit eine sinnvolle Reorganisation zu Fall bringen. Auf der anderen Seite sollen die nicht zustimmenden Klassen („dissenting classes“[34]) durch die Voraussetzungen, die für ein Cram Down erforderlich sind, aber auch geschützt werden.[35] Schließlich erhoffte sich der Gesetzgeber von dem Aufwand, der bei der Anwendung der Cram Down-Bestimmungen getrieben werden muss, einen abschreckenden und konsensfördernden Effekt dahingehend, dass die Beteiligten es zu einer Ablehnung des Reorganisationsplans in den einzelnen Klassen möglichst nicht kommen lassen.[36]

Als Voraussetzungen für ein Cram Down verlangt 11 USC § 1129 (b)(1) generalklauselartig, dass der Plan keine unbillige Diskriminierung einer beeinträchtigten und nicht zustimmenden Klasse enthält („does not dicriminate unfairly“) und dass der Plan bezüglich dieser Klasse billig und gerecht („fair and equitable“) ist.

aa. Das Kriterium der „unbilligen Diskriminierung“ ist im Gesetz nicht definiert. Es kann relevant werden, wenn zwei Klassen gleichen Prioritätsranges gegenüber einer dritten Klasse unterschiedliche Rangpositionen einnehmen.[37] In

---

33 Der Begriff kann mit „Aufzwingungsmacht“ übersetzt werden; die wörtliche Übersetzung von „cram down“ lautet etwa „hineinstopfen“.

34 Vgl. *Klee*, Am.Bankr.L.J. 1979, S. 139: „...a class that has not voted for acceptance and is impaired is, what is called for convenience, a „dissenting“ class.“

35 *Klee*, Am.Bankr.L.J. 1979, S. 133 f.

36 *Klee*, Am.Bankr.L.J. 1979, S. 134, S. 145.

37 *Pachulski*, N.C.L.Rev. 1980, S. 936 ff. nennt folgendes Bsp.: Es gebe drei Klassen ungesicherter Forderungen, die Lieferantenforderungen in Höhe von 100.000 $, Bankforderungen in Höhe von 200.000 $ und Forderungen aus Schuldverschreibungen in Höhe von 100.000 $ enthalten. Die Forderungen aus Schuldverschreibungen seien den Bankforderungen, nicht aber den Lieferantenforderungen, vertraglich untergeordnet. Soll eine unbillige Diskriminierung der Klasse von Lieferantenforderungen vermieden werden, so muss der Reorganisationsplan ihr dasjenige zuteilen, was ihr ohne die vertragliche Unterordnungsvereinbarung zugestanden hätte. Stehen also 60.000 $ zur Verteilung unter den drei Klassen zur Verfügung, so müssen der Klasse von Lieferantenforderungen entsprechend ihrem Anteil von 25 Prozent an den gesamten ungesicherten Forderungen

der Praxis scheitern nur wenige Reorganisationspläne am Diskriminierungsverbot.[38]

bb. Die Voraussetzung, dass der Plan „fair and equitable“ gegenüber der beeinträchtigten und nicht zustimmenden Klasse sein muss, wird hingegen in 11 USC § 1129 (b)(2) präzisiert. Das Gesetz beschreibt die Voraussetzungen getrennt für gesicherte Forderungen, ungesicherte Forderungen und Anteilsrechte, s. 11 USC § 1129 (b)(2)(A) bis (C).

Der „fair and equitable test“ ist in Bezug auf eine Klasse gesicherter Forderungen gemäß 11 USC § 1129 (b)(2)(A)(i)(I), (II) erfüllt, wenn die Forderungsinhaber ihre Pfandrechte („liens“) behalten und im Plan Ratenzahlungen vorgesehen sind, die zumindest den zugelassenen Betrag der gesicherten Forderung decken und deren Barwert im Zeitpunkt der Planbestätigung dem Wert der Sicherungsgegenstände entspricht. Wenn der Reorganisationsplan vorsieht, dass die Vermögensgegenstände nach 11 USC § 363 (k) unbelastet von den Pfandrechten verkauft werden, dann müssen sich die Pfandrechte stattdessen auf die Verkaufserlöse erstrecken, 11 USC § 1129 (b)(2)(A)(ii). Ein Plan kann einer Klasse gesicherter Forderungen schließlich auch dann aufgezwungen werden, wenn ein zweifellos gleichwertiger Ersatz für das Sicherungsrecht („indubitable equivalent“) geboten wird (z.B. eine Ersatzsicherheit), 11 USC § 1129 (b)(2)(A)(iii).[39]

In Bezug auf eine Klasse ungesicherter Forderungen ist ein Plan billig und gerecht, wenn er die Voraussetzungen gemäß 11 USC § 1129 (b)(2)(B)(i) oder (ii) erfüllt. Nach 11 USC § 1129 (b)(2)(B)(i) muss ein Plan vorsehen, dass jeder Inhaber einer ungesicherten Forderung Vermögenswerte erhält, deren Wert zum Zeitpunkt des Wirksamwerdens des Plans dem zugelassenen Forderungsbetrag („allowed amount“) entspricht. Erfüllt der Reorganisationsplan diese Bedingung nicht, so kann er den Inhabern ungesicherter Forderungen gemäß 11 USC § 1129 (b)(2)(B)(ii) auch dann aufgezwungen werden, wenn er vorsieht, dass die

---

60.000 \$ x 0,25 = 15.000 \$ zugeteilt werden, damit keine unbillige Diskriminierung dieser Klasse vorliegt. Die Klasse der Bankforderungen kann den Restbetrag von 45.000 \$ erhalten.

[38] *Kemper* (1996), S. 174.

[39] Einzelheiten bei *Fassbach* (1997), S. 56 ff.; *Klee*, Am.Bankr.L.J. 1979, S. 150 ff.

gegenüber der Klasse ungesicherter Forderungen nachrangigen Inhaber von Forderungs- oder Anteilsrechten in Anrechnung dieser Rechte keine Vermögenswerte erhalten. Diese Bestimmung ist Ausdruck der absoluten Vorrangsregel („absolute priority rule"; a.p.r.). Grundgedanke dieser Regel ist, dass sich die Teilnahme an der Reorganisation nach der strengrechtlichen Rangfolge der alten Rechtspositionen richten soll.[40] Erst muss jede Klasse von Finanziers vollen Ausgleich („full compensation") für ihre alten Rechte erhalten, bevor die nächstrangige Gruppe von Finanziers in der Kapitalstruktur des reorganisierten Unternehmens berücksichtigt werden kann.[41] Wenn also eine Klasse ungesicherter Forderungsinhaber nicht voll befriedigt wird, so ist der Plan (nach dieser Vorstellung) dennoch billig und gerecht, wenn die ihr gegenüber nachrangigen Gläubiger und Anteilsinhaber nichts erhalten.

In Bezug auf eine Klasse von Anteilsinhabern erfüllt ein Reorganisationsplan den „fair and equitable test", wenn er vorsieht, dass jeder Anteilsinhaber der beeinträchtigten, nicht zustimmenden Klasse einen Vermögenswert erhält, der im Zeitpunkt des Wirksamwerdens des Plans dem Wert eines garantierten Vorzugsrecht für den Fall der Liquidierung („liquidation preference"), einem festgesetzten Rückkaufskurs („redemption price") oder dem Wert des Anteilsrechts entspricht (, wobei der höchste Betrag maßgebend ist), 11 USC § 1129 (b)(2)(C)(i). Erfüllt der Plan diese Bedingung nicht, so kann er – parallel zu der Regelung für die ungesicherten Forderungsinhaber in 11 USC § 1129 (b)(2)(B)(ii) – dennoch aufgezwungen werden, wenn er vorsieht, dass die gegenüber der betreffenden Klasse von Anteilsinhabern nachrangigen Inhaber von Anteilsrechten in Anrechnung dieser Rechte keine Vermögenswerte erhalten, 11 USC § 1129 (b)(2)(C)(ii). Auch diese Bestimmung ist Ausdruck der a.p.r..

Damit ein Plan billig und gerecht ist, muss sich das Gericht des Weiteren vergewissern, dass eine Klasse, die gegenüber der ablehnenden Klasse höherrangig ist, nicht mehr als 100 Prozent ihrer Forderung erhält. Diese Voraussetzung ist

[40] Daher auch die Bezeichnung „rule of strict priority", *Flessner* (1982), S. 103 Fn. 229; zu Einzelheiten zur a.p.r. s. unten Zweiter Teil, Kap. 3.

[41] *Flessner* (1982), S. 103.

zu prüfen, obwohl sie in der Gesetz gewordenen Fassung des 11 USC § 1129 (b) nicht ausdrücklich formuliert worden ist.[42]

Zusammenfassend lässt sich sagen, dass der „fair and equitable test“ für die ungesicherten Forderungen und die Anteilsrechte im Wesentlichen darauf hinausläuft, dass für die jeweils nichtzustimmende Klasse die a.p.r. eingehalten werden muss. Die a.p.r. wird aber nur dann als Voraussetzung richterlicher Planbestätigung relevant, wenn sich die Beteiligten in dem richterlich kaum beeinflussten Prozess der Planaushandlung und der Abstimmung über den Plan nicht einig werden. Sie ist also nur eine Art „Notordnung“ für den Fall, dass keine Einigung erzielt wird.[43]

c. Nach 11 USC § 1129 (c) darf das Gericht grundsätzlich nur *einen* Plan bestätigen. 11 USC § 1129 (d) verhindert die Finanzierung der Insolvenz des Schuldners aus Steuermitteln, da ein Plan auf Antrag einer am Verfahren beteiligten Behörde nicht bestätigt werden darf, wenn sein wichtigstes Ziel die Vermeidung von Steuern ist.

IV. Wirkungen der Planbestätigung und Beendigung des Reorganisationsverfahrens

1. Nach Bestätigung des Plans durch das Insolvenzgericht ist dieser für alle Beteiligten verbindlich, unabhängig davon, ob diese durch den Plan beeinträchtigt werden oder ob sie für oder gegen den Plan gestimmt haben, 11 USC § 1141 (a). Daher bedarf es nicht mehr der mit Verfahrenseröffnung eingetretenen Beschränkungen, insbesondere nicht des „automatic stay“ (vgl. II.).[44] Mit der Bestätigung erlöschen, soweit im Plan keine abweichende Regelung enthalten ist, alle Forderungen gegen den Schuldner, die vor diesem Zeitpunkt entstanden sind, 11 USC § 1141 (d). Diese Restschuldbefreiung („discharge“) dient dem Zweck des Reorganisationsverfahrens, für die Gesundung

---

[42] Legislative Statements zu 11 USC § 1129, abgedruckt in: 11 USCA § 1129: „Historical and statutory notes“; *Klee*, Am.Bankr.L.J. 1979, S. 142; *Broude*, Bus.Law. 1984, S. 451.

[43] *Balz* (1986), S. 7; s. auch H.R. Rep. No. 595, 95th Cong., 1st Sess., S. 222, 224.

[44] *Kemper* (1996), S. 182.

des Unternehmens ein konsolidiertes Unternehmensvermögen, das frei von nicht im Plan enthaltenen Ansprüchen ist, zu schaffen.[45]

2. Nach der Bestätigung beaufsichtigt das Gericht den Vollzug des Plans, vgl. 11 USC § 1106 (a)(7).[46] Wenn die Planbestimmungen vollständig ausgeführt sind, beendet das Insolvenzgericht das Verfahren durch einen Beschluss.[47] Durch ihn werden der „debtor in possession“ und – sofern bestellt – der „trustee“ entlastet.

3. Gem. 11 USC § 1112 kann ein Reorganisationsverfahren bis zur gerichtlichen Planbestätigung auch vorzeitig beendet werden. Die Vorschrift ermöglicht vor allem die Umwandlung („conversion“) eines Reorganisationsverfahrens in ein Liquidationsverfahren nach 11 USC Chapter 7. Eine solche ist insbesondere dann sinnvoll, wenn sich herausstellt, dass die weitere Durchführung des Verfahrens nach 11 USC Chapter 11 nicht Erfolg versprechend ist. Die Umwandlung geschieht auf Antrag des Schuldners, 11 USC § 1112 (a), oder – unter weiteren Voraussetzungen – auf Antrag eines Dritten, 11 USC § 1112 (b).[48] Ob das Gericht die Umwandlung auch von sich aus, also ohne Antrag, einleiten kann, ist umstritten.[49] Neben der „conversion“ besteht auch die Möglichkeit der „dismissal“. Diese bewirkt die Beendigung der Tätigkeit des Insolvenzgerichts und hat damit eine Rückführung in das Verfahrensstadium vor Eröffnung zur Folge.[50]

---

45 *Fassbach* (1997), S. 35.

46 Näher *Hohloch* , ZGR 1982, S. 165.

47 Das ergibt sich aus Bankruptcy Rule 3022. Die „Federal Rules of Bankruptcy Procedure“ sind Verfahrensanweisungen, die die formellen Modalitäten zur Ausführung der einzelnen Vorschriften des BC enthalten.

48 Der Antrag muss von einer „party in interest“ gestellt werden. Dieser Begriff umfasst praktisch alle am Verfahren beteiligten Rechtssubjekte; s. *Kemper* (1996), S. 139.

49 Näher *Kemper* (1996), S. 139 ff.

50 Näher zur vorzeitigen Beendigung eines Reorganisationsverfahrens gem. 11 USC § 1112 *Kemper* (1996), S. 136 ff.

B. Das Insolvenzplanverfahren der Insolvenzordnung

Am 1.1.1999 ist die neue Insolvenzordnung (InsO)[51] zusammen mit dem Einführungsgesetz zur InsO (EGInsO)[52] nach jahrzehntelangen Reformbemühungen[53] in Kraft getreten.[54] Damit wurden die Konkursordnung von 1877[55] und die Vergleichsordnung von 1935[56] durch eine vollständige Neukodifikation abgelöst.[57] Das neue Rechtsinstitut des Insolvenzplans (§§ 217 ff. InsO) wird als ein Kernstück der Reform angesehen.[58] Bei der Gestaltung mehrerer Vorschriften über das Planverfahren hat sich der deutsche Gesetzgeber stark am US-amerikanischen Reorganisationsverfahren nach 11 USC Chapter 11 orientiert.

I. Funktion des Insolvenzplanverfahrens

Das Insolvenzplanverfahren orientiert sich, ebenso wie die Insolvenzordnung als Ganzes, am Ziel marktkonformer Insolvenzbewältigung (s. zu diesem gesetzgeberischen Konzept bereits oben Kap. 2, D.). Die grundlegendste Funktion des Insolvenzplans besteht dabei darin, innerhalb des Insolvenzverfahrens auch die Verwertungsform der Reorganisation zu ermöglichen (vgl. § 1 S. 1 InsO). Ohne das Insolvenzplanverfahren stünden zur Abwicklung einer Insolvenz nur die §§ 159 ff. InsO zur Verfügung, die als Verwertungsform lediglich die Liquidation (§ 159 InsO) und die übertragende Sanierung (vgl. §§ 160 II Nr. 1, 162, 163 InsO) ermöglichen (s. bereits oben Kap. 1, B.II.1.). Der Insolvenzplan ist daher das einzige Instrument, mit dem innerhalb des Verfahrens die Insolvenz unter Fortführung desselben Unternehmensträgers bereinigt werden

51 Insolvenzordnung vom 5.10.1994, BGBl. I S. 2866.

52 Einführungsgesetz zur Insolvenzordnung vom 05.10.1994, BGBl. I S. 2911.

53 Zur Geschichte der Reformbemühungen s. *Balz/Landfermann* (1999), S. XXIX ff.; MK-InsO-*Stürner*, Einleitung Rn. 33 ff.

54 Vgl. Art. 110 I EGInsO.

55 Konkursordnung (KO) vom 10.2.1877, RGBl. S. 351.

56 Vergleichsordnung (VglO) vom 26.2.1935, RGBl. I S. 321, berichtigt S. 356.

57 Vgl. Art. 2 EGInsO. In den neuen Bundesländern einschließlich Ost-Berlin löste die Insolvenzordnung die Gesamtvollstreckungsordnung (GesO) (Fassung vom 23.5.1991, BGBl. 1991 I S. 1185) ab.

58 Ausschussbericht zum Sechsten Teil des RegE der InsO, abgedruckt in: *Balz/Landfermann* (1999), S. 460; *Maus* (2000), S. 931.

kann.[59] Gegenstand des Insolvenzplans können jedoch auch Liquidation und übertragende Sanierung sein. Diese weitgehende inhaltliche Gestaltungsfreiheit soll es den Beteiligten ermöglichen, die im Einzelfall günstigste Art der Insolvenzbewältigung zu wählen.[60]

II. Mögliche Schuldner im Insolvenzplanverfahren

Der Gemeinschuldner kann im Insolvenzplanverfahren sowohl juristische als auch natürliche Person sein. Allerdings sind die §§ 217 ff. InsO gemäß § 312 III InsO im vereinfachten Insolvenzverfahren (als Teil des Verbraucherinsolvenzverfahrens nach §§ 304 ff.) nicht anwendbar. In diesem Verfahren wird eine einvernehmliche Regelung mit den Gläubigern durch einen Schuldenbereinigungsplan ermöglicht (§§ 305 ff.). In der Praxis wird sich die Anwendung des Insolvenzplanverfahrens daher (und auch wegen des Verwaltungsaufwands) weitestgehend auf den Unternehmensbereich beschränken (vgl. auch § 304 I, II InsO).

III. Verlauf des Insolvenzplanverfahrens

Der Verlauf des Insolvenzplanverfahrens lässt sich entsprechend der gesetzlichen Unterteilung der §§ 217 bis 269 InsO in drei Abschnitte gliedern: Die Aufstellung des Plans (§§ 217 bis 234 InsO), die Annahme und Bestätigung des Plans (§§ 235 bis 253 InsO) und die Wirkungen des bestätigten Plans mit anschließender Überwachung der Planerfüllung (§§ 254 bis 269 InsO).

1. Aufstellung und Inhalt des Insolvenzplans

a. Das Planverfahren wird mit der Vorlage eines Insolvenzplans an das Insolvenzgericht (vgl. § 2 InsO) eingeleitet. Vorlageberechtigt sind der Insolvenzverwalter und der Schuldner (§ 218 I InsO). Der Schuldner kann den Plan gemäß § 218 I 2 InsO schon zusammen mit seinem eigenen Antrag auf Eröffnung des Insolvenzverfahrens vorlegen. Die Gläubigerversammlung hat kein eigenes Vorlagerecht, sie kann den Insolvenzverwalter jedoch gemäß § 157 S. 2 InsO

---

59 *Schiessler* (1997), S. 31.

60 Vgl. dazu oben Kap. 2, D.

mit der Ausarbeitung eines Plans beauftragen. In diesem Fall hat der Verwalter den Plan „binnen angemessener Frist" vorzulegen, § 218 II InsO. § 218 III InsO normiert für die dort genannten Gremien ein Recht zur beratenden Mitwirkung bei der Planaufstellung durch den Verwalter. Die Planvorlage hat auf den sonstigen Verlauf des Verfahrens (namentlich auf die Feststellung der Forderungen, die Verwaltung und Verwertung der Insolvenzmasse und das Verteilungsverfahren) grundsätzlich keinen Einfluss.[61] Jedoch kann das Insolvenzgericht gemäß § 233 InsO zur Sicherung der Durchführung eines vorgelegten Insolvenzplans auf Antrag die Aussetzung der Verwertung und Verteilung anordnen.

b. Der Insolvenzplan besteht gemäß § 219 InsO aus dem darstellenden Teil (§ 220 InsO), dem gestaltenden Teil (§ 221 InsO) und den Anlagen zum gestaltenden Teil (§§ 229, 230 InsO).

Der darstellende Teil muss es den Gläubigern und dem Insolvenzgericht ermöglichen, eine fundierte Entscheidung zwischen dem vorgelegten Plan, einem etwaigen anderen Plan und der Regelverwertung nach den Vorschriften des Gesetzes zu treffen. Das Gesetz macht keine konkreten inhaltlichen Vorgaben. Entsprechend dem in § 220 II zum Ausdruck kommenden Grundgedanken ist jedoch ein (einzelfallabhängiges) Mindestmaß an Informationen erforderlich. Kernstück des darstellenden Teils ist die Prüfung der Sanierungsfähigkeit des insolventen Unternehmens und die Darstellung des Sanierungs- oder Liquidationskonzepts.[62]

Der gestaltende Teil soll deutlich machen, welche Rechtsänderungen – z.B. die Kürzung oder Stundung der Forderungen der absonderungsberechtigten Gläubiger (§§ 49 bis 51 InsO), der Insolvenzgläubiger (§§ 38, 52 InsO) und der nachrangigen Insolvenzgläubiger (§ 39 InsO) – mit der Rechtskraft der Bestätigung des Plans (vgl. § 254 I 1 InsO) für die Beteiligten verbunden sind. Dabei ist zu beachten, dass § 217 InsO nur für absonderungsberechtigte Gläubiger und Insolvenzgläubiger, nicht jedoch für Massegläubiger (§§ 53 bis 55 InsO), eine vom Regelverfahren abweichende Lösung in einem Insolvenzplan ermöglicht.[63]

---

[61] HK-InsO-*Flessner*, § 218 Rn. 17.
[62] *Maus* (2000), S. 943; K/P-*Otte*, § 220 Rn. 7.
[63] Näher HK-InsO-*Flessner*, § 217 Rn. 9 ff.

Ergänzend zu den nach §§ 220, 221 InsO erforderlichen Informationen schreibt § 229 InsO die Erstellung einer Vermögensübersicht (Planbilanz[64]), eines Ergebnisplans (Plan-GuV) und eines Finanzplans (Plan-Liquiditätsrechnung) vor, wenn das schuldnerische Unternehmen ganz oder teilweise fortgeführt werden soll und die Gläubiger aus den künftigen Einnahmen befriedigt werden sollen. § 230 verlangt in einigen Fällen die Beifügung bestimmter zustimmender Erklärungen zum Plan.

2. Bildung von Abstimmungsgruppen und gerichtliche Vorprüfung des Plans

a. Bei der Festlegung der Gläubigerrechte werden die Gläubiger abhängig von ihrer Rechtsstellung und (fakultativ) ihrer wirtschaftlichen Interessenlage in verschiedenen Gruppen zusammengefasst, § 222 InsO. Im Unterschied zum US-amerikanischen Reorganisationsrecht (vgl. 11 USC §§ 1122 (a), 1123 (a)(1), 1126 (c), (d)) sieht die Insolvenzordnung keine Bildung von Gruppen für die Inhaber von Anteilsrechten vor. Dies ist Folge der Entscheidung des deutschen Gesetzgebers, einen Eingriff in die Rechtsstellung der Inhaber von Anteilsrechten durch den Insolvenzplan nicht zuzulassen, vgl. § 217 InsO.[65] Mit Gläubigern „unterschiedlicher Rechtsstellung" meint § 222 I 1 InsO die Unterscheidung zwischen absonderungsberechtigten Gläubigern (Abs. 1 S. 2 Nr. 1), nicht nachrangigen Insolvenzgläubigern (Abs. 1 S. 2 Nr. 2) und nachrangigen Insolvenzgläubigern (Abs. 1 S. 2 Nr. 3). Auch wenn die Gläubiger innerhalb dieser Gruppen unterschiedliche Rechtsstellungen innehaben können – so fallen in die Gruppe der absonderungsberechtigten Gläubiger bspw. Grundpfandgläubiger (§ 49 InsO), aber auch Sicherungseigentümer/-zessionare (§ 51 Nr. 1 InsO) und Gläubiger mit Zurückbehaltungsrechten (§ 51 Nr. 2 und 3 InsO) –, fordert das Gesetz keine feinere Gruppeneinteilung.[66] Die Gruppenbildung dient – wie die

[64] § 229 InsO verlangt nicht ausdrücklich die Erstellung von Planbilanzen. *Drukarczyk* weist darauf hin, dass diese jedoch erforderlich sind, um die Konsistenz der vom Planarchitekten vorgelegten Zahlenwerke in Form von Ergebnis- und Finanzplänen überprüfen zu können. Eine entsprechende Erweiterung des § 229 InsO sei daher wünschenswert. *Drukarczyk* (1998), S. 13.

[65] S. auch K/P-*Otte*, § 217 Rn. 60 m.w.N., N/R-*Braun*, § 217 Rn. 35 sowie unten Zweiter Teil, Kap. 3, D.II.

[66] Zu den diesbezüglichen Unterschieden zum US-amerikanischen Recht s. ausführlich N/R-*Braun*, § 222 Rn. 11 ff.

Klassenbildung gemäß 11 USC §§ 1122 (a), 1123 (a)(1) (vgl. die Ausführungen unter A.III.2.a.) – zur Verhinderung der Fremdbestimmung einer ganzen Gruppe im Rahmen der anstehenden Mehrheitsentscheidungen. § 222 II InsO lässt die Berücksichtigung unterschiedlicher wirtschaftlicher Interessen innerhalb der Gläubiger zu, die an sich gemäß Abs. 1 derselben Gruppe zuzuordnen wären. Dies soll die Koordinierung der Interessen der Beteiligten in den Verhandlungen erleichtern und die wirtschaftliche Effektivität des Plans steigern.[67]

b. Die Gruppenbildung ist vom Insolvenzgericht gemäß §§ 231 I Nr. 1, 222 InsO noch vor der Erörterung des Plans durch die Gläubiger von Amts wegen zu überprüfen. Die Vorprüfung soll die frühzeitige Zurückweisung rechtswidriger (§ 231 I Nr. 1 InsO) oder offensichtlich aussichtsloser (§ 231 I Nrn. 2 und 3 InsO) Pläne ermöglichen und dadurch zu einer Zeit- und Kostenersparnis führen.[68] Ein Plan, der diese Hürde genommen hat, wird gemäß § 232 InsO allen wesentlichen vom Plan betroffenen Gruppen zur Stellungnahme zugeleitet und anschließend gemäß § 234 InsO zur Einsicht der Beteiligten beim Gericht niedergelegt.

3. Annahme und Bestätigung des Plans[69]

a. Planannahme durch die Gläubiger

Das Verfahren der Beschlussfassung der Beteiligten beginnt mit der in § 235 I InsO geregelten Festsetzung des (einheitlichen) Erörterungs- und Abstimmungstermins durch das Insolvenzgericht. Dabei handelt es sich um eine besondere Gläubigerversammlung, zu der § 235 III InsO die Ladung bestimmter Beteiligter vorschreibt. Ausnahmsweise kann der Abstimmungstermin, z.B. wegen der besonderen Komplexität des Plans, auch gesondert stattfinden, § 241 InsO. Im Erörterungsteil des Termins sollte der Planvorlegende zunächst die wesentlichen Planinhalte zusammenfassen und begründen. Nach der Erörterung der Stimmrechte der Gläubiger (§§ 237 bis 239 InsO) folgt die Abstimmung über

[67] Begr. zu § 265 des RegE der InsO, abgedruckt in: *Balz/Landfermann* (1999), S. 471.
[68] N/R-*Braun*, § 231 Rn. 3.
[69] Die im Folgenden häufig genannten §§ 245, 247 und 251 InsO sind im Anhang der Arbeit abgedruckt (unter II.).

den Plan, §§ 243 ff. InsO. Erörterung und Abstimmung werden vom Insolvenzgericht geleitet, § 76 I InsO.

Jede Gruppe der stimmberechtigten Gläubiger stimmt gesondert über den Plan ab, § 243 InsO. Zur Annahme des Insolvenzplans durch die Gläubiger ist erforderlich, dass jede Gruppe mit Kopf- und Summenmehrheit zustimmt, § 244 I Nrn. 1 und 2 InsO. Bei der Berechnung der Mehrheiten wird nur auf die abstimmenden Gläubiger abgestellt; wer sich enthält, bleibt außer Betracht.[70] Für die Berechnung der Kopfmehrheit zählt auch derjenige Gläubiger nur mit einer Stimme, der gegen den Schuldner mehrere Forderungen (unter Umständen aus verschiedenen Rechtsgründen) hat.[71]

Für das Zustandekommen des Plans ist gemäß § 248 I InsO auch die Zustimmung des Schuldners (§ 247 InsO) erforderlich. Das Ergebnis der Abstimmung und das Vorliegen der Zustimmung des Schuldners sind vom Insolvenzgericht festzustellen.[72]

b. Gerichtliche Bestätigung des Insolvenzplans

Nach der Annahme des Insolvenzplans durch die Gläubiger und der Zustimmung des Schuldners bedarf der Plan der Bestätigung durch das Insolvenzgericht, § 248 I. Das Gericht muss prüfen, ob es gemäß §§ 249 bis 251 InsO Gründe für die Versagung der Bestätigung gibt.

aa. Nach **§ 249 S. 1 InsO** kann die Bestätigung des Plans von der Erfüllung im Plan genannter Voraussetzungen abhängig gemacht werden. So kann z.B. das Fassen eines gesellschaftsrechtlichen Beschlusses, etwa über eine Kapitalerhöhung, zur Voraussetzung für die Wirksamkeit des Plans gemacht werden.[73]

bb. Gemäß **§ 250 Nr. 1 InsO** hat das Insolvenzgericht die Bestätigung von Amts wegen zu versagen, wenn die Vorschriften über den Planinhalt (§§ 219 bis 230 InsO) und das Planverfahren (§§ 218, 231, 232, 234 bis 236, 239 bis 243

[70] HK-InsO-*Flessner*, § 244 Rn. 5.

[71] HK-InsO-*Flessner*, § 244 Rn. 5. In den USA müssen hingegen die Gläubiger, denen die *Mehrzahl der Forderungen* zusteht, dem Plan zustimmen; s. 11 USC § 1126 (c).

[72] HK-InsO-*Flessner*, § 235 Rn. 4.

InsO) in einem wesentlichen Punkt nicht beachtet worden sind und der Mangel nicht behoben werden kann. Außerdem hat das Gericht gemäß § 250 Nr. 1 InsO die Beachtung der Vorschriften über die Annahme und Zustimmung zu prüfen. Insbesondere ist über das Vorliegen der Zustimmungsfiktionen der §§ 245 InsO (Obstruktionsverbot), 246 InsO (Zustimmung nachrangiger Insolvenzgläubiger) und 247 InsO (Zustimmung des Schuldners) zu entscheiden (zu §§ 245 und 247 InsO sogleich unter c.)[74].[75] § 250 Nr. 2 InsO verbietet die Bestätigung, wenn die Annahme des Plans unlauter (z.B. durch Stimmenkauf)[76] herbeigeführt worden ist

cc. Mit der Regelung des **§ 251 InsO**, wonach das Insolvenzgericht auf Antrag eines Gläubigers die Planbestätigung zu versagen hat, wenn der Gläubiger dem Plan spätestens im Abstimmungstermin widersprochen hat (Abs. 1 Nr. 1) und durch den Plan voraussichtlich schlechter gestellt wird, als er ohne Plan stünde (Abs. 1 Nr. 2), soll jedem Gläubiger der Wert garantiert werden, den seine Rechtsposition noch hat und den er bei einer Insolvenzabwicklung ohne Plan zugewiesen erhielte.[77] Gemäß § 251 II müssen die Antragsvoraussetzungen glaubhaft gemacht werden, vgl. § 4 InsO i.V.m. § 294 ZPO.

Die Bestimmung überträgt den „best interests test" aus dem US-amerikanischen Chapter 11-Verfahren (11 USC § 1129 (a)(7)) in das deutsche Insolvenzplanverfahren. Sie dient also dem Schutz einzelner Gläubiger, die von den übrigen Mitgliedern ihrer Abstimmungsgruppe überstimmt worden sind. Folgende

73 Begr. zu § 296 des RegE der InsO, abgedruckt in: *Balz/Landfermann* (1999), S. 506.

74 Auf § 246 InsO wird nachfolgend nicht näher eingegangen. Die Vorschrift ist von geringer praktischer Bedeutung, da die Forderungen der in den Nrn. 1 und 2 genannten nachrangigen Gläubiger i.d.R. bereits gemäß § 225 I InsO als erlassen gelten, so dass gemäß § 222 I Nr. 3 InsO keine eigene Gruppe für sie zu bilden ist. Die Nrn. 1 und 2 sind dann bereits tatbestandlich nicht einschlägig; näher HK-InsO-*Flessner*, § 246 Rn. 1 ff.

75 Die Feststellungen, die das Gericht bereits im Abstimmungstermin zum Ergebnis der Abstimmung getroffen hat, wird es im Rahmen der Entscheidung über die Bestätigung nur selten bezweifeln. Wird über die Bestätigung noch im Abstimmungstermin verhandelt (vgl. § 252 I 1 InsO), dürften diese Fragen und die Prüfung nach § 250 InsO ohnehin ineinander übergehen, HK-InsO-*Flessner*, § 250 Rn. 5.

76 Begr. zu § 297 des RegE der InsO, abgedruckt in: *Balz/Landfermann* (1999), S. 506.

77 HK-InsO-*Flessner*, § 251 Rn. 1.

Überlegung liegt der Regelung zu Grunde:[78] Wenn die Mehrheit einer Gläubigergruppe dem Plan zustimmt, so ist damit noch nicht gewährleistet, dass der Plan auch die Interessen der überstimmten Minderheit ausreichend berücksichtigt. So ist es im Falle eines Sanierungsplans denkbar, dass die Mehrheit der Gläubiger in einer Gruppe einem Plan hauptsächlich deshalb zustimmt, weil sie sich – anders als die überstimmte Minderheit – Vorteile aus künftigen Geschäftsbeziehungen mit dem Schuldner verspricht. In einem solchen Fall ist die Mehrheitsentscheidung einer Gruppe keine ausreichende Legitimation dafür, den überstimmten Gläubigern gegen ihren Willen Vermögenswerte zu entziehen. Auch können nicht alle derartigen Interessenunterschiede zwischen den Gläubigern einer Gruppe schon im Rahmen der Gruppenbildung nach § 222 InsO berücksichtigt werden. Der Minderheitenschutz des § 251 ist daher trotz des erforderlichen Beurteilungsaufwands und der Gefahr des Scheiterns eines Plans, der bereits die Zustimmung der Gläubigergruppen gefunden hat, aus rechtsstaatlichen Gründen wohl nicht verzichtbar.[79]

Allerdings braucht der Minderheitenschutz nicht so weit zu reichen wie der Schutz, den § 245 InsO der Mehrheit einer Gläubigergruppe dagegen bietet, dass ein Plan trotz der Ablehnung durch diese Mehrheit bestätigt wird. Eine „angemessene Beteiligung" an dem durch den Plan realisierten Wert (vgl. § 245 I Nr. 2, II) muss dem widersprechenden Gläubiger also nicht geboten werden. Ihm ist lediglich garantiert, dass er (voraussichtlich) nicht schlechter gestellt wird, als er ohne einen Plan stünde. Allerdings meint „ohne einen Plan" nicht zwingend, dass für den Vergleich zwischen der Situation mit und ohne Plan der Betrag heranzuziehen ist, der dem Gläubiger bei einer Zerschlagung des Schuldnerunternehmens zukäme: Wäre ohne einen Plan eine Gesamtveräußerung des insolventen Unternehmens möglich, so wird der Minderheit der so zu realisierende Fortführungswert gewährleistet.[80] Für den Vergleich ist also entscheidend, welcher Betrag im konkreten Fall bei einer Regelabwicklung auf den

---

[78] Vgl. die Begr. zu § 298 des RegE der InsO, abgedruckt in: *Balz/Landfermann* (1999), S. 507; FK-InsO-*Jaffé*, § 251 Rn. 3 ff.

[79] Vgl. die Begr. zu § 298 des RegE der InsO, abgedruckt in: *Balz/Landfermann* (1999), S. 507; FK-InsO-*Jaffé*, § 251 Rn. 5.

[80] Begr. zu § 298 des RegE der InsO, abgedruckt in: *Balz/Landfermann* (1999), S. 508.

Gläubiger entfallen würde.[81] Es mag aus der Sicht eines Gläubigers durchaus Positionen geben, die sowohl die gemäß Plan gebotene Position als auch die Position ohne Plan übertreffen. Dies ist für den gerichtlichen Vergleich nach § 251 I Nr. 2 InsO jedoch unerheblich. Die Vorschrift gewährleistet als Mindeststandard lediglich die Position, die dem Gläubiger im Falle der Regelabwicklung zustehen würde. Das Gericht hat also nicht die Aufgabe das Auffinden der bestmöglichen Planlösung sicherzustellen.[82]

dd. Gegen den Beschluss, durch den der Insolvenzplan bestätigt oder die Bestätigung versagt wird, steht den Gläubigern und dem Schuldner die sofortige Beschwerde zu, **§ 253 InsO** (vgl. auch §§ 6 und 7 InsO).

c. Die Zustimmungsfiktionen gemäß §§ 245 und 247 InsO

aa. Das Obstruktionsverbot in **§ 245 InsO** ist den Cram Down-Regelungen des US-amerikanischen Rechts nachempfunden, vgl. 11 USC § 1129 (b) und oben A.III.4.b. Die Bestimmung verfolgt daher ebenfalls das Ziel, das Störpotential einzelner Gläubigergruppen, die die Annahme eines Plans aus eigennützigen Erwägungen verhindern wollen, zu verringern.[83] Die Durchsetzung konsensfähiger Reorganisationspläne soll erleichtert werden. Andererseits sollen die ablehnenden Gläubigergruppen durch die in § 245 InsO normierten Voraussetzungen für die Zustimmungsfiktion angemessen geschützt werden.[84] Der Hauptunterschied zur US-amerikanischen Cram Down-Regelung besteht darin, dass § 245 InsO die unterschiedlichen Voraussetzungen des US-amerikanischen Rechts für gesicherte Gläubiger, ungesicherte Gläubiger und Anteilsinhaber in 11 USC § 1129 (b)(2)(A) bis (C) auf die Grundgedanken der Regelung zurückführt. Besondere Aufzwingungsvoraussetzungen für die Anteilsinhaber

---

81 Gleiches gilt für § 245 I Nr. 1 InsO; s. N/R-*Braun*, § 245 Rn. 7. Abweichendes gilt jedoch für die dem Wortlaut nach identische Regelung in § 247 II Nr. 1 InsO; N/R-*Braun*, § 247 Rn. 3.

82 *Drukarczyk* (1998), S. 11 f.; das Gleiche gilt für § 245 I Nr. 1 InsO und § 247 II Nr. 1 InsO.

83 Begr. zu § 290 des RegE der InsO, abgedruckt in: *Balz/Landfermann* (1999), S. 499.

84 Vermutlich versprach sich der Gesetzgeber von dem mit der Anwendung des § 245 verbundenen Aufwand auch einen konsensfördernden Einfluss auf die abstimmenden Gläubiger; die Begr. zu § 290 des RegE der InsO spricht dies allerdings nicht ausdrücklich aus; vgl. *Balz/Landfermann* (1999), S. 499 f.

bestehen schon deshalb nicht, weil für diese gemäß § 222 InsO keine eigene Gruppe zu bilden ist, vgl. oben 2.a..

Gemäß § 245 I Nrn. 1 und 2 InsO ist für das Eingreifen der Zustimmungsfiktion zunächst erforderlich, dass die Gläubiger der ablehnenden Gruppe durch den Plan voraussichtlich nicht schlechter gestellt werden, als sie ohne Plan stünden, und dass gewährleistet ist, dass die Gruppe bei der Verteilung des Wertes, der den Beteiligten auf Grund des Plans zufließen soll, nicht unbillig benachteiligt wird. Letztere Bedingung setzt gedanklich voraus, dass der Plan im Vergleich zur gesetzlichen Regelverwertung einen Mehrwert erschließt.[85]

Für eine „angemessene Beteiligung" an dem wirtschaftlichen Wert i.S.v. § 245 I Nr. 2 InsO bestehen gemäß § 245 II InsO drei Voraussetzungen, die kumulativ vorliegen müssen:[86]
Keine vom Plan betroffene Gläubigergruppe muss es hinnehmen, dass sie zwar nicht schlechter steht, als ohne einen Plan, dass jedoch andere Gläubiger wirtschaftliche Werte erhalten, die den Betrag der Ansprüche dieser Gläubiger übersteigen (Abs. 2 Nr. 1). Ebenso wenig muss hingenommen werden, dass der Plan die Rechte dieser Gruppe beeinträchtigt, wenn andere Beteiligte, die ohne einen Plan mit Nachrang gegenüber den Gläubigern dieser Gruppe zu befriedigen wären, wirtschaftliche Werte erhalten sollen (Abs. 2 Nr. 2). Diese Bestimmung gibt den Gedanken der a.p.r. wieder, dass eine in der Kapitalstruktur eines Unternehmens nachrangige Gruppe von Finanziers keine Werte erhalten darf, solange nicht alle Gruppen mit besserem Rang voll befriedigt sind. Dieser Gedanke ist im US-amerikanischen Reorganisationsrecht in 11 USC § 1129 (b)(2)(B)(ii) und (C)(ii) niedergelegt (vgl. oben A.III.4.b.bb.).[87] Schließlich kann

[85] Begr. zu § 290 des RegE der InsO, abgedruckt in: *Balz/Landfermann* (1999), S. 499; *Fassbach* (1997), S. 157; HK-InsO-*Flessner*, § 245 Rn. 17.

[86] Es handelt sich nicht etwa nur um die Aufzählung von Regelbeispielen; *Braun/Uhlenbruck* (1997), S. 617.

[87] Schwierigkeiten bereitet die Anwendung des § 245 II Nr. 2 InsO, wenn die Zustimmung einer Gruppe absonderungsberechtigter Gläubiger (vgl. § 222 I Nr. 1 InsO) ersetzt werden soll. Welches sind die Gläubiger, die „...ohne einen Plan mit Nachrang gegenüber den Gläubigern der Gruppe zu befriedigen..." wären? *Braun* vertritt die Ansicht, dass es kein Rangverhältnis zwischen Absonderungsrecht und Forderungen gibt. (Der Inhaber eines Absonderungsrechts sei ein „rechtliches Aliud" zum Forderungsinhaber; N/R-*Braun*, § 245 Rn. 22; zustimmend LG Traunstein, Beschluss vom 27.8.1999 – 4 T 2966/99, ZinsO

eine Gruppe auch dadurch unangemessen benachteiligt werden, dass andere Gläubiger besser gestellt werden, obwohl sie ohne einen Plan gleichrangig mit den Gläubigern der Gruppe zu befriedigen wären (Abs. 2 Nr. 3).

Da die Befriedigung der Massegläubiger nicht Gegenstand des Insolvenzplans ist, vgl. § 217 InsO, kann eine angemessene Beteiligung der absonderungsberechtigten Gläubiger nicht mit der Begründung verneint werden, dass die Rechte dieser Gläubiger gekürzt, die Massegläubiger aber voll befriedigt würden.[88] Die Massegläubiger bleiben im Zusammenhang des Abs. 2 also außer Betracht.

Schließlich greift das Obstruktionsverbot nur dann ein, wenn auch die Voraussetzung des § 245 I Nr. 3 InsO erfüllt ist, dass die Mehrheit der abstimmenden Gläubigergruppen dem Plan zugestimmt hat. Im Unterschied zum US-amerikanischen Reorganisationsrecht, das in 11 USC § 1129 (a)(10) die gerichtliche Bestätigung schon dann zulässt, wenn wenigstens eine Gläubigerklasse dem Plan zustimmt (s. oben A.III.4.a.), hat sich der deutsche Gesetzgeber für das Mehrheitserfordernis entschieden, da ihm die Zustimmung nur einer von vielen Gruppen als „...eine zu schwache Grundlage für einen Plan...“[89] erschien. Diese Entscheidung ist im Schrifttum auf Kritik gestoßen, da eine Gruppe auch dann kein schützenswertes Motiv habe, sich der Planlösung zu widersetzen, wenn lediglich einer einzigen (zustimmenden) Gruppe aus dem Plan Vorteile zufließen, sofern nur alle anderen Gruppen nicht schlechter stehen als im Falle der „Regelabwicklung“ (§ 245 I Nr. 1 InsO) und auch angemessen am wirtschaftli-

1999, S. 581.) Bei der Frage, ob ein Gläubiger ohne Plan mit Nachrang gegenüber der Gruppe absonderungsberechtigter Gläubiger zu befriedigen wäre, ist der Blick demnach nicht auf die Forderungen der absonderungsberechtigten Gläubiger – dies können auch nachrangige Insolvenzforderungen sein –, sondern auf das Absonderungsrecht zu richten (; so *Eberhard Braun* in einem Brief vom 14.5.2001 an den Verf.). Da dieses in keinem Rangverhältnis steht, können die absonderungsberechtigten Gläubiger auch dann Zahlungen ohne Verstoß gegen § 245 II Nr. 2 InsO erhalten, wenn die Absonderungsrechte eine nachrangige Insolvenzforderungen sichern und die Forderungen der einfachen (nicht nachrangigen) Insolvenzgläubiger gekürzt werden. (Damit die nachrangigen Forderungen nicht gem. § 225 I InsO als erlassen gelten, muss im Plan allerdings bestimmt sein, dass die Forderungen bestehen bleiben.)

88 Begr. zu § 290 des RegE der InsO, abgedruckt in: *Balz/Landfermann* (1999), S. 499 f.

89 Ausschussbericht zu § 290 des RegE der InsO, abgedruckt in: *Balz/Landfermann* (1999), S. 500; anders noch der RegE, der die Zustimmung mindestens einer anderen Gruppe ausreichen ließ.

chen Wert der Verteilung beteiligt werden (§ 245 I Nr. 2 InsO).[90] Die deutsche Regelung in § 245 I Nr. 3 hat mit dem US-amerikanischen Vorbild in 11 USC § 1129 (a)(10) gemein, dass die fingierte Zustimmung einer Gruppe (etwa auf Grund von § 246 InsO) nicht ausreichen soll.[91] Abs. 1 Nr. 3 verlangt daher eine Zustimmung „...mit den erforderlichen Mehrheiten...“.

bb. Die Zustimmung des Schuldners zum Insolvenzplan gilt nach **§ 247 I InsO** als erteilt, wenn der Schuldner dem Plan nicht spätestens im Abstimmungstermin widerspricht. § 247 II InsO regelt die Voraussetzungen für die Unbeachtlichkeit des Widerspruchs. Der Widerspruch ist nur dann beachtlich, wenn der Plan die Rechtsstellung des Schuldners voraussichtlich verschlechtert – z.B. ihm eine weitergehende Haftung auferlegt, als die gesetzliche Regelung – oder wenn der wirtschaftliche Wert, der durch den Plan realisiert wird, so verteilt wird, dass einzelne Gläubiger mehr erhalten, als sie zivilrechtlich zu beanspruchen haben. Die Vorschrift überträgt somit die Grundgedanken des Obstruktionsverbots auf den Widerspruch des Schuldners.[92]

4. Wirkungen des bestätigten Plans und Überwachung der Planerfüllung

a. Sobald der Bestätigungsbeschluss rechtskräftig ist, treten die im gestaltenden Teil des Insolvenzplans festgelegten materiellen Rechtswirkungen für und gegen alle Beteiligten ein, § 254 I 1 InsO. Die Forderungen der Gläubiger sind jetzt also teilweise erlassen oder gestundet, im Plan vorgesehene Verpflichtungen (etwa eines absonderungsberechtigten Gläubigers, das Sicherungsgut in einen „Pool“ einzubringen oder der Masse zur Nutzung zu überlassen) sind entstanden.[93] Die für Verfügungen nötigen Willenserklärungen gelten als formwirksam abgegeben, wenn sie in den Plan aufgenommen worden sind, § 254 I 2 InsO.

§ 254 InsO wird ergänzt durch § 257 InsO. Die Vorschrift erklärt den Plan für die Erfüllung der in ihn aufgenommenen Verpflichtungen zum Vollstreckungstitel. Die Vollstreckung kann gegen den Schuldner und unter den Voraussetzun-

---

90 Näher N/R-*Braun*, § 245 Rn. 2.

91 Vgl. A.III.4.a. und die Begr. zu § 290 des RegE der InsO sowie den Ausschussbericht zu § 290 des RegE der InsO, abgedruckt in: *Balz/Landfermann* (1999), S. 500.

92 Begr. zu § 293 des RegE der InsO, abgedruckt in: *Balz/Landfermann* (1999), S. 504.

93 *Bork* (1998), Rn. 344.

gen von § 257 II InsO auch gegen Mitschuldner, Bürgen, Garanten oder sonstige Dritte erfolgen. Haben sich hingegen die Gläubiger im Plan zu einer Leistung verpflichtet, so kann der Schuldner aus dem Plan nicht vollstrecken.[94]

§ 258 I InsO sieht schließlich nach der rechtskräftigen Planbestätigung die Aufhebung des Insolvenzverfahrens vor. Mit der Aufhebung erlöschen die Ämter des Insolvenzverwalters und der Mitglieder des Gläubigerausschusses (s. aber § 261 I InsO), und der Schuldner erhält das Recht zurück, über die Masse frei zu verfügen, § 259 I InsO. Somit ist die Erfüllung der im Plan geregelten Ansprüche jetzt wieder Sache des Schuldners. §§ 255 f. InsO enthalten mit der sog. „Wiederauflebensklausel" ein Druckmittel, um den Schuldner zur rechtzeitigen Erfüllung dieser Ansprüche anzuhalten.

b. Gemäß § 259 II InsO i.V.m. § 260 InsO kann im gestaltenden Teil des Plans die Überwachung der Planerfüllung vorgesehen werden. Gegenstand der Überwachung ist nach § 260 II InsO die Erfüllung der Ansprüche, die den Gläubigern nach dem gestaltenden Teil gegen den Schuldner zustehen. Die Regelung betrifft vor allem den Fall, dass der Schuldner nach dem Plan sein Unternehmen fortführen und die Gläubiger aus den Erträgen befriedigen soll.[95] Der Insolvenzverwalter und die Mitglieder des Gläubigerausschusses bleiben insoweit im Amt, als es die Überwachung erfordert, § 261 I InsO.

Die Überwachung ist durch Beschluss des Insolvenzgerichts aufzuheben, wenn der Plan erfüllt oder seine Erfüllung gewährleistet ist oder wenn seit der Verfahrensaufhebung drei Jahre verstrichen sind und kein Antrag auf Eröffnung eines neuen Insolvenzverfahrens vorliegt, § 268 I InsO.

C. Gegenüberstellung der Vorschriften über die richterliche Planbestätigung in 11 USC § 1129 und in der Insolvenzordnung

Nachdem unter den Punkten A. und B. das US-amerikanische Reorganisationsverfahren und das Insolvenzplanverfahren der Insolvenzordnung einzeln darge-

---

94 *Bork* (1998), Rn. 348; vgl. auch das Bsp. Rn. 349.

95 Begr. zu § 307 des RegE der InsO, abgedruckt in: *Balz/Landfermann* (1999), S. 519.

stellt worden sind, sollen nun die zentralen Vorschriften im Zusammenhang mit der Planbestätigung einander synoptisch gegenübergestellt werden.[96] Durch die Lektüre der einzelnen Bestimmungen wird die oftmals weitgehende, aber nicht völlige Parallelität der US-amerikanischen und der deutschen Regelungen nochmals verdeutlicht.

Regelung in 11 USC § 1129:	**Parallelregelung in der InsO:**
11 USC § 1129 (a)(7)(A)(ii) („best interests test")	§ 245 I Nr. 1 InsO, § 247 II Nr. 1 InsO, § 251 I Nr. 2 (i.V.m. Abs. 2) InsO
11 USC § 1129 (a)(10): „...at least one class..."	§ 245 I Nr. 3 InsO: „...Mehrheit der abstimmenden Gruppen..."
11 USC § 1129 (b)(1): „...if the plan does not discriminate unfairly..."	§ 245 II Nr. 3 InsO
„...a dissenting class should be assured, that no senior class receives more than 100 percent of the amount of its claims (or interests)...":[97] Folge des „fair and equitable"-Standard in 11 USC § 1129 (b)(1)	§ 245 II Nr. 1 InsO, § 247 II Nr. 2 InsO
11 USC § 1129 (b)(2)(B)(ii) („absolute priority rule" für ungesicherte Forderungen)	§ 245 II Nr. 2 InsO

Die Regelung in 11 USC § 1129 (a)(11), die eine Prüfung der Durchführbarkeit („feasibility") des vorgelegten Plans verlangt, findet in der InsO keine direkte

[96] Für das US-amerikanische Recht wird hier nur auf die einzelnen Vorschriften in 11 USC § 1129 abgestellt. Natürlich lassen sich in Chapter 11 noch weitere Normen finden, zu denen es eine ähnliche Regelung im deutschen Recht gibt (vgl. z.B. 11 USC § 1122 und § 222 InsO oder: 11 USC § 1126 (c) und § 244 I InsO).

[97] Legislative Statements zu 11 USC § 1129, abgedruckt in: 11 USCA § 1129: „Historical and statutory notes".

Entsprechung. Eine im Ansatz ähnliche Vorschrift findet sich zwar in § 231 I Nr. 3 InsO, wonach das Insolvenzgericht einen Plan von Amts wegen zurückzuweisen hat, wenn die Ansprüche, die der Plan den Beteiligten zubilligt, offensichtlich nicht erfüllt werden können. Jedoch hat das Insolvenzgericht diese Entscheidung bereits im Vorfeld der Abstimmung der Gläubiger zu treffen und die Zurückweisung darf nur in eindeutigen Fällen erfolgen. Das Kriterium der Durchführbarkeit kann in § 245 I Nr. 1 InsO Bedeutung erlangen: Hat das Insolvenzgericht deutliche Hinweise auf die Nichtdurchführbarkeit eines Insolvenzplans, so hat es diesen Umstand im Rahmen des Vergleichs der Situation der Gläubiger mit und ohne Plan zu berücksichtigen.[98]

11 USC § 1129 (b)(2)(C)(ii) hat keine Entsprechung im deutschen Recht, weil das Insolvenzplanverfahren für Anteilsinhaber keine Gruppen vorsieht, vgl. § 222 InsO. Die Regelungen in 11 USC § 1129 (b)(2)(A)(i)(II), (B)(i) und (C)(i), die eine Planaufzwingung dann ermöglichen, wenn den Forderungs- bzw. Anteilsinhabern einer nichtzustimmenden Klasse ein bestimmter Gegenwert geboten wird, finden im deutschen Recht ebenfalls keine direkte Entsprechung.[99]

[98] Das Gericht kann die Feststellung, dass die Gläubiger der Gruppe durch den Insolvenzplan nicht schlechter gestellt werden, als sie ohne Plan stünden, dann unter Umständen nicht treffen, obwohl die Planzahlen „auf dem Papier" eine solche Feststellung zuließen; näher N/R-*Braun*, § 245 Rn. 14 ff.

[99] Das Gleiche gilt für 11 USC § 1129 (a)(7)(B) und 11 USC § 1129 (a)(9)(C), die ebenfalls auf das Versprechen eines bestimmten Gegenwerts abstellen.

Zweiter Teil: Kritischer Vergleich von US-amerikanischem Reorganisationsverfahren und deutschem Insolvenzplanverfahren

Kapitel 1: Überblick

In diesem Zweiten Teil der Arbeit sollen in der US-amerikanischen Insolvenzrechtsliteratur häufig genannte Kritikpunkte am Verhandlungsprozess des US-amerikanischen Verfahrens nach Chapter 11 BC näher beleuchtet werden. Es soll untersucht werden, inwieweit das deutsche Insolvenzplanverfahren ähnliche Schwächen hat. Eine Übertragbarkeit der Kritikpunkte erscheint aufgrund der zahlreichen Parallelen zwischen den beiden Verfahren naheliegend. Die Untersuchung der Schwachstellen des US-amerikanischen Reorganisationsverfahrens dient jedoch nicht nur der Gewinnung von Erkenntnissen über das deutsche Insolvenzplanverfahren. Sie ist auch im Dritten Teil der Arbeit im Rahmen der Untersuchung des Optionsmodells von *Bebchuk* von Nutzen. Dort wird zu fragen sein, ob mit der Umsetzung des Optionsmodells die herausgearbeiteten Nachteile der gegenwärtigen Verfahren beseitigt oder zumindest gemildert werden können.

Kapitel 2 dieses Zweiten Teils setzt sich mit dem Problem der Unternehmensbewertung auseinander, dem im US-amerikanischen Reorganisationsverfahren im Zusammenhang mit der Frage der gerechten Verteilung des Unternehmensvermögens auf die Kapitalgeber traditionell ein hoher Stellenwert zukommt. Es wird untersucht, ob und inwieweit die gesetzlichen Bestimmungen des Verfahrens nach Chapter 11 BC und des deutschen Insolvenzplanverfahrens den Insolvenzgerichten Bewertungsentscheidungen abverlangen. Anschließend wird gefragt, ob das gesetzliche Erfordernis richterlicher Bewertungsentscheidungen, insbesondere wenn sich diese auf insolvente Unternehmen beziehen, tatsächlich die befürchteten Schwierigkeiten aufwirft.

Kapitel 3 fragt danach, ob bei der Gestaltung eines gesetzlichen Insolvenzverfahrens Wert auf die Einhaltung der absoluten Vorrangsregel[1] gelegt werden

---

[1] S. zur „absolute priority rule“ (a.p.r.) bereits oben Erster Teil, Kap. 3, A.III.4.b.bb. und Erster Teil, Kap. 3, B.III.3.c.aa.

sollte. Die Frage wird im Ergebnis bejaht, so dass in der Nichteinhaltung der Vorgaben der Rechtsregel eine Schwachstelle des Verfahrens nach Chapter 11 BC und des deutschen Insolvenzplanverfahrens zu sehen wäre. Daher wird untersucht, inwieweit die Vorgaben der a.p.r. in der US-amerikanischen Reorganisationspraxis noch Berücksichtigung finden, worauf die auftretenden Abweichungen von der a.p.r. zurückzuführen sind und welche Faktoren das Ausmaß der Abweichungen bestimmen. Im Anschluss wird gefragt, ob auch im deutschen Insolvenzplanverfahren mit Verletzungen der Rechtsregel zu rechnen ist.

Kapitel 4 beschäftigt sich mit der Entscheidung über die Allokation des Unternehmensvermögens im US-amerikanischen Reorganisationsverfahren und im deutschen Insolvenzplanverfahren. Zunächst wird der Frage nachgegangen, auf welcher Grundlage die Entscheidung zwischen Fortführung und Liquidation eines Krisenunternehmens aus theoretischer Sicht getroffen werden kann und ob diese theoretischen Erkenntnisse auch praktisch verwertbar sind. Anschließend wird untersucht, ob und warum das Verfahren nach Chapter 11 BC und das Insolvenzplanverfahren die Auswahl der Verwertungsform beeinflussen und daher zu Fehlallokationen führen.

Kapitel 5 behandelt schließlich die Kosten, die durch ein Insolvenzverfahren ausgelöst werden. Nach einem theoretischen Überblick über die einzelnen Kostenkategorien wird – teilweise gestützt durch vorhandenes Zahlenmaterial – der Versuch unternommen, die Bedeutung der einzelnen Kostenkategorien im US-amerikanischen Reorganisationsverfahren und im deutschen Insolvenzplanverfahren einzuschätzen. Dabei steht die Frage im Mittelpunkt, ob das deutsche Insolvenzplanverfahren ähnlich hohe Kosten wie das Verfahren nach Chapter 11 BC erwarten lässt.

Kapitel 2: Die korrekte Unternehmensbewertung als Grundproblem des Reorganisationsprozesses

A. Das Bewertungsproblem aus US-amerikanischer Sicht

In der US-amerikanischen Insolvenzrechtsliteratur wurde die Bewertung des reorganisierten Unternehmens als Grundproblem eines Reorganisationsprozesses identifiziert.[1]

Ist ein Insolvenzverfahren in Gang gesetzt, haben die Berechtigten (Gläubiger und Inhaber von Anteilsrechten) prinzipiell drei Möglichkeiten, das Vermögen des Unternehmens zu verwerten (vgl. die bereits oben dargestellten Handlungsmöglichkeiten in der Insolvenz, Erster Teil, Kap. 1, B.II.1.):[2]

- Die Vermögensgegenstände des Unternehmens werden einzeln veräußert,
- die Vermögensgegenstände werden – ohne Schulden – en bloc an eine dritte Partei veräußert (Gesamtveräußerung),
- es werden neue Ansprüche an die Altfinanziers übertragen, mit denen alte Ansprüche abgelöst werden (Reorganisation).

Neben dieser Verwertungsentscheidung besteht ein Verteilungsproblem:
Welche Anspruchsinhaber erhalten wie viel und in welcher Reihenfolge? Zur Lösung dieses zweiten Problems ist Folgendes zu tun:

- Berechtigungen, die zum Zeitpunkt der Verfahrenseröffnung bestehen, müssen angemeldet und registriert werden,
- diese Berechtigungen müssen bewertet werden und
- der Rang der Berechtigungen muss geklärt werden.[3]

Wenn diese Fragen geklärt sind, dann ist das Verteilungsproblem im Prinzip gelöst, wenn die Berechtigten sich für die Verwertungsform der Einzel- oder

---

1 Vgl. *Bebchuk*, Harvard L.R. 1988, S. 778; *Bebchuk*, European Econ. R. 2000, S. 831 f.; *Bebchuk/Chang*, j. of law, econ.,& org. 1992, S. 253 f.; *Jackson* (1986), S. 210 ff.

2 Vgl. *Jackson* (1986), S. 210 f.; s. auch *Drukarczyk*, (1994), S. 110 f.

3 Zu einer denkbaren Rangfolge der Berechtigungen vgl. oben Erster Teil, Kap. 3, A.III.2.a. das Bsp. von *Balz*.

Gesamtveräußerung im Rahmen eines Liquidationsverfahrens nach Chapter 7 BC entschieden haben. Dann liegt nämlich der Erlös (nach Verwertungskosten) in Form von Geld vor und kann gemäß der festgestellten Rangfolge und dem Wert der Berechtigungen verteilt werden. Die Gläubiger und Anteilseigner, deren rechtlicher Rang so schlecht ist, dass die Erlöse für ihre Befriedigung nicht ausreichen, gehen leer aus bzw. erhalten nur den verbleibenden Restbetrag. Entscheiden sich die Berechtigten jedoch für die dritte Verwertungsform, die Reorganisation im Rahmen eines Chapter 11-Verfahrens, dann gibt es keinen zu verteilenden Erlös in Form von Geldbeträgen. Es sind nur neue Forderungen gegen das zu reorganisierende Unternehmen oder Anteilsrechte an diesem zu verteilen. Mit anderen Worten: Die Reorganisation wird als ein hypothetischer Verkauf des Unternehmens an diejenigen verstanden, die Ansprüche gegen das Unternehmen oder Anteilsrechte an dem Unternehmen haben. Das Unternehmen wird also nicht, wie bei einer Gesamtveräußerung, an außenstehende Dritte verkauft, sondern an die Gläubiger und Anteilseigner selbst, die den Kaufpreis in Form ihrer Ansprüche und Anteilsrechte entrichten. Im Gegenzug erhalten sie Ansprüche gegen das oder Anteile an dem neue(n) Unternehmen. Dabei stellt sich die Frage, wie das Unternehmen, d.h. die zu verteilende Vermögensmasse, gerecht unter den alten Gläubigern und Anteilseignern aufzuteilen ist. Das Problem besteht darin, dass eine objektive Größe für den Wert des Unternehmens nicht erhältlich ist.[4]

In Deutschland erscheint die in der US-amerikanischen Insolvenzrechtsliteratur geäußerte Ansicht, dass die Reorganisation einen hypothetischen Verkauf des Unternehmens an Gläubiger und Anteilseigner darstellt, ungewohnt. Wird in Deutschland ein Unternehmen unter Beibehaltung des bisherigen Unternehmensträgers saniert, so wird in erster Linie über die Kürzung oder Stundung der Forderungen der Gläubiger verhandelt. Von einem hypothetischen Verkauf des Unternehmens an die Gläubiger, die im Gegenzug für ihre Forderungen eine neue Fremd- oder Eigenkapitalposition an dem sanierten Unternehmen erhalten, ist nicht die Rede.

[4] Vgl. auch unten E.I.6.a. in diesem Kapitel.

Es stellen sich somit folgende Fragen:

1) Fordert das US-amerikanische Reorganisationsverfahren nach Chapter 11 BC tatsächlich die Bewertung des reorganisierten Unternehmens, die – aufgrund der Vorstellung von einem hypothetischen Verkauf – als Problem angesehen wird? Welche konkreten Vorschriften machen die Unternehmensbewertung erforderlich?
2) Verlangen auch die Vorschriften der §§ 217 ff. InsO über das deutsche Insolvenzplanverfahren eine Unternehmensbewertung?
3) Wirft eine Unternehmensbewertung – sollte sie denn erforderlich sein – wirklich so große Probleme auf?

Diesen Fragen soll unter den Punkten C. bis E. nachgegangen werden. Unter Punkt B. wird zuvor kurz auf die Bedeutung der Unternehmensbewertung in den USA vor Inkrafttreten des Bankruptcy Code eingegangen.

B. Bedeutung der Unternehmensbewertung vor Inkrafttreten des Bankruptcy Code

Das US-amerikanische Bundeskonkursgesetz von 1898, der Bankruptcy Act, blieb bis zu seiner Ablösung durch den Bankruptcy Reform Act im Jahre 1979 in Kraft. Es wurde zwischenzeitlich mehrmals geändert und ergänzt.[5] Im Zuge einer grundlegenden Überarbeitung durch den sog. „Chandler Act" im Jahre 1938 wurde das bisherige Reorganisationsverfahren für Kapitalgesellschaften nach § 77 B durch ein wesentlich verbessertes Verfahren nach Chapter 10 des Bankruptcy Act („Corporate Reorganizations") ersetzt.[6]

[5] Ausführlich zur historischen Entwicklung des US-amerikanischen Konkursrechts *Kramer* (1977), S. 5 ff.

[6] Chapter 10 umfasste die §§ 101 bis 276 (11 USC §§ 501 bis 676; die §§ aus Chapter 10 des Bankruptcy Act fanden sich also im USC jeweils erhöht um 400 gegenüber denen des Bankruptcy Act wieder; *Kramer* (1977), S. 9 Fn. 18). Das Reorganisationsverfahren für Kapitalgesellschaften nach Chapter 10 des Bankruptcy Act wird von *Kramer* (1977), S. 29 ff. ausführlich dargestellt.

Chapter 10 bestimmte in den §§ 174, 221 (2),[7] dass der Reorganisationsplan „gerecht und billig, sowie durchführbar" („fair and equitable, and feasible") sein müsse. Diese unbestimmten Rechtsbegriffe waren Kernelemente des Verfahrens.[8] Nur ein Plan, der diese Voraussetzungen erfüllte, durfte bestätigt werden.

Unter dem Aspekt der Erforderlichkeit einer Unternehmensbewertung ist besonders das Merkmal der Gerechtigkeit interessant. Nach der Grundsatzentscheidung des Supreme Court im Fall Case v. Los Angeles Lumber Products Co. im Jahre 1939 durfte ein Reorganisationsplan nur dann als „fair and equitable" angesehen werden, wenn er die vorhandenen Rangunterschiede zwischen den Kapitalgebern bei der Befriedigung und Neufestsetzung der Rechte streng wahrte.[9] Damit wurde der Reorganisationspraxis die Anwendung der absoluten

7 Ebenso 11 USC §§ 574, 621 (2) (vgl. die vorige Fn. 6). Die hier relevanten Passagen der Vorschriften lauten:
11 USC § 574: „After the hearing (...) the judge shall enter an order approving the plan or plans (...) which are fair and equitable, and feasible (...)."
11 USC § 621: „The judge shall confirm a plan if satisfied that (1) (...) (2) the plan is fair and equitable, and feasible; (3) (...)."

8 *Kramer* (1977), S. 94; *Flessner* (1982), S. 90 f.

9 Case v. Los Angeles Lumber Products Co., 308 U.S. 106 (1939): In diesem Fall ging es um die Reorganisation einer Werft in Los Angeles, deren Verbindlichkeiten sich auf etwa 3,8 Mio. $ beliefen und im Wesentlichen aus einer gesicherten Anleihe und aufgelaufenen Anleihezinsen bestanden. Diesem Betrag stand ein Anlage- und Umlaufvermögen von nur 830.000 $ gegenüber. Der ausgehandelte Reorganisationsplan, der von Anleihegläubigern und Aktionären mit großer Mehrheit angenommen wurde, sah vor, dass die Anleiheforderungen in Aktienkapital umgewandelt werden sollten. Von dem neuen Aktienkapital i.H.v. 1 Mio. $ sollten die Anleihegläubiger 641.000 $ als Vorzugsaktien und die Altaktionäre 189.000 $ als gewöhnliche Aktien erhalten. Der Restbetrag von 170.000 $ sollte an neue Geldgeber gehen. Zwei kleinere Anleihegläubiger wehrten sich nun dagegen, dass die Altaktionäre mit einem Betrag von 189.000 $, also fast 20 Prozent, am neuen Aktienkapital beteiligt wurden, obwohl die Gesellschaft deutlich überschuldet war: Das Vermögen reichte bei weitem nicht aus, die Verbindlichkeiten aus den Anleihen zu begleichen. Der Supreme Court gab den beiden Klägern Recht, nachdem noch die Vorinstanzen anderer Auffassung gewesen waren. Hinter seiner Entscheidung stand die a.p.r., die verlangt, dass nachrangige Kapitalgeber am reorganisierten Unternehmen erst dann beteiligt werden dürfen, wenn alle vorrangigen für ihre Rechte vollen Ausgleich erhalten haben. Der Supreme Court war der Auffassung, im Falle der Überschuldung verbiete sich eine Beteiligung der Aktionäre an dem neuen Unternehmen, weil in diesem Fall nicht einmal die Gläubiger durch neue Anteile voll befriedigt werden könnten. Eine Beteiligung der Aktionäre an dem reorganisierten Unternehmen solle nur möglich sein, wenn sie einen neuen Betrag in Geld oder Geldeswert leisten. Für die Durchsetzung der a.p.r. machte sich damals – auch

Vorrangsregel zur Pflicht gemacht. Die vorrangigen Gläubiger mussten zunächst den vollen Gegenwert für die Aufgabe ihrer Rechtspositionen erhalten, bevor die im Rang nachfolgenden Gläubiger und Anteilsinhaber im Plan Berücksichtigung finden durften. Die Frage, ob die Rechtstitel, die die vorrangigen Gläubiger erhielten, einen vollen Gegenwert für ihre Forderungen darstellten, konnte nur durch eine Bewertung dieser Rechtstitel beantwortet werden.[10] Erhielten die Gläubiger Anteilsrechte, so musste für deren Bewertung der Wert des gesamten Unternehmens ermittelt werden. Daher bestimmte der Oberste Gerichtshof alsbald in einer weiteren grundsätzlichen Entscheidung, dass als Grundlage für die Aufstellung und Prüfung des Reorganisationsplans eine möglichst exakte Unternehmensbewertung erforderlich sei.[11] Im Verfahren nach Chapter 10 wurde der Wert des Unternehmens so zum Angelpunkt für den gesamten Planinhalt.[12]

Aufgrund der Rechtsprechung des Obersten Gerichtshofs und der oft einschneidenden Voraussetzungen unterschiedlicher Bewertungsentscheidungen für einzelne Gläubiger- oder Anteilseignerklassen wurde die Unternehmensbewertung in der Folgezeit regelmäßig zu einem der am meisten umkämpften Punkte in der Reorganisationspraxis.[13] Kritische Stimmen bemängelten, dass durch die strenge Verteilung neuer Berechtigungen an dem reorganisierten Unternehmen auf der Basis von Unternehmenswert und absoluter Vorrangsregel der Verhandlungsspielraum der verschiedenen Kapitalgeber zu stark eingeengt würde und dadurch

---

in diesem Prozess – die US-amerikanische Wertpapier- und Börsenkommission (Securities and Exchange Commission (SEC)) stark. In Zusammenhang mit der a.p.r. ist auch der bereits 1913 vom Obersten Gerichtshof entschiedene Fall Northern Pacific Railway Co. v. Boyd, 228 U.S. 482 (1913), von Bedeutung. Hier entschied der Oberste Gerichtshof, dass der Inhaber einer Werklohnforderung Boyd nicht von der reorganisierten Gesellschaft ferngehalten werden dürfe, also nicht leer ausgehen dürfe, wenn gleichzeitig den alten Aktionären Anteile am reorganisierten Unternehmen eingeräumt werden. Unter dem Gesichtspunkt der „fairness“ hielt es das Gericht für erforderlich, dass dann auch die Forderungsinhaber in irgendeiner Form beteiligt werden müssen. Ein „freezeout“ dieser Kapitalgebergruppe sei nicht möglich. Vgl. auch *Baird* (1993), S. 77 ff.; *Fassbach* (1997), S. 71 ff., 75 ff.; *Flessner* (1982), S. 60 ff., 94 ff., 99 ff.

10 *Pachulski*, N.C.L.Rev. 1980, S. 938 f.

11 Consolidated Rock Products Co. v. DuBois, 312 U.S. 510, 525 f. (1941).

12 Die Problematik der Wertfindung im Reorganisationsverfahren nach Chapter 10 des Bankruptcy Act wird von *Meyer* (1981), S. 28 ff. ausführlich behandelt. S. auch *Broude*, Bus.Law. 1984, S. 442; *Flessner* (1982), S. 110.

13 *Flessner* (1982), S. 114.

das Zustandekommen wirtschaftlich vernünftiger Reorganisationspläne gefährdet sei. Außerdem sei es ohnehin ungerecht, an die ungewisse Unternehmensbewertung so weitreichende Folgen wie die Eliminierung der nicht mehr vom Unternehmenswert gedeckten Rechte zu knüpfen.[14]

Ziel der Reformbemühungen, die im Inkrafttreten des Bankruptcy Reform Act am 1.10.1979 mündeten, war es daher, den Stellenwert der absoluten Vorrangsregel herabzusetzen, den Verhandlungsspielraum der Parteien zu erweitern und eine Unternehmensbewertung nicht mehr zur Voraussetzung jeder Planbestätigung zu machen.[15] Inwieweit Letzteres vom Gesetzgeber umgesetzt worden ist, ist Thema der nun folgenden Ausführungen.

C. Unternehmensbewertung unter der Herrschaft von Chapter 11 des Bankruptcy Code

I. Grundsätzliche Änderungen gegenüber Chapter 10 des Bankruptcy Act

Als Folge der geübten Kritik an der Unausweichlichkeit einer Unternehmensbewertung im Rahmen des Reorganisationsverfahrens nach Chapter 10 des Bankruptcy Act enthalten die Voraussetzungen für die Planbestätigung nach der Reform von 1978/79 in 11 USC § 1129 (a) nicht mehr die Bestätigungsvoraussetzung, dass der Plan „fair and equitable“ sein muss.[16] Dieses Erfordernis wurde nur noch als Cram Down-Voraussetzung in 11 USC § 1129 (b)(1) eingefügt. Hierdurch sollte erreicht werden, dass im Falle einer Annahme des Plans durch alle Klassen eine Unternehmensbewertung vermieden werden kann.[17] Der mit dem Cram Down-Verfahren verbundene Aufwand sollte die Kapitalgeber dazu ermuntern, sich um eine einvernehmliche Verhandlungslösung mit Zustimmung aller Klassen zu bemühen.[18]

---

[14] *Flessner* (1982), S. 115 f.

[15] Vgl. H.R. Rep. No. 595, 95th Cong., 1st Sess., S. 222, 224.

[16] *Broude*, Bus.Law. 1984, S. 443.

[17] *Broude*, Bus.Law. 1984, S. 443; vgl. auch H.R. Rep. No. 595, 95th Cong., 1st Sess., S. 221 f., 414.

[18] *Klee*, Am.Bankr.L.J. 1979, S. 134.

II. Notwendigkeit von Bewertungsentscheidungen im Rahmen der Planbestätigung

Es soll nun im Einzelnen auf die Vorschriften eingegangen werden, die dem Gericht im Rahmen der Planbestätigung möglicherweise eine Unternehmensbewertung oder eine sonstige Bewertungsentscheidung (Bewertung von Sicherungsgegenständen, Abzinsung von Zahlungsströmen) abverlangen.

1. 11 USC § 1129 (b)(1): Der billige und gerechte Plan

Damit ein Plan i.S.v. 11 USC § 1129 (b)(1) billig und gerecht ist, muss der Plan die – im Gesetz nicht ausdrücklich formulierte – Bedingung erfüllen, dass eine Klasse, die gegenüber der ablehnenden Klasse höherrangig ist, nicht mehr als 100 Prozent ihrer Forderungen bzw. ihrer Anteilsrechte erhält.[19] Diese ungeschriebene Bedingung ergänzt die in 11 USC § 1129 (b)(2)(B)(ii) und (C)(ii) nur partiell formulierte absolute Vorrangsregel.

Um festzustellen, ob eine höherrangige Klasse mehr als volle Befriedigung erhält, muss der ihr zugeteilte Vermögenswert bewertet werden.

a. Besteht der zugeteilte Vermögenswert in der ratenweisen Zahlung von Bargeld, so müssen die Ratenzahlungen abgezinst werden, um sinnvoll mit den Forderungen der betreffenden höherrangigen Klasse verglichen werden zu können.

b. Handelt es sich bei dem zugeteilten Vermögenswert um Anteilsrechte am schuldnerischen Unternehmen, so ist für die Bestimmung des Werts der einzelnen Anteile eine Bewertung des gesamten Unternehmens erforderlich.[20] Ein Beispiel soll dies verdeutlichen:[21]

Die Passivseite der Bilanz eines insolventen Unternehmens habe vor der finanziellen Restrukturierung folgendes Aussehen:

---

[19] Vgl. bereits oben Erster Teil, Kap. 3, A.III.4.b.bb.; Legislative Statements zu 11 USC § 1129, abgedruckt in: 11 USCA § 1129: „Historical and statutory notes"; *Klee*, Am.Bankr.L.J. 1979, S. 142; *Broude*, Bus.Law. 1984, S. 451.

[20] *Klee*, Am.Bank.L.J. 1979, S. 145; *Broude*, Bus.Law. 1984, S. 453.

[21] Vgl. *Klee*, Am.Bankr.L.J. 1979, S. 148.

Verbindlichkeiten gegenüber Sicherungsgläubigern (secured debt)	1.000.000 $
Ungesicherte Verbindlichkeiten (unsecured debt)	1.200.000 $
Eigenkapital (shareholders' equity)	(200.000 $)

Einige der ungesicherten Gläubiger schlagen nun einen Reorganisationsplan vor, der entsprechend der Kapitalstruktur drei Klassen vorsieht. Der Plan lässt die Klasse der gesicherten Forderungen in voller Höhe unbeeinträchtigt, eliminiert aber die Eigentumsrechte der Alteigentümer. Die neuen Anteilsrechte fallen vollständig der Klasse der ungesicherten Forderungsinhaber zu. Die Klasse der ungesicherten Forderungsinhaber habe dem Plan mit den erforderlichen Mehrheiten zugestimmt[22], nicht jedoch die Klasse der Alteigentümer. Da sie durch den Plan beeinträchtigt wird, vgl. 11 USC § 1124, und der Plan vorsieht, dass sie nichts erhalten soll, wird sie gemäß 11 USC § 1126 (g) als ablehnende Klasse behandelt. Die Zustimmung der unbeeinträchtigten Klasse der gesicherten Gläubiger gilt gemäß 11 USC § 1126 (f) als erteilt.

Fraglich ist, ob der Plan trotz der fehlenden Zustimmung der Klasse der Alteigentümer vom Gericht bestätigt werden kann. Der Plan müsste gegenüber dieser Klasse gemäß 11 USC §§ 1129 (b)(1), 1129 (b)(2)(C) billig und gerecht sein.

Die Voraussetzung in 11 USC § 1129 (b)(2)(C)(ii), dass kein Angehöriger einer niedrigeren Klasse etwas erhalten darf, ist erfüllt, da die Klasse der Alteigentümer die Klasse mit dem niedrigsten Prioritätsrang ist. Es fragt sich jedoch, ob nicht eine höherrangige Klasse mehr erhält, als ihr rechtlich zusteht und der Plan aus diesem Grund nicht billig und gerecht i.S.v. 11 USC § 1129 (b)(1) ist. Hinsichtlich der Klasse der ungesicherten Forderungen wäre das dann der Fall, wenn die ihr zugeteilten Anteilsrechte im Wert über dem Forderungsbetrag von 1.200.000 $ liegen würden. Ob dies der Fall ist, hängt vom Wert der Aktiva des reorganisierten Unternehmens ab. Liegt deren Wert über 2.200.000 $, so erhalten die ungesicherten Forderungsinhaber mehr als die ihnen zustehenden

[22] Auch ohne diese Zustimmung ist die Planbestätigung möglich, wenn für die Klasse der ungesicherten Forderungen die Voraussetzungen in 11 USC §§ 1129 (b)(1), 1129 (b)(2)(B) erfüllt sind; vgl. *Klee*, Am.Bankr.L.J. 1979, S. 149.

1.200.000 $, da den höherrangigen gesicherten Gläubigern ein Betrag von 1.000.000 $ zugesichert wurde. In diesem Fall hätte das Insolvenzgericht die Bestätigung zu versagen.

Es ist also festzuhalten, dass der „fair and equitable"-Standard in 11 USC § 1129 (b)(1) dann eine Unternehmensbewertung erfordern kann, wenn eine gegenüber der ablehnenden Klasse höherrangige Klasse in Anteilsrechten befriedigt werden soll.

2. 11 USC § 1129 (b)(2)(A)(i)

Gemäß 11 USC § 1129 (b)(2)(A)(i)(I), (II) ist der „fair and equitable test" in Bezug auf eine Klasse gesicherter Forderungen erfüllt, wenn die Forderungsinhaber ihre Pfandrechte („liens") behalten und im Plan Ratenzahlungen vorgesehen sind, die zumindest den zugelassenen Betrag der gesicherten Forderung decken und deren Barwert im Zeitpunkt der Planbestätigung dem Wert der Sicherungsgegenstände entspricht. Zur Bewertung der Billigkeit eines Plans muss das Gericht also die Sicherungsgegenstände bewerten und die für den Sicherungsgläubiger vorgesehenen Ratenzahlungen abzinsen, wenn der Plan dem Sicherungsgläubiger aufgezwungen werden soll. Es ist umstritten, ob die Sicherungsgegenstände mit ihrem Liquidationswert oder mit dem Wert, der ihnen bei Unternehmensfortführung zukäme, anzusetzen sind.[23] Letzterer Wert dürfte allerdings in der Regel kaum zu ermitteln sein. Alternativ kommt daher eine Bewertung mit dem Wiederbeschaffungswert in Frage.[24] Auch bei der Bestimmung des richtigen Zinssatzes zur Abzinsung der Ratenzahlungen an den Sicherungsgläubiger sind sich die Gerichte nicht einig, an welchem Referenzzinssatz sie sich zu orientieren haben.[25]

3. 11 USC § 1129 (b)(2)(B)(i) und 11 USC § 1129 (b)(2)(B)(ii)

a. Gegen das Votum einer beeinträchtigten Klasse von Inhabern ungesicherter Forderungen kann ein Plan gemäß 11 USC § 1129 (b)(2)(B)(i) bestätigt werden,

---

23 *Broude*, Bus.Law. 1984, S. 451; *Fassbach* (1997), S. 65; sehr ausführlich: *Pachulski*, N.C.L.Rev. 1980, S. 958 ff.

24 Vgl. auch *Fassbach* (1997), S. 65.

25 Vgl. die Auflistung verschiedener Möglichkeiten bei *Waxman* (1997), S. 212.

wenn dieser vorsieht, dass jeder Forderungsinhaber der Klasse Vermögenswerte erhält, deren Wert zum Zeitpunkt des Wirksamwerdens des Plans dem zugelassenen Forderungsbetrag („allowed amount") entspricht. Der Begriff der Vermögenswerte („property") ist dabei sehr weit zu verstehen. Er umfasst auch Anteilsrechte.[26] Die Vermögenswerte sind mit ihrem Barwert („present value") zum Zeitpunkt des Wirksamwerdens des Plans anzusetzen.[27] Spätere Zahlungen müssen also auf diesen Zeitpunkt abgezinst werden. Das Gericht bestimmt die Höhe des Zinssatzes.[28]

Werden den Mitgliedern der Klasse im Plan in Anrechnung ihrer ungesicherten Forderungen Anteilsrechte an dem reorganisierten Unternehmen versprochen, so muss deren Wert ermittelt werden. Nur so kann festgestellt werden, ob ihr Wert dem zugelassenen Forderungsbetrag entspricht. Zur Ermittlung des Wertes einzelner Unternehmensanteile ist die Bewertung des reorganisierten Unternehmens erforderlich.[29] Soll also einer nicht zustimmenden Klasse von Inhabern ungesicherter Forderungen ein Plan unter Anwendung der Bestimmung in 11 USC § 1129 (b)(2)(B)(i) aufgezwungen werden, so ist eine Unternehmensbewertung erforderlich, wenn die Forderungsinhaber durch Zuteilung von Anteilsrechten befriedigt werden sollen. Allerdings soll eine vernünftige Wahrscheinlichkeit („reasonable likelihood"), dass die versprochenen Vermögenswerte den zugelassenen Forderungen wertmäßig entsprechen, für die Bejahung der Voraussetzungen in 11 USC § 1129 (b)(2)(B)(i) ausreichen.[30]

b. Unter bestimmten Voraussetzungen erlaubt 11 USC § 1129 (b)(2)(B)(ii) ausnahmsweise die Zuweisung von Anteilsrechten an die alten Anteilsinhaber, obwohl höherrangige Beteiligte nicht voll befriedigt werden (str.; sog. „new value exception" zur a.p.r.; dazu näher unten Kapitel 3, A.II.2.). Dafür müssen die alten Anteilsinhaber dem Unternehmen Geldmittel zuführen, die ihren neuen

---

26 Legislative Statements zu 11 USC § 1129, abgedruckt in: 11 USCA § 1129: „Historical and statutory notes"; *Klee*, Am.Bankr.L.J. 1979, S. 143 Fn. 85.

27 *Klee*, Am.Bankr.L.J. 1979, S. 143.

28 *Klee*, Am.Bankr.L.J. 1979, S. 155 Fn. 140.

29 *Pachulski*, N.C.L.Rev. 1980, S. 963; (vgl. auch oben 1.b.)

30 Legislative Statements zu 11 USC § 1129, abgedruckt in: 11 USCA § 1129: „Historical and statutory notes"; *Klee*, Am.Bankr.L.J. 1979, S. 143 Fn. 87.

Anteilsrechten gleichwertig („reasonably equivalent") sind.[31] Damit diese Gleichwertigkeit festgestellt werden kann, muss eine Bewertung der neuen Anteilsrechte erfolgen. Hierfür ist wiederum eine Unternehmensbewertung erforderlich.

4. 11 USC § 1129 (b)(2)(C)(i)

Gemäß 11 USC § 1129 (b)(2)(C)(i) erfüllt ein Reorganisationsplan in Bezug auf eine Klasse von Anteilsrechten den „fair and equitable test", wenn er vorsieht, dass jeder Anteilsinhaber der beeinträchtigten, nicht zustimmenden Klasse einen Vermögenswert erhält, der im Zeitpunkt des Wirksamwerdens des Plans dem Wert eines garantierten Vorzugsrecht für den Fall der Liquidation („liquidation preference"), einem festgesetzten Rückkaufskurs („redemption price") oder dem Wert des Anteilsrechts entspricht. Der höchste der drei Werte ist dabei maßgebend. Wenn keine Klasse mit niedrigerem Rang vorhanden ist oder eine solche zwar vorhanden ist, aber keine Vermögenswerte erhalten soll, dann ist bereits die Voraussetzung in 11 USC § 1129 (b)(2)(C)(ii) erfüllt. Der Plan kann (vorbehaltlich der Erfüllung aller anderen Voraussetzungen) bestätigt werden, auch wenn die betreffende Anteilseignerklasse nichts erhalten soll.[32] Auf die Voraussetzung des 11 USC § 1129 (b)(2)(C)(i) kommt es daher nur an, wenn eine Klasse mit niedrigerem Rang etwas erhält. In diesem Fall kann eine Unternehmensbewertung erforderlich sein, wenn die betreffende Anteilseignerklasse als Vermögenswert („property") Anteile an dem reorganisierten Unternehmen erhalten soll oder wenn als Vergleichsgröße der Wert des alten Anteilsrechts („the value of such interest", vgl. 11 USC § 1129 (b)(2)(C)(i) a.E.) herangezogen werden muss.

5. 11 USC § 1129 (a)(7)(A)(ii): Der „best interests test"

Nach dem „best interests test" in 11 USC § 1129 (a)(7)(A)(ii) muss jeder Inhaber einer Forderung oder eines Anteilsrechts innerhalb einer Klasse Vermögenswerte („property") erhalten, deren Wert zum Zeitpunkt des Wirksamwerdens des Plans nicht geringer ist als der Betrag, den der Inhaber im Fall einer

[31] So jedenfalls der Supreme Court im Fall Case v. Los Angeles Lumber Products Co., 308 U.S. 106, 118, 121 (1939), in dem die "new value exception" begründet wurde.

[32] *Broude*, Bus.Law. 1984, S. 453 f.

Verwertung der Vermögensgegenstände des Gemeinschuldners im Liquidationsverfahren nach Chapter 7 BC erhalten hätte.

a. Die Ermittlung der Höhe der Vermögenswerte, die der Forderungs- oder Anteilsinhaber erhalten soll, ist wiederum dann besonders problematisch, wenn es sich bei den Vermögenswerten um Anteilsrechte an dem reorganisierten Unternehmen handelt.[33] An sich erscheint zum Zwecke der Bewertung der Anteilsrechte eine Bewertung des Unternehmens auf einer Going Concern-Basis naheliegend. Jedoch zeigt die Gesetzgebungsgeschichte, dass eine Bewertung des lebenden Unternehmens im Rahmen von 11 USC § 1129 (a)(7) nicht vorgenommen werden sollte.[34] *Pachulski* hält eine Anteilsbewertung auf Grundlage des Going Concern-Werts außerdem für nicht angemessen, weil dieser Wert bei einer Anteilsveräußerung in der nahen Zukunft vermutlich nicht erreicht werden könne.[35] Wenn ein verlässlicher Marktwert für die neuen Anteilsrechte verfügbar sei, solle dieser der Bewertung zugrunde gelegt werden.[36] Ansonsten seien die Liquidationswerte der Vermögensgegenstände zu ermitteln. Durch Abzug der Verbindlichkeiten des reorganisierten Unternehmens ergebe sich dann der Liquidationswert der Anteile des reorganisierten Unternehmens, der für den Vergleich heranzuziehen sei.

b. Handelt es sich bei den zugeteilten Vermögenswerten um Ratenzahlungen, so müssen diese auf den Zeitpunkt des Wirksamwerdens des Plans abgezinst werden.[37]

---

[33] S. *Pachulski*, N.C.L.Rev. 1980, S. 955: "The trickiest problems of valuation with respect to testing the proposed distribution under section 1129 (a)(7) are likely to be encountered when the property to be distributed under the plan consists of equity securities of the reorganized debtor."

[34] H.R. Rep. No. 595, 95th Cong., 1st Sess., S. 414; vgl. auch *Broude*, Bus.Law. 1984, S. 449: „Expert testimony will have to value the stock without valuing the business."

[35] *Pachulski*, N.C.L.Rev. 1980, S. 956.

[36] Ein verlässlicher Marktpreis sei allerdings aus verschiedenen Gründen wahrscheinlich nicht verfügbar: Möglicherweise sei der Schuldner vor dem Chapter 11-Verfahren als „partnership" oder „sole proprietorship" betrieben worden. Selbst wenn vor dem Chapter 11-Verfahren Anteilsrechte des Schuldners gehandelt worden seien, gebe deren damaliger Preis aufgrund der Verwässerungseffekte durch die Ausgabe neuer Anteilsrechte und aufgrund der Veränderungen der Kapitalstruktur des Unternehmens keinen verlässlichen Anhaltspunkt. Vgl. *Pachulski*, N.C.L.Rev. 1980, S. 955 f.

[37] *Pachulski*, N.C.L.Rev. 1980, S. 954 f.

c. Zusätzliche Probleme ergeben sich im Rahmen des „best interests test" dadurch, dass als Vergleichsgröße der Betrag zu ermitteln ist, den der Forderungs- oder Anteilsinhaber im Liquidationsverfahren nach Chapter 7 erhalten hätte. Zur Errechnung dieses Betrags sind zunächst die abgezinsten Nettoeinzahlungen (Saldo aller Ein- und Auszahlungen), die sich aus der Veräußerung der Vermögensgegenstände des Unternehmens ergeben, zu bestimmen. Dazu ist eine Abwicklungsfiktion zu entwickeln, der die bestmögliche Verwertung des Gesellschaftsvermögens unter Berücksichtigung der zur Verfügung stehenden Zeit zu Grunde liegt. Gerade bei großen Insolvenzen werden regelmäßig mehrere Liquidationsstrategien in Betracht kommen. Da im Rahmen von Chapter 7 auch ein Verkauf des gesamten Unternehmens als Going Concern denkbar ist,[38] hat das Gericht (bzw. der bestellte Gutachter) bspw. zu prüfen, ob ein Sofortverkauf oder eine allmähliche Abwicklung günstiger ist. Der im Falle der Einzelveräußerung der Vermögensgegenstände erzielbare Erlös ist in starkem Maße von dem Spezialisierungsgrad der Unternehmensausrüstung, also der Verwendbarkeit durch andere Benutzer und in anderen Benutzungsarten, abhängig. Außerdem spielen die Abhängigkeiten von anderen Gegenständen im bisherigen Unternehmenszusammenhang eine Rolle.[39] Besondere Schwierigkeiten kann die Bewertung nicht bilanzierungsfähigen Vermögens („off-balance sheet assets"; hierzu gehören z.B. Patente, Geschäftsgeheimnisse oder der originäre Firmenwert („goodwill")) bereiten.[40] Neben den durch die fiktive Liquidation erzielten Einzahlungen sind auch die Auszahlungen zu berücksichtigen, die gerade erst durch die Liquidation entstehen würden. Dies sind zunächst die Arbeits- und Materialkosten für die physische Auflösung des Vermögens und die Kosten für die hierzu notwendigen rechtlichen Prozeduren, aber auch sonstige Stillegungskosten, wie z.B. Sozialplanbelastungen oder die Kosten einer Altlastenbereinigung.[41] Ist der Barwert der Nettoeinzahlungen ermittelt worden, so ist als nächstes zu errechnen, welcher Teil dieses Wertes dem nicht zustimmenden Forderungs- oder Anteilsinhaber aufgrund seines rechtlichen Ranges innerhalb der Kapitalgeber zukäme. Bei der Klärung des Ranges der Ansprüche ist zu berück-

---

38 Vgl. *Bebchuk*, Harvard L.R. 1988, S. 775.

39 Vgl. *Flessner* (1982), S. 185.

40 *Broude*, Bus.Law. 1984, S. 449.

41 Vgl. *Fassbach* (1997), S. 67 f.; *Drukarczyk* (2001), S. 124; *Picoth/Aleth* (1999), S. 93 f. Rn. 271.

sichtigen, dass in dem (fiktiven) Liquidationsverfahren weitere ungesicherte Ansprüche auftauchen können, die es bei einer Reorganisation nicht gibt. Zu denken ist etwa an die Schadensersatzansprüche eines Vermieters wegen der liquidationsbedingten Auflösung eines Mietverhältnisses.[42]

d. Handelt es sich im Rahmen von 11 USC § 1129 (a)(7)(A)(ii) bei dem nicht zustimmenden Gläubiger um den Inhaber einer gesicherten Forderung, so ist zur Ermittlung des Wertes, den der Sicherungsgläubiger in einem Verfahren nach Chapter 7 erhalten hätte, die Bewertung der Sicherungsgegenstände des Gläubigers erforderlich. Ob für die Bewertung der Erlös bei einem Zwangsverkauf oder bei einem freihändigen Verkauf herangezogen wird, hängt davon ab, welche Verfügung der Sicherungsgläubiger im Liquidationsverfahren über den Sicherungsgegenstand getroffen hätte.[43]

e. Es ist also festzuhalten, dass die Regelung des 11 USC § 1129 (a)(7)(A) zu einer Unternehmensbewertung zwingt, wenn der nicht zustimmende Forderungs- oder Anteilsinhaber Anteilsrechte erhalten soll. Soll er Ratenzahlungen erhalten, so sind diese auf den Zeitpunkt des Wirksamwerdens des Plans abzuzinsen. In jedem Fall muss der Barwert der (Netto-)Einzahlungen im Rahmen eines fiktiven Verfahrens nach Chapter 7 ermittelt werden, wenn ein Gläubiger oder Anteilsinhaber dem Plan nicht zustimmt. Diese Bewertungen müssen, anders als diejenigen im Zusammenhang mit den Cram Down-Vorschriften in 11 USC § 1129 (b), bereits dann getroffen werden, wenn einem Plan auch nur einzelne Gläubiger einer beeinträchtigten Klasse nicht zustimmen. Selbst wenn alle Klassen einem Plan zustimmen und ein Cram Down-Verfahren vermieden wird,[44] ist es daher keinesfalls ausgeschlossen, dass das Insolvenzgericht wirtschaftliche Bewertungsentscheidungen zu treffen hat.

---

42 *Fassbach* (1997), S. 68.

43 *Fassbach* (1997), S. 68 f.; *Pachulski*, N.C.L.Rev. 1980, S. 957.

44 Die freiwillige Akzeptanz des Plans durch alle Klassen aufgrund der drohenden Anwendung der Cram Down-Regeln hat sich der Gesetzgeber als positiven Nebeneffekt dieser Regeln erhofft; vgl. *Klee*, Am.Bankr.L.J. 1979, S. 134.

6. 11 USC § 1129 (a)(7)(B) und 11 USC §§ 1129 (a)(9)(B)(i),1129 (a)(9)(C)

Für Forderungen, die unter 11 USC § 1111 (b)(2) fallen,[45] ist wegen 11 USC § 1129 (a)(7)(B) eine Bewertung der jeweils zugrunde liegenden Sicherheit und, falls der Gläubiger Anteilsrechte erhalten soll, eine Bewertung dieser Rechte erforderlich. Im letzteren Fall muss wiederum eine Unternehmensbewertung erfolgen. Die Bestätigungsvoraussetzungen in 11 USC §§ 1129 (a)(9)(B)(i) und (a)(9)(C) erfordern die Berechnung von Barwerten der im Plan vorgesehenen Ratenzahlungen und damit die Bestimmung eines geeigneten Zinssatzes durch das Gericht.

7. Zusammenfassung

Falls es zur Anwendung des Cram Down-Verfahrens nach 11 USC § 1129 (b) kommt, muss das Gericht in aller Regel eine Unternehmensbewertung vornehmen, um den Wert zugewendeter Anteilsrechte zu ermitteln. Außerdem müssen die Barwerte von Zahlungsströmen ermittelt werden, wenn im Plan Ratenzahlungen vorgesehen sind. Zur Prüfung der in 11 USC § 1129 (b)(2)(A)(i) normierten Voraussetzungen sind die Werte von Sicherungsgegenständen zu ermitteln. Aber auch bei der Prüfung der Voraussetzungen nach 11 USC §§ 1129 (a)(7) und 1129 (a)(9), also außerhalb des Cram Down-Verfahrens, muss das Gericht wirtschaftliche Bewertungsentscheidungen treffen.

D. Bewertungsentscheidungen im Insolvenzplanverfahren

Aufgrund der großen Ähnlichkeit einiger Vorschriften der Insolvenzordnung über das Insolvenzplanverfahren mit den Regelungen in 11 USC Chapter 11, insbesondere mit 11 USC § 1129 (vgl. Erster Teil, Kap. 3, C.), liegt die Annahme nahe, dass auch deutsche Insolvenzgerichte bei der Planbestätigung mit einer Bewertung des reorganisierten Unternehmens zu kämpfen haben. Im Folgenden ist daher zu untersuchen, inwieweit die richterliche Bestätigung eines Insolvenzplans wirtschaftliche Bewertungsentscheidungen erfordert.

---

[45] Dazu näher *Waxman* (1997), S. 196.

I. §§ 245 I Nr. 1, 247 II Nr. 1, 251 I Nr. 2 InsO

Der "best interests test" in 11 USC § 1129 (a)(7)(A) findet sich im deutschen Recht in ähnlicher Form in den §§ 245 I Nr. 1, 247 II Nr. 1 und 251 I Nr. 2 InsO wieder. Nach diesen Vorschriften muss das Gericht im Rahmen der Planbestätigung prüfen, ob die Gläubiger der opponierenden Gruppe, der widersprechende Schuldner oder der einzelne widersprechende Gläubiger durch den Insolvenzplan voraussichtlich schlechter gestellt werden, als sie ohne einen Plan stünden.[46] Es muss also die Position der Gläubiger bzw. des Schuldners im Falle der Planlösung mit der hypothetischen Position im Falle der Regelabwicklung (§§ 156 – 173, 187 – 216 InsO) verglichen werden.[47]

1. Position im Falle der Planlösung

a. Die im Plan vorgesehene Leistung ist verhältnismäßig einfach bewertbar, wenn sie in einem Geldbetrag ausgedrückt ist. Zukünftige Geldzahlungen sind auf den Zeitpunkt des voraussichtlichen Eintritts der Rechtskraft des Bestätigungsbeschlusses (falls einer erginge) abzuzinsen.[48] Fraglich ist allerdings, ob das Insolvenzgericht seiner Bewertung der Position der Gläubiger bei einer insolvenzplangemäßen Vorgehensweise einfach die im Plan versprochenen Zahlungen zugrunde legen darf. *Eidenmüller* ist der Auffassung, dies würde dem Schutzzweck der §§ 245 I Nr. 1, 247 II Nr. 1 und 251 I Nr. 2 InsO nicht gerecht.[49] Er schlägt daher vor, verschiedene Entwicklungsszenarien des reorganisierten Unternehmens für die Planlaufzeit zu entwerfen (s. dazu sogleich näher unter 3.c.).[50] Auch nach Auffassung *Brauns* hat das Gericht die Planwerte kritisch zu hinterfragen. Komme es nicht zu der Überzeugung, dass der Plan

---

[46] Die Prüfung nach § 251 I Nr. 2 InsO erfolgt nur auf zulässigen Antrag des widersprechenden Gläubigers, § 251 II InsO.

[47] *Stürner* hält bereits die Grundidee dieses Wertvergleichs, der die liquidationsmäßige Befriedigung zur Schranke der Rechtswahrnehmung macht, nur für beschränkt tragfähig; *Stürner* (1991), S. 46.

[48] HK-InsO-*Flessner*, § 245 Rn. 13; a.A. *Eidenmüller*, NJW 1999, S. 1838 Fn. 7: Zeitpunkt der Abstimmung der Gläubiger über den Plan; wieder anders N/R-*Braun*, § 245 Rn. 9.

[49] *Eidenmüller*, NJW 1999, S. 1838; *Eidenmüller* (1999), S. 86 f.

[50] *Eidenmüller*, NJW 1999, S. 1837 f.; *Drukarczyk* hält es für wünschenswert, dass bereits der Planarchitekt szenario-abhängige Rechnungen vorlegt; *Drukarczyk* (1998), S. 18.

„machbar“[51] sei, so würden die Zweifel des Gerichts zu Lasten des Planbefürworters gehen.[52] Der Plan könne dann nicht bestätigt werden.

b. Sieht der Plan die Zuteilung von Anteilsrechten an die Gläubiger vor, so muss deren Wert im Wege der Unternehmensbewertung ermittelt werden.[53] In der deutschen Insolvenzpraxis ist die Zuteilung von Anteilsrechten zur Befriedigung der Gläubiger (bislang) nicht üblich.[54]

2. Hypothetische Position im Falle der Verwertung ohne Plan

Die Position eines Gläubigers oder Schuldners im Falle der hypothetischen Masseverwertung ohne Plan ist davon abhängig, welche Form der Verwertung in diesem Fall gewählt würde. Maßstab für den Vergleich ist nämlich der zu erwartende Erlös für die betroffenen Gläubiger oder den Schuldner im konkreten Fall.[55] Das Gericht hat also – wie die US-amerikanischen Gerichte im Rahmen des „best interests test“ –[56] die Frage zu beantworten, auf welche Art und Weise das schuldnerische Unternehmen ohne Plan bestmöglich verwertbar wäre. Liegen konkrete Anhaltspunkte dafür vor, dass eine going-concern-Veräußerung (vgl. §§ 160 – 164 InsO) möglich ist, z.B. weil ein entsprechendes Kaufangebot existiert, so ist der Betrag zugrunde zu legen, den der potentielle Käufer konkret zu zahlen bereit ist. Existieren solche Anhaltspunkte nicht, so können lediglich Zerschlagungswerte für die einzelnen Gegenstände des schuldnerischen Unternehmens angesetzt werden. Zur Vorgehensweise und den Schwierigkeiten bei der Ermittlung des Geldbetrags, der den Gläubigern oder dem Schuldner im Falle der Verwertung ohne Plan zustehen würde, kann auf die Ausführungen zur Ermittlung der Position der Gläubiger im Chapter 7-Verfahren im Rahmen des „best interests test“ verwiesen werden, vgl. oben C.II.5.c. in diesem Kapitel. Für absonderungsberechtigte Gläubiger ist ggf. die Bewertung der betreffenden Kreditsicherheit erforderlich, um die Position im Falle der Verwertung ohne

---

[51] *Braun* verweist auf die Parallele zum „feasibility-requirement“ in 11 USC § 1129 (a)(11); N/R-*Braun*, § 245 Rn. 13; vgl. auch oben Erster Teil, Kap. 3, C.

[52] N/R-*Braun*, § 245 Rn. 13 ff., insbes. Rn. 15; ähnlich HK-InsO-*Flessner*, § 245 Rn. 16.

[53] *Maus* (2000), S. 959 f.; N/R-*Braun*, § 245 Rn. 5.

[54] So die Aussage von *Eberhard Braun* in einem Gespräch mit dem Verf. am 26.4.2001. Vgl. auch *Schmidt/Uhlenbruck-Wittig* (1999), S. 197 Rn. 343.

[55] N/R-*Braun*, § 245 Rn. 7.

[56] Vgl. oben C.II.5.c. in diesem Kapitel sowie *Fassbach* (1997), S. 67.

Plan zu ermitteln.[57] Für § 247 II Nr. 1 InsO gilt, dass die Position des Schuldners im Falle der Masseverwertung ohne Plan oftmals wertlos sein wird. Die Feststellung, dass er durch die Planlösung voraussichtlich nicht schlechter gestellt wird, kann dann problemlos getroffen werden.[58]

3. Der Vergleich beider Positionen

a. Bei dem Vergleich, ob ein Gläubiger durch den Plan voraussichtlich (nicht) schlechter gestellt wird, als er ohne einen Plan stünde, ist auf das wirtschaftliche Endergebnis abzustellen. Der Plan kann also durchaus in die Rechte der Gläubiger eingreifen und sie in irgendeinem Punkt schlechter stellen, als im Falle der Regelabwicklung. Der an einer Stelle erfolgte Eingriff muss lediglich an anderer Stelle wieder kompensiert werden.[59] Für § 247 II Nr. 1 InsO gilt diese wirtschaftliche Betrachtungsweise allerdings nur begrenzt, da die InsO dem Schuldner einen Mindeststandard an Rechten gewährt, in die gegen seinen Willen nicht eingegriffen werden darf.[60]

b. Für den Vergleich der wirtschaftlichen Positionen mit und ohne Plan ist es für das Gericht von Nutzen, wenn der darstellende Teil des Insolvenzplans eine Vergleichsrechnung enthält.[61] Fehlt eine solche, so kann für die Ermittlung der Positionen bei Verwertung der Masse ohne Plan die vom Insolvenzverwalter gemäß § 153 aufzustellende Vermögensübersicht hilfreich sein.[62]

---

57 Unter Umständen hat das Insolvenzgericht bereits eine Sicherheitenbewertung vorgenommen, um die Stimmrechte der absonderungsberechtigten Gläubiger zu ermitteln, vgl. §§ 237, 238 InsO sowie unten V. in diesem Abschnitt.

58 *Drukarczyk* (1998), S. 24.

59 N/R-*Braun*, § 245 Rn. 3 (mit Bsp.), N/R-*Braun*, § 251 Rn. 4.

60 N/R-*Braun*, § 247 Rn. 3 (mit Bsp.); *Smid/Rattunde* (1998), S. 187 f. Rn. 643 halten wirtschaftliche Maßstäbe im Zusammenhang mit § 247 II Nr. 1 InsO sogar für „...fehl am Platz."

61 Vgl. *Braun/Uhlenbruck* (1997), S. 538 f.; *Maus* (2000), S. 957 f.; § 259 des RegE der InsO verlangte eine solche Vergleichsrechnung noch ausdrücklich. Die Vorschrift wurde nur zur redaktionellen Straffung gestrichen; vgl. *Balz/Landfermann* (1999), S. 467 f., 470.

62 *Maus* (2000), S. 958. Allerdings können die Werte nicht unkritisch übernommen werden, da sie sich auf den Zeitpunkt der Verfahrenseröffnung beziehen, s. § 153 I 1 InsO sowie *Braun/Uhlenbruck* (1997), S. 538 f.

c. Es fragt sich, ob das Problem der richterlichen Bewertungsentscheidungen im Rahmen der §§ 245 I Nr. 1, 247 II Nr. 1 und 251 I Nr. 2 InsO dadurch entschärft worden ist, dass durch Beschluss des BT-Rechtsausschusses noch kurz vor Inkrafttreten der Insolvenzordnung das Wort „voraussichtlich" in diese Vorschriften eingefügt worden ist.[63] Der Begriff scheint lediglich klarzustellen, dass das Insolvenzgericht bei der Prüfung der Voraussetzungen dieser Vorschriften eine Prognoseentscheidung zu treffen hat. Er soll jedoch nach der Vorstellung des BT-Rechtsausschusses – entsprechend der Auslegung in § 18 II InsO – so zu verstehen sein, dass eine voraussichtliche Schlechterstellung dann vorliegt, wenn die Schlechterstellung wahrscheinlicher ist als die Nichtschlechterstellung.[64] Versteht man den Begriff in diesem Sinne, so bringt er jedoch kaum Erleichterung: Ohne den Begriff wäre für die in §§ 245 I Nr. 1, 247 II Nr. 1 und 251 I Nr. 1 InsO geforderten Entscheidungen nicht eine überwiegende Wahrscheinlichkeit, sondern (zumindest annähernde) Sicherheit (100prozentige Wahrscheinlichkeit) erforderlich gewesen. Das Gericht hätte von der (Nicht-) Schlechterstellung überzeugt sein müssen. Diese Überzeugung ist auf der Grundlage unsicherer Prognosen über zukünftige Entwicklungen und Ereignisse kaum zu erlangen. Wird nun stattdessen eine überwiegende Wahrscheinlichkeit im Sinne einer Wahrscheinlichkeit der (Nicht-)Schlechterstellung von über 50 Prozent gefordert, so verlangt diese Feststellung eine Gewichtung zukünftiger Entwicklungen mit Eintrittswahrscheinlichkeiten, die nur schwer geschätzt werden können.

Eidenmüller versucht die Wahrscheinlichkeit von über 50 Prozent durch die Beschreibung aller denkbaren Entwicklungsszenarien des reorganisierten Unternehmens für die Planlaufzeit mathematisch exakt zu ermitteln.[65] Er schlägt vor, sog. Zustandsbäume zu entwickeln. Jeder Ast eines solchen Baumes soll ein denkbares Entwicklungsszenario kennzeichnen. Die zwischen 0 und 1 liegende Wahrscheinlichkeit eines Szenarios ergibt sich aus dem Produkt der Wahrscheinlichkeiten der in den jeweiligen Ast mündenden Verzweigungen. Die Summe der Wahrscheinlichkeiten aller Entwicklungsszenarien muss 1 betragen.

---

63 Vgl. Art. 2 Nr. 12 EGInsOÄndG vom 19.12.1998, BGBl. I S. 3836.

64 Bericht des BT-Rechtsausschusses zu Art. 1 Nr. 12, 13 und 14 EG InsOÄndG, abgedruckt in: *Balz/Landfermann* (1999), S. 500 f.

65 S. *Eidenmüller*, NJW 1999, S. 1837 f.

Der Wert eines Szenarios ist wie folgt zu ermitteln: Für jedes Szenario (also für jeden Ast des Zustandsbaums) ist zu prognostizieren, welche Zahlungen die Gläubiger erwarten können bzw. der Schuldner zu leisten hat.[66] Sollen im Rahmen eines Entwicklungsszenarios mehrere Zahlungen zu unterschiedlichen Zeitpunkten erfolgen, sind diese abzuzinsen und zu addieren. Aus der Summe der abgezinsten Zahlungen innerhalb eines Szenarios ergibt sich der Wert des Szenarios.[67] Jeder dieser Werte ist sodann mit den (ggf. abgezinsten) Zahlungen bei einer Insolvenzabwicklung ohne Plan zu vergleichen.[68] Die Eintrittswahrscheinlichkeiten derjenigen Szenarien, in denen der Plan eine Schlechterstellung gegenüber der Insolvenzabwicklung ohne Plan bewirkt, sind zu addieren. Ist die Summe größer als ½ (überwiegende Wahrscheinlichkeit), so liegt eine voraussichtliche Schlechterstellung vor.

Würde man den Begriff „voraussichtlich" tatsächlich mit dem BT-Rechtsausschuss in dem Sinne deuten, dass einer Wahrscheinlichkeit von über 50 Prozent für die (Nicht-)Schlechterstellung festgestellt werden muss, so käme man – abgesehen von den wohl eher seltenen eindeutigen Fällen [69] – um das von *Eidenmüller* vorgeschlagene Verfahren wohl nicht herum. Andererseits betont der Bericht des BT-Rechtsausschusses jedoch, dass das Wort „voraussichtlich"

---

66 Diese szenarioabhängigen Zahlungsbeträge dürften schwierig zu ermitteln sein; der Plan unterscheidet i.d.R. nicht zwischen verschiedenen Szenarien.

67 *Eidenmüller* will nicht die Zahlungen selbst, sondern deren Erwartungswerte abzinsen. Der Erwartungswert einer Zahlung soll sich aus der Höhe der versprochenen Zahlung mit der Wahrscheinlichkeit der Zahlung zum Zahlungszeitpunkt ergeben; vgl. *Eidenmüller*, NJW 1999, S: 1838. Fraglich ist, ob diese zusätzliche Wahrscheinlichkeitsgewichtung notwendig ist, oder ob nicht vielmehr davon auszugehen ist, dass in den festgelegten Szenarien die jeweiligen Zahlungen sicher sind (; die Zahlungen ergeben sich ja gerade aus dem zugrunde liegenden Szenario).

68 Hinsichtlich der Situation ohne Plan sieht *Eidenmüller* nicht den Entwurf verschiedener Szenarien vor; vgl. *Eidenmüller* NJW 1999, S. 1838.

69 Ein Fall in dem die Nichtschlechterstellung relativ unproblematisch festgestellt werden konnte lag bspw. dem LG Traunstein vor: Die nicht zustimmende absonderungsberechtigte Gläubigerin musste lediglich hinnehmen, dass die Tilgung ihrer Kredite zeitweise ausgesetzt wurde. Sie erhielt dafür jedoch einen angemessenen Ausgleich durch eine fortlaufende Verzinsung. Allein in der zeitlichen Verschiebung sah das LG daher keine Schlechterstellung der Gläubigerin gegenüber der Situation ohne Plan, in der die Realisierung ihrer Sicherheiten auch einige Zeit in Anspruch genommen hätte. Vgl. LG Traunstein, Beschluss vom 27.8.1999 – 4 T 2966/99, ZinsO 1999, S. 577 ff. (s. insbes. S. 580).

die Entscheidung der Insolvenzgerichte erleichtern soll.[70] Die Insolvenzgerichte sollen grundsätzlich nicht gehalten sein, „...im Rahmen ihrer Amtsermittlungspflicht (§ 5 I InsO) für die Prognoseentscheidung einen Sachverständigen hinzuzuziehen". Es solle „...nur um die Einschätzung..." gehen, „...ob eine Schlechterstellung (...) durch den Insolvenzplan wahrscheinlicher ist als eine Nichtschlechterstellung." Das Verlangen nach mathematischer Exaktheit würde diesem Ziel der Entscheidungserleichterung nicht gerecht. Die Anforderungen an die betriebswirtschaftliche Fundierung der gerichtlichen Bewertungsentscheidung nach den §§ 245 I Nr. 1, 247 II Nr. 1 und 251 I Nr. 2 InsO dürfen daher nicht zu hoch geschraubt werden.

4. Erleichterung der gerichtlichen Entscheidung durch salvatorische Klauseln?

In der Begründung zu § 298 des RegE der InsO[71] (heute § 251 InsO) wird die Ansicht geäußert, dass das Schlechterstellungsrisiko dadurch ausgeschlossen oder vermindert werden kann, „...dass im Plan zusätzliche Leistungen an solche Beteiligte vorgesehen werden, die dem Plan widersprechen und den Nachweis führen, dass sie ohne solche Zusatzleistungen durch den Plan schlechter gestellt werden als ohne einen Plan." Der Minderheitenschutz stehe der Planbestätigung nicht entgegen, wenn der Plan eine solche Bestimmung enthalte, die Finanzierung der Leistungen gesichert sei und eindeutig sei, dass im Falle der zusätzlichen Leistungen der durch § 298 des RegE gewährleistete Mindeststandard erreicht werde. Eine derartige Bestimmung, die auch im Rahmen der §§ 245 I Nr. 1 und 247 II Nr. 1 InsO anwendbar wäre, könnte bspw. lauten:[72]

„Wenn ein Beteiligter durch diesen Plan voraussichtlich schlechter gestellt wird, als er ohne einen Plan stünde, sind an ihn aus einer gebildeten Rückstellung zusätzliche Zahlungen in einer Höhe zu leisten, die zu einer Gleichstellung führt."

---

70 Bericht des BT-Rechtsausschusses zu Art. 1 Nr. 12, 13 und 14 EG InsOÄndG, abgedruckt in: *Balz/Landfermann* (1999), S. 500 f.

71 Abgedruckt in: *Balz/Landfermann* (1999), S. 507 f.

72 So der Formulierungsvorschlag von *Eidenmüller*, NJW 1999, S. 1838.

Salvatorische Klauseln dieser Art sollen eine gerichtliche Planbestätigung ohne Vergleichsrechnungen ermöglichen. Eine Schlechterstellung der Beteiligten soll dadurch ausgeschlossen sein, dass diese die Möglichkeit erhalten, die versprochenen Zusatzleistungen im ordentlichen Rechtsweg gegen den Schuldner einzuklagen.

Über den Wert salvatorischer Klauseln in Insolvenzplänen bestehen Zweifel. Anlass zu Kritik besteht insbesondere aus folgenden Gründen:

- Zum Zeitpunkt der Planinitiative ist noch völlig ungewiss, wie hoch die zu bildenden Rückstellungen sein müssen. Die Höhe der Rückstellung hängt nämlich von der Zahl der Widersprechenden ab. Diese Zahl steht jedoch erst im Abstimmungstermin fest (vgl. §§ 247 I, 251 I Nr. 1 InsO). Außerdem hängt die erforderliche Rückstellungshöhe davon ab, um welchen Betrag die einzelnen Widersprechenden durch die Planlösung schlechter gestellt werden als ohne Plan. Diese Differenz muss nämlich laut Klausel durch zusätzliche Zahlungen ausgeglichen werden. Ihre Ermittlung ist jedoch aufwendig. Sie erfordert im Prinzip gerade die Bewertungen, die durch die Klausel vermieden werden sollten. Gegenüber dem Vorschlag, anstelle einer Rückstellung, deren erforderliche Höhe ungewiss ist, eine „unlimitierte" Garantieerklärung oder eine Bankbürgschaft zur Sicherung der Finanzierbarkeit der zusätzlichen Leistungen einzusetzen,[73] scheint Skepsis angebracht.[74]
- Eine salvatorische Klausel kann den Widerspruch einer Vielzahl von Beteiligten zur Konsequenz haben, da die Widersprechenden im Bestätigungsverfahren kein Kostenrisiko tragen. Durch den Widerspruch erhalten sie die Chance auf Zusatzleistungen.[75] Auch die bloße Drohung mit einem Widerspruch, um sich Sondervorteile zu verschaffen, wird durch die Aussicht auf Zusatzleistungen noch naheliegender.[76]

---

73 *Wutzke*, ZinsO 1999, S. 4.

74 Eine kreditierende Bank wird sich für ein solches Geschäft kaum finden, zumal die Bürgschaft eines zahlungskräftigen Dritten für die Gläubiger geradezu Ansporn zum Widerspruch „auf gut Glück" sein dürfte. Denkbar, aber ebenfalls sehr problematisch, ist auch die Finanzierung der Zusatzleistungen unmittelbar durch Kürzungen der Ansprüche anderer Gläubiger; vgl. *Eidenmüller* (1999), S. 95.

75 *Eidenmüller*, NJW 1999, S. 1838; *Eidenmüller* (1999), S. 95.

76 Vgl. *Eidenmüller* (1999), S. 95.

• Die Verwirklichung des vom Gesetzgeber für unverzichtbar gehaltenen Minderheitenschutzes[77] durch Aufnahme einer salvatorischen Klausel in den Insolvenzplan wird für unbefriedigend erachtet. Der Rechtsschutz suchende Gläubiger werde dadurch „...auf das Abstellgleis eines kostenträchtigen Leistungsprozesses gegen den Schuldner geschoben...“.[78]

• Eine Klausel, die nur den Widersprechenden aus einer Gruppe die Zusatzleistungen verspricht, verstößt möglicherweise gegen den Gleichbehandlungsgrundsatz des § 226 I InsO. Sie könnte dann schon nach § 250 Nr. 1 (Nichtbeachtung der Vorschriften über den Planinhalt) zur Versagung der Planbestätigung führen.[79]

• Als Element des gestaltenden Teils des Insolvenzplans unterliegt die salvatorische Klausel dem Angriff im Wege des Widerspruchs des Gläubigers nach § 251 InsO. Das Vorliegen einer salvatorischen Klausel enthebt daher das Insolvenzgericht der Nachprüfung, ob eine (voraussichtliche) Schlechterstellung vorliegt oder nicht nur in dem Fall, in dem die Finanzierung der versprochenen Zusatzleistungen[80] zu 100 Prozent gesichert wird. Diese Sicherheit ist aufgrund der Schwierigkeiten, die erforderliche Rückstellungshöhe richtig zu ermitteln (s. oben), kaum zu erreichen.

• Die angestrebte Entlastung des Insolvenzverfahrens hat die negative Kehrseite, dass die Belastung der Gerichte, die ein Beteiligter anruft, um seine Rechte aus der Klausel einzuklagen, zunimmt.[81]

• Die in der Klausel vorgesehenen Zusatzleistungen werden von der Titularwirkung des § 257 I 1 InsO nicht erfasst, da aus dem Insolvenzplan nicht hervorgeht, ob und ggf. in welcher Höhe sie an bestimmte Gläubiger zu erbringen sind. Die Bestimmbarkeit des Inhalts eines Vollstreckungstitels ist aber Vorausset-

---

[77] S. die Begr. zu § 298 des RegE der InsO, abgedruckt in: *Balz/Landfermann* (1999), S. 507 f.

[78] *Smid/Rattunde* (1998), S. 194 Rn. 664.

[79] HK-InsO-*Flessner*, § 251 Rn. 11. Werden die Zusatzleistungen hingegen der ganzen Gruppe versprochen, könnte die Werthaltigkeit der Planpositionen der anderen Gläubigergruppen berührt werden und dort ebenfalls Widersprüche nach § 251 InsO auslösen. Außerdem wäre in diesem Fall schon bei der Vorprüfung eines vom Schuldner vorgelegten Plans nach § 231 I Nr. 3 InsO die Erfüllbarkeit in Frage zu stellen.

[80] Nicht: die Befriedigung der angemeldeten Forderung; so aber *Smid/Rattunde* (1998), S. 194 Rn. 665.

[81] *Eidenmüller* (1999), S. 94.

zung für dessen Vollstreckungsfähigkeit.[82] *Smid/Rattunde* sehen es als „groben Systembruch" an, im Plan Leistungen festzustellen, ohne damit dem Berechtigten einen Titel zu verschaffen.[83] Dem widerspricht allerdings *Eidenmüller* mit dem Argument, für den „heilenden Effekt" der Klausel sei es ausreichend, dass diese eine materiellrechtliche Gleichstellung bewirke.[84] Ein Vollstreckungstitel müsse nicht verschafft werden, da kein Gläubiger einen „Anspruch" auf Titulierung seiner Forderung habe. Dies zeige sich schon daran, dass der Schuldner die Wirkung des § 257 I 1 InsO durch Bestreiten einer bestimmten Forderung ausschließen könne (vgl. auch §§ 178 I 2, 201 II 1 InsO).

Die vorgebrachten Kritikpunkte lassen den Schluss zu, dass salvatorische Klauseln zur Entlastung des Insolvenzplanverfahrens von den im Rahmen der §§ 245 I Nr. 1, 247 II Nr. 1 und § 251 I Nr. 2 InsO zu treffenden Prognose- und Bewertungsentscheidungen nur eingeschränkt brauchbar sind. Im Übrigen erscheint es auch unbefriedigend, einzelne Gläubiger in einem Planverfahren, das die gemeinschaftliche Befriedigung der Gläubiger zum Ziel hat, von vornherein auf die Geltendmachung ihrer Ansprüche nach Aufhebung des Verfahrens vor den ordentlichen Gerichten zu verweisen.

II. § 245 I Nr. 2 i.V.m. § 245 II InsO

Eine weitere Norm, die im Insolvenzplanverfahren möglicherweise richterliche Bewertungsentscheidungen erforderlich macht, ist § 245 I Nr. 2 InsO. Danach ist Voraussetzung für die Überwindung des negativen Votums einer Abstimmungsgruppe die angemessene Beteiligung der Gläubiger dieser Gruppe an dem wirtschaftlichen Wert, der den Beteiligten auf der Grundlage des Plans zufließen soll. Eine angemessene Beteiligung ist zu bejahen, wenn die unter § 245 II Nrn. 1 bis 3 InsO genannten Voraussetzungen kumulativ vorliegen.

---

[82] Vgl. *Brox/Walker* (1999), S. 31 ff. Rn. 42 ff. Die Bestimmbarkeit des Inhalts ist hier insbesondere zu verneinen, weil es dem Vollstreckungsorgan nicht zugemutet werden kann (und auch gar nicht möglich wäre), die Bewertungsentscheidungen, die zur Berechnung der Zusatzleistungen erforderlich sind, zu treffen.

[83] *Smid/Rattunde* (1998), S. 194 Rn. 663.

[84] *Eidenmüller* (1999), S. 94 Fn. 106; *Eidenmüller*, NJW 1999, S. 1838 Fn. 15.

1. Die in **§ 245 II Nr. 1 InsO** ausdrücklich formulierte Bedingung, dass kein anderer Gläubiger wirtschaftliche Werte erhalten darf, die den vollen Betrag seines Anspruchs übersteigen, findet sich entsprechend im US-amerikanischen Chapter 11-Verfahren. Sie ist dort (ungeschriebene) Voraussetzung eines billigen und gerechten Plans i.S.v. 11 USC § 1129 (b)(1).[85]

a. Verspricht der Insolvenzplan zukünftige Geldleistungen, so sind diese abzuzinsen.[86] Der abgezinste Wert ist sodann mit dem Anspruch des jeweiligen Gläubigers zu vergleichen.

b. Handelt es sich bei den wirtschaftlichen Werten, die ein Gläubiger erhalten soll, um Anteilsrechte, so muss zur Bewertung dieser Anteilsrechte eine Unternehmensbewertung erfolgen.[87]

2. Die Voraussetzung des **§ 245 II Nr. 2 InsO**, dass weder ein Gläubiger, der ohne einen Plan mit Nachrang gegenüber den Gläubigern der Gruppe zu befriedigen wäre, noch der Schuldner einen wirtschaftlichen Wert erhalten darf, wenn nicht die Gruppe der widersprechenden Gläubiger zuvor voll befriedigt worden ist, kann in der Regel ohne die Vornahme von wirtschaftlichen Bewertungen geprüft werden. Schwierigkeiten können sich jedoch ergeben, wenn im Rahmen einer Sanierung des schuldnerischen Unternehmens Gesellschaftsanteile in der Hand der bisherigen Gesellschafter verbleiben sollen. In der Praxis sehen Reorganisationspläne, die im Insolvenzplanverfahren zustande kommen, dies häufig vor.[88] Ist hierin die Zuwendung eines wirtschaftlichen Werts zu sehen, so kann ein Insolvenzplan gemäß § 245 II Nr. 2 InsO gegen den Willen der Gläubigergruppe, deren Rechte durch den Plan beeinträchtigt werden, nicht verabschiedet werden. Das Gericht muss also die Frage beantworten, ob in der Möglichkeit der Fortführung des Unternehmens durch die Gesellschafter des Schuldners im kon-

---

85 Vgl. bereits oben C.II.1. in diesem Kapitel; Legislative Statements zu 11 USC § 1129, abgedruckt in: 11 USCA § 1129: „Historical and statutory notes"; *Klee*, Am.Bankr.L.J. 1979, S. 142; *Broude*, Bus.Law. 1984, S. 451.

86 Näher N/R-*Braun*, § 245 Rn. 19. Der Zeitpunkt, auf den abzuzinsen ist, ist umstritten; vgl. HK-InsO-*Flessner*, § 245 Rn. 13; *Eidenmüller*, NJW 1999, S. 1838 Fn. 7; N/R-*Braun*, § 245 Rn. 9; s. auch oben I.1.a. in diesem Abschnitt.

87 Vgl. zum entsprechenden Fall im Rahmen von 11 USC § 1129 (b)(1) oben C.II.1.b. in diesem Kapitel.

88 So die Aussage von *Eberhard Braun* in einem Gespräch mit dem Verf. am 26.04.2001.

kreten Fall die Zuwendung eines wirtschaftlichen Werts zu sehen ist. Bislang hat, soweit ersichtlich, nur *Braun* den Versuch unternommen, diesbezüglich einige Maßstäbe zu entwickeln.[89] Grundlage ist für ihn eine bilanzielle Betrachtung. So soll die Zuwendung eines wirtschaftlichen Werts zum einen dann zu verneinen sein, wenn nach der Bilanzsanierung ein Gleichgewicht von Vermögen und Verbindlichkeiten besteht; ein Kapitalsaldo von Null sei kein Vermögenswert.[90] Doch auch wenn die Entlastung auf der Passivseite so stark wirkt, dass wieder ein positives Eigenkapital entsteht, muss in der Zuwendung von Anteilsrechten an die Altgesellschafter nicht zwingend die Zuwendung eines wirtschaftlichen Werts i.S.v. § 245 II Nr. 2 InsO gesehen werden. Es kommt dann darauf an, ob die Leistungen, die die Altgesellschafter nach dem Plan zu erbringen haben, den Wert des (positiven) Eigenkapitals aufwiegen.[91] Das Insolvenzgericht hat zu entscheiden, wie hoch der Wert des neuen Eigenkapitals und damit der Wert der neuen Anteilsrechte ist. Eine Unternehmensbewertung ist erforderlich. Für weitere Überlegungen zur Auslegung von § 245 II Nr. 2 InsO müssen die jüngsten Aussagen der US-amerikanischen Insolvenzrechtsprechung zur sog. „new value exception" berücksichtigt werden (dazu ausführlich unten Kap. 3, A.II.2.).[92]

3. Auch die Vorschrift des **§ 245 II Nr. 3 InsO**, wonach die Benachteiligung einer Gruppe von Gläubigern gegenüber anderen gleichrangigen Gläubigern gegen ihren Willen ausgeschlossen ist, kann dem Insolvenzgericht wirtschaftliche Bewertungsentscheidungen abverlangen. So ist bspw. denkbar, dass einer Gruppe von Gläubigern ein sofort fälliger Geldbetrag geboten wird, während anderen gleichrangigen Gläubigern eine Ratenzahlung über mehrere Jahre oder ein Anteil an der im Rahmen einer übertragenden Sanierung gegründeten Auffanggesellschaft zugewendet werden soll. Um festzustellen, ob eine Ungleichbehandlung vorliegt, muss das Insolvenzgericht die Ratenzahlungen durch Abzinsung mit einem angemessenen Zinssatz mit dem sofort fälligen Geldbetrag vergleichbar machen. Die Anteilsrechte müssen im Wege der Unternehmensbe-

---

89 N/R-*Braun*, § 245 Rn. 26 ff.

90 N/R-*Braun*, § 245 Rn. 26.

91 Vgl. auch die Begr. zu § 290 des RegE der InsO, abgedruckt in: *Balz/Landfermann* (1999), S. 499 f.

92 Vgl. auch *Wittig*, ZinsO 1999, S. 373 ff.; *Smid*, InVo 2000, S. 1 ff., insbes. S. 8 f.

wertung bewertet werden, damit ein Vergleich möglich ist.[93] Das Gericht muss bei dem Vergleich auch berücksichtigen, dass die Forderungen der Gläubiger der widersprechenden Gruppe und der gleichrangigen Vergleichsgläubiger in aller Regel nicht die gleiche Höhe haben werden. Um einen sinnvollen Vergleich zu ermöglichen, müssen die Zuwendungen an den jeweiligen Gläubiger (sofort fällige Geldbeträge, Barwerte von Ratenzahlungen oder Werte von Anteilsrechten) daher in Relation zur Höhe seiner Forderung gesetzt werden. Die so entstehenden Quotienten sind für den Vergleich entscheidend.

III. § 247 II Nr. 2 InsO

§ 247 II Nr. 2 InsO entspricht der Regelung in § 245 II Nr. 1 InsO. Hinsichtlich der Erforderlichkeit von Bewertungsentscheidungen kann daher auf die Ausführungen zu dieser Vorschrift verwiesen werden (s. oben II.1.).

IV. § 231 I Nr. 3 InsO

§ 231 I Nr. 3 InsO verlangt in aller Regel keine sorgfältig fundierte Prognoseentscheidung des Insolvenzgerichts. Durch das Wort „offensichtlich" bringt die Vorschrift zum Ausdruck, dass nur in eindeutigen Fällen von der Befugnis zur Zurückweisung Gebrauch gemacht werden darf; andernfalls würde das Gericht der Entscheidung der Gläubiger in ungerechtfertigter Weise vorgreifen.[94] Lediglich wenn sich die Erfüllung der Ansprüche bereits aus den rechnerischen Unterlagen des Plans nicht erschließt, kann der Plan zurückgewiesen werden, da diese Unterlagen gerade die Funktion haben, die rechnerische Realisierbarkeit des Plans zu belegen. Ist die Planrealisierung nach den eingereichten Unterlagen rechnerisch möglich, kann der Plan nur dann zurückgewiesen werden, wenn die Erfüllbarkeit des Plans als ausgeschlossen gelten kann.[95] Ob dies der Fall ist, wird das Insolvenzgericht in aller Regel aufgrund einer überschlägigen Betrachtung feststellen können.

---

93 Vgl. N/R-*Braun*, § 245 Rn. 31.

94 Begr. zu § 275 des RegE der InsO, abgedruckt in: *Balz/Landfermann* (1999), S. 483.

95 Vgl. N/R-*Braun*, § 231 Rn. 25 f.

V. §§ 237, 238 InsO

Gerichtliche Bewertungsentscheidungen können schließlich für die Ermittlung der Stimmrechte der Insolvenzgläubiger und der absonderungsberechtigten Gläubiger nach den §§ 237, 238 InsO erforderlich sein.

Für § 237 InsO gilt dies dann, wenn ein Insolvenzgläubiger gleichzeitig Inhaber eines Absonderungsrechtes ist, das die persönliche Forderung nicht in voller Höhe deckt: Gemäß § 237 I 2 InsO haben auch diejenigen Gläubiger, die zusätzlich ein Absonderungsrecht innehaben (vgl. § 52 S. 1 InsO), ein Stimmrecht als Insolvenzgläubiger, soweit ihre Forderung durch das Absonderungsrecht nicht oder nicht mehr gedeckt ist. Steht der Ausfallbetrag nicht fest, so muss das Insolvenzgericht gem. §§ 237 I 2, 2. Hs., 77 II 2 InsO die Höhe des mutmaßlichen Ausfalls bestimmen, wenn darüber keine Einigung gem. § 77 II 1 InsO erfolgt. Hierzu muss das Gericht eine Bewertung des Absonderungsrechts vornehmen. Die Differenz zwischen der Höhe der persönlichen Forderung und dem Geldbetrag, der dem Absonderungsrecht beigemessen wird, ist als mutmaßlicher Ausfall für das Stimmrecht als Insolvenzgläubiger maßgebend. Soweit die Forderung durch das Absonderungsrecht gedeckt ist, kann der Gläubiger das Stimmrecht als Absonderungsberechtigter nach § 238 InsO haben.[96]

Auch für die Ermittlung der Stimmrechte der Absonderungsberechtigten nach § 238 InsO ist jedes Absonderungsrecht mit einem Geldbetrag zu bewerten. Die Wertbestimmung ist erforderlich, weil für die Stimmengewichtung zur Ermittlung der Mehrheit nach § 244 Abs. 1 Nr. 2 InsO in einer Gruppe mit mehreren absonderungsberechtigten Gläubigern der Wert des Absonderungsrechts entscheidend ist (vgl. § 76 Abs. 2, 2. Hs. InsO). Ob das Absonderungsrecht mit dem Fortführungswert oder mit dem geschätzten Veräußerungserlös anzusetzen ist, hängt davon ab, welche Behandlung der betreffenden Sicherheiten der Plan vorsieht.[97]

---

96 Es kann also zur „Stimmrechtsspaltung" kommen; näher HK-InsO-*Flessner*, § 238 Rn. 2.

97 Begr. zu § 281 des RegE der InsO, abgedruckt in: *Balz/Landfermann* (1999), S. 490 f.; näher *Braun/Uhlenbruck* (1997), S. 598.

VI. Zusammenfassung

Die §§ 245, 247 und 251 InsO verlangen, wie die parallelen Regelungen in 11 USC § 1129, zahlreiche wirtschaftliche Bewertungsentscheidungen des Insolvenzgerichts. Um einen Vergleich zu ermöglichen, müssen zukünftige Geldzahlungen auf ihren Barwert abgezinst werden. Möglicherweise müssen dabei verschiedene Entwicklungsszenarien des reorganisierten Unternehmens berücksichtigt werden, da nicht allein auf die unsicheren Planzahlen vertraut werden kann. Sollen die Gläubiger Anteilsrechte erhalten, so ist oftmals eine Unternehmensbewertung erforderlich.[98] Eine wesentliche Entlastung des Verfahrens durch salvatorische Klauseln in den Insolvenzplänen erscheint zumindest fragwürdig. § 245 II Nr. 2 InsO verlangt unter Umständen eine Unternehmensbewertung, wenn die bisherigen Gesellschafter weiterhin Anteilsrechte halten sollen. Die §§ 237, 238 InsO können zum Zwecke der Stimmrechtsermittlung eine gerichtliche Bewertung von Absonderungsrechten erforderlich machen.

E. Hauptschwierigkeiten im Rahmen der zu treffenden Bewertungsentscheidungen

Ziel dieses Abschnitts ist es, eine Vorstellung von den Unwägbarkeiten zu vermitteln, denen die Gerichte durch die im Rahmen des deutschen Insolvenzplanverfahrens (und auch des US-amerikanischen Reorganisationsverfahrens) zu treffenden Bewertungsentscheidungen ausgesetzt sind. Die Unternehmensbewertung ist, ebenso wie die Bewertung von Unternehmensanteilen, eine Aufgabe der Betriebswirtschaftslehre. Es soll und kann hier nicht auf die zahllosen Detailprobleme, die in der umfangreichen wirtschaftswissenschaftlichen Literatur zur Unternehmensbewertung[99] diskutiert werden, eingegangen werden. Lediglich einige zentrale Probleme, die mit den vorzunehmenden Bewertungen verbunden sind, sollen dargestellt werden. Dabei wird zunächst (unter I.) auf grundlegende Probleme eingegangen, mit denen die Unternehmensbewertung

---

[98] Die Prüfung der (Nicht-)Schlechterstellung in den §§ 245, 247 und 251 InsO verlangt also nicht in jedem Fall eine Bewertung des gesamten Unternehmens; a.A. wohl *Eidenmüller* (1999), S. 87.

[99] Vgl. nur *Bellinger/Vahl* (1992); *Drukarczyk* (2001); *Langenkämper* (1999); *Peemöller* (2001) (jeweils mit zahlreichen weiteren Nachweisen).

allgemein zu kämpfen hat. Danach erfolgt (unter II.) eine Betrachtung der speziellen Bewertungssituation bei insolventen Unternehmen.

I. Grundlegende Probleme im Rahmen der Unternehmensbewertung

1. Vielzahl an Bewertungsverfahren

Stürner hat 1991 auf das „Labyrinth von Bewertungstheorien" hingewiesen, vor das sich ein Gericht bei Bewertungen gestellt sieht.[100] Die Lage ist nicht einfacher geworden, auch wenn seitdem alte Methoden sowohl in der Betriebswirtschaftslehre als auch in der Rechtsprechung an Bedeutung verloren und neue an Gewicht gewonnen haben.

Bis in die Mitte der siebziger Jahre war das Substanzwertverfahren die dominierende Bewertungsmethode in den Entscheidungen deutscher Gerichte.[101] Diese Methode fragt danach, welche Aufwendungen nötig wären, um ein gleiches Unternehmen „nachzubauen". Der Wert des Unternehmens wird durch die Summierung der Werte der einzelnen Wirtschaftsgüter ermittelt. Bei der Wertermittlung wird (anders als beim Liquidationswert) von einer Fortführung des Unternehmens ausgegangen.[102]

Obwohl der BGH bereits 1961 formuliert hatte, dass „...derjenige, der ein Unternehmen kaufen will, in aller Regel an nichts anderem interessiert ist, als daran, was dieses Unternehmen ihm in Zukunft einbringen wird..."[103], setzte sich in der Rechtsprechung die Erkenntnis, dass es für die Unternehmensbewertung maßgeblich auf die Fähigkeit des Unternehmens ankommt, in Zukunft finanzielle Überschüsse zu erwirtschaften, erst deutlich später durch. Die Ertragswertmethode wurde erst allmählich, mit Beginn der achtziger Jahre, die dominierende Bewertungsmethode vor deutschen Gerichten.[104] Sie geht davon aus,

---

[100] *Stürner* (1991), S. 46 f.

[101] Daneben wurden auch gelegentlich der Mittelwert zwischen Substanz- und Ertragswert und der Liquidationswert herangezogen. Vgl. die Übersicht bei *Piltz* (1994), S. 351 ff. (Anlage 2).

[102] Näher *Bellinger/Vahl* (1992), S. 126 ff., *Piltz* (1994), S. 34 ff., 203 ff.

[103] BGH 6.12.1961, BB 62, S. 155.

[104] Vgl. die Übersicht bei *Piltz* (1994), S. 351 ff. (Anlage 2).

dass der Wert eines Unternehmens von dem Nutzen bestimmt wird, den der Inhaber aus ihm ziehen kann. Folglich soll der Barwert der zukünftigen finanziellen Überschüsse den theoretisch richtigen Wert eines Unternehmens darstellen. Die Ertragswertmethode ermittelt den Unternehmenswert daher durch die Kapitalisierung der an die Eigenkapitalgeber ausschüttbaren Ergebnisse.[105]

Heute ist die Ertragswertmethode nach wie vor das wichtigste Bewertungsverfahren in der deutschen Gerichtspraxis. Jedoch hat der BGH seine 1983 geäußerte Ansicht beibehalten, dass es „...verbindliche oder auch nur allgemein anerkannte Grundsätze für die Ermittlung des Wertes eines lebenden Unternehmens (...) nicht gibt...“.[106] Zwar gibt der BGH grundsätzlich dem Ertragswertverfahren den Vorrang. Die Gerichte sind jedoch keinesfalls zur Anwendung des Ertragswertverfahrens verpflichtet.[107] Vielmehr ist es Sache des Richters, darüber zu befinden, welche der in der Betriebswirtschaftslehre vertretenen Bewertungsmethoden im Einzelfall zu einem angemessenen Ergebnis führt. Dies ergibt sich schon aus Art. 20 III GG, wonach der Richter nur an Gesetz und Recht gebunden ist, nicht aber an wissenschaftliche Lehrmeinungen oder Grundsätze von berufsständischen Fachorganisationen, auf denen ein Sachverständiger sein Gutachten aufbaut.[108]

Damit können auch Bewertungsmethoden, die in der Betriebswirtschaftslehre erst in neuerer Zeit Beachtung finden, vom Gericht nicht ganz außer Acht gelassen werden. Dies gilt umso mehr, als die Ertragswertmethode in die Kritik geraten ist.[109] Auf ihr beruhende Bewertungsgutachten seien wenig informativ und kaum nachprüfbar. Zudem sei ihr Blick zu wenig in die Zukunft gerichtet und strategische Überlegungen würden vernachlässigt. In eben diesen Punkten soll die Stärke des Discounted Cashflow (DCF)-Verfahrens liegen. Dieses Verfahren ermittelt den Unternehmenswert, wie das Ertragswertverfahren, durch die Kapi-

---

105 *Jonas*, BFuP 1995, S. 85; ausführlich zur Ertragswertmethode z.B. auch: *Lausterer* (1997), S. 41 ff.; *Peemöller-Peemöller/Kunowski* (2001), S. 199 ff. Rn. 1 ff.

106 BGH 26.10.1983, WM 1984, S. 30.

107 *Lausterer* (1997), S. 106 f., 188.

108 *Lausterer* (1997), S. 82.

109 Vgl. *Jonas*, BFuP 1995, S. 83.

talisierung ausschüttbarer finanzieller Überschüsse.[110] Die beiden Methoden unterscheiden sich jedoch grundlegend in den Fragen, wie die Überschüsse aus Ertragsüberschussrechnungen abgeleitet werden, ob es an die Eigenkapitalgeber oder an die Eigen- und Fremdkapitalgeber ausschüttbare Überschüsse sind und wie diese Überschüsse kapitalisiert werden.[111] Die DCF-Methode ermittelt den Unternehmenswert in drei Schritten.[112] In einem ersten Schritt werden sog. freie Cashflows kapitalisiert. Mit freien Cashflows sind alle Einnahmeüberschüsse gemeint, die zur Ausschüttung an Eigenkapitalgeber und zur Bedienung von Fremdkapitalgebern zur Verfügung stehen. Der Barwert dieser freien Cashflows stellt den Wert des Gesamtkapitals dar. In einem zweiten Schritt wird der Barwert der an die Fremdkapitalgeber fließenden Cashflows errechnet. Dieser Marktwert des Fremdkapitals wird vom Wert des Gesamtkapitals abgezogen. Die Restgröße ist der Wert des Eigenkapitals.

Neben den genannten Bewertungsmethoden gibt es neuere Ansätze zur Unternehmensbewertung, deren praktische Bedeutung allerdings bislang meist gering ist.[113]

2. Die Prognose zukünftiger Überschüsse

Ein grundlegendes Problem derjenigen Bewertungsverfahren, die den Unternehmenswert durch Kapitalisierung der zukünftigen finanziellen Überschüsse bestimmen wollen, besteht in der Prognose, wie hoch diese Überschüsse sein werden. Während die konsistente Anwendung der Rechentechnik/-methodik

---

110 Ausführlich zur DCF-Methode: *Drukarczyk* (2001), S. 204 ff. (*Drukarczyk* unterscheidet innerhalb der DCF-Methode vier verschiedene Ansätze: den Equity-Ansatz, den Adjusted Present Value (APV)-Ansatz, den Weighted Average Cost of Capital (WACC)-Ansatz und denCapital Cashflow-Ansatz.)

111 *Jonas*, BFuP 1995, S. 84 ff.

112 Vgl. *Jonas*, BFuP 1995, S. 85 (Diese Vorgehensweise gilt nicht für die Equity-Methode als weniger gängiges DCF-Verfahren; vgl. IdW, WP-Handbuch (1998), S. 76, Rn. 216 ff.)

113 Einen Überblick gibt *Lausterer* (1997), S. 161 ff.; zur Unternehmensbewertung mit sog. Realoptionen s. *Löhr*, BB 2000, S. 1983 ff.; zu den sog. finanzplanorientierten Bewertungsansätzen (als Alternative zu den bislang dominierenden formelorientierten Methoden) s. *Langenkämper* (1999), S. 161 ff. In jüngerer Zeit hat in der Rechtsprechung der Börsenkurs für die Unternehmensbewertung wieder an Bedeutung gewonnen; vgl. Beschluss des BVerfG vom 27.4.1999, DB 1999, S. 1693 ff.; *Bungert/Eckert*, BB 2000, S. 1845 ff.; *Großfeld*, BB 2000, S. 261 ff.

eine notwendige Bedingung für eine sachgerechte Unternehmensbewertung darstellt, ist die fundierte Prognose der zukünftigen Überschüsse das Kriterium, das eine gute von einer schlechten Bewertung unterscheidet.[114]

Es ist mittlerweile allgemeine Auffassung, dass als zukünftig erzielbare Einnahmeüberschüsse nicht einfach der – gewichtete und um außergewöhnliche Einflüsse bereinigte[115] – Durchschnitt der in der Vergangenheit erzielten Überschüsse herangezogen werden darf.[116] Eine pauschales Extrapolieren der Vergangenheitswerte in die Zukunft würde möglicherweise schon erkennbare Trendwenden völlig unberücksichtigt lassen. So kann das jüngste Ergebnis das letzte Jahr einer Flaute vor einer ertragreichen Zukunft widerspiegeln, wenn ein Unternehmen bspw. jahrelang hohe Ausgaben für Forschung und Entwicklung hatte, um ein neues vielversprechendes Produkt marktreif zu machen. Auch der umgekehrte Fall, dass das jüngste Ergebnis das Ende einer ertragreichen Phase einläutet, ist denkbar. Ohne Berücksichtigung derartiger Gegebenheiten können die zukünftigen Einnahmeüberschüsse nicht korrekt ermittelt werden. Die ausschließliche Verwendung von vergangenen Erfolgsdaten ist keine Prognose im Sinne einer Schätzung der Zukunftserfolge. Eine solche ist jedoch erforderlich. Die bereinigten Vergangenheitsergebnisse der üblicherweise letzten fünf Jahre sollten dabei (lediglich) als Grundlage der Schätzung der Zukunftserfolge und als Maßstab zur Kontrolle der Schätzwerte dienen.[117]

Für die Erstellung einer Prognose kann die Zerlegung der Unternehmenszukunft in verschiedene Phasen hilfreich sein.[118] Dabei wird für die nächsten ein bis drei Jahre (1. Phase) mit Hilfe von Planungsrechnungen eine Detailprognose erstellt. Für die 2. Phase (bis zu weiteren fünf Jahren) werden die Werte der 1. Phase entsprechend der Trenderwartungen modifiziert. Für die 3. Phase, die die weitere Zukunft umfasst, wird schließlich eine Entwicklung des Erfolgs auf konstantem Niveau angenommen. Es handelt sich nur noch um eine grobe Schätzung. Dies soll deshalb hinnehmbar sein, weil die zukünftigen Ergebnisse auf-

[114] Vgl. IdW, WP-Handbuch (1998), S. 46 f. Rn. 145.
[115] Dazu näher *Piltz* (1994), S. 144 ff.
[116] *Lausterer* (1997), S. 47; *Piltz* (1994), S. 139.
[117] *Lausterer* (1997), S. 50; *Piltz* (1994), S. 144.
[118] Vgl. *Lausterer* (1997), S. 48 ff. Teilweise werden lediglich zwei Phasen unterschieden, s. IdW, WP-Handbuch (1998), S. 51 f. Rn. 157 ff.

grund der Kapitalisierung mit zunehmender zeitlicher Entfernung vom Bewertungsstichtag immer weniger Bedeutung für den Unternehmenswert haben.[119] Außerdem neutralisieren sich die Prognoseunsicherheiten zum Teil, da unvorhergesehene negative Einflüsse durch unvorhergesehene positive Einflüsse kompensiert werden können.

Der Tatsache, dass sich viele bedeutende Zukunftsfaktoren (Managementqualifikation, Innovationsgrad der Produkte, Umwelteinflüsse verschiedenster Art) kaum quantifizieren lassen, kann durch eine Szenariotechnik Rechnung getragen werden.[120] Dabei werden verschiedene Entwicklungsszenarien (z.B. ein Best-Case-Szenario, ein Worst-Case-Szenario und ein durchschnittliches Szenario) entworfen und mit Wahrscheinlichkeiten gewichtet. Gegenüber dem Wert solcher Szenarien ist jedoch Skepsis angebracht. Die Unsicherheitsfaktoren nehmen mit abnehmender Unternehmensbezogenheit zu. So sind unternehmensspezifische Unsicherheitsfaktoren eher wägbar als diejenigen der gesamten Branche. Die Einflüsse von Faktoren ohne Unternehmensbezug wie der konjunkturellen Entwicklung, politischer und gesellschaftlicher Ereignisse oder Naturkatastrophen lassen sich kaum noch sinnvoll gewichten, Daher lässt sich über die Wahrscheinlichkeiten von Szenarien „trefflich streiten".[121] Im Übrigen liefern mehrwertige Erfolgsreihen zwar Informationen über das Ausmaß der Unsicherheit bzgl. der Unternehmenszukunft und damit über die Schwankungsbreiten, in denen sich der Unternehmenswert möglicherweise bewegt. Ob dies jedoch in den Fällen hilfreich ist, in denen sich ein Gericht auf einen bestimmten Wert festlegen muss, erscheint fraglich.

Im Einzelfall können bei der Prognose der finanziellen Überschüsse auch mathematisch-statistische Prognoseverfahren (unter anderem Zeitreihen-, Regressions-, Diskriminanz-, Cluster- und Neuronale Netz-Analysen)[122] oder intuitive

[119] Allerdings darf nicht verkannt werden, dass die Summe der Barwerte der finanziellen Überschüsse der ferneren Phase einen durchaus erheblichen Teil der gesamten Barwertsumme ausmacht. So sind bei einer ewigen Rente und einem Zinssatz von 10 Prozent nach fünf Jahren erst 37,91 Prozent, nach zehn Jahren 61,45 Prozent und nach zwanzig Jahren 85,14 Prozent des Barwerts der ewigen Rente erreicht. Vgl. die Tabelle in IdW, WP-Handbuch (1998), S. 53 Rn. 162.

[120] Vgl. IdW, WP-Handbuch (1998), S. 53 f. Rn. 164.

[121] So die Formulierung von *Drukarczyk* (1998), S. 21.

[122] Vgl. zu den einzelnen Verfahren *Backhaus* (2000), S. 1 ff. und *Bretzke* (1975), S. 126 ff.

Prognoseverfahren (Delphi-, Szenario- oder morphologische Analyse)[123] hilfreich sein. Die praktische Anwendung sog. Expertensysteme zu Prognosezwecken in der Unternehmensbewertung ist hingegen noch nicht absehbar.[124]

Festzuhalten bleibt, dass trotz der genannten Hilfstechniken zur Bestimmung des Zukunftserfolgs keinesfalls Gewissheit besteht, dass die prognostizierten Werte sich auch nur annähernd realisieren werden. Die Zukunft liegt nun einmal im Dunkeln. Dies gilt mehr denn je in einer Zeit, in der stabile Marktverhältnisse angesichts der „einstürmenden Globalisierung“[125] weniger zu erwarten sind als früher. Es ist daher immer möglich, dass die tatsächliche Entwicklung durch unvorhersehbare Ereignisse stark von der prognostizierten Entwicklung abweicht.

3. Bestimmung des richtigen Kapitalisierungszinssatzes

Zur Ermittlung des Unternehmenswerts müssen die prognostizierten zukünftigen finanziellen Überschüsse auf den Bewertungsstichtag abgezinst werden. Auf diese Weise wird ihr Gegenwartswert ermittelt. Die Vergleichbarkeit mit den Überschüssen alternativer Investitionen wird hergestellt.[126]

Der Unternehmenswert errechnet sich also nach folgender Formel:

$$Unternehmenswert = \sum_{t=1}^{T} \frac{\ddot{U}_t}{(1+i)^t}$$

$\ddot{U}$ = finanzielle Überschüsse einer Periode
t = Periode
i = Kapitalisierungszinssatz

123 Vgl. zu den einzelnen Verfahren *Bretzke* (1975), S. 180 ff.

124 Hierbei geht es um die rechnergestützte Verknüpfung mathematisch-statistischer und intuitiver Prognoseverfahren; IdW, WP-Handbuch (1998), S. 54 Rn. 165 f. m.w.N. Expertensysteme sind allgemein Programme, mit denen das Spezialwissen und die Schlussfolgerungsfähigkeit qualifizierter Fachleute auf eng begrenzten Aufgabengebieten nachgebildet werden soll; näher *Brandstätter* (1993), S. 107 ff. Beispiel für ein Expertensystem ist der „Schachcomputer“.

125 Vgl. *Großfeld*, BB 2000, S. 264.

126 *Jonas*, BFuP 1995, S. 87.

Wenn bei der Bewertung – wie meistens[127] – von einer unbegrenzten Lebensdauer des Unternehmens ausgegangen wird und vereinfachend gleichbleibende finanzielle Überschüsse in den einzelnen Perioden unterstellt werden, lautet die Formel:

$$Unternehmenswert = \frac{\ddot{U}}{i}$$

Anhand dieser einfachen Formel lässt sich gut der Einfluss des Kapitalisierungszinssatzes auf den Unternehmenswert verdeutlichen: Angenommen, die jährlichen Überschüsse belaufen sich auf 500.000 €. Bei einem Zinssatz i von 10 Prozent (= 0,1) ergibt sich ein Unternehmenswert von 5.000.000 €. Senkt man den Zinssatz auf 8 Prozent (= 0,08), so erhöht sich der Unternehmenswert bereits um 25 Prozent auf 6.250.000 €. Eine Senkung von *i* auf 5 Prozent (= 0,05) führt zu einer Verdopplung des Unternehmenswerts auf 10.000.000 €. Weit in der Zukunft liegende finanzielle Überschüsse fallen hier wesentlich stärker ins Gewicht, als bei Verwendung des Zinssatzes von 10 Prozent. Das Beispiel zeigt, dass bereits geringfügige Variationen des Zinssatzes zu erheblichen Veränderungen des Unternehmenswerts führen. In einem vom OLG Celle zu entscheidenden Fall erhöhte sich der Ertragswert des Unternehmens um fast 181 Millionen DM (17 Prozent), weil das Gericht den Zinssatz von 7 Prozent auf 6 Prozent herabsetzte.[128] Der Wahl des Kapitalisierungszinssatzes ist also große Sorgfalt zu widmen.

Der Kapitalisierungszinssatz setzt sich im Rahmen der Ertragswertmethode aus einem risikolosen Basiszinssatz und einem Risikozuschlag zusammen.[129] Hinsichtlich des Basiszinssatzes besteht weitgehend Einigkeit, dass sich dieser nach der Effektivverzinsung inländischer öffentlicher Anleihen richtet.[130] Diese ist einfach feststellbar, da öffentliche Anleihen mit Laufzeiten von bis zu dreißig

---

127 IdW, WP-Handbuch (1998), S. 51 Rn. 157.

128 OLG Celle, Beschluss vom 4.4.1979, WM 1979, S. 1336 ff., insbes. S. 1340.

129 Außerdem können die Berücksichtigung von Ertragssteuern und ein Inflationsabschlag sinnvoll sein, vgl. IdW, WP-Handbuch (1998), S. 56 ff. Rn. 194 ff., S. 71 ff. Rn. 205 ff.

130 N/R-*Braun*, § 245 Rn. 11; *Jonas*, BFuP 1995, S. 87 f.; auch die Gerichte haben sich in der Mehrzahl der Entscheidungen diesem Maßstab angeschlossen; vgl. *Piltz* (1994), S. 171 mit Verweis auf BGH 30.9.1981, BB 82, S. 70, OLG Düsseldorf 11.4.1988, WM 88, S. 1052 und andere.

Jahren an der Börse gehandelt werden.[131] Die Erhöhung des Basiszinssatzes um einen Risikozuschlag kann wie folgt begründet werden:[132] Aus einem unternehmerischen Engagement erwächst eine Vielzahl von Risiken, aber auch Chancen. Unter dem Begriff des Unternehmerrisikos kann ganz allgemein jede mögliche positive oder negative Abweichung vom Erwartungswert der zukünftigen finanziellen Überschüsse eines Unternehmens verstanden werden.[133] Man geht nun davon aus, dass die Wirtschaftssubjekte zukünftige Risiken stärker gewichten als zukünftige Chancen (Annahme der Risikoaversion). Daher lassen sie sich die Übernahme unternehmerischer Risiken durch Risikoprämien abgelten. Der risikoaversen Einstellung der Wirtschaftssubjekte ist im Rahmen der Unternehmensbewertung durch einen Risikozuschlag Rechnung zu tragen. Dieser erhöht sich mit zunehmender Unsicherheit der zukünftigen finanziellen Überschüsse. In der deutschen und internationalen Bewertungspraxis wird der Risikozuschlag häufig durch Bildung der Differenz zwischen der Rendite einer Anlage in Unternehmenstiteln und der Rendite einer Anlage in festverzinslichen Wertpapieren ermittelt. Der BGH hat einen Zuschlag „für das besondere Risiko des Kapitaleinsatzes“ von 3 Prozent akzeptiert.[134] Die am Markt beobachtbaren Risikoprämien können jedoch nur als Anhaltspunkte dienen. Richtigerweise muss sich der Risikozuschlag an der spezifischen Risikostruktur des zu bewertenden Unternehmens orientieren.[135] Die Quantifizierung der Risiken ist schwierig. Die unternehmensspezifische Risikoprämie wird sowohl durch das operative Risiko aus der betrieblichen Tätigkeit (Investitions- bzw. Betriebsrisiko) als auch durch

[131] Für noch größere Zeiträume können langlaufende Nullkuponanleihen (sog. „Zero-Bonds“) Anhaltspunkte geben.

[132] Vgl. IdW, WP-Handbuch (1998), S. 60 f. Rn. 182 ff.: Möglich ist auch die Berücksichtigung des Risikos durch einen Abschlag von den prognostizierten Überschüssen.

[133] Die bislang von der Betriebswirtschaftslehre gepflegte und von der Rechtsprechung übernommene (vgl. BGH 13.3.1978, WM 1978, S. 401; OLG Celle 4.4.1979, WM 1979, S. 1336) Aufteilung des Unternehmerrisikos in allgemeine und spezielle Risiken ist in die Kritik geraten, da sich eine derartige Aufspaltung als äußerst schwierig erwiesen hat; IdW, WP-Handbuch (1998), S. 62 Rn. 186.

[134] BGH 9.5.1968, MDR 1968, S. 837. Der BGH hielt auch eine Zuschlag für das allgemeine Unternehmerrisiko in Höhe der Hälfte des Basiszinssatzes für möglich, BGH 13.3.1978, WM 1978, S. 401. Eine solche Pauschalisierung ist aus heutiger Sicht jedenfalls als allgemeine Regel nicht mehr haltbar.

[135] Näher IdW, WP-Handbuch (1998), S. 63 ff. Rn. 187 ff.

das vom Verschuldungsgrad abhängige Kapitalstrukturrisiko[136] geprägt.[137] Der Versuch, mit mathematischen Modellen zu einer marktgestützten Risikobeurteilung zu gelangen, ist mit zahlreichen Problemen behaftet.[138] Sie kann die Risikoeinschätzung eines Sachverständigen bzw. eines Gerichts nicht ersetzen.

Zusammenfassend lässt sich festhalten: Der Kapitalisierungszinssatz ist eine Größe, die den Unternehmenswert wesentlich beeinflusst. Durch den Spielraum, der bei seiner Festlegung besteht, kann es zu erheblichen Unsicherheiten bezüglich der „richtigen"[139] Höhe des Unternehmenswerts kommen.

4. Die Bewertung von Anteilsrechten

Neben den bisher geschilderten Schwierigkeiten der Unternehmensbewertung ergeben sich bei der Bewertung von Anteilsrechten an Unternehmen eine Reihe weiterer Probleme. So müssen unter Umständen bei Mehrheitsanteilen „Paketzuschläge" vorgenommen werden, während bei Minderheitsanteilen Abschläge nötig sein können. Bei rein ökonomischer Betrachtung ist bspw. der Wert eines Anteils von 51 Prozent an einer Kapitalgesellschaft aufgrund der Einflussmöglichkeiten auf die Geschäftsleitung höher als 51 Prozent des gesamten Unternehmenswerts. Entsprechend ist aufgrund der geminderten Herrschaftsrechte für die Bewertung eines Anteils von lediglich 2 Prozent ein Minderheitsabschlag

---

[136] Der Chance, die Eigenkapitalrendite durch Erhöhung des Verschuldungsgrades zu steigern, steht die Zunahme des finanzwirtschaftlichen Risikos der Unternehmung gegenüber. Der funktionale Zusammenhang zwischen Eigenkapitalrendite und Verschuldungsgrad wird als Leverage-Effekt bezeichnet und lässt sich formal wie folgt darstellen (näher: *Perridon/Steiner* (1999), S. 526 f.):

$$r_{EK} = \frac{Gewinn}{EK} = \frac{r_{GK}(EK + FK) - fzFK}{EK} = r_{GK} + (r_{GK} - fz)\frac{FK}{EK}$$

EK = Eigenkapital; FK = Fremdkapital; r_{EK} = Eigenkapitalrendite; r_{GK} = Gesamtkapitalrendite; fz = Fremdkapitalzinssatz

[137] IdW, WP-Handbuch (1998), S. 63 Rn. 188.

[138] Näher zum sog. Capital Asset Pricing Model (CAPM): IdW, WP-Handbuch (1998), S. 64 ff. Rn. 190 ff. m.w.N.

[139] Dieser Begriff ist mit Vorsicht zu verwenden, da es den schlechthin „richtigen" Unternehmenswert nicht gibt. Näher dazu unten Zweiter Teil, Kap. 2, E.I.6. sowie *Drukarczyk* (2001), S. 124 ff., *Lausterer* (1997), S. 34 ff., 38 ff. und *Hüttemann*, ZHR 1998, S. 564 ff.

vom quotalen Unternehmenswert vorzunehmen.[140] Auch besondere vermögensrechtliche Anteilsausstattungen, z.B. eine überproportionale Gewinnbeteiligung, müssen bei der Wertfestsetzung berücksichtigt werden. Abfindungsklauseln, die die Abfindung eines ausscheidenden Anteilsinhabers auf einen unter dem wirklichen Anteilswert liegenden Wert festlegen (z.B. auf den Buchwert), müssen zu Abschlägen führen. Ist ein Unternehmensanteil besonders schwer zu veräußern, so kann dies einen Fungibilitätsabschlag rechtfertigen. Schließlich spielt auch eine Rolle, dass größere Anteilspakete steuerliche Vorteile mit sich bringen können.[141]

5. Rückgriff auf die Erkenntnisse der Unternehmensbewertung bei der Bestimmung des Barwerts von Zahlungsströmen

Sind im Insolvenzplan zukünftige Geldzahlungen vorgesehen, so erfordern die Vorschriften des US-amerikanischen Chapter 11-Verfahrens (insbes. 11 USC § 1129 (b)(1) und (2) sowie 11 USC § 1129 (a)(7)) und die §§ 245, 247 und 251 InsO oftmals die Abzinsung dieser Zahlungen, um sie vergleichbar zu machen.[142] Eine vollständige Unternehmensbewertung ist hier nicht erforderlich. Bei der Bestimmung des Kapitalisierungszinssatzes kann jedoch auf die Erkenntnisse der Unternehmensbewertung zurückgegriffen werden.[143] Der Kapitalisierungszinssatz sollte sich also aus einem Basiszinssatz und einem Risikozuschlag zusammensetzen.[144] Auch hier besteht das Problem, dass insbesondere die Höhe des Risikozuschlags schwer zu bestimmen ist[145] und bereits kleine Variationen des Zinssatzes erheblichen Einfluss auf den Barwert des Zahlungsstroms haben.[146]

---

[140] *Schön* (2000), S. 74 f.

[141] Vgl. zum Ganzen *Piltz* (1994), S. 61 ff., 235 ff.

[142] S. dazu oben C.II. und D. in diesem Kapitel.

[143] Vgl. N/R-*Braun*, § 245 Rn. 8 ff., insbes. Rn. 11 f.

[144] Vgl. oben Punkt 3.

[145] Zu den gesteigerten Schwierigkeiten bei der Bestimmung des Risikozuschlags bei insolventen Unternehmen s. unten Punkt II.2. in diesem Abschnitt.

[146] Zum Vorschlag *Eidenmüllers*, die bei der Unternehmensbewertung gebräuchliche Szenariotechnik (s. oben Punkt 2.) im Rahmen der §§ 245 I Nr. 1, 247 II Nr. 1 und 251 I Nr. 2 InsO für die Bewertung von Zahlungsströmen einzusetzen s. oben D.I.3.c. in diesem Kapitel.

6. Die Unternehmensbewertung als Rechtsproblem

a. Obwohl die Theorie der Unternehmensbewertung in der Betriebswirtschaftslehre zu Hause ist, handelt es sich bei der Unternehmensbewertung auch um ein Rechtsproblem. Die §§ 245, 247, 251 InsO stellen nur einen der zahlreichen Fälle dar, in denen der Wert eines Unternehmens oder Unternehmensanteils von Rechts wegen festzustellen ist.[147]

Problematisch ist im Rahmen einer von Rechts wegen vorzunehmenden Unternehmensbewertung insbesondere die Frage, welcher Wertbegriff der Bewertung zugrunde zu legen ist. Die Betriebswirtschaftslehre hat schon seit längerem erkannt, dass es einen objektiven, für alle Wirtschaftssubjekte gleichen Unternehmenswert nicht gibt: Der „richtige" Unternehmenswert ist immer derjenige, der dem Bewertungszweck am besten entspricht.[148] Besonders deutlich wird dies bei der Ermittlung sog. Grenzpreise (Entscheidungswerte) im Rahmen eines Unternehmenskaufs. Der Grenzpreis gibt an, welchen Kaufpreis die betreffende Partei gerade noch bezahlen kann bzw. mindestens verlangen muss, damit die mögliche Transaktion nicht zu einer Verschlechterung ihrer Vermögensposition führt. Investoren haben unterschiedliche Möglichkeiten der Anlage oder der Beschaffung finanzieller Mittel, unterschiedliche Möglichkeiten zur Beeinflussung der Unternehmenserfolge, unterschiedliche Zielsetzungen, Risikoneigungen usw. Daher unterscheiden sich in aller Regel die Grenzpreise der möglichen Käufer und des Verkäufers. In diesem Sinne sind die Grenzpreise subjektive Unternehmenswerte. Der Unternehmenswert ist abhängig von der konkreten Position des Investors.

Für eine „Unternehmensbewertung im Rechtssinne" ergibt sich nun die Frage, von welchem Standpunkt aus das Unternehmen von Rechts wegen zu bewerten ist. Die Gerichte haben noch nicht zu einem geschlossenen Konzept gefunden.[149]

---

[147] Weitere Fälle sind: § 738 BGB (Abfindung eines ausscheidenden Gesellschafters);§§ 305, 320 b AktG, §§ 29, 207 UmwG („angemessene (Bar-)Abfindung" von Anteilsinhabern bei verschiedenen Strukturänderungen); § 1376 BGB (Zugewinnausgleich - z.B. bei Scheidung eines Unternehmers); § 2311 BGB (Ermittlung des Werts des gesetzlichen Pflichtteils - z.B. wenn ein Unternehmen zum Nachlass gehört); Zahlreiche weitere Bspe. finden sich bei *Lausterer* (1997), S. 76 ff.

[148] Vgl. zum Folgenden *Drukarczyk* (2001), S. 124 ff.

[149] *Hüttemann*, ZHR 1998, S. 568.

Die mehrfach verwendete Formel vom „wirklichen Wert des lebenden Unternehmens“[150] ist wenig hilfreich, da es einen solchen eben gerade nicht gibt. Die Frage, welcher Wertbegriff einer Bewertung von Rechts wegen zu Grunde zu legen ist, muss aber beantwortet werden. Nur so ist ein Richter in der Lage, dem Sachverständigen im Prozess die richtigen Fragen zu stellen bzw. ein von diesem erstelltes Bewertungsgutachten daraufhin zu überprüfen, ob es den rechtlichen Vorgaben entspricht.[151]

Hüttemann befürwortet eine Unternehmensbewertung vom Standpunkt eines „markttypischen Unternehmenserwerbers“ aus.[152] Der Unternehmenswert soll also nicht nach den individuellen Verhältnissen eines einzelnen Rechtssubjekts bestimmt werden. „Das Unternehmen ist grundsätzlich unabhängig vom Standpunkt der Parteien und auf der Grundlage einer fiktiven Veräußerung zu bewerten.“[153] Dabei müssen die Gerichte über den „markttypischen Unternehmenserwerber“ bestimmte realitätsgerechte Annahmen treffen, von denen ausgehend ein „Unternehmenswert im Rechtssinne“ ermittelt werden kann. Diese Annahmen sollen „naheliegende Entwicklungsmöglichkeiten“ des Unternehmens oder die – bereits hinreichend abschätzbare – Möglichkeit der Realisierung von Verbundvorteilen mit einbeziehen.[154] Umstände, die so ungewöhnlicher Art sind, dass sie nur bei einer individuellen Wertermittlung vom Standpunkt eines konkreten Erwerbers zugrundegelegt werden können (z.B. völlig neue Produktionsverfahren oder rechtliche und steuerliche Gestaltungsmöglichkeiten), sollen hingegen nicht berücksichtigt werden.[155]

---

[150] BGH 21.4.1955, NJW 1955, S. 1025; BGH 28.4.1977, WM 1977, S. 781; BGH 24.9.1984, WM 1984, S. 1506.

[151] *Hüttemann*, ZHR 1998, S. 573.

[152] *Hüttemann*, ZHR 1998, S. 583, 593.

[153] *Hüttemann*, ZHR 1998, S. 582.

[154] *Hüttemann*, ZHR 1998, S. 586; *Hüttemann* sieht hierin einen wichtigen Unterschied zur Bewertung nach den „Grundsätzen zur Durchführung von Unternehmensbewertungen“, die der Hauptfachausschuss des Instituts der Wirtschaftsprüfer 1983 herausgegeben hat. Diese lassen derartige Entwicklungsmöglichkeiten bzw. Geschäftschancen in ihrem Modell eines nur am vorhandenen Unternehmenskonzept orientierten „objektivierten Werts“ außer Betracht.

[155] *Hüttemann*, ZHR 1998, S. 587.

Inwieweit die von *Hüttemann* aufgestellten Grundsätze auch bei einer Unternehmensbewertung im Rahmen des Insolvenzplanverfahrens Berücksichtigung finden sollten, ist bislang nicht geklärt. Richtig ist aber wohl, dass bei einer Bewertung von durch den Insolvenzplan zugeteilten Anteilsrechten (z.B. zum Zwecke des Vergleichs mit der Situation ohne Plan) nicht die individuelle Situation des jeweiligen Gläubigers berücksichtigt werden kann.[156]

Den Gerichten dürfte es oftmals nicht leicht fallen, den sachverständigen Gutachtern die Annahmen vorzugeben, von denen ausgehend der „Unternehmenswert im Rechtssinne" ermittelt werden muss. Dennoch dürfen sie ihnen nicht einfach freie Hand bei der Wertermittlung lassen.[157] Ergibt sich aus gesetzlichen Vorschriften die Notwendigkeit einer Unternehmensbewertung, so ist die Festsetzung des Unternehmenswerts rechtsprechende Tätigkeit. Die rechtsprechende Gewalt ist nach Art. 92 GG den Richtern anvertraut. Die Entscheidung über die endgültige Wertfestsetzung kann daher nicht auf Gutachter verlagert werden.[158]

b. Die Gerichte müssen den Sachverständigen nicht nur die Annahmen vorgeben, nach denen der „Unternehmenswert im Rechtssinne" zu ermitteln ist. Sie haben sich darüber hinaus eine eigene Überzeugung von dem fertigen Gutachten zu bilden.[159] Das Gericht darf ein Gutachten nicht pauschal akzeptieren, nur weil es von erfahrenen und unabhängigen Sachverständigen stammt.[160] Die Ver-

---

[156] So N/R-*Braun*, § 245 Rn. 8 für die Bewertung im Plan versprochener zukünftiger *Geldzahlungen* im Rahmen des Vergleichs nach § 245 I Nr. 1 InsO. Zweifelnd (ebenfalls für die Bewertung zukünftiger Geldzahlungen) *Stürner* (1991), S. 47.

[157] *Hüttemann*, ZHR (1998), S. 583, 588; *Lausterer* (1997), S. 81.

[158] *Lausterer* (1997), S. 81 f. Diese verfassungsrechtliche Argumentation gilt wohl auch für das Insolvenzverfahren, in dem die Entscheidungen i.d.R. nicht vom Richter, sondern vom Rechtspfleger getroffen werden (vgl. §§ 3 Nr. 2 e), 18 RPflG). Ob Rechtspfleger Richter i.S.v. Art. 92 GG sind, hängt davon ab, ob ihnen der einfache Gesetzgeber sachliche Unabhängigkeit und einen gewissen Mindeststandard an persönlicher Unabhängigkeit einräumt (*Maunz/Dürig-Herzog*, Art. 92 Rn. 82, Art. 97 Rn.52). Der Rechtspfleger ist sachlich unabhängig, und zwar ohne Einschränkung (s. § 9 RPflG sowie *Arnold*-RPflG-*Herrmann*, § 9 Rn. 1). Darüber, ob den Rechtspflegern auch die inhaltlich weniger wesentliche persönliche Unabhängigkeit zukommt, gehen die Meinungen auseinander (vgl. *Arnold*-RPflG-*Herrmann*, § 9 Rn. 70, 74 f.).

[159] *Hüttemann*, ZHR (1998), S. 583, *Lausterer* (1997), S. 23.

[160] *Lausterer* (1997), S. 23; *Piltz* (1994), S. 128; a.A. (für das Insolvenzplanverfahren) N/R-*Braun*, § 245 Rn. 37, insbes. Fn. 3 dort.

pflichtung zur Bildung einer eigenen Überzeugung schließt ein, dass der Richter (bzw. – im Insolvenzplanverfahren – der Rechtspfleger, vgl. §§ 3 Nr. 2 e), 18 RPflG) ein ihm vorgelegtes Gutachten auch in Einzelpunkten korrigiert, wenn er nur insoweit dem Gutachten nicht folgen kann.[161] Auch an tatsächliche Einschätzungen des Sachverständigen, z.B. über die Zukunftsaussichten eines Produkts, ist das Gericht nicht gebunden.[162]

c. Somit ist festzuhalten, dass sich die Gerichte vor erhebliche Schwierigkeiten gestellt sehen, wenn das Gesetz ihnen Entscheidungen abverlangt, die eine Unternehmensbewertung erfordern. Eine völlige Abwälzung der Probleme auf sachverständige Gutachter ist nicht möglich. Dass Richter oder Rechtspfleger ohne weiteres in der Lage sind, sich das erforderliche betriebswirtschaftliche Fachwissen anzueignen, wird teilweise bezweifelt.[163]

II. Gesteigerte Schwierigkeiten bei der Bewertung insolventer Unternehmen

Wenn im Rahmen des Verfahrens zur Bestätigung eines Sanierungsplans eine Unternehmensbewertung (oder Unternehmensanteilsbewertung) erforderlich wird, muss die Frage beantwortet werden, wie hoch der Unternehmenswert ist, wenn es zur Bestätigung des Plans kommt und die im Plan vorgesehenen Sanierungsmaßnahmen ergriffen werden.[164]

---

[161] *Piltz* (1994), S. 128; zur Überprüfung der Auswahl der Bewertungsmethode durch das Gericht s. bereits oben Punkt 1.

[162] *Piltz* (1994), S. 128 f.

[163] Vgl. z.B. aus der US-amerikanischen Literatur *Jackson* (1986), S. 220: „There is no reason to believe that bankruptcy judges are particularly good valuators.“ *Jackson* weist darauf hin, dass Insolvenzrichter im allgemeinen zu optimistisch bezüglich der Zukunftsaussichten von Unternehmen sind und daher (zum Schaden der vorrangigen Gläubiger) zu hohe Unternehmenswerte ansetzen. Anders als ein Käufer geht ein Insolvenzrichter, der den Unternehmenswert zu hoch einschätzt, kein Risiko ein. S. auch *Posner* (1998), S. 445: „...judicial valuations of corporations are subject to considerable error.“ Optimistisch hingegen (für Bewertungsentscheidungen innerhalb des Insolvenzplanverfahrens) N/R-*Braun*, § 245 Rn. 36.

[164] Das gilt auch für das US-amerikanische Planbestätigungsverfahren nach 11 USC § 1129.

Die Bewertung insolventer (bzw. zu sanierender) Unternehmen weist grundsätzlich keine konzeptionellen Unterschiede gegenüber der Bewertung gesunder Unternehmen auf, die Besonderheiten im Bewertungsverfahren erforderlich machen würden.[165] Es finden die üblichen Grundsätze und Verfahren der Unternehmensbewertung Anwendung.

Allerdings ist die Bewertung eines zu sanierenden Unternehmens gegenüber der Bewertung eines gesunden Unternehmens mit noch schwerwiegenderen Problemen belastet.

1. Die krisenspezifische Prognoseproblematik

Die oben[166] beschriebenen Unsicherheiten, die mit der Prognose der zukünftigen finanziellen Überschüsse verbunden sind, erhöhen sich, wenn es um die Überschussprognose eines zu sanierenden Unternehmens geht.

Der Prognose können – was das deutsche Insolvenzplanverfahren anbelangt – nicht einfach die Werte aus den Plananlagen (insbesondere der Plan-GuV und dem Finanzplan gemäß § 229 InsO) zu Grunde gelegt werden. Dies würde dem Schutzzweck der §§ 245, 247 und 251 InsO nicht gerecht.[167]

Während bei der Bewertung rentabler Unternehmen Vergangenheitsdaten als Grundlage der Schätzung der Zukunftserfolge und als Maßstab zur Kontrolle der Schätzwerte dienen können, ist dies bei zu sanierenden Unternehmen nicht möglich: Die im Gefolge einer Unternehmenssanierung durchgeführten, in der Regel tiefgreifenden Umstrukturierungsmaßnahmen erlauben keinen sinnvollen Bezug auf diese Daten.[168] Die Schätzung der in die Bewertung eingehenden Zukunftserfolge wird dadurch erschwert. Eine hilfsweise Orientierung an den Vergangenheitsergebnissen vergleichbarer Unternehmen setzt die weitgehende Identität von Situation und Verhältnissen des zu bewertenden Unternehmens mit

---

[165] *Brandstätter* (1993), S. 65.

[166] S. Punkt I.2. in diesem Abschnitt.

[167] Insoweit gilt das Gleiche wie bei Zugrundelegung der im Plan versprochenen Zahlungen im Rahmen des Vergleichs nach den §§ 245 I Nr. 1, 247 II Nr. 1 und 251 I Nr. 2 InsO; vgl. *Eidenmüller* NJW 1999, S. 1838, *Eidenmüller* (1999), S. 86 f. sowie oben D.I.1.a. in diesem Kapitel.

[168] *Brandstätter* (1993), S. 67; *Wegmann* (1987), S. 131 f., 146.

denen anderer (bereits erfolgreich sanierter) Unternehmen voraus. Diese Identität wird aber nur in den seltensten Fällen gegeben sein.[169]

Der Entwurf alternativer Szenarien der Entwicklung der künftigen finanziellen Überschüsse ist bei erwartetem Wiederanstieg der Rentabilität besonders schwierig. Die Wahrscheinlichkeitsgewichtung alternativer Szenarien ist kaum sinnvoll vorzunehmen. Wie lässt sich z.B. die Wahrscheinlichkeit des Eintritts des Worst-Case-Szenarios eines Misslingens der Sanierung ermitteln? Ganz entscheidend für die Erfolgsaussichten einer Sanierung ist die Akzeptanz, auf die die zu treffenden Maßnahmen bei denjenigen stoßen, die sie umsetzen sollen.[170] Dieser Faktor ist jedoch kaum kalkulierbar. Ähnliches gilt bspw. für den Erfolg einer geänderten Produktpalette oder einer geänderten Investitionspolitik.

2. Die Ermittlung des Kapitalisierungszinssatzes

Auch die Festsetzung des Kapitalisierungszinssatzes ist bei der Bewertung zu sanierender Unternehmen noch problematischer als bei gesunden Unternehmen. Die Unsicherheit über die zukünftigen finanziellen Überschüsse ist besonders hoch. Der Risikozuschlag auf den Basiszinssatz muss daher höher ausfallen, als bei gesunden Unternehmen. Anhaltspunkte, um wie viel höher der Risikozuschlag sein muss, lassen sich jedoch kaum finden. Der Vorschlag, sich bei der Bestimmung des Kapitalisierungszinssatzes auf „vergleichbare Unternehmen" zu beziehen, nämlich solche, die „den gleichen Erfolgsbeitrag" wie das zu bewertende Unternehmen erwarten lassen,[171] ist nicht vielversprechend. Zum einen sind die zukünftigen Erfolge des zu bewertenden Unternehmens, wie soeben ausgeführt, kaum abzuschätzen. Zum anderen dürften vergleichbare Unternehmen, bei denen die Risikoprämie bekannt ist, kaum zu finden sein.[172]

Geht es im Planverfahren nicht um eine Unternehmensbewertung, sondern um die Bestimmung des Barwerts zukünftiger Geldzahlungen,[173] so ist bei der Ermittlung des Risikozuschlags außerdem Folgendes zu berücksichtigen: Bei der

---

169 *Brandstätter* (1993), S. 67.
170 *Eidenmüller* (1999), S. 88.
171 Vgl. *Wegmann* (1987), S. 313, 151.
172 Vgl. *Brandstätter* (1993), S. 68.
173 Vgl. Punkt I.5. in diesem Abschnitt.

Bemessung des Risikozuschlags im Rahmen einer Unternehmensbewertung stehen erhöhten Risiken auch erhöhte Chancen gegenüber. Der Wertabschlag gegenüber der „sicheren“ Investition durch Verwendung eines erhöhten Kapitalisierungszinssatzes wird mit der Risikoaversion der Investoren begründet.[174] Der Gläubiger, für den im Plan die Zuwendung zukünftiger Geldzahlungen vorgesehen ist, nimmt, anders als derjenige, dem ein Anteilsrecht zugewendet wird, nicht an erhöhten Chancen teil. Das erhöhte Risiko des zu sanierenden Unternehmens hat er aber ebenfalls zu tragen. Diese Tatsache rechtfertigt einen weiteren Aufschlag auf den Kapitalisierungszinssatz zur Ermittlung des Barwerts zukünftiger Geldleistungen. Wie hoch dieser Aufschlag sein muss, ist wiederum schwierig zu beurteilen.

3. Unterschiedliche Interessenlage von Gläubigern und Anteilsinhabern

Ein weiteres Erschwernis bei der Bewertung insolventer Unternehmen ergibt sich daraus, dass vorrangige Gläubiger, nachrangige Gläubiger und Anteilseigner Anreize haben, den Unternehmenswert verzerrt darzustellen.[175]

Bebchuk führt dazu aus: „Senior creditors have an incentive to advance a low valuation, because a low valuation would entitle them to a larger fraction of the tickets in the reorganized company. For a similar reason, equityholders have an incentive to advance a high valuation.”[176] Mit „tickets“ meint *Bebchuk* „...claims against or interests in (the) new entity“, also die neuen Gläubiger- oder Anteilsrechte an dem zu reorganisierenden Unternehmen.[177]

Ein Beispiel soll diesen Zusammenhang verdeutlichen:[178] Die Finanzierung eines Unternehmens sei erfolgt zu 4 Mio. $ durch vorrangige Gläubiger („senior creditors“), zu 1 Mio. $ durch nachrangige Gläubiger („junior creditors“) und zu 5 Mio. $ durch Anteilsrechte. Werden nun die künftigen finanziellen Überschüsse nach der Sanierung auf 500.000 $ geschätzt und beträgt der Kapitalisie-

[174] S. oben Punkt I.3. in diesem Abschnitt.

[175] Vergleichbare Anreize zu einer „verzerrten“ Darstellung des Unternehmenswerts ergeben sich für die Parteien im Rahmen der Verhandlungen über einen Unternehmenskauf, vgl. *Drukarczyk* (2001), S. 128 ff.

[176] *Bebchuk*, Harvard L.R. 1988, S. 779.

[177] *Bebchuk*, Harvard L.R. 1988, S. 776.

[178] Vgl. *Flessner* (1982), S. 113 f. (mit Verweis auf S. 97).

rungszinssatz 10 Prozent (= 0,1), so ergibt sich bei Unterstellung einer unbegrenzten Lebensdauer des Unternehmens ein Unternehmenswert von 500.000 $/0,1 = 5 Mio. $. Werden die „tickets“ an dem zu reorganisierenden Unternehmen streng nach der absoluten Vorrangsregel (a.p.r.) verteilt, so werden die vorrangigen und die nachrangigen Gläubiger mit „tickets“ bedacht, während die alten Anteilsinhaber vollständig ausscheiden. Bei einem Kapitalisierungszinssatz von 12 Prozent (0,12) liegt der Unternehmenswert nur bei 4,17 Mio. $ und die nachrangigen Gläubiger fallen mit dem Großteil ihrer Forderung aus. Bei nur 8 Prozent beläuft sich der Unternehmenswert hingegen auf 6,25 Mio. $ und nicht nur die nachrangigen Gläubiger, sondern auch die Anteilsinhaber werden mit einem guten Fünftel ihrer Anteile (1,25 Mio. $) noch berücksichtigt.

Das Beispiel zeigt, dass die Anteilsinhaber von der Annahme eines niedrigen Kapitalisierungszinssatzes und damit eines hohen Unternehmenswertes profitieren, da so ihre weitere Beteiligung an dem Unternehmen gerechtfertigt werden kann. Eine Erhöhung oder Verminderung des Kapitalisierungszinssatzes um ein oder zwei Prozent kann dabei über Sein oder Nichtsein einer ganzen Kapitalgeberklasse entscheiden.[179] Die vorrangigen Gläubiger werden hingegen tendenziell an einer vorsichtigen Bewertung des Unternehmens interessiert sein, da ihnen dann ein größerer Anteil an dem zu verteilenden Unternehmenswert zusteht. Wird im obigen Beispiel der Wert des Unternehmens auf unter 4 Mio. $ geschätzt, so stehen bei Befolgung der a.p.r. nur noch den vorrangigen Gläubigern „tickets“ an dem Unternehmen zu. Dass die beschriebenen Anreize zu einer verzerrten Darstellung des Unternehmenswerts tatsächlich bestehen, wird auch durch die US-amerikanische Praxis belegt. So wurde der Wert der insolventen Revco D.S., Inc. von den Eigentümern im Mai/Juni 1991 mit 835 Mio. US-$ und von den Gläubigern mit 340 Mio. US-$ veranschlagt.[180]

Fraglich ist, inwieweit auch das deutsche Insolvenzplanverfahren den Gläubigern und Anteilsinhabern Anreize zu einer verzerrten Darstellung des Unternehmenswertes gibt. *Eidenmüller* ist der Auffassung, dass (auch im deutschen Verfahren) „...die über das Schicksal eines Reorganisationsplanes entscheidenden Gläubigergruppen sowie der oder die Eigentümer Anreize haben, die zu

[179] *Flessner* (1982), S. 114.
[180] *Wruck*, Continental Bank Journal of Applied Corporate Finance 1991, S. 90.

erwartenden Einzahlungsüberschüsse und damit den Unternehmenswert jeweils zu ihren Gunsten verzerrt darzustellen."[181] Tatsächlich werden bspw. nachrangige Gläubiger im Rahmen der Verhandlungen über einen Insolvenzplan die zukünftigen finanziellen Überschüsse tendenziell zu positiv darstellen, um ihre Berücksichtigung im Insolvenzplan zu begründen. Ob diese Argumentation ihnen auch im Bestätigungsverfahren noch weiterhilft, ist jedoch fraglich. So macht bspw. § 251 I Nr. 2 InsO die Versagung der Planbestätigung davon abhängig, dass der Gläubiger „...durch den Plan voraussichtlich schlechter gestellt wird, als er ohne Plan stünde." Die Versagung der Bestätigung ist hingegen *nicht* davon abhängig, dass der Gläubiger durch den Plan schlechter gestellt wird, als es ihm aufgrund von Unternehmenswert und a.p.r. gebühren würde. Der Gläubiger muss also nicht mit einem hohen Unternehmenswert, sondern mit der (günstigeren) Situation ohne Plan argumentieren. Dies läuft, sofern nicht eine (planlose) übertragende Sanierung in Aussicht ist, auf ein Argumentieren mit den Einzahlungsüberschüssen bei Liquidation und damit mit dem Liquidationswert hinaus.

Festzuhalten ist, dass die Gerichte aufgrund der unterschiedlichen Interessenlage der Verfahrensbeteiligten bei der Beurteilung der ihnen von diesen zur Verfügung gestellten Informationen sehr vorsichtig sein müssen. Dies ist ein weiterer Umstand, der die gerichtliche Feststellung eines Unternehmenswerts erschwert.

III. Unternehmensbewertung als „anspruchsvolle Raterei"?

Die bisherigen Ausführungen legen den Schluss nahe, dass die korrekte Bewertung eines Unternehmens bei allem Bestreben der Betriebswirtschaftslehre, die zahllosen Detailprobleme in den Griff zu bekommen, schon an grundlegenden Dingen zu scheitern droht: Erfolg versprechende Konzeptionen zur zuverlässigen Schätzung der zukünftigen finanziellen Überschüsse fehlen und die den Unternehmenswert wesentlich beeinflussenden Kapitalisierungszinssätze lassen sich nicht mit Sicherheit bestimmen. Damit scheitert eine exakte Bewertung letztlich daran, dass der Unternehmenswert von zukünftigen Entwicklungen

[181] *Eidenmüller* (1999), S. 88.

abhängig ist, die nun einmal nicht genau vorhersehbar sind. Für die Bewertung insolventer Unternehmen gilt dies noch in verstärktem Maße.

Die von *Dewing* bereits 1953 geäußerte Kritik, dass es sich bei der Ertragswertmethode um „sophisticated guess-work" („anspruchsvolle Raterei") handele, hat daher – trotz der erheblichen Verfeinerungen, die das betriebswirtschaftliche Bewertungsinstrumentarium seither erfahren hat – nach wie vor eine gewisse Berechtigung.[182]

IV. Relativierung der Bewertungsproblematik im Verfahren nach Chapter 11 Bankruptcy Code und im Insolvenzplanverfahren

Bei der Beurteilung der Bewertungsproblematik im Rahmen des Verfahrens nach Chapter 11 BC und des Insolvenzplanverfahrens darf allerdings nicht übersehen werden, dass die Anzahl der Fälle, in denen es tatsächlich zu dem stark mit Bewertungsentscheidungen belasteten Cram Down-Verfahren kommt, zumindest in der US-amerikanischen Reorganisationspraxis gering ist.

Eine Untersuchung von *LoPucki* und *Whitford* aus dem Jahre 1990 kam zu dem Ergebnis, dass die Parteien in den Planverhandlungen einen bemerkenswert hohen Einigungsgrad erzielten.[183] In den 43 untersuchten Reorganisationsfällen gab es insgesamt 377 vom Plan beeinträchtigte Klassen. Nur 21 von diesen (5,6 Prozent) stimmten nicht für den Plan. Von diesen 21 Klassen nahmen wiederum 17 überhaupt nicht an der Abstimmung teil. Ihre Ablehnung wurde gem. 11 USC § 1126 (g) vermutet, weil der Plan keine Zuwendungen an sie vorsah. Lediglich 3 Gläubiger- oder Aktionärsklassen (0,8 Prozent) legten Rechtsmittel gegen die richterliche Planbestätigung ein („contested confirmation of a plan").[184] Mit der Zurückdrängung des „fair and equitable"-Erfordernisses in das

---

182 *Dewing*, The Financial Policy of Corporations, 5. Auflage 1953, S. 287, zitiert nach *Flessner* (1982), S. 113. S. auch bereits *Blum*, Univ. of Chic. L.R. 1950, S. 572: „...(the reorganization value) can never be objectively ascertained or verified but always remains in the realm of opinion or belief." Ähnlich skeptische Äußerungen lassen sich auch in der neueren deutschen Literatur finden, s. z.B. *Großfeld*, BB 2000, S. 264 f.

183 *LoPucki/Whitford*, Univ. of Pennsylvania L.R. 1990, S. 125 ff., insbes. S. 137 ff.

184 S. im Einzelnen *LoPucki/Whitford*, Univ. of Pennsylvania L.R. 1990, S. 137 ff., insbes. die Tabelle S. 140.

Cram Down-Verfahren nach 11 USC § 1129 (b) bleiben den Gerichten demnach – entsprechend der Zielsetzung des US-amerikanischen Reformgesetzgebers –[185] eine Vielzahl von Bewertungsentscheidungen erspart.

Über die Frage, ob die Verhandlungen im deutschen Insolvenzplanverfahren einen ähnlich hohen Einigungsgrad erwarten lassen, kann bislang nur gemutmaßt werden. *Braun* äußerte sich diesbezüglich sehr optimistisch. Häufig käme durch die Diskussion in den Planverhandlungen Bewegung in bislang geltend gemachte Positionen. In einer ganzen Reihe von Planverfahren seien einstimmige Planannahmen erfolgt, obwohl die Erfolgsaussichten bis zum Erörterungs- und Abstimmungstermin eher gering erschienen. Es sei immer schwierig, „...jemandem in der persönlichen Verhandlungssituation in die Augen zu schauen und zu sagen: Es geht nicht."[186]

F. Ergebnis und Schlussfolgerung

Auch nach der Gesetzesreform von 1978/79 ist es nicht ausgeschlossen, dass die US-amerikanischen Insolvenzgerichte im Planbestätigungsverfahren nach 11 USC § 1129 Bewertungsentscheidungen treffen müssen. Auch die deutschen Regelungen über die Planbestätigung machen Bewertungsentscheidungen erforderlich, wenn nicht alle Gläubigergruppen dem Plan zustimmen (§ 245 InsO) bzw. Schuldner (§ 247 InsO) oder Gläubiger (§ 251 InsO) dem Plan widersprechen. Die im Rahmen der Bewertungsentscheidungen vorzunehmenden Berechnungen sind dabei weitaus schwieriger, als es die einfachen Aussagen wie „niemand soll schlechter gestellt werden, als er ohne einen Plan stünde" oder „niemand soll Werte erhalten, die den vollen Betrag seines Anspruchs übersteigen" zunächst vermuten lassen. Die Bewertungsergebnisse sind immer durch zahlreiche Unsicherheiten geprägt.[187] Die Kritik an den gesetzlichen Regelungen relativiert sich allerdings dadurch, dass es in US-amerikanischen Reorganisationsver-

---

[185] Vgl. H.R. Rep. No. 595, 95th Cong., 1st Sess., S. 221 f.

[186] *Eberhard Braun* in einem Gespräch mit dem Verf. am 26.4.2001.

[187] Vgl. auch *Pachulski*, N.C.L.Rev. 1980, S. 965 für das Verfahren nach 11 USC Chapter 11: „Determining and applying the proper method of valuation to be used in any given context may be extremely difficult and give rise to protracted litigation. The resulting uncertainty over the value that will be ascribed to assets or a business by the court should spur the parties in interest to reach compromises that will avoid a battle over valuation."

fahren den Beteiligten zumeist möglich ist, sich zu einigen und ein Cram Down-Verfahren (mit all seinen Bewertungsschwierigkeiten) zu vermeiden. Es bleibt abzuwarten, ob dies in Deutschland ähnlich häufig gelingen wird wie in den USA.

Stürner bezeichnete die genannten Vorschriften der Insolvenzordnung (genauer: ihre Vorläufer im Diskussionsentwurf des Bundesjustizministeriums)[188] im Jahre 1990 aufgrund der zu treffenden Bewertungsentscheidungen als „nicht justiziabel".[189] Risikoentscheidungen der vorliegenden Art seien der klassische Gegenstand der Mehrheitsentscheidung. Dabei böte sich eine 2/3 Wertmehrheit und eine einfache Kopfmehrheit in jeder Gruppe ohne richterliche Ersetzungsbefugnis an.[190] Dem „...Gespür der kombinierten Wert- und Kopfmehrheit..." solle stärker vertraut werden „...als autonomer betriebswirtschaftlicher Bewertung und justiziellem Urteil...".[191]

Es ist wohl richtig, dass einem Gericht nur in den Fällen eine Bewertungsentscheidung, insbesondere eine Unternehmensbewertung, abverlangt werden sollte, in denen dies unumgänglich ist. Gerade in der Situation einer Unternehmensinsolvenz, in der Zeit ein wertvolles Gut ist, muss die Notwendigkeit von verfahrensverzögernden gerichtlichen Bewertungsentscheidungen, für deren „Richtigkeit" darüber hinaus keinerlei Gewähr besteht, hinterfragt werden. Es stellt sich die Frage, ob das Bewertungsproblem im Insolvenzplanverfahren – anstelle der Verbesserung von Einzelheiten – nicht durch eine grundlegend an-

188 Diskussionsentwurf eines Gesetzes zur Reform des Insolvenzrechts, Bd. I (1988) und Bd. II (Ergänzungen; 1989).

189 *Baur/Stürner* (1990), S. 35 Rn. 4.47.

190 Leicht abweichend *Stürner* (1991), S. 47: „...2/3 Mehrheit nach Köpfen und Summen..."

191 *Baur/Stürner* (1990), S. 35 Rn. 4.47; vgl. auch *Stürner* (1991), S. 41: „...„leisere Töne" bei der Bemessung der Freiheit und ihrer Zügelung..." seien (entsprechend der Tradition unseres kontinentalen Rechtssystems) angebracht.

dere Verfahrensgestaltung gelöst werden kann. Eine Alternative zur gerichtlich überwachten Verhandlungslösung des US-amerikanischen und deutschen Insolvenzrechts könnte z.B. die Idee bieten, für die Bewertungsentscheidungen den Marktpreismechanismus zu nutzen. Hierauf wird im Dritten Teil der Arbeit zurückzukommen sein.

Kapitel 3: Die absolute Vorrangsregel im US-amerikanischen Reorganisationsverfahren und im deutschen Insolvenzplanverfahren

Die absolute Vorrangsregel („absolute priority rule"; a.p.r.) ist im bisherigen Verlauf der Arbeit bereits mehrfach erwähnt worden. Im vorangegangenen Kapitel wurde die überragende Bedeutung erwähnt, die der Rechtsregel in der US-amerikanischen Reorganisationspraxis unter dem Bankruptcy Act von 1898 seit der Grundsatzentscheidung des Supreme Court im Fall Case v. Los Angeles Lumber Products Co.[1] im Jahre 1939 zukam.[2] Heute kommt der Grundgedanke dieser Regel, dass die Beteiligten entsprechend der strengrechtlichen Rangfolge der alten Rechtspositionen an der Reorganisation teilnehmen sollen, nur noch in den Cram Down-Vorschriften des US-amerikanischen Reorganisationsverfahrens (11 USC § 1129 (b)(2)(B)(ii) und (C)(ii)) zum Ausdruck.[3] Als Grund für die Zurückdrängung der a.p.r. durch den US-amerikanischen Reformgesetzgeber wurde bereits der erhebliche Aufwand genannt, der mit der Verteilung neuer Berechtigungen an dem reorganisierten Unternehmen auf der Basis von Unternehmenswert und absoluter Vorrangsregel verbunden war. Der Gesetzgeber hielt es für sinnvoll, den Beteiligten mehr Verhandlungsspielraum zu geben und die a.p.r. nur noch als „Notordnung" für den Fall vorzusehen, dass die Beteiligten keine Einigung erzielen.[4] Auch im deutschen Insolvenzplanverfahren erlangt die Regel nur im Rahmen des Obstruktionsverbots des § 245 InsO Bedeutung,

---

1 Case v. Los Angeles Lumber Products Co., 308 U.S. 106 (1939).

2 Vgl. oben Kap. 2, B.

3 Vgl. Erster Teil, Kap. 3, A.III.4.b.bb.

4 S. H.R. Rep. No. 595, 95th Cong., 1st Sess., S. 224: "Only when the parties are unable to agree on a proper distribution of the value of the company does the bill establish a financial standard."

also nur dann, wenn die Zustimmung einer ablehnenden Gläubigergruppe fingiert werden muss (s. § 245 II Nr. 2 InsO).[5] Fraglich ist, ob die Beschränkung der absoluten Vorrangsregel auf das Cram Down-Verfahren, in der Form, in der sie vom US-amerikanischen Gesetzgeber vorgenommen wurde, zu begrüßen oder abzulehnen ist. In letzterem Fall wäre in der Zurückdrängung der Rechtsregel ein Kritikpunkt am US-amerikanischen Reorganisationsverfahren zu sehen, der die Einordnung dieses Kapitels in den Zweiten Teil der Arbeit rechtfertigen würde. Die Antwort hängt davon ab, ob die Anwendung der a.p.r. unter Effizienz- und Gerechtigkeitsgesichtpunkten prinzipiell sinnvoll ist und, falls dies zu bejahen ist, ob die Rechtsregel in der gegenwärtigen US-amerikanischen Reorganisationspraxis noch ausreichende Beachtung findet.

Im Einzelnen gliedert sich dieses Kapitel wie folgt: Punkt A. behandelt die theoretische Herleitung der absoluten Vorrangsregel und zwei zentrale Probleme, die sich bei ihrer Anwendung in der US-amerikanischen Reorganisationspraxis schon früh ergeben haben und bis heute nicht abschließend gelöst sind. Im Anschluss (unter B.) wird der Versuch unternommen, die Doktrin der absoluten Vorrangsregel einer Beurteilung zu unterziehen. Sollte bei der Gestaltung eines gesetzliches Insolvenzverfahrens Wert auf die Beachtung der absoluten Vorrangsregel gelegt werden? Im Ergebnis wird diese Frage bejaht. Punkt C. fragt daher danach, inwieweit die Rechtsregel in der US-amerikanischen Reorganisationspraxis nach der Beschränkung ihrer Anwendung auf das Cram Down-Verfahren noch beachtet wird. Hat der Versuch des US-amerikanischen Gesetzgebers, bei der Gestaltung von Reorganisationsplänen den Verhandlungsspielraum der Beteiligten zu erweitern, Abweichungen von der absoluten Vorrangsregel zur Folge? Welche Faktoren bestimmen das Ausmaß der Abweichungen? Schließlich stellt sich auch für das deutsche Insolvenzplanverfahren, das ebenfalls die Verhandlungslösung in den Vordergrund rückt, die Frage, ob es deutliche Abweichungen von der a.p.r. erwarten lässt (Punkt D.).

[5] S. auch bereits oben Erster Teil, Kap. 3, B.III.3.c.aa.

A. Theoretische Grundlage und Schwierigkeiten bei der praktischen Handhabung der absoluten Vorrangsregel

I. Theoretische Grundlage

Die a.p.r. wird von ihren Vertretern wie folgt hergeleitet:[6]
Im Falle der Liquidation eines Unternehmens durch Veräußerung seiner Einzelteile und im Falle der Veräußerung eines Unternehmens als Going Concern an einen außenstehenden Dritten werden die Kapitalgeber des insolventen Unternehmens aus dem Veräußerungserlös streng in der Reihenfolge des Ranges ihrer Ansprüche befriedigt.[7] Die nachrangigen Gruppen erhalten – geradezu selbstverständlich – nur dann etwas, wenn die jeweils vorrangigen voll befriedigt sind. Reorganisation wird nun als Ersatz für die Liquidation angesehen. Mit anderen Worten: Reorganisation wird neben der Liquidation lediglich als eine weitere Form der Haftungsverwirklichung für die Gläubiger betrachtet. Da bei Ersterer das Unternehmen jedoch fortbestehen soll, erhalten die Kapitalgeber nicht einen Erlösanteil in Form von Bargeld, sondern Rechte an dem reorganisierten Unternehmen in Form von Forderungen oder Anteilsrechten; *Blum* spricht plastisch

---

6 Vgl. *Flessner* (1982), S. 95 f. Der Ausdruck "theory of absolute priority" wurde geprägt in dem Aufsatz von *Bonbright/Bergerman*, Columbia L.R. 1928, S. 127 ff. In diesem Aufsatz wurde als Gegenstück der „theory of absolute priority" die „theorie of relative priority" dargestellt. *Flessner* gibt den Inhalt letzterer Theorie wie folgt wieder: „Nach der relativen Vorrangstheorie ist die Reorganisation nicht Ersatz, sondern das Gegenteil von Liquidation. Ansprüche auf das Unternehmensvermögen, die nach strengem Recht gegeben sind, werden vertagt und versagt, weil der Fortbestand des Unternehmens wirtschaftlicher und gerechter erscheint als strenge Rechtsverwirklichung. Bei wirtschaftlicher Betrachtung werden von der Insolvenz des Unternehmens alle Kapitalgeber – gleichgültig ob Gläubiger oder Aktionäre – prinzipiell gleichartig getroffen, und es kann deshalb nicht falsch sein, wenn *alle* (Hervorhebung im Original), auch die bestgesicherten Gläubiger, für den Fortbestand des Unternehmens in gewissem Maße zu Opfern herangezogen werden. Nach dieser Lehre ist also rechtlich nichts dagegen zu sagen, dass die vorrangigen Kapitalgeber, zum Beispiel gesicherte Anleihegläubiger, zu Opfern veranlasst werden und doch auch den Aktionären eine Beteiligung an der reorganisierten Gesellschaft zugestanden wird." *Flessner* (1982), S. 96 f. Allerdings verlangt auch die relative Vorrangstheorie, dass der Rangunterschied, der in dem alten Unternehmen zwischen den einzelnen Klassen von Kapitalgebern bestand, in der neuen Kapitalstruktur gewahrt bleibt; näher *Flessner* (1982), S. 97.

7 Vgl. das Beispiel für eine denkbare Rangfolge der Kapitalgeber oben Erster Teil, Kap. 3, A.III.2.a.

von einer „Reorganisationswährung" („reorganization currency").[8] Der Wert des Unternehmens wird nicht in Form von Geld, sondern auf dem Weg der Wertpapierausgabe – sei es durch die Ausgabe von Eigen- oder Fremdkapitaltiteln – an die Kapitalgeber verteilt. Bei dieser Sicht der Dinge erscheint es selbstverständlich, dass auch bei dieser Form der Verteilung des Unternehmensvermögens die Rangfolge der Vorinsolvenzrechte gewahrt werden muss. Es gibt keinen Grund, an der Vermögensverteilung etwas zu ändern, nur weil anstelle der Liquidation die Verwertungsform der Reorganisation gewählt wird. Bevor also nicht beispielsweise die Sicherungsgläubiger Wertpapiere erhalten haben, die nach Betrag und Inhalt einen vollen Wertausgleich für ihre gesicherten Forderungen bieten, dürfen die Masse- und Vorrechtsgläubiger nichts erhalten. Jede Gruppe von Kapitalgebern muss – im Falle der Reorganisation nicht anders als im Falle der Liquidation – vollen Ausgleich („full compensation") für ihre alten Rechte erhalten, bevor die nächstrangige Gruppe in der Kapitalstruktur des reorganisierten Unternehmens berücksichtigt werden darf.[9] Die absolute Vorrangsregel versucht somit, die zivilrechtliche Haftungsordnung auch in der Reorganisation weitest möglich aufrechtzuerhalten.

II. Anwendungsprobleme: „Bonus-Regel" und „new value exception"

Um den Inhalt der absoluten Vorrangsregel plastischer zu machen, soll beispielhaft auf zwei Probleme eingegangen werden, mit denen die US-amerikanische Reorganisationspraxis in der Folge der Los Angeles-Entscheidung bei der Handhabung der Rechtsregel zu kämpfen hatte. Die Probleme gehen dabei über die bereits in Kap. 2 dieses Zweiten Teils behandelten Bewertungsschwierigkeiten hinaus. Besondere Aufmerksamkeit ist der bereits erwähnten[10] „new value exception" zur a.p.r. zu widmen, da diese in jüngerer Zeit in einer Entscheidung des U.S. Supreme Court,[11] die bereits Eingang in die deutsche Insol-

[8] *Blum*, Univ. of Chic. L.R. 1950, S. 580. Vgl. in diesem Zusammenhang die in der US-amerikanischen Insolvenzrechtsliteratur vertretene Ansicht, dass eine Reorganisation als hypothetischer Verkauf eines Unternehmens an diejenigen zu verstehen sei, die Gläubiger- oder Anteilsrechte an dem Unternehmen haben; dazu oben Kap. 2, A.

[9] *Flessner* (1982), S. 103.

[10] S. oben Kap. 2, C.II.3.b. und Kap. 2, D.II.2. dieses Teils.

[11] Bank of America National Trust and Savings Association v. 203 North LaSalle Street Partnership, No. 97-1418, 119A S.Ct. 1411 (3.5.1999).

venzrechtsprechung gefunden hat,[12] neu überdacht worden ist (s. sogleich unter 2.).

1. Da eine Reorganisation zu einer finanziellen Entlastung eines Unternehmens führen muss, ist mit ihr die Schwächung der bisherigen Rechtspositionen der Kapitalgeber verbunden.[13] Beläuft sich in dem oben gebildeten Beispiel,[14] das von der Finanzierung eines Unternehmens zu 4 Mio. $ durch vorrangige Forderungen, zu 1 Mio. $ durch nachrangige Forderungen und zu 5 Mio. $ durch Anteilsrechte ausgegangen ist, der Wert des reorganisierten Unternehmens auf 5 Mio. $, so könnte ein Reorganisationsplan folgende neue Kapitalstruktur vorsehen: Die Anteilsinhaber scheiden aus, da ihre Rechte vom Unternehmenswert nicht gedeckt sind. Die nachrangigen Gläubiger erhalten allgemeine Anteilsrechte („common stock") mit einem ihrem Forderungsbetrag entsprechenden Nennwert von 1 Mio. $. Die Forderungen der vorrangigen Gläubiger werden zur Hälfte (2 Mio. $) in Vorzugsanteilsrechte („preferred stock") und zur anderen Hälfte (nochmals 2 Mio. $) in neue Forderungsrechte umgewandelt. Der Wille, die Kapitalgeber entsprechend der Rangfolge ihrer alten Rechtspositionen zu berücksichtigen, verbunden mit dem Bedürfnis, in der neuen Kapitalstruktur auch Eigenkapitalanteile vorzusehen, hat in dem Beispiel zu einer „Herabstufung" der Kapitalgeber geführt. Es wird argumentiert, die vor- und nachrangigen Gläubiger hielten nun Anteils- oder Forderungsrechte, die gegenüber ihren bisherigen Rechten zwar betragsmäßig identisch, jedoch von minderer Qualität und daher wirtschaftlich minderwertig seien. So hätten Vorzugsanteilsrechte, die keinen festen Zins- und Rückzahlungsanspruch gewähren, nicht den gleichen wirtschaftlichen Wert wie die dafür aufgegebenen vorrangigen Forderungen. Sie würden den vorrangigen Gläubigern daher nicht den „vollen Ausgleich" für ihre alten Rechte verschaffen, den die absolute Vorrangsregel fordere. Der oberste Gerichtshof sah sich durch diese Argumentation veranlasst, die a.p.r. um eine „Bonus-Regel" zu ergänzen.[15] Danach soll den Kapitalgebern für den erlittenen Qualitätsverlust ein Ausgleich gewährt werden, der z.B. in einer Erhöhung des

---

[12] LG Traunstein, Beschluss vom 27.8.1999, 4 T 2966/99, ZInsO 1999, S. 577 ff. (insbes. S. 579, 581 f.); s. auch den Beschluss der Vorinstanz: AG Mühldorf/Inn, Beschluss vom 27.7.1999, 1 IN 26/99, NZI 1999, S. 422 ff. (insbes. S. 424).

[13] Vgl. zum Folgenden *Flessner* (1982), S. 104 ff. m.w.N.

[14] S. Kap. 2, E.II.3. in diesem Teil.

[15] Consolidated Rock Products Co. v. DuBois, 312 U.S. 510 (1941).

Zins- oder Dividendenrechts oder in Stimmrechtsvorteilen bestehen könnte. Auch eine betragsmäßige Erhöhung der neuen gegenüber den qualitativ höherwertigen alten Rechtspositionen soll möglich sein. Ob eine Ausgleichsmaßnahme zum vollen wirtschaftlichen Ersatz für die alten Rechte führt, soll nach den Umständen des Einzelfalls zu beurteilen sein.

2. Größere Aufmerksamkeit als die „Bonus-Regel“ verdient die „new value exception“ (auch: „new value corollary“) zur a.p.r. Diese Ausnahme von dem Grundsatz der absoluten Vorrangsregel wurde schon in dem bereits mehrfach erwähnten Fall Case v. Los Angeles Lumber Products Co. im Jahre 1939 vom Supreme Court begründet. Das Gericht entschied damals, dass Gesellschafter entgegen der Grundaussage der a.p.r. ausnahmsweise eine Beteiligung an dem reorganisierten Unternehmen erhalten können, obwohl höherrangige Kapitalgeber nicht voll befriedigt werden. Voraussetzung sei, dass die Gesellschafter dem Schuldner neues Geld oder geldwerte Mittel zuführen („a contribution in money or money`s worth“) und ihre Gesellschafterbeteiligung nach Planbestätigung diesen neuen Mitteln im Wesentlichen wirtschaftlich gleichwertig („reasonably equivalent“) ist.[16] Bislang war umstritten, ob diese Ausnahme zur a.p.r. auch noch nach Inkrafttreten des Bankruptcy Reform Act im Jahre 1979 Geltung beanspruchen kann. Die Frage ist auch für das deutsche Recht von Bedeutung, weil die Vorschrift des 11 USC § 1129 (b)(2)(B)(ii), in der der Grundgedanke der a.p.r. zum Ausdruck kommt, mit nur geringfügigen Abweichungen in § 245 II Nr. 2 InsO übernommen worden ist.[17]

1988 hat der Supreme Court im Fall Northwest Bank Worthington v. Ahlers[18] entschieden, dass die neu zugeführten Mittel in Geld oder in einem in Geldwert messbaren Vermögenswert bestehen müssen. Das Einbringen von Arbeitskraft, Erfahrung und Expertise reiche jedenfalls nicht aus.[19] Das Gericht hat jedoch ausdrücklich offen gelassen, ob die new value exception überhaupt weiterhin

[16] Case v. Los Angeles Lumber Products Co., 308 U.S. 106, 118, 121 (1939).
[17] Vgl. oben Erster Teil, Kap. 3, B.III.3.c.aa.
[18] Northwest Bank Worthington v. Ahlers, 485 U.S. 197 (1988).
[19] Northwest Bank Worthington v. Ahlers, 485 U.S. 204 (1988).

gilt.[20] Erst die Entscheidung des Supreme Court im Fall Bank of America National Trust and Savings Association v. 203 North LaSalle Street Partnership[21] im Mai 1999 hat für weitergehende Klärung gesorgt. Zwar äußert sich das Gericht wiederum nicht eindeutig dazu, ob es Fälle gibt, in denen für 11 USC § 1129 (b)(2)(B)(ii) eine „new value exception" anzuerkennen ist, wenn nachrangige Gläubiger oder Anteilsinhaber für die wirtschaftlichen Werte, die sie erhalten sollen, dem Unternehmen vollständig gleichwertige Geldmittel zuführen. Es weist jedoch auf den Wortlaut des 11 USC § 1129 (b)(2)(B)(ii) hin, wonach eine Planbestätigung nur ausscheidet, wenn nachrangige Gläubiger oder Anteilsinhaber gerade wegen ihrer nachrangigen Ansprüche („on account of such junior claim or interest") irgendwelche Werte bekommen, während vorrangige Gläubigergruppen nicht voll befriedigt werden. Dieser Hinweis ist sowohl für die Entscheidung des konkreten Falls durch den Supreme Court als auch für die Auslegung des 11 USC § 1129 (b)(2)(B)(ii) im Hinblick auf die Relevanz einer „new value exception" von Bedeutung: Für den zu entscheidenden Fall hält das Gericht den zitierten Zusatz für bedeutsam, weil laut Insolvenzplan *ausschließlich* die Gesellschafter der 203 North LaSalle Street Partnership das Recht haben sollten, gegen Einzahlung des neuen Kapitals das reorganisierte Unternehmen zu übernehmen. Dritten wurde nicht das Recht eingeräumt, ein konkurrierendes Angebot zur Übernahme des Unternehmens abzugeben. Der Supreme Court

---

[20] Northwest Bank Worthington v. Ahlers, 485 U.S. 203, n. 3 (1988): „(...) our decision today should not be taken as any comment on the continuing vitality of the Los Angeles Lumber exception (...)"

[21] Bank of America National Trust and Savings Association v. 203 North LaSalle Street Partnership, No. 97-1418, 119A S.Ct. 1411 (3.5.1999). In der Entscheidung ging es im Kern darum, dass die finanzierende Bank of America National Trust and Savings Association, die für die Bestätigung eines Insolvenzplans der 203 North LaSalle Street Partnership hinsichtlich ihrer Ausfallforderung eine eigene Abstimmungsgruppe bildete, dem Plan ihre Zustimmung verweigerte. Die Bank wehrte sich dagegen, dass nach dem Plan einige der Gesellschafter des Schuldners die Möglichkeit erhalten sollten, gegen Zuführung von 6,25 Mio. $ an neuem Kapital Alleingesellschafter zu werden, obwohl die Bank empfindliche Forderungsausfälle hinnehmen sollte. Die Gesellschafter hätten im Falle der Planbestätigung die Chance gehabt, von zukünftigen Wertsteigerungen des Unternehmensvermögens, das in diesem Fall praktisch nur aus einer Büroimmobilie bestand, zu profitieren, während die Bank einen endgültigen Ausfall zu erleiden gehabt hätte. Der Fall war vor dem Hintergrund einer Vielzahl ähnlich gelagerter Fälle, die aus dem Boom und dem anschließenden Zusammenbruch der Immobilienmärkte in den USA in den achtziger Jahren resultierten, von besonderem Interesse; vgl. *Wittig*, ZInsO 1999, S. 374.

leitet daraus ab, dass die Gesellschafter im vorliegenden Fall die Vermögenswerte in Form der exklusiven (Options-)Rechte zum Erwerb der Beteiligungen an dem Unternehmen[22] „gerade wegen ihrer nachrangigen Ansprüche" bekommen sollten.[23] Die Planbestätigung war daher zu versagen. Der Hinweis des Supreme Court auf den zitierten Zusatz in 11 USC § 1129 (b)(2)(B)(ii) zeigt jedoch auch, dass das Gericht nicht von einem einschränkungslos strengen Verständnis der a.p.r. ausgeht, das keinerlei Raum für eine „new value exception" lässt.[24] In Fällen, in denen das Merkmal „on account of such junior claim or interest" nicht erfüllt ist, weil Dritten im Plan die Möglichkeit eingeräumt wird, konkurrierende Angebote über den Erwerb von Unternehmensanteilen abzugeben, muss die Planbestätigung möglich sein, wenn das Merkmal einen Sinn haben soll. Das Gericht lässt damit in den Fällen Raum für eine „new value exception", in denen die nachrangigen Gläubiger oder Gesellschafter die Vermögenswerte nicht „gerade wegen ihrer nachrangigen Ansprüche" erhalten.

In § 245 II Nr. 2 InsO ist der Zusatz „on account of such junior claim or interest" nicht übernommen worden. Eine Differenzierung danach, ob der Insolvenzplan den nachrangigen Gläubigern oder Anteilsinhabern Vermögenswerte „gerade wegen ihrer nachrangigen Ansprüche" oder aber (ausschließlich) aufgrund der Zuführung neuer Geldmittel vorsieht, sieht die Vorschrift ihrem Wortlaut nach nicht vor. Daraus auf eine strikte Anwendbarkeit der a.p.r. unter Verzicht auf eine „new value exception" zu schließen, widerspräche jedoch dem erklärten Willen des deutschen Gesetzgebers. Nach der Begründung zum Regie-

22 Dass es sich bei dem exklusiven Recht der Gesellschafter auf Erwerb einer Beteiligung an einem Unternehmen um „property" i.S.v. 11 USC § 1129 (b)(2)(B)(ii) handelt, erklärt *Baird* (1993), S. 261 mit dem Optionscharakter dieses Rechts: „The right to get an equity interest for its fair market value is „property" as the word is ordinarily used. Options to acquire an interest in a firm, even at its market value, trade for a positive price. They are bought and sold every day."

23 S. Bank of America National Trust and Savings Association v. 203 North LaSalle Street Partnership, No. 97-1418, 119A S.Ct. 1411, 1423 (1999): „(...) the exclusiveness of the opportunity, with its protection against the market's scrutiny of the purchase price by means of competing bids or even competing plan proposals, renders the partners'right a property interest extended "on account of" the old equity position and therefore subject to an unpaid senior creditor class's objection."

24 *Wittig*, ZInsO 1999, S. 375.

rungsentwurf der Insolvenzordnung[25] muss in der im Plan vorgesehenen Fortführung des Unternehmens durch den Schuldner nicht zwangsläufig die Zuwendung eines wirtschaftlichen Werts i.S.v. § 245 II Nr. 2 InsO gesehen werden. Vielmehr seien die Umstände des Einzelfalls zu betrachten. Es komme insbesondere darauf an, ob die Leistungen, die der Schuldner nach dem Plan zu erbringen habe, den noch vorhandenen Wert des Unternehmens aufwögen. Gleiches muss auch für die ausdrücklich in § 245 II Nr. 2 InsO erwähnten am Schuldner beteiligten Personen gelten. Demnach ist auch im deutschen Recht eine „new value exception" anerkannt, die zulässt, dass die Gesellschafter des Schuldners wirtschaftliche Werte erhalten, obwohl eine (vorrangige) Gläubigergruppe nicht voll befriedigt werden soll, sofern die Gesellschafter im Gegenzug neue Mittel einbringen, die den noch vorhandenen Unternehmenswert aufwiegen.[26] Fraglich ist, ob auch für § 245 II Nr. 2 InsO – entsprechend der Auslegung des 11 USC § 1129 (b)(2)(B)(ii) in der LaSalle Street-Entscheidung durch den Supreme Court – gilt, dass die Voraussetzungen für die „new value exception" jedenfalls dann nicht vorliegen, wenn zwar der Schuldner oder seine Gesellschafter nach dem Plan neue Mittel aufbringen müssen, aber kein anderer Interessent die Möglichkeit hat, ein besseres Angebot zu unterbreiten.[27] Dass der deutsche Gesetzgeber diese Auslegung möglicherweise befürwortet hätte, zeigt seine Bemerkung, dass im Zweifel nicht angenommen werden könne, dass der Schuldner durch den Plan einen wirtschaftlichen Wert erhält, wenn kein Dritter bereit sei, anstelle des Schuldners das Unternehmen zu den im Plan vorgesehenen Bedingungen fortzuführen.[28] Um die Bereitschaft Dritter zur Unternehmensfortführung festzustellen, muss ihnen dazu eine konkrete Möglichkeit gegeben

[25] Begr. zu § 290 des RegE der InsO, abgedruckt in: *Balz/Landfermann* (1999), S. 499 f. (s. auch bereits oben Kap. 2, D.II.2. in diesem Teil); vgl. auch *Wittig*, ZInsO 1999, S. 376.

[26] Vgl. auch die Ausführungen oben Kap. 2, D.II.2.

[27] Vgl. *Wittig*, ZInsO 1999, S. 378 f. Das LG Traunstein hat sich in seiner Entscheidung v. 27.8.99 über die Rechtmäßigkeit einer Insolvenzplanbestätigung ausdrücklich an der LaSalle Street-Entscheidung des U.S. Supreme Court orientiert; LG Traunstein, Beschluss vom 27.8.1999, 4 T 2966/99, ZInsO 1999, S. 577 ff. (insbes. S. 579, 581 f.). Gleiches gilt für die Vorinstanz, das AG Mühldorf/Inn. Es führt aus: „Zur Frage, ob im Einzelfall der baren Möglichkeit der Fortführung eines Unternehmens ein tatsächlicher wirtschaftlicher Wert innewohnt, ist zu prüfen, ob ein fremder Dritter bereit gewesen wäre, das zu betrachtende Unternehmen anstelle des Schuldners oder seiner Eigner fortzuführen." AG Mühldorf/Inn, Beschluss vom 27.7.1999, 1 IN 26/99, NZI 1999, S. 424.

[28] Begr. zu § 290 des RegE der InsO, abgedruckt in: *Balz/Landfermann* (1999), S. 499 f.

werden.[29] Die Forderung, Dritten im Plan die Möglichkeit zur Abgabe konkurrierender Angebote zu geben, erscheint zunächst auch durchaus sinnvoll, um auszuschließen, dass nachrangige Anspruchsinhaber Vermögenswerte „gerade wegen ihrer nachrangigen Ansprüche“ erhalten, da auf diese Weise ein exklusives Optionsrecht der nachrangigen Anspruchsinhaber, insbesondere der Altgesellschafter, zum Erwerb des Unternehmens vermieden wird. Fraglich ist jedoch, ob die Forderung, konkurrierende Angebote zuzulassen, in der Praxis tatsächlich die erhofften Auswirkungen hätte. Der U.S. Supreme Court verspricht sich von der Zulassung konkurrierender Angebote, dass die Entscheidung, ob die von den nachrangigen Anspruchsinhabern zuzuführenden neuen Mittel dem Wert des reorganisierten Unternehmens entsprechen, nicht mehr vom Insolvenzrichter im Rahmen der Planbestätigung getroffen werden muss. Es solle die Möglichkeit genutzt werden, den Preis für die neuen Anteile einer Prüfung durch den Markt zu unterziehen.[30] Die Idee ist verlockend, da auf diese Weise zugleich der Kritik am Chapter 11-Verfahren und am Insolvenzplanverfahren Rechnung getragen würde, dass die Insolvenzgerichte mit den erforderlichen wirtschaftlichen Bewertungen überfordert sind.[31] Das Einholen konkurrierender Angebote zur Ermittlung eines fairen Marktpreises hat die erwünschten Effekte jedoch nur, wenn ein gut funktionierender Markt für Unternehmen der Branche des jeweils betroffenen Unternehmens existiert. Ob der diesbezügliche Optimismus des Supreme Court[32] generell gerechtfertigt ist, erscheint fraglich. Jedenfalls im Hinblick auf Deutschland erscheint Skepsis angebracht.[33]

---

[29] *Wittig*, ZInsO 1999, S. 378.

[30] Bank of America National Trust and Savings Association v. 203 North LaSalle Street Partnership, No. 97-1418, 119A S.Ct. 1411, 1423 (1999); zustimmend und daher eine Übertragung der Grundsätze der LaSalle Street-Entscheidung in das deutsche Recht befürwortend: *Wittig*, ZInsO 1999, S. 378 f.; vgl. auch *Smid*, InVO 2000, S. 8 f.

[31] Vgl. *Wittig*, ZInsO 1999, S. 378.

[32] S. Bank of America National Trust and Savings Association v. 203 North LaSalle Street Partnership, No. 97-1418, 119A S.Ct. 1411, 1423 (1999): „Under a plan granting an exclusive right, making no provision for competing bids or competing plans, any determination that the price was top dollar would necessarily be made by a judge in bankruptcy court, whereas the best way to determine value is exposure to a market.”

[33] Dies zeigen auch die Ausführungen des LG Traunstein im Rahmen der Prüfung der Voraussetzungen des § 245 II Nr. 2 InsO: „Der Insolvenzverwalter hat überzeugend dargelegt, ihm sei im Rahmen des Eröffnungsverfahrens trotz Einschaltung zweier großer Wirtschaftsprüfungsgesellschaften und einer Bank kein Interessent für die Übernahme des Unternehmens bekannt geworden. Auch aus dem Bereich der Konzernmutter der Vorge-

B. Beurteilung der Doktrin der absoluten Vorrangsregel

Da neben den beiden (unter A.II.) dargestellten Problemen mit der praktischen Umsetzung der absoluten Vorrangsregel eine Reihe weiterer Schwierigkeiten verbunden sind,[34] fragt sich, welcher Stellenwert der Beachtung der Regel noch zukommen sollte. Ist es sinnvoll, bei der Gestaltung eines gesetzlichen Insolvenzverfahrens Wert darauf zu legen, dass dieses Ergebnisse gewährleistet, die mit der a.p.r. in Einklang stehen?

Die Beantwortung dieser Frage kann unter zwei verschiedenen Blickwinkeln versucht werden: Zum einen kann die Beurteilung der a.p.r. unter dem Aspekt der ökonomischen Effizienz erfolgen (Punkt I.). Zum anderen kann gefragt werden, ob die Beachtung der a.p.r. gegenüber den Kapitalgebern eines insolventen Unternehmens aus Gründen der Verteilungsgerechtigkeit erforderlich ist (Punkt II.).[35] Unter Punkt III. werden abschließend einige Vorteile genannt, die die Anwendung der a.p.r. in der Praxis mit sich bringen dürfte und die für ihre Beachtung in einem gesetzlichen Insolvenzverfahren sprechen.

I. Ökonomische Effizienz

Die ökonomische Effizienz ist ein Maßstab, mit dem die ökonomische Analyse des Rechts die Folgen rechtlicher Regeln bewertet. Effizient im ökonomischen Sinne sind Folgen, die den gesellschaftlichen Wohlstand erhöhen, ineffizient solche, die ihn verringern.[36]

---

sellschafterin sei kein Angebot gekommen. Angesichts des spezialisierten Tätigkeitsbereichs des Unternehmens ist auch davon auszugehen, dass nur ein recht überschaubarer „Markt“ für eine etwaige Übernahme des Unternehmens gegeben ist.“ LG Traunstein, Beschluss vom 27.8.1999, 4 T 2966/99, ZInsO 1999, S. 582. Zur Frage funktionsfähiger Märkte für Unternehmen in den USA und in Deutschland s. auch unten Dritter Teil, Kap. 1 und Kap. 2, E.I.3.

34 S. z.B. *Flessner* (1982), S. 103 ff.

35 Näher zur Frage, welchen Stellenwert das Effizienzziel und das Ziel der Verteilungsgerechtigkeit innerhalb einer Rechtsordnung einnehmen sollten: *Eidenmüller* (1998), S. 273 ff.

36 *Eidenmüller* (1998), S. 4; ausführlich zum ökonomischen Effizienzziel *Eidenmüller* (1998), S. 41 ff.

Die Frage, ob die Beachtung der a.p.r. erforderlich ist, damit ein Insolvenzverfahren ökonomisch effizient ist, ist in den USA – teilweise unter Verwendung mathematischer Modelle, die ein vereinfachtes Abbild der Wirklichkeit geben sollen – kontrovers diskutiert worden.[37] Dass es bislang nicht zu einem Konsens gekommen ist, erstaunt angesichts nur schwer ausräumbarer Unsicherheiten im Rahmen der anzustellenden Überlegungen nicht.

Wie wirkt sich bspw. eine Abweichung von der a.p.r., die in einem Reorganisationsverfahren eine Vermögensumverteilung von den höherrangigen Gläubigern zu den Anteilsinhabern bewirkt, auf das Verhalten der Manager des insolventen Unternehmens aus? Ist sie mit effizienzfördernden (wohlstandserhöhenden) oder mit effizienzsenkenden (wohlstandssenkenden) Anreizen verbunden? Bei Beantwortung dieser Frage sind insbesondere die Einflüsse von Bedeutung, die die Abweichung von der a.p.r. ex ante, d.h. bereits im Vorfeld des (als möglich antizipierten) Insolvenzfalls auf das Verhalten der Manager hat: Die strenge Durchsetzung der Vorrangsregel bewirkt zumeist, dass die Anteilsinhaber bei der Verteilung der Berechtigungen an dem reorganisierten Unternehmen leer ausgehen. Teilweise wird einer Abweichung von der a.p.r. daher unter Effizienzgesichtspunkten ein positiver Einfluss auf das Managerverhalten beigemessen. Die strenge Einhaltung der a.p.r. und die damit verbundenen Nachteile für die Anteilsinhaber führe dazu, dass die im Interesse der Anteilsinhaber handelnden Manager versuchen würden, ein Insolvenzverfahren möglichst zu vermeiden. Notwendige Reorganisationsmaßnahmen würden so nicht rechtzeitig eingeleitet und nur Unternehmen in völlig desolater finanzieller Verfassung würden in ein Insolvenzverfahren eintreten.[38] Darüber hinaus setze die strenge Einhaltung der a.p.r. den das Eigenkapital repräsentierenden Managern einen starken Anreiz, in einer Situation drohender Insolvenz riskante Investitionen zu tätigen.[39] Für Eigenkapitalgeber, die nichts zu verlieren hätten, weil sie in einem

---

[37] S. z.B. *Adler*, Cornell L.R. 1992, S. 439 ff.; *Baird/Jackson*, Univ. of Chic. L.R. 1988, S. 738 ff.; *Bebchuk*, Harvard Law School, Discussion Paper 328 m.w.N. auf S. 2; *Gertner/Scharfstein*, j. of finance 1991, S. 1189 ff. (insbes. S. 1209, 1212 ff.); *Jackson/Scott*, Virginia L.R. 1989, S. 155 ff.; *White*, 3 (Number 2) j. of econ. perspectives 1989, S. 129 ff.

[38] *White*, 3 (Number 2) j. of econ. perspectives 1989, S. 149.

[39] *Gertner/Scharfstein*, j. of finance 1991, S. 1215; *White*, 3 (Number 2) j. of econ. perspectives 1989, S. 149.

Reorganisationsverfahren leer ausgehen würden, seien ggf. sogar Investitionsprojekte mit negativem Kapitalwert, bei denen die Summe der erwarteten, diskontierten Ein- und Auszahlungen kleiner Null ist, interessant. Sie „spielten mit fremdem Geld“, da weitere Verluste ihnen nichts mehr anhaben könnten, während sie an Gewinnen, die zu einer Erhöhung des Unternehmensvermögens über den Betrag der Verbindlichkeiten hinaus führten, voll teilhaben könnten. *Jackson* verdeutlicht diese Anreizwirkung der strengen Einhaltung der a.p.r. sehr plastisch: „When a firm is insolvent and has $ 100,000 in debts and only $ 80,000 in assets, it is unlikely that it would be in the interests of the creditors to have the 80,000 placed on number 20 at a roulette wheel in Atlantic City, but it clearly would be in the interests of the shareholders to do so.“[40] Ein Reorganisationsverfahren, das den Anteilsinhabern auch dann etwas belasse, wenn ihnen nach der absoluten Vorrangsregel nichts mehr zustehe, vermindere die geschilderten negativen Anreize und sei daher effizienzfördernd.

Es gibt jedoch berechtigte Zweifel daran, dass Abweichungen von der absoluten Vorrangsregel im Hinblick auf das Managerverhalten insgesamt tatsächlich effizienzfördernd wirken. So sprechen gute Gründe dafür, dass ein Insolvenzverfahren, das Abweichungen von der a.p.r. zu Gunsten der Anteilsinhaber zulässt, auf Manager eines gesunden Unternehmens, das sich noch nicht am Rande einer Insolvenz befindet, negative Anreizwirkungen hat. *Adler* verdeutlicht dies an einem Beispiel:[41] Ein solventes Schuldnerunternehmen habe ein Vermögen von 200 $. Es sei in Höhe von 99 $ durch Eigenkapital und in Höhe von 101 $ durch Fremdkapital (Kredite) finanziert. Die Eigenkapitalgeber (bzw. die diese repräsentierenden Manager) kontrollieren das Unternehmen. Sie haben nun die Möglichkeit, für 100 $ ein Lotterielos zu kaufen, dass mit einer Wahrscheinlichkeit von 50 Prozent einen Gewinn von 190 $ verspricht und mit der gleichen Wahrscheinlichkeit zu einem Totalverlust des eingesetzten Kapitals führt. Das Los hat somit nur einen Wert von 95 $ und stellt aus Sicht der Kapitalgebergesamtheit keine lohnende Investition dar. Ist in der Insolvenz des Unternehmens die Beachtung der a.p.r. gewährleistet, wird sich das Management gegen die Investition entscheiden: Gewinnt das Los, so machen die Eigenkapitalgeber einen Profit in Höhe von 90 $, da sich der Unternehmenswert durch den Gewinn von

---

40 *Jackson* (1986), S. 205.

41 *Adler*, Cornell L.R. 1992, S. 474.

200 $ auf 290 $ erhöht. Verliert das Los – was ebenso wahrscheinlich ist –, so ist das Unternehmen überschuldet, da den Verbindlichkeiten von 101 $ dann nur noch ein Vermögen von 100 $ gegenübersteht. Die Eigenkapitalgeber verlieren ihr gesamtes Kapital in Höhe von 99 $. Das Management hat somit keinen Anlass sich für den Kauf des Loses zu entscheiden. Die Situation ändert sich jedoch, wenn im Falle der Insolvenz (bzw. Überschuldung) die a.p.r. nicht eingehalten wird: Angenommen, ein Insolvenzverfahren bewirkt, dass die Eigenkapitalgeber auch dann 15 Prozent des Unternehmensvermögens erhalten, wenn ihnen bei strenger Beachtung ihres Ranges innerhalb der Kapitalstruktur des Unternehmens eigentlich nichts zukäme. Wiederum profitieren die Eigenkapitalgeber in Höhe von 90 $, wenn das gekaufte Los gewinnt. Verliert das Los, so beläuft sich der Verlust der Eigenkapitalgeber diesmal jedoch nur auf 84 $, da sie von dem verbleibenden Unternehmensvermögen von 100 $ einen Betrag von 15 $ zugeteilt bekommen. Aus Sicht der Eigenkapitalgeber steht bei Kauf des Loses einem fünfzigprozentigen Verlustrisiko von 84 $ also eine fünfzigprozentige Gewinnchance von 90 $ gegenüber. Der Kauf des Loses ist damit – sieht man von anderen Überlegungen ab – für die Eigenkapitalgeber vorteilhaft. Die Missachtung der a.p.r. hat also in diesem Fall zur Konsequenz, dass die das Eigenkapital repräsentierenden Manager eine Investition mit negativem Kapitalwert tätigen, weil sie für die Eigenkapitalgeber günstig ist. Die Abweichung von der absoluten Vorrangsregel kann somit im Hinblick auf die Beeinflussung der vor einer Insolvenz zu treffenden Managemententscheidungen auch ökonomisch ineffizient sein.

Die angestellten Überlegungen zeigen, dass es erhebliche Schwierigkeiten bereitet, festzustellen, ob der Einfluss einer Abweichung von der a.p.r. auf vor der Insolvenz zu treffende Managemententscheidungen unter Effizienzgesichtspunkten positiv oder negativ zu bewerten ist. Folgt man den obigen Überlegungen und nimmt an, dass Abweichungen von der a.p.r. im direkten Vorfeld einer Insolvenz das Managerverhalten positiv beeinflussen, während sie das Management eines gesunden Unternehmens zu ineffizienten Entscheidungen veranlassen können, so wären diese gegenläufigen Effekte im nächsten Schritt zu quantifizieren und gegeneinander aufzurechnen. Um ein abschließendes Urteil über die Effizienzwirkungen der absoluten Vorrangsregel zu erhalten, müssten darüber hinaus eine Vielzahl weiterer (positiver und negativer) Auswirkungen, die die

Beachtung oder Nichtbeachtung der Rechtsregel insoweit hat, aufgespürt und quantifiziert werden. Zu nennen sind hier beispielsweise die Auswirkungen auf das Kreditvergabeverhalten (Bereitschaft zur Kreditvergabe und Konditionengestaltung) von Gläubigern[42] oder die sonstigen Auswirkungen, die mit einer Verteilung des Ausfallrisikos zwischen den Kapitalgebern verbunden sind.[43] Der gegenwärtige Kenntnisstand erlaubt keine eindeutige Beantwortung der Frage, ob bei der Gestaltung eines gesetzlichen Insolvenzverfahrens unter dem Gesichtspunkt der ökonomischen Effizienz Wert darauf zu legen ist, dass dieses Ergebnisse gewährleistet, die mit der absoluten Vorrangsregel in Einklang stehen.

II. Gerechte Behandlung der Kapitalgeber

Es fragt sich, ob unter dem Gesichtspunkt der Verteilungsgerechtigkeit ein eindeutigeres Urteil über den Wert der absoluten Vorrangsregel möglich ist.

Der U.S. Supreme Court sah im Fall Case v. Los Angeles Lumber Products Co. die Einhaltung der absoluten Vorrangsregel als Voraussetzung für die Gerechtigkeit eines Reorganisationsplans an.[44] Gläubiger, die zugunsten der Sicherheit ihrer Geldanlage auf höhere Erträge verzichteten (z.B. weil sie gesicherte Anleihen anstelle von Aktien gewählt hatten), sollten hiervon im Reorganisationsfall auch profitieren und daher vorrangig zu berücksichtigen sein. Ihre Rechtsstellung vor der Insolvenz sollte auf diese Weise auch in der Reorganisation respektiert werden. Es wurde vorrangigen Anspruchsinhabern gegenüber als ungerecht angesehen, ihre Ansprüche zu kürzen und den alten Aktionären weiterhin die Herrschaft an einem überschuldeten Unternehmen zu belassen.

Es ist richtig, dass die Kapitalgeber eines Unternehmens sich entsprechend ihrer Risikobereitschaft und ihrer Renditeerwartung in die Kapitalstruktur des Unternehmens eingliedern. Ungesicherte Gläubiger erwerben Ansprüche, deren Be-

---

42 Vgl. *Gertner/Scharfstein*, j. of finance 1991, S. 1213 f.

43 Zum sog. „risk-sharing" s. grundlegend *Jackson/Scott*, Virginia L.R. 1989, S. 155 ff.; kritisch zu den (angeblichen) Vorteilen des "risk-sharing", das durch Abweichungen von der a.p.r. erreicht wird: *Adler*, Cornell L.R. 1992, S. 463 ff.

44 Case v. Los Angeles Lumber Products Co., 308 U.S. 106, 115 ff. (1939); s. bereits oben Kap. 2, B.

friedigungsaussichten schlechter sind, als diejenigen der Ansprüche gesicherter Gläubiger. Im Gegenzug für dieses erhöhte Risiko erhalten die ungesicherten Gläubiger höhere Zinszahlungen als die gesicherten. Anteilsinhaber ordnen sich in der Kapitalstruktur des Unternehmens so ein, dass sie Ansprüche erwerben, die denen der Gläubiger nachgeordnet sind. Im Gegenzug für ihre riskante Investition erhalten sie das Recht zur Kontrolle des Unternehmens und einen unbegrenzten Anspruch auf die dem Unternehmen nach Tätigung aller Auszahlungen verbleibenden Gewinne. Insgesamt ergibt sich auf diese Weise ein „Netz" von Ansprüchen, die die Risikobereitschaft jedes einzelnen Kapitalgebers widerspiegeln. Es erscheint daher naheliegend, dass eine Abweichung von der a.p.r. im Falle der Unternehmensinsolvenz, die bspw. zu einer Umverteilung von den Gläubigern zu den Anteilsinhabern führt, im Widerspruch zu diesem System steht und daher ungerecht ist.[45] Dagegen ließe sich jedoch anführen, dass die Anteilsinhaber und Gläubiger ihre Rechtsposition in voller Kenntnis der im Insolvenzfall zu erwartenden Umverteilungen wählen bzw. aushandeln.[46] Sie können die Konditionen ihrer Investitionen also entsprechend anpassen. So werden bspw. Gläubiger, die mit einer Kürzung ihrer Ansprüche zu Gunsten der Anteilsinhaber rechnen müssen, dem Unternehmen zum Ausgleich einen höheren Zinssatz in Rechnung stellen. Diese Argumentation lässt allerdings unberücksichtigt, dass es nicht selten auch Inhaber von Ansprüchen gegen Unternehmen gibt, die nicht in der Lage sind, Einfluss auf die Ausgestaltung ihrer Rechtsposition zu nehmen. Zu denken ist hier bspw. an nichtvertragliche Gläubiger, etwa Inhaber einer Forderung aus unerlaubter Handlung. Diese Gläubiger stünden einer Umverteilung durch Abweichungen von der a.p.r. schutzlos gegenüber.

---

[45] Dementsprechend weist *Hennrichs* für das deutsche Aktienrecht darauf hin, dass es nach der Konzeption des Aktiengesetzes geradezu die Funktion des Grundkapitals der Aktiengesellschaft sei, als Haftungskapital für die Gesellschaftsgläubiger zur Verfügung zu stehen. In der Krise der Gesellschaft müsse sich diese Funktion bewähren; *Hennrichs*, AcP 1995, S. 222, 256 f. Die Vorschriften über die Kapitalherabsetzung (§§ 222 ff. AktG bzw. – für die GmbH – §§ 58 ff. GmbHG), die eine von den Gläubigern nicht kontrollierbare Rückzahlung des Haftungskapitals verhindern sollen, dienen der Sicherung dieser Funktion.

[46] *Bebchuk/Chang*, j. of law, econ., & org. 1992, S. 274; *LoPucki/Whitford*, Univ. of Pennsylvania L.R. 1990, S. 180.

Für das Erfordernis prinzipieller Gewährleistung der Vorgaben der a.p.r. durch ein gesetzliches Insolvenzverfahren spricht außerdem ganz entscheidend, dass Verteilungsgerechtigkeit nur gewährleistet werden kann, wenn es einen rechtlichen Maßstab gibt, anhand dessen die Opfer- und Besitzverteilung im Verfahren überprüft und durchgesetzt werden kann. Die a.p.r. liefert hier einen Maßstab, dem ein klares, logisch nachvollziehbares Konzept zugrunde liegt.[47] Soll ein Insolvenzverfahren eine Umverteilung zulassen, die im Widerspruch zum Postulat der strengen Wahrung der Rangfolge der Vorinsolvenzrechte steht, so ist zu fragen, anhand welchen Maßstabs dann die Verteilungsgerechtigkeit überprüft werden soll. Welchen Anteil dürfen bspw. die Anteilsinhaber noch erhalten, obwohl verschiedene Gläubiger nicht voll befriedigt wurden? Der Spielraum ist hier denkbar groß. Solange kein alternativer Maßstab angeboten wird, der die rechtliche Überprüfung der Verteilungsergebnisse zuverlässig gewährleistet,[48] darf ein gesetzliches Insolvenzverfahren daher die Vorgaben der a.p.r. nicht außer Acht lassen.

III. Praktische Vorzüge der absoluten Vorrangsregel

Die bisherigen Ausführungen zur absoluten Vorrangsregel, die sich mit ihren Anwendungsproblemen befasst haben (oben A.II.) und ein abschließendes Urteil über die ökonomische Effizienz vermieden haben (oben B.I.), könnten zu der Schlussfolgerung führen, dass die Einhaltung der Rechtsregel ein notwendiges Übel ist, das aus Gründen der Verteilungsgerechtigkeit (oben B.II.) hinzunehmen ist. Um dieses Bild zu korrigieren, sollen abschließend einige Vorteile genannt werden, die die Einhaltung der a.p.r. in der Praxis mit sich bringen dürfte und die daher für ihre Beachtung in einem gesetzlichen Insolvenzverfahren sprechen:[49]

---

[47] Vgl. oben A.I. in diesem Kapitel.

[48] Ob die sog. „relative Vorrangstheorie" hier einen ausreichenden Maßstab bietet, kann bezweifelt werden, da sie nur einen sehr weiten Rahmen für mögliche Verteilungsergebnisse liefert. *Flessner* hält diese Theorie verfassungsrechtlich für „...das Minimum an erforderlicher Rechtsgarantie für die vorrangigen Kapitalgeber..."; *Flessner* (1982), S. 260.

[49] Vgl. *Flessner* (1982), S. 100 f. (unter Verweis auf den Schriftsatz, den die SEC in ihrer Funktion als „amicus curiae" im Fall Case v. Los Angeles Lumber Products Co. ausgearbeitet hat und der in seinen wesentlichen Teilen abgedruckt ist bei: *Blum/Kaplan*, Materials on reorganization, recapitalization and insolvency, 1969) und S. 257 f.

- Die Beachtung der a.p.r. führt zu einer Vereinfachung der Kapitalstrukturen, da Ansprüche, die ihrem Rang nach nicht mehr vom Unternehmensvermögen gedeckt sind, ausgeschieden werden. So wird vermieden, dass durch die Berücksichtigung aller alten Anlegergruppen die Komplexität der Kapitalstruktur erhöht wird.
- Der Versuch, alle alten Kapitalgeber auch in der neuen Kapitalstruktur zu berücksichtigen, ist außerdem mit der Gefahr verbunden, dass Rechte vergeben werden, die vom wirtschaftlichen Wert des Unternehmens nicht mehr gedeckt sind. Dies betrifft vor allem die Kapitalgeber, deren neue Rechtspositionen die niedrigste Rangstufe in einem reorganisierten Unternehmen einnehmen (also insbesondere die neuen Aktionäre). Der Erwerb der entsprechenden Wertpapiere (insbesondere Aktien) bedeutet eine Gefahr für spätere Käufer.
- Eine klare Rechtsregel, anhand derer die Verteilung des Unternehmensvermögens überprüft werden kann, erschwert es einzelnen Gruppen, durch Obstruktion ungerechtfertigte Vorteile für sich herauszuschlagen. Diese Gefahr besteht in besonderem Maße, wenn verstreuter vorrangiger Anleihebesitz auf eine beherrschende Aktionärsgruppe trifft.
- Bei der Verteilung der Unternehmensvermögens entsprechend den Vorgaben der a.p.r. werden häufig Forderungs- in Anteilsrechte umgewandelt. Dies führt tendenziell zu einer Stärkung der Eigenkapitalausstattung der betreffenden Unternehmen. Dieser Aspekt ist gerade für deutsche Unternehmen, deren Eigenkapitalquote im internationalen Vergleich sehr niedrig ist,[50] interessant.

Außerdem spricht für die Beachtung der a.p.r. in einem gesetzlichen Insolvenzverfahren, dass diese mit der oben[51] dargestellten Insolvenzrechtskonzeption von *Baird* und *Jackson* in Einklang steht. Wird die Rechtsregel in einem Insolvenzverfahren eingehalten, so ist die Beachtung der relativen Berechtigungen („relative entitlements") der Beteiligten gewährleistet und die Gefahr des „forum shopping" (mit seinen negativen Konsequenzen für das Kollektiv der Beteiligten) gebannt. *Jackson* stellt den Zusammenhang zwischen a.p.r. und „relative entitlements" mit folgenden Worten her: „That rule (...) seems designed to mimic relative nonbankruptcy entitlements. Under the absolute priority rule as

[50] *Perridon/Steiner* (1999), S. 526. Zum Kapitalstrukturrisiko, das mit sinkender Eigenkapitalquote zunimmt, s. bereits oben Zweiter Teil, Kap. 2, E.I.3.

[51] S. Erster Teil, Kap. 2, B.

articulated in *Case*[52] claimants were entitled to have their relative values respected in full, according exactly to their nonbankruptcy entitlements. (...) (T)he theory was one of respecting the value of nonbankruptcy entitlements."[53]

IV. Ergebnis

Die Wirkungen, die die Durchsetzung der a.p.r. auf die ökonomische Effizienz eines Insolvenzverfahrens hat, können nicht abschließend beurteilt werden. Eine von vornherein strikt ablehnende Haltung gegenüber der Rechtsregel aufgrund der mit ihr verbundenen Anwendungsprobleme wäre jedoch nicht gerechtfertigt, da mit ihrer Anwendung auch verschiedene Vorteile verbunden sind. Ganz entscheidend für die Beachtung der a.p.r. in einem gesetzlichen Insolvenzverfahren spricht der Aspekt der (Überprüfbarkeit der) Verteilungsgerechtigkeit. Insofern kann die a.p.r. als anzustrebendes Ideal angesehen werden. Diese Aussage gilt für Deutschland gleichermaßen wie für die USA, da die Beurteilung der a.p.r. unter dem Gerechtigkeitsgesichtspunkt (wohl) nicht durch etwaige wirtschaftliche Besonderheiten der beiden Länder (, z.B. was die Unternehmensfinanzierung[54] oder die Kapitalstrukturen der Unternehmen[55] anbelangt,) beeinflusst wird. Auch dass praktische Hindernisse (allen voran die Bewertungsproblematik) die Anwendung der Regel erschweren und ihre Durchsetzung nicht in letzter Konsequenz möglich ist, kann nichts daran ändern, dass sie im Hinblick auf die Vermögensverteilung in einem Insolvenzverfahren Leitfunktion übernehmen sollte.

Vor diesem Hintergrund fragt sich nun, ob nach der Zurückdrängung der a.p.r. in das Cram Down-Verfahren durch den US-amerikanischen Reformgesetzgeber im Jahre 1978/79 noch gewährleistet ist, dass die Rechtsregel wenigstens weitgehend beachtet wird. Sodann ist nach Begründungen für etwaige Abweichun-

---

[52] Gemeint ist der Fall Case v. Los Angeles Lumber Products Co., 308 U.S. 106 (1939).

[53] *Jackson* (1986), S. 213.

[54] *Flessner* (1982), S. 257 geht davon aus, dass sich deutsche Unternehmen mehr über Banken und andere Kapitalsammelstellen finanzieren, während US-amerikanische Unternehmen in stärkerem Maße den Kapitalmarkt nutzen. Die Unterschiede dürften inzwischen mit zunehmender Globalisierung und Öffnung der Kapitalmärkte zumindest bei größeren Unternehmen deutlich geringer geworden sein.

[55] Vgl. *Flessner* (1982), S. 257 f.

gen von der a.p.r. zu suchen, die – sofern sie auf deutsche Verhältnisse übertragbar sind – Vermutungen darüber zulassen, ob auch das deutsche Insolvenzplanverfahren Abweichungen erwarten lässt.

C. Beachtung der absoluten Vorrangsregel im US-amerikanischen Reorganisationsverfahren

I. Die Untersuchung von *LoPucki* und *Whitford*

In den USA gab es Ende der achtziger und Anfang der neunziger Jahre einige empirische Untersuchungen über Abweichungen von der absoluten Vorrangsregel in der US-amerikanischen Reorganisationspraxis.[56]

Die umfangreichste dieser Studien stammt von *LoPucki* und *Whitford*.[57] Hier ist sie auch deshalb von besonderem Interesse, weil sie sich auf Großunternehmen beschränkt. Insbesondere für diese Unternehmensgruppe bietet das Optionsmodell von *Bebchuk*, das im Dritten Teil der Arbeit analysiert wird, eine Alternative zu den gegenwärtigen gesetzlichen Insolvenzverfahren.[58] Untersucht wurden alle US-amerikanischen Unternehmen die (1) nach dem 1.10.1979 in ein Reorganisationsverfahren nach 11 USC Chapter 11 eingetreten waren; (2) zum Zeitpunkt der Verfahrenseröffnung Vermögensgegenstände im Wert von mehr als 100 Mio. US-$ besaßen; (3) mindestens eine Wertpapierkategorie emittiert hatten, die öffentlich gehandelt wurde und (4) bis zum 31.3.1988 eine Planbestätigung erreicht hatten.[59] Dies waren insgesamt 43 Unternehmen.

Die Untersuchung der Abweichungen von der a.p.r. richtet ihr Augenmerk besonders auf diejenigen Abweichungen, die sich bei der Vermögensverteilung

[56] S. *Betker*, j. of business 1995, S. 161 ff., *Eberhart/Moore/Roenfeldt*, j. of finance 1990, S. 1457 ff., *Franks/Torous*, j. of finance 1989, S. 747 ff. und *Weiss*, j. of financial econ. 1990, S. 285 ff.

[57] *LoPucki/Whitford*, Univ. of Pennsylvania L.R. 1990, S. 125 ff.; s. zum ersten Teil dieser Studie, in dem ein sehr hoher Einigungsgrad der Beteiligten in den Planverhandlungen festgestellt wurde, bereits oben Kap. 2, E.IV. in diesem Teil.

[58] Zur vorrangigen Eignung des Optionsmodells für Großunternehmen s. unten Dritter Teil, insbes. Kap.2, E.I.3.c.

[59] *LoPucki/Whitford*, Univ. of Pennsylvania L.R. 1990, S. 134 f.

zwischen ungesicherten Gläubigern und Anteilsinhabern (Aktionären) ergaben. *LoPucki* und *Whitford* analysierten dabei Unternehmen, die zur Zeit der Planbestätigung überschuldet waren („insolvent debtors"), getrennt von zu diesem Zeitpunkt nicht überschuldeten Unternehmen („solvent debtors"). Ein Unternehmen galt dabei als überschuldet, wenn der Gesamtwert des an die ungesicherten Gläubiger und die Aktionäre verteilten Vermögens geringer war, als die geschätzten Forderungen der ungesicherten Gläubiger. Immerhin 11 der 43 Unternehmen wurden in die Gruppe der nicht überschuldeten Unternehmen eingeordnet. Dieser hohe Anteil erklärt sich aus der Eigenheit des US-amerikanischen Verfahrens, dass allein die Antragstellung bei Gericht nach 11 USC § 301 bereits zur Verfahrenseröffnung führt. Für den Vergleich mit Deutschland ist diese Gruppe von geringerem Interesse, da das deutsche Recht die Eröffnung eines Insolvenzverfahrens von der (drohenden) Zahlungsunfähigkeit oder Überschuldung eines Unternehmens abhängig macht (§§ 17 bis 19 InsO). Hier soll daher nur der Teil der Untersuchung vorgestellt werden, der sich auf überschuldete Unternehmen, die (mit einiger Wahrscheinlichkeit) auch in Deutschland in ein Insolvenzverfahren gelangen würden, bezieht.

30 Unternehmen wurden als zum Zeitpunkt der Planbestätigung überschuldet klassifiziert.[60] Die Unternehmen sind in Tabelle auf der folgenden Seite nach der Befriedigungsquote ihrer ungesicherten Gläubiger sortiert.

Die Tabelle zeigt, dass die Aktionäre in 21 der 30 Fälle Vermögenswerte erhielten, obwohl diese aufgrund der Überschuldung der Unternehmen nicht einmal zur Befriedigung der ungesicherten Gläubiger ausreichend hoch waren. Damit wurde die absolute Vorrangsregel in 70 Prozent der Fälle verletzt.[61] Mit Ausnahme des Evans Products-Falls[62] lag die Befriedigungsquote der unge-

---

[60] 2 der 43 Unternehmen konnten in keine der beiden Gruppen eingeordnet werden, weil Vermögenswerte verteilt wurden, deren sinnvolle Bewertung nicht möglich war; *LoPucki/Whitford*, Univ. of Pennsylvania L.R. 1990, S. 141 Fn. 33.

[61] Ähnlich hohe Zahlen ergaben die Untersuchungen von *Eberhart/Moore/Roenfeldt*, j. of finance 1990, S. 1457 ff. (Verletzungen der a.p.r. in 23 von 30 Fällen), *Franks/Torous*, j. of finance 1989, S. 747 ff. (Verletzungen in 21 von 27 Fällen) und *Weiss*, j. of financial econ., S. 285 ff. (Verletzungen in 29 von 37 Fällen).

[62] Ursprünglich stimmte das Gläubigerkomitee in diesem Fall einem Plan zu, der den Aktionären Vermögenswerte von 18 Mio. US-$ zubilligte. Da ein Mehrheitsaktionär jedoch die Zustimmung zu diesem Plan verweigerte, legten die Gläubiger einen Plan vor, der keine

Tabelle 1: Abweichungen von der absolute priority rule (überschuldete Unternehmen)

(1)	(2)	(3)	(4)	(5)	(6)
Unternehmen:	Befriedigungs-quote der ungesicherten Gläubiger	An die Aktionäre gezahlter Betrag (in Mio. US-$)	Insgesamt an die ungesicherten Gläubiger und die Aktionäre gezahlter Betrag (in Mio. US-$)	(3) als Prozentsatz von (4)	Ernennung eines Aktionärskomitees („equity commitee")?
Seatrain Lines	0,5 %	0	1,4	0	Nein
MGF	1,1 %	0	2,0	0	Nein
Towner	2,5 %	0	3,2	0	Nein
Air Florida	3,1 %	0	6,0	0	Nein
Braniff	4,9 %	1,7	35,4	4,9 %	Ja
Amarex	7,8 %	0	18,5	0	Nein
Oxoco	9,5 %	0,4	11,2	4,0 %	Nein
Technical Equities	11,0 %	0	6,6	0	Nein
Sambo's	11,0 %	0	unbekannt	-	Nein
Dreco	11, 7 %	6,5	11,2	57,7 %	Ja
NuCorp	13, 4 %	0	39,2	0	Nein
McLouth	18, 2 %	1,4	27,2	5,1 %	Nein
Pizza Time Theatre	20,0 %	0,5	23,0	2,2 %	Nein
Crystal Oil	23,9 %	3,9	52,7	7,5 %	Nein
Evans Products	26,5 %	0	2,4	0	Ja
Combustion Equip.	27,7 %	0,4	37,4	1,0 %	Ja
Energetics	29,9 %	3,0	14,5	20,8 %	Nein
Tacoma Boat	29,9 %	2,5	40,7	6,1 %	Nein
Towle	35,6 %	1,0	20,4	5,0 %	Ja
FSC	37,6 %	1,9	40,2	4,8 %	Ja
Cook United	38,7 %	2,3	28,1	8,1 %	Ja
Marion	40,4 %	0,9	60,9	1,5 %	Ja
Saxon	41,2 %	8,2	140,2	5,8 %	Ja
Baldwin-United	54,3 %	20,0	259,1	4,8 %	Ja
White Motor	60,9 %	4,7	178,4	2,6 %	Ja
KDT	62,6 %	3,2	42,6	7,4 %	Nein
Anglo Energy	64,6 %	4,6	99,5	4,6 %	Ja
Itel	64,9 %	18,2	652,8	2,8 %	Nein
HRT	68,5 %	5,7	84,9	6,7 %	Ja
Wickes	81,6 %	63,0	1.100,4	5,7 %	Ja

Quelle: *LoPucki/Whitford*, Univ. of Pennsylvania L.R. 1990, S. 142; zu einigen (hier nicht interessierenden) Detailfragen, die bei der Ermittlung der Zahlen einzelner Unternehmen eine Rolle gespielt haben s. a.a.O. S. 142 f.; zu Problemen, die sich generell bei der Auswertung des zusammengetragenen Zahlenmaterials ergeben haben s. a.a.O., S. 134 ff.

Zahlungen an die Aktionäre mehr vorsah. Dieser zweite Plan wurde nach Durchführung eines Cram Down-Verfahrens vom Insolvenzgericht bestätigt. S. *LoPucki/Whitford*, Univ. of Pennsylvania L.R. 1990, S. 144 f., 159.

sicherten Gläubiger in allen Fällen, in denen die Aktionäre leer ausgingen, bei unter 14 Prozent. Wenn die Befriedigungsquote der ungesicherten Gläubiger über dieser Grenze lag, nahmen die Aktionäre also regelmäßig an der Vermögensverteilung teil. Die naheliegende Vermutung, dass sich der Anteil des an die Aktionäre verteilten Vermögens am insgesamt zur Verteilung an ungesicherte Gläubiger und Aktionäre zur Verfügung stehenden Vermögen mit zunehmender Befriedigungsquote der ungesicherten Gläubiger erhöht, wurde durch die Untersuchung nicht bestätigt: Eine ansteigende Tendenz der Prozentwerte in Spalte (5) mit zunehmender Befriedigungsquote der ungesicherten Gläubiger ist nicht erkennbar. Stattdessen lag der Anteil, der den Aktionären am an ungesicherte Gläubiger und Aktionäre insgesamt zu verteilenden Vermögen zugestanden wurde, fast ausnahmslos bei sehr niedrigen Prozentsätzen (meistens etwa 5 Prozent).[63] In Prozentzahlen ausgedrückt erscheint die Höhe der Abweichungen von der absoluten Vorrangsregel damit – trotz ihrer Zurückdrängung in das Cram Down-Verfahren durch den US-amerikanischen Gesetzgeber – wenig dramatisch. In absoluten Zahlen handelt es sich bei den Zuteilungen an die Aktionäre allerdings fast durchweg um Werte im Millionenbereich (400.000 US-$ bis 63 Mio. US-$).

II. Erklärungsversuche für die Abweichungen von der absoluten Vorrangsregel

Bebchuk und *Chang* haben den Versuch unternommen, die Verhandlungssituation in Reorganisationsverfahren nach 11 USC Chapter 11 mit Hilfe eines mathematischen Modells zu erfassen, um auf diese Weise die festgestellten Abweichungen von der absoluten Vorrangsregel zu erklären.[64] Sie haben ihr Augenmerk dabei – ebenso wie *LoPucki* und *Whitford* im Rahmen ihrer empirischen Untersuchung – auf die Abweichungen gerichtet, die sich zu Lasten der Gläubi-

[63] Der auffallend hohe Anteil, den die Aktionären von Dreco trotz der niedrigen Befriedigungsquote der ungesicherten Gläubiger (11,7 Prozent) erhielten (57,7 Prozent des insgesamt an ungesicherte Gläubiger und Aktionäre gezahlten Betrags), erklärt sich mit der besonders starken Stellung der Aktionäre in diesem Fall. Ihre weitere Beteiligung wurde aufgrund ihrer engen Verbindung mit dem Management des Unternehmens für notwendig erachtet; *LoPucki/Whitford*, Univ. of Pennsylvania L.R. 1990, S. 143 Fn. f zu Table III.

[64] *Bebchuk/Chang*, j. of law, econ., & org. 1992, S. 253 ff.; zu einer kurzen Zusammenfassung weiterer Erklärungsversuche s. *Fassbach* (1997), S. 95 ff.

ger und zu Gunsten der Anteilsinhaber eines Unternehmens ergeben. Das Modell arbeitet unter anderem mit den folgenden, weitestgehend realitätsnahen Prämissen: Das Unternehmen, das in ein Reorganisationsverfahren nach Chapter 11 BC eintritt, ist überschuldet.[65] Sobald das Verfahren eröffnet ist, wird eine Gläubigerklasse und eine Klasse von Anteilsinhabern gebildet. Zwischen diesen kommt es zu Verhandlungen, die nur dann zu einem erfolgreichen Abschluss gelangen, wenn beide Klassen für einen Reorganisationsplan stimmen, vgl. 11 USC § 1126. Die Klasse der Anteilsinhaber hat es also in der Hand, durch die Verweigerung ihrer Zustimmung eine Einigung und damit die Bestätigung eines Reorganisationsplans hinauszuzögern.[66] Das Hinauszögern des Verfahrensendes wird durch das exklusive Planvorlagerecht erleichtert, das der Gemeinschuldner während der ersten 120 Tage hat, s. 11 USC § 1121 (b).[67] *Bebchuk* und *Chang* nehmen an, dass dieses vom Management des Gemeinschuldners zu Gunsten der Anteilsinhaber ausgeübt wird.[68] Sie gehen außerdem von einem verlängerten Zeitraum von sechs Monaten (180 Tagen) aus. Dies ist realtitätsnah, weil ein Dritter einen Plan erst einreichen kann, wenn ein vom Schuldner eingereichter – möglicherweise völlig aussichtsloser – Plan nicht binnen zusätzlicher 60 Tage angenommen worden ist, s. 11 USC § 1121 (c)(3). Kommt es nicht zu einer Einigung, so kann das Insolvenzgericht das Reorganisationsverfahren in ein Liquidationsverfahren nach 11 USC Chapter 7 umwandeln, vgl. 11 USC § 1112,[69] wodurch das Unternehmensvermögen an Wert verlieren kann.

Bebchuk und *Chang* sehen die Ursachen für Abweichungen von der a.p.r. zu Gunsten der Anteilsinhaber zum einen in der drohenden Gefahr dieser Umwandlung in ein Chapter 7-Verfahren (; dazu sogleich). In erster Linie sind die

---

65 Später wird das Modell auf nicht überschuldete Unternehmen ausgeweitet, s. *Bebchuk/Chang*, j. of law, econ., & org. 1992, S. 270 f.

66 *Bebchuk* und *Chang* gehen davon aus, dass innerhalb der Klassen einheitlich abgestimmt wird. Die Bestimmung des 11 USC § 1129 (a)(7) („best interests of creditors test") kann daher außen vor bleiben; s. *Bebchuk/Chang*, j. of law, econ., & org. 1992, S. 259 Fn. 8. Die Möglichkeit, die Zustimmung der Klasse der Anteilsinhaber mittels Cram Down zu ersetzen, lassen *Bebchuk* und *Chang* ebenfalls unberücksichtigt.

67 S. auch oben Erster Teil, Kap. 3, A.III.1.

68 Vgl. zu der Annahme, dass die Manager in einer Unternehmensinsolvenz uneingeschränkt die Interessen der Anteilsinhaber wahrnehmen, *Baird*, j. of law and econ. 1993, S. 644 f.; kritisch zu dieser Annahme *Betker*, j. of business 1995, S. 162 ff.

69 S. auch oben Erster Teil, Kap. 3, A.IV.3.

Abweichungen ihrer Ansicht nach jedoch auf die Möglichkeit der Anteilsinhaber (und der in ihrem Interesse handelnden Manager) zurückzuführen, die Beendigung des Reorganisationsverfahrens hinauszuzögern.[70] Sie identifizieren eine Reihe von Faktoren, die den Umfang, in dem Anteilsinhaber Werte für sich beanspruchen können, beeinflussen. Ihre wesentlichen Aussagen sind dabei auch ohne die Verdeutlichung anhand eines mathematischen Modells plausibel:

- Aufgrund der Vielzahl verschiedenster Umwelteinflüsse, denen ein Unternehmen ausgesetzt ist,[71] besteht die Chance, dass sich der Wert des Unternehmensvermögens während des Reorganisationsverfahrens erholt. Dies kann dazu führen, dass der Wert des Vermögens über den Wert der Verbindlichkeiten hinaus ansteigt und das Unternehmen somit nicht mehr überschuldet ist. Den Anteilsinhabern würde dann nach den Vorgaben der a.p.r. wieder ein Anteil am zu verteilenden Vermögen zustehen. Die den Anteilsinhabern durch die reorganisationsverfahrensrechtlichen Regeln eingeräumte Möglichkeit, eine Einigung hinauszuzögern und das Verfahren dadurch zu verlängern, gibt ihrer Position einen Vermögenswert. Sie stehen dem Inhaber einer Kaufoption gleich, der das Recht erworben hat, das Unternehmensvermögen zum Ende des Zeitraums der erzwingbaren Verzögerung gegen Zahlung eines Ausübungspreises zu erwerben.[72] Ausübungspreis ist der Betrag der Verbindlichkeiten des Unternehmens, da diese von den Anteilsinhabern beglichen werden müssen, damit sie das (danach verbleibende) Unternehmensvermögen für sich in Anspruch nehmen können.[73] Wenn die Anteilsinhaber sich zu einer sofortigen Einigung mit den Gläubigern

---

[70] *Bebchuk/Chang*, j. of law, econ., & org. 1992, S. 255 f.

[71] *Bebchuk* und *Chang* sprechen von „random shocks"; *Bebchuk/Chang*, j. of law, econ., & org. 1992, S. 258.

[72] Zur näheren Erläuterung von Optionen und Optionsgeschäften s. unten Dritter Teil, Kap. 2, A.IV.1.a. sowie (umfassender) z.B. *Perridon/Steiner* (1999), S. 316 ff.; *Steiner/Bruns* (2000), S. 293 ff. Näher zur Interpretation des Eigenkapitals eines verschuldeten Unternehmens als Kaufoption auf das Unternehmensvermögen s. unten Dritter Teil, Kap. 2, A.IV.2.

[73] Im Falle eines überschuldeten Unternehmens handelt es sich um eine sog. „out-of-the-money"-Option, da der Ausübungspreis in Höhe der Verbindlichkeiten des Unternehmens über dem Wert des Unternehmensvermögens liegt. *Bebchuk* und *Chang* verzichten auf diese Erläuterungen. Sie sprechen lediglich von einem „option value", der den Anteilsinhabern aufgrund ihrer Stellung im Verfahren zukomme. *Bebchuk/Chang*, j. of law, econ., & org. 1992, S. 255, 264.

bereit finden, können sie als Gegenleistung den Wert ihres Optionsrechts, auf das sie in diesem Fall verzichten, verlangen. Da die Option auch dann einen Wert hat, wenn die Verbindlichkeiten gegenwärtig den Wert des Unternehmensvermögens übersteigen, können auch die Anteilsinhaber eines überschuldeten Unternehmens einen Teil des Vermögens verlangen. Es kommt somit zu Abweichungen von der a.p.r.

Der Wert der Option – und damit auch der Wert des Anteils am Unternehmensvermögen, den die Anteilsinhaber fordern können – hängt von mehreren Faktoren ab.[74] So spielt die Höhe der Überschuldung des Unternehmens eine wichtige Rolle. Übersteigen die Schulden des Unternehmens das Vermögen deutlich, so ist es eher unwahrscheinlich, dass das Vermögen im Laufe des Reorganisationsverfahrens über die Höhe der Verbindlichkeiten hinaus ansteigt. Dementsprechend gering ist der Wert der Option der Anteilsinhaber. Liegen der Wert des Unternehmensvermögens und die Höhe der Verbindlichkeiten hingegen nahe beieinander,[75] so ist die Wahrscheinlichkeit, dass das Unternehmensvermögen die Schulden in absehbarer Zeit übersteigt, wesentlich größer. Die Option der Anteilsinhaber ist wertvoller und sie können für den Verzicht auf das Optionsrecht einen größeren Anteil am zu verteilenden Vermögen verlangen. Entsprechend höhere Abweichungen von der a.p.r. sind zu erwarten.[76] Neben der Höhe der Überschuldung beeinflussen auch die Wertschwankungen, denen das Vermögen des überschuldeten Unternehmens unterliegt, den Optionswert. Mathematisch-statistisch können diese mit der Kennzahl der Volatilität erfasst werden.[77] Sie sind davon abhängig, wie riskant das Geschäft des Unternehmens ist

---

[74] Ausführlich zu den wichtigsten Einflussgrößen auf die Höhe des Preises einer Option: *Perridon/Steiner* (1999), S. 320 ff.

[75] Man spricht von einer „at-the–money-Option"; s. *Perridon/Steiner* (1999), S. 319.

[76] S. *Bebchuk/Chang*, j. of law, econ., & org. 1992, S. 265.

[77] Die Volatilität ist ein Maß für das Gesamtrisiko einer Anlage, das sich aus den unsystematischen und den systematischen Risiken zusammensetzt. Unsystematische Risiken sind einzelwirtschaftliche Risiken, die nicht im Zusammenhang mit übergeordneten Ereignissen stehen. Sie sind bei dem einzelnen Unternehmen selbst zu suchen (z.B. Streiks, neue Produkte von Konkurrenten, Brandschäden usw.). Systematische Risiken beruhen demgegenüber auf marktinhärenten Veränderungen, die sämtliche Unternehmen betreffen (z.B. politische Ereignisse wie Wahlen oder wirtschaftliche Veränderungen wie Steuerreformen oder die Schaffung von Freihandelszonen). Die Volatilität fußt auf der Berechnung der

und können daher innerhalb unterschiedlicher Branchen erheblich differieren.[78] Mit größerer Volatilität steigt die Wahrscheinlichkeit, dass der Wert des Unternehmensvermögens im Laufe des Reorganisationsverfahrens über die Höhe der Verbindlichkeiten hinaus ansteigt. Der Optionswert der Position der Anteilsinhaber wird damit höher, was wiederum zu größeren Abweichungen von der absoluten Vorrangsregel zu Gunsten der Anteilsinhaber führt.

- Ein Reorganisationsverfahren ist mit erheblichen Kosten für das betroffene Unternehmen verbunden. Die Höhe der Kosten, die pro Zeiteinheit, z.B. pro Verhandlungsrunde, anfallen, ist stark von dem Tätigkeitsfeld des betroffenen Unternehmens abhängig. So wird ein Unternehmen, das ständig mit einer Vielzahl von Personen Geschäfte abwickelt, höhere Kosten zu tragen haben, als ein Unternehmen, das nur wenige Transaktionen vornimmt, weil sein Geschäft bspw. in der Vermietung und Verwaltung einiger Gebäude besteht.[79] Eine Grenze für die insgesamt möglichen Kosten ergibt sich dadurch, dass das Reorganisationsverfahren in ein Verfahren nach 11 USC Chapter 7 umgewandelt wird, wenn es über einen längeren Zeitraum nicht zu einer Einigung der Beteiligten kommt. Die Anteilsinhaber können die tatsächlich zu tragende Kostenlast steigern und damit den Wert des zur Verteilung an die Gläubiger zur Verfügung stehenden Unternehmensvermögens mindern, indem sie eine Einigung mit den Gläubigern hinauszögern. Ihre frühzeitige Einigungsbereitschaft hingegen hilft dem Unternehmen, Kosten zu sparen. Die Anteilsinhaber können sich für ihre sofortige Bereitschaft zur Einigung somit mit Vermögenswerten „entlohnen" lassen, die die Höhe dieser (erwarteten) Kostenersparnis (zumindest annähernd) erreichen. Es kommt zu Abweichungen von der a.p.r. zu Gunsten der Anteilsinhaber. Dieses Resultat wird allerdings durch einen gegenläufigen Effekt abgeschwächt: Je höher die Kostenlast pro Zeiteinheit ist, der ein Unternehmen in einem Reorganisationsverfahren unterliegt, desto geringer ist die Wahrscheinlichkeit, dass das Unternehmensvermögen im Laufe des Reorganisationsverfahrens über die Höhe der Verbindlichkeiten hinaus ansteigt. Damit sinkt der Opti-

Standardabweichung, die ihrerseits aus der Varianz berechnet wird. Näher dazu *Steiner/ Bruns* (2000), S. 54 ff., 57 ff.

78 Vgl. als Anhaltspunkt die Auflistung der Volatilitäten der Aktien größerer Unternehmen (z.B. der im Deutschen Aktienindex (DAX) zusammengefassten Werte) in der aktuellen Wirtschaftspresse.

79 Näher zu den Kosten der Reorganisation unten Kap. 5 dieses Zweiten Teils.

onswert der Position der Anteilsinhaber und ihre Verhandlungsmacht wird geschwächt. Insgesamt überwiegt jedoch der mit höheren Kosten verbundene positive Effekt auf die Verhandlungsmacht der Anteilsinhaber.[80]

- Geht man davon aus, dass die Umwandlung des Reorganisationsverfahrens in ein Liquidationsverfahren nach 11 USC Chapter 7 und die Verwertung des Unternehmensvermögens in diesem Verfahren zu zusätzlichen Verlusten führt,[81] so ergibt sich hieraus zusätzliches Potential für Vermögensumverteilungen zu Gunsten der Anteilsinhaber. Kommt keine Einigung mit den Anteilsinhabern über einen Reorganisationsplan zustande, so haben die Gläubiger des überschuldeten Unternehmens neben den Kosten, die während des Reorganisationsverfahrens auflaufen, auch die Verluste, die durch die Vermögensverwertung im Chapter 7-Verfahren entstehen, zu tragen. Die Einigungsbereitschaft der Anteilsinhaber führt dazu, dass diese Verluste vermieden werden. Die Anteilsinhaber können daher als Gegenleistung für ihre Einigungsbereitschaft einen Teil der erwarteten vermiedenen Verluste für sich beanspruchen.

Die Richtigkeit der Aussagen von *Bebchuk* und *Chang* ist im Prinzip empirisch nachprüfbar, da sie aufzeigen, wie zahlenmäßig erfassbare Größen (insbesondere der Grad der Überschuldung eines Unternehmens, die Volatilität des Unternehmenswerts und die Höhe der im Laufe des Reorganisationsverfahrens anfallenden Kosten[82]) das Ausmaß der Abweichungen von der absoluten Vorrangsregel bestimmen. Das oben[83] vorgestellte Zahlenmaterial von *LoPucki* und *Whitford* lässt allenfalls die Aussage zu, dass ein klarer Zusammenhang

---

80 *Bebchuk* und *Chang* belegen diese These mit Hilfe ihres mathematischen Modells, s. *Bebchuk/Chang*, j. of law, econ., & org. 1992, S. 266 (mit Verweis auf den Anhang S. 276 f.).

81 Diese Verluste können dadurch entstehen, dass durch die Zerschlagung des Unternehmensvermögens Werte in Höhe der Differenz zwischen Liquidations- und Fortführungswert verloren gehen oder dass bei Veräußerung des Unternehmens als Going Concern im Verfahren nach Chapter 7 kein angemessener Erlös erzielt wird; vgl. dazu Dritter Teil, Kap. 1.

82 Die Messung dieser Kosten ist problematisch (s. näher Kap. 5 dieses Zweiten Teils); zumindest kann jedoch anhand des Tätigkeitsfelds des Unternehmens eine realistische Einschätzung der Kostenhöhe in Relation zur Kostenhöhe anderer Unternehmen vorgenommen werden.

83 S. Punkt C.I. dieses Kapitels.

zwischen dem Grad der Überschuldung der untersuchten Unternehmen[84] und dem Anteil des an die Aktionäre gezahlten Betrags nicht hergestellt werden kann. Dies ist allerdings kein Beleg für die Unrichtigkeit der Aussagen von *Bebchuk* und *Chang*. Die Tatsache, dass der Anteil für die Aktionäre mit geringer werdender Überschuldung nicht kontinuierlich zunahm, ist möglicherweise damit erklärbar, dass der Optionswert der Positionen der Aktionäre in fast allen Fällen verschwindend gering und damit für ihre Verhandlungsmacht kaum von Bedeutung war: Die Überschuldung der untersuchten Unternehmen war womöglich durchweg so hoch, dass die Wahrscheinlichkeit eines Ansteigens des Werts des Unternehmensvermögens im Verlauf des Reorganisationsverfahrens über die Verbindlichkeiten hinaus als sehr niedrig eingeschätzt wurde.[85]

Genauere empirische Untersuchungen zur Überprüfung der von *Bebchuk* und *Chang* hergestellten Zusammenhänge sind, soweit ersichtlich, bislang nicht durchgeführt worden.[86] Sie könnten dadurch erschwert werden, dass es neben den von *Bebchuk* und *Chang* identifizierten Einflussfaktoren möglicherweise weitere, nicht zahlenmäßig erfassbare Ursachen gibt, die Abweichungen von der a.p.r. bewirken. So haben *LoPucki* und *Whitford* unter den Rechtsanwälten, die in den Planverhandlungen für die Beteiligten auftreten, die weitverbreitete Ansicht festgestellt, dass eine Einigung das anzustrebende Verhandlungsziel sei und dass die Beteilung der Anteilsinhaber am Unternehmensvermögen als Preis für diese Einigung – als „price of peace" – anzusehen sei.[87] Sie vermuten, dass Anwälte, die sich diesem allgemeinen Konsens widersetzen und versuchen, die Interessen ihrer Klienten mittels Cram Down durchzusetzen, mit einer regelrechten Ächtung durch ihre Berufskollegen zu rechnen haben.[88] Diese wiege

84 Es kann davon ausgegangen werden, dass die weniger stark überschuldeten Unternehmen diejenigen waren, die den ungesicherten Gläubigern eine höhere Befriedigungsquote zuteil werden ließen.

85 Unterstützt wird die These, dass zwischen Grad der Überschuldung und Abweichungen von der a.p.r. ein Zusammenhang besteht durch die Untersuchung von *Betker*; s. *Betker*, j. of business 1995, S. 163, 177.

86 Vgl. auch *Bebchuk/Chang*, j. of law, econ., & org. 1992, S. 273 Fn. 24.

87 S. *LoPucki/Whitford*, Univ. of Pennsylvania L.R. 1990, S. 154 ff.

88 S. *LoPucki/Whitford*, Univ. of Pennsylvania L.R. 1990, S. 156 f. Fn. 68: „(...) establishment lawyers (...) often expressed their dislike and their contempt for those lawyers and their clients referring to them as „spoilers," „crazies," „bottom scrapers," „hold up artists" or "„troublemakers"."

deshalb besonders schwer, weil sich innerhalb der „bankruptcy community" immer wieder dieselben Anwälte als Vertreter verschiedener Parteien gegenüberstünden. Anwälte müssten also damit rechnen, in zukünftigen Verfahren als „repeat players" denselben Kollegen wieder gegenüber zu stehen. Die These von *LoPucki* und *Whitford* erscheint besonders plausibel, weil sie neben den Abweichungen von der a.p.r. auch den oben[89] erwähnten hohen Einigungsgrad in den Verhandlungen erklären würde, der möglicherweise nicht allein mit der Furcht vor einem langwierigen und kostspieligen Cram Down-Verfahren zusammenhängt.[90]

D. Umsetzung der Doktrin der absoluten Vorrangsregel im deutschen Insolvenzplanverfahren

Geht man davon aus, dass die von *Bebchuk* und *Chang* geschilderten Zusammenhänge die Abweichungen von der a.p.r. zumindest zu einem großen Teil erklären, so liegt die Frage nahe, ob die von ihnen identifizierten Einflussgrößen auch im deutschen Insolvenzplanverfahren die Höhe etwaiger Abweichungen von der a.p.r. bestimmen können.

I. Vorschriften zur Verfahrensbeschleunigung als Vorteile des Insolvenzplanverfahrens

Voraussetzung dafür, dass Größen wie der Grad der Überschuldung eines Unternehmens, die Volatilität des Unternehmenswerts und die Höhe der im Laufe des Reorganisationsverfahrens anfallenden Kosten Einfluss auf das Ausmaß der

---

[89] S. Kap. 2, E.IV.

[90] Die Furcht vor den Kosten und der Dauer eines Cram Down-Verfahrens ist als Erklärung für die Einigungsbereitschaft insbesondere dann unzureichend, wenn die Voraussetzungen eines Cram Down verhältnismäßig einfach nachzuweisen sind. Dies ist der Fall, wenn die Gläubiger, die den Anteilsinhabern keine Werte zukommen lassen wollen, lediglich den Nachweis führen müssen, dass keine den Anteilsinhabern vorrangige Klasse mehr als 100 Prozent ihrer Forderungen erhält (s. oben Zweiter Teil, Kap. 2, C.II.1.) und wenn dieser Nachweis aufgrund niedriger Wertzuteilungen an sämtliche vorrangigen Klassen leicht zu erbringen ist. (Der Nachweis der Voraussetzung des 11 USC § 1129 (b)(2)(C)(ii) wird häufig keine Schwierigkeiten bereiten.) Vgl. *LoPucki/Whitford*, Univ. of Pennsylvania L.R. 1990, S. 144 f.

Abweichungen von der a.p.r. nehmen können, ist in *Bebchuks* und *Changs* Modell die Möglichkeit der Anteilsinhaber (und der in ihrem Interesse handelnden Manager), die Bestätigung eines Reorganisationsplans hinauszuzögern.

Das deutsche Insolvenzplanverfahren ist bemüht, Verzögerungen durch einzelne Beteiligtengruppen zu verhindern. Vor allem besteht nach Eröffnung des Insolvenzverfahrens kein exklusives Planvorlagerecht des Gemeinschuldners. Zwar kann der Schuldner bereits mit dem Eröffnungsantrag einen eigenen Insolvenzplan vorlegen, § 218 I S. 2 InsO. Es ist jedoch von Beginn des Verfahrens an neben dem Schuldner auch der Insolvenzverwalter (ggf. nach Beauftragung durch die Gläubigerversammlung, §§ 157 S. 2, 218 II InsO) zur Vorlage eines Plans an das Insolvenzgericht berechtigt, § 218 I S. 1 InsO. Die Zurückweisung aussichtsloser Insolvenzpläne nach von Amts wegen durchzuführender Vorprüfung durch das Gericht gem. § 231 I Nrn. 2 und 3 InsO verhindert ebenfalls Verfahrensverzögerungen, da sich die Beteiligten nicht mehr mit derartigen Plänen auseinandersetzen müssen. Die Vorprüfung der Pläne wird dadurch beschleunigt, dass das Gericht weder die beteiligten Gläubiger anhören, noch sonstige eigene Ermittlungen anstellen darf.[91] Mit der Regelung des § 231 II InsO hat der Gesetzgeber sogar ausdrücklich die Intention verbunden, den Schuldner daran zu hindern, sein Recht zur Planvorlage nach § 218 I InsO zur Verfahrensverschleppung zu missbrauchen.[92] Die Zusammenfassung des Erörterungs- und Abstimmungstermins (§ 235 I 1 InsO), die Fristsetzung für seine Terminierung (§ 235 I S. 2 InsO) und die Möglichkeit den Prüfungstermin mit diesem Termin zu verbinden (§ 236 InsO) wirken einer Verfahrensverschleppung ebenfalls entgegen.

Die genannten Regelungen lassen vermuten, dass in Deutschland – anders als in den USA – die Befürchtung, eine Beteiligtengruppe könne durch das Hinauszögern der Planbestätigung bei der Vermögensverteilung wesentliche Vorteile für sich herausschlagen, nicht begründet ist.

---

91 *Braun/Uhlenbruck* (1997), S. 478 f.

92 S. die Begr. zu § 275 des RegE der InsO, abgedruckt in: *Balz/Landfermann* (1999), S. 483.

Die Gefahr, dass Anteilsinhaber entgegen den Vorgaben der a.p.r. weiterhin an dem reorganisierten Unternehmen beteiligt werden, droht in Deutschland jedoch aus einem anderen Grund: Während in den USA die – wenngleich selten in Anspruch genommene –[93] Möglichkeit besteht, die Anteilsinhaber mittels Cram Down gegen ihren Willen aus dem reorganisierten Unternehmen auszuschließen,[94] besteht diese Möglichkeit im deutschen Insolvenzplanverfahren nicht. Da die Anteilsinhaber schon allein aufgrund der rechtlichen Situation nicht mit einem Ausschluss gegen ihren Willen rechnen müssen, kann ihre Beteiligung am zu verteilenden Unternehmensvermögen in den Verhandlungen über einen Reorganisationsplan gar nicht ernsthaft in Frage gestellt werden. Auf diese Problematik ist näher einzugehen.

II. Fehlende Möglichkeit des Eingriffs in die Rechtsstellung der alten Anteilsinhaber

Gemäß § 1 S. 1 InsO können in einem Insolvenzplan vom gesetzlichen Verwertungsverfahren abweichende Regelungen insbesondere zum Erhalt des Unternehmens getroffen werden. Abweichende Regelungen sind damit nur im Rahmen der in § 217 InsO statuierten Ermächtigung zulässig.[95] Gemäß § 217 InsO lässt der Insolvenzplan Regelungen (Eingriffe) zum Zwecke der abweichenden Befriedigung hinsichtlich der Rechtsstellung der absonderungsberechtigten Gläubiger sowie der gewöhnlichen und der nachrangigen Insolvenzgläubiger zu.[96] Dem Wortlaut des § 217 wird allgemein entnommen, dass Eingriffe in die Rechtsstellung von Gesellschaftern *nicht* möglich sind.[97] Dementspre-

---

93 S. oben Kap. 2, E.IV. sowie den Erklärungsversuch von *LoPucki* und *Whitford* unter C.II. (letzter Absatz).

94 Vgl. insbesondere die Cram Down-Voraussetzung des 11 USC § 1129 (b)(2)(C)(ii).

95 N/R-*Braun*, § 217 Rn. 6.

96 N/R-*Braun*, § 217 Rn. 6.

97 K/P-*Otte*, § 217 Rn. 60; N/R-*Braun*, § 217 Rn. 35; zur Kritik an dieser gesetzgeberischen Entscheidung s. auch HK-InsO-*Flessner*, § 221 Rn. 4 f. sowie *Braun/Uhlenbruck* (1997), S. 582 ff. Liest man § 262 I Nr. 3 AktG und § 64 I Nr. 4 GmbHG, wonach die Aktiengesellschaft bzw. GmbH durch die Eröffnung des Insolvenzverfahrens aufgelöst werden, so erscheint die Feststellung der fehlenden Eingriffsmöglichkeit in Gesellschafterrechte im Insolvenzplanverfahren zunächst unverständlich. Ein Ausschluss der Eingriffsmöglichkeiten in Gesellschafterrechte geht trotz der Gesellschaftsauflösung nicht „ins Leere", weil eine aufgelöste Gesellschaft als Rechtsträgerin fortbesteht: Sie bleibt Inha-

chend ist im Insolvenzplanverfahren – anders als im US-amerikanischen Reorganisationsverfahren (s. 11 USC §§ 1122 (a), 1123 (a)(1), 1126 (c), (d)) – auch nicht die Bildung von Abstimmungsgruppen für die Inhaber von Anteilsrechten vorgesehen, vgl. § 222 I InsO.[98]

Dies hat beispielsweise zur Konsequenz, dass zwar die Rechte der absonderungsberechtigten Gläubiger in den Regelungsbereich des Plans einbezogen werden können (§ 223 I 1 InsO), so dass diese im Interesse der Gläubigergesamtheit ein Mehrheitsurteil ihrer Gruppe grundsätzlich hinnehmen müssen (§ 244 InsO; s. allerdings auch § 251 InsO) und sich als Gruppe sogar dem Obstruktionsverbot ausgesetzt sehen (§ 245 InsO). Die Gesellschafter, die der Gesellschaft sehr viel näher stehen, können demgegenüber von den Gläubigern, die im Falle der Überschuldung als „wirtschaftliche Eigentümer" angesehen werden können, nicht gezwungen werden, ihren Anteil aufzugeben und eintrittswillige Dritte mit neuem Kapital wirtschaften zu lassen.[99] Vergleicht man die Position der nachrangigen Insolvenzgläubiger mit derjenigen der Gesellschafter, so wird der gleiche Widerspruch offenbar: Nachrangige Insolvenzgläubiger sind gemäß § 217 InsO planunterworfen. Ihre Forderungen gelten, wenn im Plan nichts anderes bestimmt ist als erlassen, § 225 I InsO. Somit ist ein Gesellschafter einer GmbH, der eine Stammeinlage übernommen hat nicht planunterworfen, während die Forderung eines Gesellschafters aus einem kapitalersetzenden Darlehen gemäß § 39 I Nr.5 InsO i.V.m. § 225 I InsO als erlassen gilt.[100]

Die fehlende Möglichkeit, in die Rechtsstellung der Anteilsinhaber einzugreifen und sie aus einem überschuldeten Unternehmen auszuschließen, muss zwangsläufig zu Abweichungen von der a.p.r. führen. Die Gläubiger werden Reorganisationspläne akzeptieren müssen, obwohl die Rechtsstellung der alten Anteilsin-

---

berin des Gesellschaftsvermögens, Gläubigerin der dazugehörigen Ansprüche, Schuldnerin ihrer Verbindlichkeiten, Trägerin des von ihr betriebenen Unternehmens, Arbeitgeberin, usw. Auch die Gesellschaftsorgane – Gesellschafter, Geschäftsführer/Vorstand sowie ggf. ein Aufsichtsrat oder Beirat – bestehen als Elemente der gesellschaftsrechtlichen Organisation fort; s. *Schmidt/Uhlenbruck-Schmidt, K.* (1999), S. 420 Rn. 756.

98 S. bereits oben Erster Teil, Kap. 3, B.III.2.a.

99 *Braun/Uhlenbruck* (1997), S. 582.

100 *Braun/Uhlenbruck* (1997), S. 583.

haber unangetastet bleibt, wenn die übrigen Verwertungsalternativen (etwa die Liquidation des Unternehmensvermögens im Rahmen der gesetzlichen Regelverwertung) wirtschaftlich uninteressant sind. In aller Regel wird ein Reorganisationsplan darauf abzielen, die Überschuldung des betroffenen Unternehmens zu beseitigen und ein positives Eigenkapital zu schaffen. Ist dies der Fall, so erhalten die Anteilsinhaber wirtschaftliche Werte, die ihnen nach den Vorgaben der a.p.r. nicht zustehen.

Die „new value exception“ zur a.p.r. verlangt eigentlich, dass Gesellschafter, die wirtschaftliche Werte erhalten, obwohl eine (vorrangige) Gläubigergruppe nicht voll befriedigt wird, im Gegenzug neue Mittel einbringen müssen, die den noch vorhandenen Unternehmenswert aufwiegen.[101] Demnach müssten Anteilsinhaber, deren Rechtsstellung unangetastet bleibt, im Falle eines Reorganisationsplans, der ein positives Eigenkapital schafft, neue Mittel einbringen, die diesem positiven Eigenkapital wertmäßig entsprechen. Die Anteilsinhaber können hierzu jedoch nicht gezwungen werden. Zwar können sich die Gläubiger gemäß § 245 II Nr. 2 InsO (in Verbindung mit den Vorgaben der „new value exception“) erfolgreich gegen einen Reorganisationsplan wenden, wenn die am Schuldner beteiligten Personen wirtschaftliche Werte erhalten sollen, ohne eine gleichwertige Gegenleistung zu erbringen. Ein Reorganisationsplan, der eine stabile Kapitalstruktur mit einem positiven Eigenkapital vorsieht, kommt dann jedoch nicht zustande. Dies ist insbesondere dann kaum hinnehmbar, wenn die anderen Verwertungsalternativen wirtschaftlich unsinnig sind und daher nicht ernsthaft in Betracht kommen. In einem solchen Fall sehen sich die Gläubiger also genötigt, einen Reorganisationsplan zu akzeptieren, der den Anteilsinhabern wirtschaftlich werthaltige Positionen einräumt, ohne dass diese zur Erbringung einer Gegenleistung gezwungen werden können.

Mit seiner Entscheidung, durch einen Insolvenzplan keine Eingriffe in die Rechtsstellung der alten Anteilsinhaber zuzulassen, hat sich der deutsche Gesetzgeber somit in Widerspruch zu dem Ziel einer möglichst weitgehenden Beachtung der absoluten Vorrangsregel begeben. Dass er dieses Ziel verfolgt hat, zeigt sich nicht nur in der Übernahme der US-amerikanischen Regelung des 11 USC § 1129 (b)(2)(B)(ii) in § 245 II Nr. 2 InsO; auch der Reformzielformu-

[101] S. dazu oben Kap. 2, D.II.2. und Kap. 3, A.II.2.

lierung in der Allgemeinen Begründung zum Regierungsentwurf der Insolvenzordnung ist dies zu entnehmen: „Ziel der Haftungsverwirklichung ist (...) die Abwicklung oder der planmäßige Umbau der gesamten Finanzstruktur des Schuldners unter Wahrung der haftungsrechtlichen Rangfolge der Finanzbeiträge der gesicherten Gläubiger, der einfachen Insolvenzgläubiger, der nachrangigen Insolvenzgläubiger und der Eigenkapitalgeber."[102] Es fragt sich, warum der deutsche Gesetzgeber den Gesellschaftern im Insolvenzplanverfahren in Abweichung zum US-amerikanischen Recht den Schutz der fehlenden Eingriffsmöglichkeit in ihre Rechtsstellung zugestanden hat und dafür die daraus resultierenden Verletzungen der a.p.r. in Kauf genommen hat.

III. Erklärungsversuche für die fehlende Eingriffsmöglichkeit

Die im Jahre 1978 von dem damaligen Bundesminister der Justiz *Vogel* mit dem Ziel der Ausarbeitung von Vorschlägen für eine Insolvenzrechtsreform ins Leben gerufene Kommission für Insolvenzrecht legte 1985 einen Ersten Bericht vor.[103] In dessen Teil über das Reorganisationsverfahren (Gliederungspunkt 2. des Berichts) waren verschiedene Möglichkeiten vorgesehen, in Gesellschafterrechte einzugreifen.[104] Der Grund für diese immerhin relativ weitreichenden

---

[102] Allgemeiner Teil der Begründung zum RegE der InsO, Gliederungspunkt A.4.a)cc); abgedruckt in: *Balz/Landfermann* (1999), S. 152; vgl. auch oben Erster Teil, Kap. 2, D.

[103] *Bundesministerium der Justiz* (1985).

[104] Genannt seien die folgenden Vorschläge der Kommission:
- Leitsatz 2.2.20 i.V.m. Leitsätzen 2.4.9.2 und 2.4.9.3:

Danach konnten im darstellenden Teil des Reorganisationsplans gesellschaftsrechtliche Änderungen vorgesehen werden, soweit eine Neuordnung der gesellschaftsrechtlichen Verhältnisse erforderlich erschien, um die Ziele der Reorganisation zu erreichen (Leitsatz 2.4.9.2). Die Kommission hatte dabei beispielsweise an Änderungen des Gesellschaftsvertrags, der Kapitalverhältnisse und der Organisation oder Zusammensetzung der Gesellschaftsorgane oder die Aufnahme neuer Gesellschafter gedacht; *Bundesministerium der Justiz* (1985), S. 190. Die gesellschaftsrechtlichen Maßnahmen sollten getrennt von der Abstimmung über den Plan von denjenigen Personen und Organen beschlossen werden, die nach materiellem Gesellschaftsrecht für die zu beschließenden Änderungen jeweils zuständig sind. Die Gesellschafter sollten also keine eigene Abstimmungsgruppe bilden und an der Abstimmung über den Reorganisationsplan nicht teilnehmen. Jedoch sollte das Gericht nach Abs. 3 des Leitsatzes 2.2.20 die Befugnis erhalten, die fehlende Zustimmung eines Gesellschaftsorgans unter bestimmten Voraussetzungen zu ersetzen, wenn ein Beschluss nicht mit der nach materiellem Recht erforderlichen Mehrheit zustande kam. Die Kommission hatte sogar erwogen, eine Aufnahme der Maßnahmen zur Änderung der gesellschaftsrechtlichen Verhältnisse in den *gestaltenden* Teil des Reorganisationsplans zu

Eingriffsmöglichkeiten war allerdings weniger das Bestreben der Kommission, eine möglichst weitgehende Einhaltung der absoluten Vorrangsregel in einem Reorganisationsverfahren zu erreichen, als vielmehr eine Tendenz zur generellen Bevorzugung der Reorganisationsalternative gegenüber den anderen Verwertungsformen, insbesondere gegenüber der übertragenden Sanierung.

Nachdem *Balz* die Vorteile der übertragenden Sanierung wieder stärker in den Blickpunkt gerückt hatte,[105] wurde dieser in dem ministeriellen Diskussionsentwurf eines Gesetzes zur Reform des Insolvenzrechts aus den Jahren 1988/89 (zwei Bände)[106] und im Referentenentwurf aus dem Jahre 1989[107] wieder höheres Gewicht beigemessen. Da nun die Möglichkeit einer übertragenden Sanierung wieder uneingeschränkt zur Verfügung stehen sollte, glaubte man, im Rahmen der Reorganisationsalternative auf Eingriffe in die gesellschaftsrechtlichen Verhältnisse des Schuldners verzichten zu können.[108] Die Entwürfe sahen keine insolvenzrechtlichen Eingriffe in die gesellschaftsrechtlichen Verhältnisse des Schuldners mehr vor. Man scheute sich vor organisationsrechtlichen Eingriffen in die Struktur des Schuldnerunternehmens. Es wurde argumentiert, Gegenstand der Haftung sei „...das Vermögen des Schuldners, nicht seine gesell-

erlauben und die Gesellschafter in einer weiteren Abstimmungsgruppe mit darüber abstimmen zu lassen; sie hatte diesen Gedanken jedoch u.a. verworfen, „...um die Rechte der Gesellschaftsorgane und der Gesellschafter angemessen zu wahren,..."; *Bundesministerium der Justiz* (1985), S. 190.

• Leitsätze 2.4.9.5 und 2.4.9.6:

Diese besonderen Leitsätze sollten für die sehr weitgehende Eingriffsmaßnahme des Ausschlusses der Gesellschafter gelten. Leitsatz 2.4.9.5 ermöglichte den Ausschluss von Gesellschaftern bei Wertlosigkeit ihrer Anteilsrechte durch Beschluss des Insolvenzgerichts. Leitsatz 2.4.9.6 erlaubte den Ausschluss von Gesellschaftern aus wichtigem Grund durch Beschluss des Insolvenzgerichts. Einen solchen sah die Kommission z.B. darin, dass die Gläubiger im konkreten Fall dem Reorganisationsplan nur zustimmen, wenn der Gesellschafter, den sie für den wirtschaftlichen Zusammenbruch verantwortlich machen, aus der Gesellschaft ausscheidet; *Bundesministerium der Justiz* (1985), S. 283.

105 *Balz* (1986), S. 72 ff. Die übertragende Sanierung war zuvor insbesondere durch *Karsten Schmidt* in die Kritik geraten; s. den Rückblick bei *Schmidt, K.* (1991), S. 68 f. S. zu dieser Diskussion auch *Stürner*, ZIP 1982, S. 761 ff., insbes. S. 769 ff., der die Vorteile der übertragenden Sanierung gegenüber der Reorganisation betont.

106 *Bundesministerium der Justiz* (1988) und (1989 a).

107 *Bundesministerium der Justiz* (1989 b).

108 *Bundesministerium der Justiz* (1988), S. A33; *Bundesministerium der Justiz* (1989b), S. A38.

schafts- oder verbandsrechtliche Organisation."[109] Eine nähere Auseinandersetzung mit dem Argument, dass eine gerechte Haftungsverwirklichung nach den Vorgaben der a.p.r. in einem Reorganisationsverfahren oftmals ohne Eingriffe in die Rechtsstellung der Gesellschafter nicht erreicht werden kann (s. oben II.), erfolgte dabei nicht.[110].

Die tiefere Ursache für die vorsichtige Haltung des deutschen Gesetzgebers ist vermutlich in den völlig unterschiedlichen historischen Wurzeln des US-amerikanischen Reorganisationsverfahrens und des deutschen Verfahrens nach der Vergleichsordnung zu suchen, die auch die Gestaltung des Insolvenzplanverfahrens der Insolvenzordnung beeinflusst haben.

Flessner bezeichnet das US-amerikanische Verfahren als „...ein Kind des Großkapitalismus...", das an „...hochkomplizierte Finanzierungsaufgaben..." gewöhnt sei.[111] Diese Eigenschaft verdankt das US-amerikanische Verfahren seiner Entstehung aus dem sog. Receivership-Verfahren. Dieses Verfahren entstand in der zweiten Hälfte des 19. Jahrhunderts zur Neuordnung der Kapitalverhältnisse von großen Eisenbahngesellschaften. Die Geschichte US-amerikanischer Eisenbahnen ist in dieser Zeit geprägt durch häufige finanzielle Krisen und Zusammenbrüche. Das Receivership-Verfahren war ein gerichtliches Verfahren, das die Neuordnung der Kapitalverhältnisse einer insolventen Eisenbahngesellschaft auch gegen den Widerstand einer Aktionärs- oder Gläubigerminderheit erlaubte.[112] Auf Einzelheiten des Verfahrens muss hier nicht eingegangen werden. Kennzeichnend war jedoch, dass die Gläubiger der alten Gesellschaft nach Verfahrensabschluss häufig zu Anteilseignern einer neugegründeten Auffanggesellschaft geworden waren, auf die das Unternehmensvermögen übergegangen war.[113] Auch heute noch zielt das US-amerikanische Reorganisationsverfahren

[109] *Bundesministerium der Justiz* (1988), S. A33; *Bundesministerium der Justiz* (1989 b), S. A38. Diese Argumentation erscheint schon deshalb zweifelhaft, weil die Eröffnung eines Insolvenzverfahrens Gesellschaften seit jeher (zunächst) in den Auflösungszustand versetzt, also einen starken „organisationsrechtlichen Eingriff" bewirkt (s. z.B. §§ 262 I Nr. 3 AktG, § 60 I Nr. 4 GmbHG; vgl. auch HK-InsO-*Flessner*, § 221 Rn. 5).

[110] Vgl. *Bundesministerium der Justiz* (1988), S. A33 f., S. B217 f.; *Bundesministerium der Justiz* (1989 b), S. A38 ff., S. B250 f.

[111] *Flessner* (1982), S. 137.

[112] *Flessner* (1982), S. 38.

[113] *Flessner* (1982), S. 38.

auf Umgestaltung und Auswechslung der Kapitalgeberrechte. Damals wie heute lag das Ziel des Verfahrens in der Erhaltung der vorhandenen Substanz sowie in der Beantwortung der Frage, welchen der Kapitalgebern zu welchen Anteilen und in welcher Form (d.h. Gläubiger- oder Anteilsrechte) das reorganisierte Unternehmen „gehören" sollte.[114]

Ganz anders das Verfahren der deutschen Vergleichsordnung. Durch das deutsche Vergleichsverfahren sollten langjährige Forderungen der Kaufmannschaft, des Handwerks und der kleinen Industrie nach einem einfachen und schnellen Verfahren erfüllt werden, das dem anständigen Schuldner eine neue wirtschaftliche Existenz ermöglicht.[115] Es sollte Abhilfe geschaffen werden gegen die Umständlichkeit und Dauer des Konkursverfahrens, den oft unverdienten Ehrverlust des Gemeinschuldners und das Verramschen der Konkursmasse.[116] Eine finanzielle Sanierung im Sinne einer umfassenden Neuordnung der Kapitalverhältnisse war nicht bezweckt. Ziel war lediglich eine Stundung der Forderungen der ungesicherten und nicht bevorrechtigten Gläubiger oder deren möglichst schnelle quotale Abfindung mit einem Barbetrag. Für eine Reorganisation von Großunternehmen war die Vergleichsordnung weder konzipiert noch geeignet.[117] Die im US-amerikanischen Recht hochentwickelte Jurisprudenz der angemessenen Kapitalstruktur und der gerechten Opfer- und Lastenverteilung (Stichwort: a.p.r.) hatte somit im deutschen Recht kein Gegenstück. „Dass zum Beispiel bei der Sanierung eines Unternehmens zunächst die Aktionäre und erst in zweiter Linie die Gläubiger zu Opfern heranzuziehen sind, wurde zwar gelegentlich als wirtschaftliche Anstandsregel genannt, ist jedoch niemals als rechtliches Gebot aufgefasst worden."[118]

Das Bewusstsein für Fragen der gerechten Opfer- und Lastenverteilung ist durch die rechts- und wirtschaftswissenschaftliche Diskussion im Zuge der deutschen Insolvenzrechtsreform zweifellos deutlich geschärft worden.[119] In der Frage der

[114] *Flessner* (1982), S. 139.
[115] *Flessner* (1982), S. 137.
[116] *Flessner* (1982), S. 137.
[117] Vgl. die von *Flessner* (1982), S. 25 f. angeführten historischen Beispielsfälle.
[118] *Flessner* (1982), S. 151 m.w.N.
[119] Vgl. bereits oben II. (letzter Absatz) sowie den Allgemeiner Teil der Begründung zum RegE der InsO, abgedruckt in: *Balz/Landfermann* (1999), S. 136 ff.

Eingriffsmöglichkeit in die Rechtsstellung der alten Anteilsinhaber mangelte es dem Gesetzgeber jedoch offenbar an der nötigen Entschlossenheit für einen deutlichen Bruch mit alten Traditionen und eine konsequente Umsetzung der Vorgaben der a.p.r..

E. Zusammenfassung der Ergebnisse

Die a.p.r. ist eine Rechtsregel, die auf einem logisch nachvollziehbaren theoretischen Konzept basiert. Mit ihrer praktischen Anwendung sind verschiedene Probleme, aber auch Vorteile verbunden. Die Beantwortung der Frage, ob bei der Gestaltung eines gesetzlichen Insolvenzverfahrens Wert auf die Beachtung der a.p.r. gelegt werden sollte, erfordert ein Urteil über den Wert der Regel. Dieses kann unter dem Gesichtspunkt der ökonomischen Effizienz und unter dem Gesichtspunkt der Verteilungsgerechtigkeit gefällt werden. Die ökonomischen Effizienzwirkungen der Be- oder Missachtung der a.p.r. in einem Insolvenzverfahren lassen sich gegenwärtig nicht abschließend beurteilen. Der Aspekt einer gerechten Verteilung des Unternehmensvermögens unter den Kapitalgebern spricht jedoch für die Beachtung der Rechtsregel.

Die in den USA durchgeführte Untersuchung von *LoPucki* und *Whitford* zeigt, dass in Reorganisationsverfahren von Großunternehmen die Abweichungen von der a.p.r. im Hinblick auf die Zuteilungen an Anteilsinhaber (Aktionäre) eher gering sind, obwohl die Rechtsregel durch den US-amerikanischen Gesetzgeber in das Cram Down-Verfahren zurückgedrängt wurde. Der prozentuale Anteil der Aktionäre am insgesamt an die ungesicherten Gläubiger und Aktionäre zu verteilenden Vermögen lag in der Regel bei etwa 5 Prozent. Lediglich in absoluten Zahlen handelte es sich bei den Zuteilungen um bedeutsame Summen im ein- und zweistelligen Millionenbereich. *Bebchuk* und *Chang* sehen die Ursache für Abweichungen von der a.p.r. zu Gunsten der Anteilsinhaber in erster Linie darin, dass diese durch die Ausgestaltung des Reorganisationsverfahrens die Möglichkeit haben, die Bestätigung eines Reorganisationsplans erheblich hinauszuzögern. Sie identifizieren eine Reihe zahlenmäßig erfassbarer Größen (insbesondere den Grad der Überschuldung des Unternehmens, die Volatilität des Unternehmenswerts und die Höhe der im Laufe des Reorganisationsverfahrens anfallenden Kosten), die den Umfang, in dem die Anteilsinhaber entgegen den

Vorgaben der a.p.r. Werte für sich beanspruchen können, beeinflussen. Es ist allerdings zu vermuten, dass neben den von *Bebchuk* und *Chang* identifizierten Einflussgrößen auch andere, nicht zahlenmäßig erfassbare Faktoren für Abweichungen von der a.p.r. mitbestimmend sind.[120]

Das deutsche Insolvenzplanverfahren eröffnet den Beteiligten weniger Möglichkeiten, den Verfahrensfortgang zu verzögern. Insbesondere besitzt der Gemeinschuldner kein exklusives Planvorlagerecht nach Verfahrenseröffnung. Dementsprechend kann davon ausgegangen werden, dass die von *Bebchuk* und *Chang* identifizierten Einflussgrößen in Deutschland für das Ausmaß möglicher Abweichungen von der a.p.r. von geringerer Bedeutung sind als in den USA. In Deutschland sind Abweichungen vor allem wegen der nach § 217 InsO fehlenden Eingriffsmöglichkeit in die Rechtsstellung der alten Anteilsinhaber zu befürchten. Sieht ein Reorganisationsplan die Schaffung eines positiven Eigenkapitals vor und weigern sich die Anteilsinhaber, im Gegenzug für diese Wertzuteilung dem Unternehmen neue Mittel zuzuführen, so sehen sich die Gläubiger vor die Wahl gestellt, dies hinzunehmen oder den Reorganisationsplan scheitern zu lassen. Letzteres ist dann keine Alternative, wenn andere Verwertungsmöglichkeiten aus wirtschaftlichen Gründen nicht in Betracht kommen. Die Scheu des deutschen Gesetzgebers vor der Schaffung von Eingriffsmöglichkeiten, die eine konsequente Verwirklichung der Vorgaben der a.p.r. zulassen, ist vermutlich in erster Linie darauf zurückzuführen, dass er sich nicht völlig von der historischen Tradition der Vergleichsordnung lösen konnte. Diese steht in krassem Gegensatz zu den Wurzeln des US-amerikanischen Reorganisationsverfahrens, das die Umgestaltung und Auswechslung von Kapitalgeberrechten schon seit jeher kennt.

[120] S. oben C.II. a.E.

Kapitel 4: Die Allokation des Unternehmensvermögens im US-amerikanischen Reorganisationsverfahren und im deutschen Insolvenzplanverfahren

Um die Kapitalgeber eines Unternehmens im Insolvenzfall möglichst weitgehend zu befriedigen, ist eine Maximierung der zu Verfügung stehenden Haftungsmasse anzustreben.[1] Im Mittelpunkt steht hierbei die Entscheidung zwischen der Fortführung des Unternehmens als Vermögensgesamtheit und der Liquidation des Unternehmens durch Veräußerung der einzelnen Vermögensgegenstände. Einem gesetzlichen Insolvenzverfahren kommt die Aufgabe zu, die im Einzelfall wertmaximierende Entscheidung zu fördern oder jedenfalls nicht zu behindern. Gegenstand dieses Kapitels ist die Frage, inwieweit das US-amerikanische Reorganisationsverfahren und das deutsche Insolvenzplanverfahren dieser Aufgabe gerecht werden.

Ist eine Entscheidung zu Gunsten einer Unternehmensfortführung und gegen eine Liquidation gefallen, so ist damit prinzipiell noch nichts über die Form der Fortführung gesagt. Vorliegend steht die Fortführung in Form der Reorganisation im Mittelpunkt der Betrachtung; denkbar ist jedoch auch, dass die Fortführung des Unternehmens als Vermögensgesamtheit durch eine übertragende Sanierung realisiert wird. Die strenge Gegenüberstellung von Fortführung und Liquidation eines Unternehmens in diesem Kapitel darf außerdem nicht darüber hinwegtäuschen, dass in der Praxis auch „Zwischenlösungen“ denkbar sind. So kann die Fortführung auf einige erhaltenswerte Unternehmensteile beschränkt werden, während die übrigen Teile einzeln veräußert werden. Denkbar ist auch eine nur zeitweise Unternehmensfortführung mit dem Ziel der Weiterverarbeitung und Veräußerung noch vorhandener Rohstoffe und Halbfertigprodukte (sog. „Ausproduktion“).

Punkt A. dieses Kapitels fragt, nach welchen Kriterien die Entscheidung zwischen Fortführung und Liquidation theoretisch zu treffen ist und inwieweit die Praxis diesen theoretischen Anforderungen gerecht werden kann. Mit anderen Worten: Es soll die Frage beantwortet werden, ob es – ganz unabhängig von einem Insolvenzverfahren – unter Zuhilfenahme des betriebswirtschaftlichen

[1] Vgl. hierzu die Überlegungen von *Baird* und *Jackson*, Erster Teil, Kap. 2, B.

Instrumentariums grundsätzlich möglich ist, eine sinnvolle Wahl zwischen Unternehmensfortführung und –liquidation zu treffen. Ist dies der Fall, so fragt sich als nächstes, ob das Verfahren nach Chapter 11 BC und das Insolvenzplanverfahren ausreichend Spielraum für eine betriebswirtschaftlich fundierte Wahl zwischen den beiden Verwertungsalternativen lassen oder ob die Verfahren fehlerhafte Verwertungsentscheidungen begünstigen (Punkte B. und C.). Im Mittelpunkt steht dabei die – von *Hotchkiss* in einer Untersuchung des US-amerikanischen Reorganisationsverfahrens festgestellte –[2] Tendenz zur Fortführung nicht sanierungswürdiger Unternehmen.

A. Die Entscheidung zwischen Fortführung und Liquidation eines Unternehmens

I. Die theoretischen Anforderungen an eine ökonomisch sinnvolle Entscheidung

Ob die Fortführung eines Unternehmens lohnend ist oder nicht, ist Gegenstand einer Investitionsentscheidung.[3] Die Fortführung eines Unternehmens stellt nur dann eine sinnvolle Investition dar, wenn der Fortführungswert des Unternehmens – nach Abzug eines dem Unternehmen zur Sicherstellung der weiteren Existenz ggf. zuzuführenden Kapitalbetrags – seinen Liquidationswert übersteigt.[4]

Der Liquidationswert ergibt sich aus dem Barwert der Nettoeinzahlungen, die durch Einzelveräußerung der Vermögensgegenstände des Unternehmens erzielt werden können.[5]

Im Falle der Fortführung entstehen im Leistungsbereich des Unternehmens Ein- und Auszahlungen. Der Barwert der Einzahlungsüberschüsse stellt den Fortfüh-

---

2 *Hotchkiss*, j. of finance 1995, S. 3 ff.

3 *Franke/Hax* (1999), S. 482.

4 Vgl. *Flessner* (1982), S. 185 f.; *Drukarczyk* (2001), S. 124 und *Franke/Hax* (1999), S. 482 erwähnen die Berichtigung des Fortführungswerts um den für die Reorganisation erforderlichen Kapitalbetrag nicht explizit.

5 Vgl. bereits oben Kap. 2, C.II.5.c. in diesem Teil.

rungswert des Unternehmens dar.[6] Dem Unternehmen muss für die Weiterexistenz in aller Regel neues Kapital für Ersatz-, Erneuerungs- und Erweiterungsinvestitionen von außen zugeführt werden. Um einen entscheidungsorientierten Vergleich mit dem Liquidationswert zu ermöglichen, muss der Fortführungswert um den Betrag dieses neu zuzuführenden Kapitals gekürzt werden.[7] Wenn der so gekürzte Fortführungswert größer als der Liquidationswert ist, dann stellt die Unternehmensfortführung die günstigste Investitionsentscheidung dar. Übersteigt der Liquidationswert den um das neu zuzuführende Kapital gekürzten Fortführungswert, so ist die Liquidation die vorzugswürdige Alternative.

Diese Regel gilt unabhängig von der Verschuldung des Unternehmens. Solange der um das neu zuzuführende Kapital gekürzte Fortführungswert eines Unternehmens seinen Liquidationswert übersteigt, ist es auch dann fortführungswürdig, wenn es sich in einer Überschuldungssituation befindet. Das Unternehmen mag insolvent sein; über die Frage seiner Fortführungswürdigkeit sagt dies nichts aus.[8] Umgekehrt kann im Falle eines zahlungsfähigen Unternehmens, dessen Vermögen die Verbindlichkeiten übersteigt, die Liquidation die güns-

---

6 Zur Ertragswertmethode s. oben Kap. 2, E.I. in diesem Teil.

7 Zur optimalen Höhe dieses neu zuzuführenden Kapitals hat *Buchanan* bereits im Jahre 1940 ausgeführt, dass es sich im Prinzip um eine Investition wie jede andere handele, die volkswirtschaftlich nach den Regeln optimaler Faktorenallokation beurteilt werden könne. Die Investition ist gesamtwirtschaftlich „nützlich“, wenn die erwarteten Unternehmenserträge eine Kapitalverzinsung ergeben, die mindestens ebenso hoch ist, wie bei jeder alternativen Anlage mit vergleichbarem Risikogehalt. Die Höhe des Kapitalbetrags, der bei nutzenmaximierender Betrachtung in dem Unternehmen eingesetzt werden sollte, ergibt sich aus dem Gesetz des abnehmenden Grenzertrags, wonach der zusätzliche Ertrag, der durch die Steigerung einer Investition zu erzielen ist (Grenzertrag), bei jeder weiteren Steigerung geringer ausfällt. Die optimale Höhe hat der zu investierende Kapitalbetrag, wenn der mit ihm erzielbare Grenzertrag gleich hoch ist, wie der bei alternativer Anlage erzielbare Zins. Um diesen Kapitalbetrag ist also der Fortführungswert des Unternehmens zum Zwecke des Vergleichs mit dem Liquidationswert zu kürzen; *Buchanan* (1940), S. 371 ff., insbes. S. 375 f.; s. auch die Zusammenfassung bei *Flessner* (1982), S. 183 ff., insbes. S. 186.

8 Tendenziell sind solvente Unternehmen natürlich eher fortführungswürdig als insolvente. Eine gewisse Indizwirkung für die Fortführungswürdigkeit kommt dem Kriterium der Insolvenz also schon zu.

tigste Entscheidung sein, weil aufgrund schlechter Ertragserwartungen der Liquidationswert den (gekürzten) Fortführungswert übersteigt.[9]

Ein Unternehmen, dessen Fortführung nach dem dargestellten Maßstab wirtschaftlich sinnvoll ist, kann als *sanierungswürdig* bezeichnet werden.[10] Demgegenüber ist ein Unternehmen (lediglich) *sanierungsfähig*, wenn mit der Umsetzung eines Sanierungskonzepts zukünftig nachhaltige Ertrags- bzw. Einnahmeüberschüsse erzielt werden können, so dass das Unternehmen ohne fremde Hilfe von außen fortbestehen kann.[11] Mit Bejahung der Sanierungsfähigkeit ist noch keine Aussage darüber getroffen, ob das Unternehmen auch sanierungswürdig ist. So ist es durchaus denkbar, dass eine Sanierung zwar „machbar", jedoch wirtschaftlich nicht sinnvoll ist, weil eine anderweitige Verwendung der in dem Unternehmen bislang gebundenen Ressourcen ertragreicher wäre.[12] Die Entscheidung zwischen Fortführung und Liquidation eines Unternehmens setzt daher eine Prüfung der Sanierungswürdigkeit voraus. Eine bloße Sanierungsfähigkeitsprüfung reicht aus theoretischer Sicht für eine fundierte Fortführungs- bzw. Liquidationsentscheidung nicht aus.

Folgt man dem dargestellten Konzept der Entscheidungsfindung auf der Basis eines Vergleichs zwischen Fortführungs- und Liquidationswert, so ist eine Unternehmensbewertung unumgänglich. In der betriebswirtschaftlichen Literatur herrscht bislang keine Einigkeit über die „richtige" Konzeption für das Verfah-

---

9 Vgl. die (identischen) Abbildungen bei *Eidenmüller* (1999), S. 32 und *Franke/Hax* (1999), S. 483.

10 Ebenso wohl *Eidenmüller* (1999), S. 290 f. und *Flessner* (1982), S. 262 ff. Letzterer verwendet allerdings den Begriff der „Erhaltungswürdigkeit". Anders *Ritter*, der die Sanierungswürdigkeit eines Unternehmens von der persönlichen Interessenlage der Gläubiger abhängig macht: „Die Gläubiger richten sich (bei der Sanierungswürdigkeitsprüfung) (...) nach ihren eigenen Interessen und bewerten die Sanierungswürdigkeit aufgrund ihrer heterogenen Erwartung sehr unterschiedlich. Infolgedessen werden so viele unterschiedliche Einschätzungen vorliegen, wie es an der Sanierung maßgeblich Beteiligte gibt."; *Ritter* (2000), S. 269 f.; ähnlich *Brandstätter* (1993), S. 9. Fraglich ist, ob mit diesem Verständnis des Begriffs der Sanierungswürdigkeit im Hinblick auf die Entscheidung über die Unternehmensfortführung etwas gewonnen ist.

11 *Brandstätter* (1993), S. 8; *Eidenmüller* (1999), S. 290; *Picot/Aleth* (1999), S. 91 Rn. 260; *Ritter* (2000), S. 266; ebenso *Flessner* (1982), S. 262, der allerdings den Begriff der „Erhaltunsfähigkeit" verwendet.

12 Vgl. *Flessner* (1982), S. 262.

ren einer Sanierungsprüfung. Neben den Sanierungsprüfungsverfahren, die auf das betriebswirtschaftliche Instrumentarium zur Unternehmensbewertung zurückgreifen, gibt es auch Vorschläge, die sich der Methoden und Instrumente anderer betriebswirtschaftlicher Teildisziplinen bedienen wollen.[13] Daneben sind auch einige wenige eigenständige Ansätze entwickelt worden.[14]

II. Praktischer Wert einer Sanierungswürdigkeitsprüfung

Sollen im Rahmen einer Sanierungswürdigkeitsprüfung der Fortführungs- und der Liquidationswert des betreffenden Unternehmens ermittelt und einander gegenübergestellt werden, so ist die Prüfung mit den schwerwiegenden Problemen der Unternehmensbewertung belastet (vgl. zu diesen Problemen bereits ausführlich oben Kap. 2, E. in diesem Teil). Besondere Schwierigkeiten bereitet die Prognose der zukünftigen Einzahlungsüberschüsse zum Zwecke der Ermittlung des Fortführungswerts. Die Höhe der Einzahlungsüberschüsse ist in starkem Maße von den Konturen des Sanierungskonzepts abhängig. Dieses kann

---

[13] Dabei handelt es sich insbesondere um die Bereiche der Jahresabschlussanalyse, der Kreditwürdigkeitsprüfung und der empirischen Bilanz- und Insolvenzforschung. Die Bildung und Auswertung von Kennzahlen, die durch die Analyse von Jahresabschlüssen gewonnen werden, wird in der Praxis der Sanierungsprüfung – aufgrund der guten Verfügbarkeit der Informationen – häufig eine Rolle spielen. Allein die auf diesem Wege zu gewinnenden Erkenntnisse lassen jedoch aufgrund des Vergangenheitsbezugs der Daten keine abschließende Aussage über die Sanierungswürdigkeit eines Unternehmens zu. Aus dem Bereich der Kreditwürdigkeitsprüfung erscheinen für die Sanierungsprüfung insbesondere die sog. „Credit-Scoring-Verfahren" interessant, die bislang hauptsächlich bei der Vergabe von Konsumentenkrediten Anwendung finden. Es geht hier um die Klassifizierung eines Unternehmens als kreditwürdig oder nicht kreditwürdig (bzw. sanierungswürdig oder nicht sanierungswürdig) mit Hilfe einer Kennzahl, die durch die Auswertung veröffentlichter oder auf anderem Wege zugänglicher Jahresabschlüsse gewonnen wurde und eine möglichst trennscharfe Abgrenzung zulässt; s. zum Ganzen *Brandstätter* (1993), S. 53 ff., der die Brauchbarkeit der genannten Verfahren im Rahmen der Sanierungsprüfung kritisch beurteilt.

[14] S. die kurze Beschreibung dieser Ansätze bei *Brandstätter* (1993), S. 68 ff.; *Brandstätter* selbst schlägt vor, die Sanierungsprüfung durch Einsatz der elektronischen Datenverarbeitung zu unterstützen. Sog. Expertensysteme – also Programme, mit denen das Spezialwissen und die Schlussfolgerungsfähigkeit von Fachleuten auf eng begrenzten Aufgabengebieten nachgebildet werden soll – sollen den Prozess der Entscheidungsfindung, der durch die Unvollständigkeit und Unsicherheit der verfügbaren Informationen geprägt ist, verbessern. S. *Brandstätter* (1993), S. 107 ff.

seinerseits auf Prämissen fußen, deren Erfüllbarkeit unsicher ist. In der deutschen Sanierungspraxis sind Konzepte, die die Sanierungsfähigkeit von der Erfüllung gewisser Voraussetzungen abhängig machen, häufig.[15] Diese Voraussetzungen können sich etwa auf die Lösbarkeit von Eigenkapital- oder Liquiditätsproblemen oder die Mobilisierbarkeit ausreichender und qualifizierter Managementkapazitäten beziehen. Außerdem muss ein Sanierungskonzept zahlreiche Maßnahmen (etwa zur Reduzierung der Kosten der Leistungserstellung oder zur Umsatzsteigerung) enthalten, deren Einfluss auf die zukünftige Ertragslage nicht immer einfach abzuschätzen ist.[16] Die sog. „Planverprobungsrechnungen", die ein rechnerisches Abbild der zukünftigen Unternehmensentwicklung unter Berücksichtigung des Sanierungskonzepts über einen Zeitraum von etwa drei Jahren geben sollen,[17] sind also mit erheblichen Unsicherheiten belastet. Auch die Ermittlung des Liquidationswerts ist mit Schwierigkeiten verbunden (s. bereits oben Kap. 2, C.II.5.c. in diesem Teil).

Die Belastung der Sanierungswürdigkeitsprüfung mit den Problemen der Unternehmensbewertung und mit weiteren Problemen praktischer Art[18] darf jedoch nicht dazu führen, dass auf einen Vergleich des Fortführungswerts mit dem Liquidationswerts verzichtet[19] oder die Entscheidung zwischen Fortführung und Liquidation des Unternehmens sogar ganz Willkür oder Zufall überlassen wird. Gelingt im Rahmen der Sanierungswürdigkeitsprüfung eine realistische Einschätzung der Marktchancen des Unternehmens unter Berücksichtigung des Sanierungskonzepts so dürfte damit schon viel gewonnen sein. Zwar ist zu konstatieren, dass gerade in den kritischen Grenzfällen, in denen sich Fortfüh-

---

15 S. *Eidenmüller* (1999), S. 296 f.

16 Zu den Problemen im Zusammenhang mit der Entwicklung von Sanierungskonzepten gibt es eine umfangreiche Fachliteratur; vgl. etwa die Nachweise bei *Braun/Uhlenbruck* (1997), S. 244 Fn. 68.

17 *Braun/Uhlenbruck* (1997), S. 246; *Eidenmüller* (1999), S. 295 f.

18 *Eidenmüller* sieht ein praktisches Problem in den Eigeninteressen des Erstellers eines Sanierungsgutachtens. So habe eine Unternehmensberatungsgesellschaft oftmals ein Interesse daran, die Sanierungswürdigkeit zu bejahen, weil ihre Tätigkeit dann – anders als im Falle der Liquidation – regelmäßig nicht beendet sei und weil die Unternehmensfortführung ein positives Signal aussende, das auf das Image der Beratungsgesellschaft zurückwirke. S. *Eidenmüller* (1999), S. 762.

19 In der Praxis wird in Sanierungsgutachten nicht in allen Fällen ein Vergleich zwischen Fortführungs- und Liquidationswert vorgenommen; *Eidenmüller* (1999), S. 762 Rn. 301.

rungs- und Liquidationswert in etwa die Waage halten, die Sanierungswürdigkeitsprüfung aufgrund der zahlreichen Unsicherheitsfaktoren auch keine klare Antwort liefern wird. In diesen Fällen wird sie jedoch zumindest eine bewusste Entscheidung in Kenntnis der mit einem Sanierungsversuch verbundenen Risiken ermöglichen. Ein gesetzliches Insolvenzverfahren sollte daher Spielraum für eine Entscheidung zwischen Unternehmensfortführung und –liquidation lassen, die dem ökonomischen Ziel der Auswahl der „richtigen", d.h. wertmaximierenden Verwertungsalternative verpflichtet ist. Es sollte keine Verwertungsalternative von vornherein durch die Verfahrensgestaltung bevorzugt sein.

B. Suboptimale Verwertungsentscheidungen im Verfahren nach Chapter 11 Bankruptcy Code

I. Die Untersuchung von *Hotchkiss*

In einer 1995 veröffentlichten Untersuchung von *Hotchkiss* wurde die Performance von Unternehmen untersucht, die ein Reorganisationsverfahren nach Chapter 11 BC durchlaufen haben.[20] Von insgesamt 806 Aktiengesellschaften, die zwischen Oktober 1979 und September 1988 in ein Verfahren nach Chapter 11 BC eintraten, wurden Daten derjenigen 197 Unternehmen ausgewertet, die das Verfahren als Aktiengesellschaften mit gehandelten Anteilen verließen. Um Anhaltspunkte für die Performance dieser Unternehmen in den Geschäftsjahren nach Abschluss des Verfahrens zu erhalten, wurden Erfolgskennzahlen auf der Basis der erzielten Cashflows ermittelt.[21] Die nach Verfahrensabschluss erzielten Cashflows wurden mit den Plan-Cashflows, die dem Reorganisationsplan zugrunde lagen, verglichen.[22] Außerdem wurde überprüft wie viele der Unternehmen nach Abschluss des Verfahrens erneut in ein Reorganisationsverfahren oder Liquidationsverfahren eintreten mussten.

---

20 *Hotchkiss*, j. of finance 1995, S. 3 ff.

21 Dabei standen für alle untersuchten Unternehmen Daten für die ersten drei Jahre nach Abschluss des Insolvenzverfahrens zur Verfügung. Für 80 Prozent der Unternehmen waren sogar Daten für die ersten fünf Jahre nach Verfahrensabschluss verfügbar; *Hotchkiss*, j. of finance 1995, S. 6.

22 Nur für 72 der untersuchten Unternehmen waren Cashflow-Planwerte erhältlich; *Hotchkiss*, j. of finance 1995, S. 11.

Die Studie kam dabei zu folgenden Ergebnissen:

- Im ersten Geschäftsjahr nach dem Jahr der Planbestätigung erzielten 40,7 Prozent der untersuchten Unternehmen negative Cashflows. In den darauf folgenden vier Jahren bewegte sich dieser Wert zwischen 35,6 und 39,4 Prozent.[23] Die Performance der untersuchten Unternehmen, gemessen anhand der Kennzahlen Cashflow/Umsatz und Cashflow/Unternehmensvermögen, war in rund 70 Prozent der Fälle schlechter als die durchschnittliche Performance aller Unternehmen der entsprechenden Branchen. Dieser Prozentwert wies in den fünf Jahren im Anschluss an die Planbestätigungen keine wesentlichen Veränderungen auf.[24]
- In etwa 70 Prozent der Fälle konnten die reorganisierten Unternehmen die Plan-Cashflows im Jahr der Planbestätigung und in den beiden darauffolgenden Jahren nicht erreichen.[25] Die negativen Abweichungen von den Planwerten waren dabei erheblich.[26]
- 63 der untersuchten 197 Unternehmen (32 Prozent) mussten innerhalb des Untersuchungszeitraums von fünf Jahren nach Abschluss des Chapter 11-Verfahrens erneut Reorganisationsmaßnahmen ergreifen oder wurden liquidiert. 35 dieser 63 Unternehmen durchliefen dabei das gesetzliche Reorganisations- oder Liquidationsverfahren. Der Rest versuchte eine freie Sanierung (23 Unternehmen) oder wurde außergerichtlich liquidiert (5 Unternehmen).[27] Die durchschnittliche Zeitspanne bis zum erneuten Ergreifen von Reorganisationsmaßnahmen oder bis zur Liquidation betrug 3,8 Jahre.[28]

Die Ergebnisse der Studie von *Hotchkiss* zeigen, dass ein Großteil der Unternehmen, die ein Verfahren nach Chapter 11 BC verlassen, nicht dauerhaft lebensfähig ist. Damit wird die bereits zuvor von anderen Autoren geäußerte Ansicht unterstützt, dass das US-amerikanische Insolvenzrecht in zu starkem Maße die Reorganisation von Unternehmen fördert und durch diese Tendenz zur Unternehmensfortführung die optimale Allokation des Unternehmensvermögens

---

23 *Hotchkiss*, j. of finance 1995, S. 10, Table II.
24 *Hotchkiss*, j. of finance 1995, S. 10, Table II.
25 *Hotchkiss*, j. of finance 1995, S. 13, Table IV.
26 S. im Einzelnen *Hotchkiss*, j. of finance 1995, S. 13, Table IV.
27 *Hotchkiss*, j. of finance 1995, S. 15.
28 *Hotchkiss*, j. of finance 1995, S. 15.

verhindert.[29] Die Erwirtschaftung negativer Cashflows durch einen großen Teil der untersuchten Unternehmen in den Jahren nach Abschluss der Reorganisation belegt, dass die Sanierungsfähigkeit und –würdigkeit der Unternehmen oftmals nicht gegeben war. Da sich die Performance der Unternehmen in den Jahren nach Verfahrensabschluss nur unwesentlich verändert hat, kann dieser Feststellung auch kaum entgegengehalten werden, dass ein Unternehmen nach einer Krise eben einige Jahre brauche, um sich endgültig zu erholen. Der häufige Wiedereintritt in ein Reorganisationsverfahren und die spätere Liquidation von Unternehmen in einigen Fällen unterstreichen die These, dass die Gestaltung des Verfahrens nach Chapter 11 BC oftmals zu fehlerhaften Fortführungsentscheidungen führt.[30]

II. Erklärungsversuche für die Tendenz zur Reorganisation

Es fragt sich, welche Eigenschaften des Verfahrens nach Chapter 11 BC eine zu häufige Fortführung nicht sanierungswürdiger Unternehmen begünstigen. Die Beantwortung dieser Frage lässt möglicherweise Schlussfolgerungen darüber zu, ob auch dem deutschen Insolvenzplanverfahren eine Tendenz zu Fehlallokationen innewohnt.

Der US-amerikanische Gesetzgeber ließ sich bei der Gestaltung des Verfahrens nach Chapter 11 BC von dem Glauben leiten, dass die Fortführung eines Unternehmens in aller Regel seiner Liquidation vorzuziehen sei.[31] Dass dies unzutreffend ist, belegt die Untersuchung von *Hotchkiss,* die zeigt, dass die regelmäßige Bevorzugung der Reorganisationsalternative in vielen Fällen zur Erhaltung ertragsschwacher, nicht lebensfähiger Unternehmen führt. Vor dem Hintergrund

---

[29] S. *Bradley/Rosenzweig*, 101 Yale L.J. 1992, S. 1045 m.w.N. in Fn. 11; *White*, 3 (Number 2) j. of econ. perspectives 1989, S. 129 ff., insbes. S. 138 ff. S. auch *White*, j. of law, econ., & org. 1994, S. 268 ff., die die Entscheidung zwischen Fortführung und Liquidation eines Krisenunternehmens im US-amerikanischen Insolvenzrecht anhand eines spieltheoretischen Modells untersucht.

[30] Ein populäres Bsp. für das Phänomen, dass Unternehmen nach Durchlaufen eines Chapter 11-Verfahrens nicht selten nach wenigen Jahren zum zweiten Mal in dieses Verfahren eintreten, stellt der Fall der Fluggesellschaft TWA dar. (Ihr zweimaliger Eintritt in das Reorganisationsverfahren zwischen 1993 und 1995 führte zu der scherzhaften Bezeichnung „Chapter 22".) *Brealey/Myers* (1996), S. 506.

dieser gesetzgeberischen Überzeugung erstaunt es jedoch nicht, dass die Ausgestaltung des Chapter 11-Verfahrens dem Management eines Krisenunternehmens Anreize bietet, das Reorganisationsverfahren durch eine „voluntary petition" (s. 11 USC § 301) auszulösen.

Solche Anreizwirkungen haben zunächst die Vorschriften, die dem Management *direkte persönliche Vorteile* bieten, weil sie zur Sicherung seiner Position beitragen. So belassen die Vorschriften über den „debtor in possession" den Managern des Schuldnerunternehmens im Verfahren in aller Regel die Verfügungsberechtigung über die Insolvenzmasse und das Recht zur Weiterführung des Geschäftsbetriebs. Die Bestellung eines „trustee" erfolgt nur in seltenen Ausnahmefällen.[32] Die komfortable Position des Managements im Reorganisationsverfahren wird durch das exklusive Planvorlagerecht des Gemeinschuldners innerhalb der ersten 120 Tage nach Verfahrenseröffnung gefestigt, s. 11 USC § 1121 (b).[33] Darüber hinaus bietet das Verfahren nach Chapter 11 BC den Managern gute Aussichten, einen Reorganisationsplan durchzusetzen und so auf absehbare Zeit im Amt zu bleiben, da die Planbestätigung gem. 11 USC §§ 1126 (c), (d), 1129 möglich ist, ohne dass sämtliche Gläubiger und Anteilsinhaber zustimmen müssen. Die gem. 11 USC § 1129 (a)(11) im Rahmen der Planbestätigung notwendige gerichtliche Prognose hinsichtlich der Überlebensfähigkeit des Unternehmens[34] steht der Planbestätigung – wie die Untersuchung von *Hotchkiss* belegt – oftmals auch dann nicht im Wege, wenn das Unternehmen in Wahrheit nicht dauerhaft erhaltungsfähig ist. Das Management ist offenbar in vielen Fällen in der Lage dem Insolvenzgericht Planprognosen zu „verkaufen", die sich später als unrealistisch erweisen.

Ein Anreiz zum Eintritt in ein Verfahren nach Chapter 11 BC könnte außerdem in der Aussicht bestehen, Vermögensumverteilungen *zu Gunsten der Anteilsinhaber* (und zu Lasten der übrigen Kapitalgeber) des Unternehmens zu erreichen. Anders als in einem Liquidationsverfahren, in dem sich die Verteilung der Erlöse aus der Veräußerung des Unternehmensvermögens streng nach der Rangfolge der bestehenden Rechte richtet, sind bei einer Reorganisation Abweichun-

[31] S. dazu den Ersten Teil der Arbeit, Kap. 2, D.
[32] Vgl. 11 USC §§ 1101 (1), 1104, 1107, 1108 sowie oben Erster Teil, Kap. 3, A.II. a.E.
[33] S. auch oben Erster Teil, Kap. 3, A.III.1.

gen von dieser streng rechtlichen Rangfolge möglich, da kein Veräußerungserlös in Geld verteilt werden kann. In der US-amerikanischen Reorganisationspraxis kommt es daher in vielen Fällen zu Abweichungen von der absoluten Vorrangsregel durch Vermögensumverteilungen zu Gunsten der Anteilsinhaber.[35] Handeln die Manager im Interesse der Anteilsinhaber, so werden sie daher die Eröffnung eines Reorganisationsverfahrens auch in den Fällen beantragen, in denen die Liquidation die günstigere Verwertungsalternative ist.[36] Die Problematik besteht mit anderen Worten in der Verknüpfung der Frage der Vermögensverteilung unter den Kapitalgebern mit der Verwertungsentscheidung: Streben die Manager eine Besserstellung der Anteilsinhaber entgegen den Vorgaben der a.p.r. an, so muss ihr Ziel eine Unternehmensreorganisation sein. Die Möglichkeit, die Weichen in Richtung auf eine Reorganisation zu stellen, hat ihnen der Gesetzgeber mit den Vorschriften über die „voluntary petition“, den „debtor-in-possession“ und das exklusive Planvorlagerecht während einer Frist von 120 Tagen an die Hand gegeben. Das US-amerikanische Reorganisationsrecht gibt damit Anreize zur Auslösung eines Reorganisationsverfahrens aus verteilungspolitischen Motiven und setzt sich so in Widerspruch zu den Interessen des Kollektivs der Kapitalgeber an der Maximierung des haftenden Schuldnervermögens.[37]

Ob die Möglichkeit, Vermögensumverteilungen zu Gunsten der Anteilsinhaber zu erreichen, tatsächlich ein leitendes Motiv für die Auslösung eines Reorganisationsverfahrens durch die Manager eines Krisenunternehmens ist, dürfte wesentlich von dem Verhältnis abhängig sein, das zwischen Managern und Anteilsinhabern besteht. Welchen Druck können die Anteilsinhaber auf das Management ausüben und welchen Einfluss haben demgegenüber andere Interessengruppen, z.B. die Großkreditgeber? Sind die Manager auch selbst Anteilsinhaber und steht daher ihre eigene Investition mit auf dem Spiel? Ein zweiter wesentli-

---

[34] S. zu diesem „feasibility requirement“ bereits oben Erster Teil, Kap. 3, A.III.4.a.

[35] S. dazu ausführlich oben Kap. 3, C. in diesem Teil.

[36] Vgl. *White*, 3 (Number 2) j. of econ. perspectives 1989, S. 147: „...managers, representing equity, always prefer reorganization over liquidation, because by reorganizing they can transfer income from creditors to equity.“; s. auch *Bradley/Rosenzweig*, 101 Yale L.J. 1992, S. 1045 f.

[37] In diesem Zusammenhang ist auch die Warnung von *Baird* und *Jackson* vor einem „forum shopping“ zu sehen; vgl. Erster Teil, Kap. 2, B.

cher Faktor dürfte in der Höhe der durch die Durchführung einer Reorganisation erreichbaren Umverteilung zu sehen sein. Die oben[38] wiedergegebene Untersuchung von *LoPucki* und *Whitford*, die sich auf Großunternehmen beschränkt, ermittelt verhältnismäßig geringe prozentuale Anteile der Aktionäre am an ungesicherte Gläubiger und Aktionäre insgesamt zu verteilenden Vermögen. Die Prozentwerte von meistens etwa 5 Prozent sprechen eher gegen eine starke Beeinflussung des Managements durch den Umverteilungsaspekt. Andererseits können auch diese relativ geringen Werte einen Anreiz für eine Unternehmensfortführung bieten, wenn die Alternative in dem sicheren Totalverlust des Kapitals der Anteilsinhaber in einem Liquidationsverfahren besteht.

Abschließend sei erwähnt, dass die Ursachen für fehlerhafte Fortführungsentscheidungen nicht ausschließlich in der Ausgestaltung des Verfahrens nach Chapter 11 BC gesucht werden können. Zum Teil sind sicherlich auch Regelungen außerhalb des Insolvenzrechts für diese Entscheidungen mitbestimmend.[39]

C. Die Allokationsentscheidung im Insolvenzplanverfahren

Eidenmüller glaubt, dass die Abstimmungsregeln über Insolvenzpläne so beschaffen sind, „...dass fortführungswürdige Unternehmen unter Umständen nicht fortgeführt, sondern liquidiert werden.“[40] Er verdeutlicht seine Ansicht anhand des folgenden, weitgehend von *Hart* übernommenen,[41] Beispiels: „Nehmen wir an, die Liquidation (...) (eines) Unternehmens erbringe einen Erlös von 9 Mio. DM, sein Fortführungswert betrage 11 Mio. DM. Dieser Fortführungswert ergebe sich als Mittel zweier gleich wahrscheinlicher Szenarien: Ist die Reorganisation erfolgreich, liege der Unternehmenswert bei 18 Mio. DM, ist sie erfolglos, liege er bei 4 Mio. DM. Nehmen wir weiter an, die Forderungen der gesicherten Gläubiger belaufen sich auf 10 Mio. DM. Obwohl die Unternehmensfortführung wirtschaftlich die richtige Entscheidung ist (11 Mio. DM > 9 Mio.

---

38 S. Kap. 3, C.I. in diesem Teil.

39 Zu denken ist vor allem an steuerliche Regelungen. So können steuerliche Vorteile durch einen Verlustvortrag zwar im Falle der Fortführung, nicht jedoch bei einer Liquidation des Unternehmens realisiert werden; *Brealey/Myers* (1996), S. 507.

40 *Eidenmüller* (1999), S. 74; *Eidenmüller* sieht hier unter dem Aspekt der Maximierung der Haftungsmasse einen „...gravierenden Konstruktionsfehler des Insolvenzplanverfahrens.“

DM), werden die gesicherten Gläubiger gegen eine Fortführung votieren. Bei einer Liquidation erhalten sie 9 Mio. DM (gesicherte Gläubiger sind vorrangig zu befriedigen), bei Fortführung können sie 7 Mio. DM erwarten (10 Mio. DM bei erfolgreicher Sanierung und 4 Mio. DM bei einem Scheitern – beide Szenarien sind gleich wahrscheinlich). Die Regelungen der Insolvenzordnung über das Obstruktionsverbot verhindern nicht, dass der vorgelegte Reorganisationsplan an dem Widerstand der gesicherten Gläubiger scheitert. Der Plan stellt diese Gruppe nämlich schlechter, als sie ohne einen Plan stünde (§ 245 I Nr. 1 InsO). Damit wird eine sinnvolle Unternehmensfortführung vereitelt."[42] Angesichts „...hoher Transaktionskosten bei einer Vielzahl von Beteiligten, strategischem Verhalten und asymmetrischer Verteilung bewertungssensitiver Informationen..."[43] sei es auch keineswegs sicher, dass es in Verhandlungen, in denen die ungesicherten Gläubiger den gesicherten im Gegenzug für das Einverständnis zu einer Unternehmensfortführung Zugeständnisse machen könnten, zur Durchsetzung der effizienten Lösung käme.[44]

Für den umgekehrten Fall, dass ein Unternehmen nicht sanierungswürdig ist, weil sein Liquidationswert seinen Fortführungswert übersteigt, kommt *Eidenmüller* hingegen zu dem Ergebnis, dass sich die effiziente Lösung durchsetzt: Es kommt zur Liquidation des Unternehmens.[45] Zur Veranschaulichung dieses Ergebnisses modifiziert *Eidenmüller* das obige Beispiel dahingehend, dass sich der Unternehmenswert bei erfolgreicher Reorganisation nur noch auf 12 Mio. DM beläuft und der erwartete Fortführungswert deshalb 8 Mio. DM beträgt (das Mittel aus 12 Mio. DM und 4 Mio. DM).[46] Wie im ersten Beispiel würden die gesicherten Gläubiger für die – diesmal allerdings effiziente – Liquidation votieren, während die ungesicherten Gläubiger nach wie vor eine Unternehmensfortführung vorziehen würden. Auch in diesem Fall könnten die gesicherten Gläubiger einen Reorganisationsplan blockieren, weil er sie schlechter stellt, als eine Liquidation des Unternehmens ohne Plan (§ 245 I Nr. 1 InsO). Der Widerstand

---

41 *Hart* (1995), S. 166 f.

42 *Eidenmüller* (1999), S. 71 f.; vgl. auch *Eidenmüller* (1997), S. 157 f.

43 *Eidenmüller* (1997), S. 157.

44 Näher *Eidenmüller* (1999), S. 71 f.; vgl. auch *Hart* (1995), S. 168 f.

45 S. *Eidenmüller* (1999), S. 72 f.; *Eidenmüller* (1997), S. 157 f.

46 S. zu diesem modifizierten Beispiel *Eidenmüller* (1999), S. 73 und *Eidenmüller* (1997), S. 157 f.

der ungesicherten Gläubiger gegen einen Liquidationsplan würde hingegen regelmäßig an dem Obstruktionsverbot scheitern, weil der Plan diese Gläubiger nicht schlechter stellen würde, als eine „planlose" Liquidation. Falls der Anwendung des Obstruktionsverbots im Einzelfall entgegenstünde, dass die Mehrheit der abstimmenden Gruppen den Liquidationsplan abgelehnt hat (§ 245 I Nr. 3 InsO), käme es zwar nicht zu einer Planbestätigung. Die Liquidation würde dann jedoch durch den Insolvenzverwalter, der die Insolvenzmasse bestmöglich zu Gunsten der Gläubiger zu verwerten habe (vgl. § 159 InsO), im gesetzlichen Regelverfahren durchgeführt.

Folgt man den Überlegungen von *Eidenmüller*, so liegt der Schluss nahe, dass im deutschen Insolvenzplanverfahren – anders als im US-amerikanischen Reorganisationsverfahren – die Fortführung nicht sanierungswürdiger Unternehmen kein regelmäßig auftretendes Problem ist.[47] Die Regeln des Insolvenzplanverfahrens über die Abstimmung und Planbestätigung sorgen demnach für die Wahl der effizienten Liquidationsalternative. Angesichts der Ähnlichkeit dieser Regeln im Verfahren nach Chapter 11 BC und im Insolvenzplanverfahren ist jedoch nicht ohne weiteres ersichtlich, warum es nur im US-amerikanischen Verfahren zu fehlerhaften Fortführungsentscheidungen kommen soll. Denn auch das Verfahren nach Chapter 11 BC räumt den gesicherten Gläubigern prinzipiell die Möglichkeit ein, einen Reorganisationsplan zu blockieren, der sie gegenüber der Liquidationsalternative schlechter stellt, s. 11 USC § 1129 (a)(7). Dass sich in den USA dennoch oftmals die ungünstigere Reorganisationsalternative durchsetzt, deutet darauf hin, dass die Schutzmechanismen des 11 USC § 1129 in der Praxis (z.B. aufgrund der mit der Anwendung verbundenen Bewertungsschwierigkeiten) nicht verlässlich genug greifen.[48] Daher können die oben[49] genannten Verfahrenscharakteristika – insbesondere die Anreize und Möglichkeiten, die

[47] Der Darstellung *Eidenmüllers* zufolge wäre der umgekehrte Fall der zu häufigen Liquidation sanierungswürdiger Unternehmen der problematischere. Dieser Fall ist in den USA bislang kaum Gegenstand empirischer Untersuchungen gewesen (s. *Hart* (1995), S. 168 Fn. 16) und soll daher (mangels näherer Anhaltspunkte) im Folgenden – auch im Hinblick auf das deutsche Insolvenzverfahren – nicht weiter verfolgt werden.

[48] S. zu den Bewertungsschwierigkeiten oben Zweiter Teil, Kap. 2, C. Vgl. hinsichtlich des Cram Down-Verfahrens auch *Hart* (1995), S. 167 Fn. 15: „The cram-down procedure cannot be relied upon, however; among other things, it requires an accurate judicial evaluation of the company's liquidation value." *Hart* (1995), S. 167 Fn. 15.

[49] S. B.II.

das Chapter 11-Verfahren dem Unternehmensmanagement bietet – offenbar dazu führen, dass ein nicht erhaltungswürdiges Unternehmen fortgeführt wird.

Da auch im Insolvenzplanverfahren damit gerechnet werden muss, dass der Schutz des § 245 I Nr. 1 InsO nicht immer greift[50] bzw. von den Gläubigern gar nicht erst in Anspruch genommen wird,[51] fragt sich, ob das deutsche Verfahren in gleichem Maße wie das US-amerikanische reorganisationsbegünstigende Eigenschaften aufweist. In diesem Fall wäre auch im deutschen Verfahren mit der Fortführung nicht sanierungswürdiger Unternehmen zu rechnen.

Bereits die Formulierung der Reformziele des deutschen Gesetzgebers, der die „...bestmögliche Verwertung des Schuldnervermögens..."[52] anstrebte und keine Verwertungsart bevorzugen wollte, deutet darauf hin, dass die Tendenz zur Reorganisation von Unternehmen im deutschen Insolvenzverfahren weniger ausgeprägt ist als im US-amerikanischen.[53] Auch aus § 1 InsO, der die Ziele des Insolvenzverfahrens formuliert, wird deutlich, dass es sich um ein einheitliches Verfahren handeln soll, das die optimale Allokation des Unternehmensvermögens ermöglicht.[54]

Dementsprechend bietet das deutsche Verfahren den Managern eines Unternehmens geringere persönliche Vorteile, wenn sie eine Reorganisation anstreben:

---

50 Dies kann auch im deutschen Planverfahren mit Bewertungsschwierigkeiten zusammenhängen; vgl. oben Zweiter Teil, Kap. 2, D.

51 *Kübler* glaubt, dass ein Schuldner die Gläubiger oftmals durch geschickte Präsentation seines Konzepts zur Zustimmung bewegen kann: „Ein geschickter Schuldner, der sich glaubwürdig darstellt, hat große Chancen, seinen Plan „durchzubekommen", wenn den Gläubigern in diesem Plan Quoten geboten werden, die bei normaler Durchführung des Verfahrens nicht realistisch erscheinen. Hier kann das Verfahren zur reinen Glaubenssache werden, der bessere Rhetoriker – Schuldner oder Verwalter – setzt sich durch. Ist dies der Schuldner, können die Gläubiger geneigt sein, nach dem Motto: „...lasst uns doch erst mal sehen, ob wir unsere Quote bekommen..." dem Plan zuzustimmen. Die Gefahr besteht jedoch darin, dass in der Folgezeit das vorhandene Vermögen weiter dezimiert wird..."; *Kübler* (2000), S. 66. Zur Einigungsbereitschaft der Beteiligten im Insolvenzplanverfahren s. auch oben Zweiter Teil, Kap. 2, E.IV.

52 Allgemeiner Teil der Begründung zum RegE der Insolvenzordnung, Gliederungspunkt A.3.a)aa), abgedruckt in: *Balz/Landfermann* (1999), S. 143.

53 Näher zu den Reformzielen des deutschen Gesetzgebers oben Erster Teil, Kap. 2, D.

54 Vgl. die Begr. zu § 1 des RegE der InsO, abgedruckt in: *Balz/Landfermann* (1999), S. 202 ff.

Unabhängig von der späteren Wahl der Verwertungsform geht mit Verfahrenseröffnung die Verwaltungs- und Verfügungsbefugnis über das zur Insolvenzmasse gehörende Vermögen auf den Insolvenzverwalter über, § 80 I InsO. Nach der Absicht des Gesetzgebers[55] soll der Schuldner zwar in Ausnahmefällen berechtigt sein, die Insolvenzmasse nach Verfahrenseröffnung weiterhin zu verwalten und über sie zu verfügen, vgl. §§ 270 ff. InsO. Die Möglichkeit der Eigenverwaltung ist jedoch nicht von der Wahl einer bestimmten Verwertungsform abhängig. Das Insolvenzplanverfahren sieht für den Fall der Reorganisation auch kein exklusives Planvorlagerecht des Gemeinschuldners vor, wie es im Verfahren nach Chapter 11 BC existiert. Vielmehr sind von Beginn des Verfahrens an gem. § 218 I 1 InsO Schuldner und Insolvenzverwalter, Letzterer ggf. nach Beauftragung durch die Gläubigerversammlung (§§ 157 S. 2, 218 II InsO), zur Planvorlage berechtigt. Durch das Planvorlagerecht verschiedener Beteiligter soll ein „Wettbewerb um die beste Verwertungsart" ermöglicht und somit eine Übergewichtung der Reorganisationsalternative verhindert werden.[56] Allerdings besteht auch im deutschen Insolvenzverfahren für das Management nur im Falle der Unternehmensfortführung eine Aussicht, auf absehbare Zeit im Amt zu bleiben. Unter diesem Aspekt besteht auch in Deutschland ein Anreiz, eine Reorganisation anzustreben. Das Recht, die Planvorlage mit dem Antrag auf Verfahrenseröffnung zu verbinden (§ 218 I 2 InsO), gibt dem Schuldner die Möglichkeit, zu einem frühen Zeitpunkt einen fertig ausgearbeiteten Reorganisationsplan vorzulegen. Andere Pläne, für deren Ausarbeitung im Verfahren wenig Zeit zur Verfügung steht, dürften es schwer haben, mit einem solchen (prepackaged-)Plan zu konkurrieren.

Wie in den USA können auch in Deutschland von der Perspektive, Vermögensumverteilungen zu Gunsten der Anteilsinhaber zu erreichen, Anreize für eine Unternehmensfortführung ausgehen. Im Insolvenzplanverfahren ist mit einer

---

[55] S. die Begr. zum Ersten Abschnitt des Achten Teils des RegE der InsO (jetziger Siebter Teil der InsO), abgedruckt in: *Balz/Landfermann* (1999), S. 526.

[56] Allgemeiner Teil der Begründung zum RegE der Insolvenzordnung, Gliederungspunkt A.3.a)dd), abgedruckt in: *Balz/Landfermann* (1999), S. 144. Das Planvorlagerecht ist in der Gesetz gewordenen Fassung der InsO gegenüber der Fassung des RegE der InsO (§§ 254, 255 RegE) aus Gründen der Verfahrensvereinfachung allerdings beschränkt worden. Der „Architektenwettbewerb" um den besten Plan ist damit deutlich reduziert worden.

Vermögensumverteilung, die im Widerspruch zu den Vorgaben der a.p.r. steht, zwar weniger aufgrund der Möglichkeiten der Anteilsinhaber und Manager zur Verfahrensverzögerung zu rechnen. Wertverschiebungen können sich jedoch aufgrund der Vorschrift des § 217 InsO ergeben, die Eingriffe in die Rechtsstellung von Gesellschaftern nicht zulässt.[57] Die fehlende Möglichkeit, im Insolvenzplanverfahren in Gesellschafterrechte einzugreifen, führt also nicht nur zu Abweichungen von der a.p.r.; sie setzt Anteilsinhabern und ggf. den in ihrem Interesse handelnden Managern darüber hinaus Anreize, aus verteilungspolitischen Motiven eine Reorganisation anzustreben. Die Aussichten der Manager, ihren Reorganisationsplan durchzusetzen, sind allerdings aufgrund der gegenüber dem Verfahren nach Chapter 11 BC verminderten Machtbefugnisse (insbesondere im Hinblick auf die Verwaltungs- und Verfügungsbefugnis und das Planvorlagerecht) schlechter als in den USA.

Als Ergebnis ist festzuhalten, dass auch im deutschen Insolvenzverfahren mit der Fortführung nicht erhaltungswürdiger Unternehmen gerechnet werden muss. Ebenso wenig wie im US-amerikanischen Reorganisationsverfahren kann im deutschen Insolvenzplanverfahren davon ausgegangen werden, dass die Regeln über die Abstimmung und die Planbestätigung in jedem Fall die Wahl der effizienten Liquidationsalternative gewährleisten. Allerdings stellen sich die Regelungen des Insolvenzplanverfahrens insofern günstiger dar, als die Anreize für das Unternehmensmanagement, eine Reorganisation anzustreben, im Vergleich zum US-amerikanischen Recht – wenngleich vorhanden – weniger ausgeprägt sind; auch sind die Möglichkeiten des Managements, einen eigenen Reorganisationsplan durchzusetzen, geringer. Völlig zu beheben ist das Problem der fehlerhaften Allokation des Unternehmensvermögens jedoch nur, wenn die Verwertungsentscheidung von der Frage der Verteilung der Haftungsmasse unter den Kapitalgebern abgekoppelt wird.[58] Solange eine bestimmte Verwertungsform (z.B. die Reorganisation) einzelne Kapitalgeber durch Umverteilungsgewinne begünstigt, wird deren Verwertungsentscheidung auch von Verteilungsgesichtspunkten abhängen. Die Maximierung der Haftungsmasse ist dann nicht gewähr-

[57] S. dazu ausführlich oben Kap. 3, D. in diesem Teil.

[58] Vgl. etwa *Hart/La Porta Drago/Lopez-de-Silanes/Moore*, LSE Discussion Paper No. 254 (1997), S. 3

leistet. Entsprechendes gilt, wenn eine Verwertungsform mit persönlichen Vorteilen für das Unternehmensmanagement verbunden ist.

Die bislang geringe Zahl der Insolvenzplanverfahren in Deutschland widerlegt die These, dass es auch im deutschen Verfahren zur Fortführung nicht sanierungswürdiger Unternehmen kommen wird, nicht.[59] Sie ist lediglich Ausdruck der (bis dato) verhältnismäßig großen Skepsis gegenüber dem Insolvenzplanverfahren.[60] Zur Beantwortung der Frage, welcher Anteil der in diesen Verfahren reorganisierten Unternehmen zu Unrecht fortgeführt wurde, muss erst abgewartet werden, wie viele der unternommenen Reorganisationsversuche letztlich scheitern, weil sie nicht zur Schaffung dauerhaft lebensfähiger Unternehmen führen.

D. Zusammenfassung

Ein Unternehmen kann als sanierungswürdig bezeichnet werden, wenn sein Fortführungswert (nach Abzug eines zur Sicherstellung der weiteren Existenz ggf. zuzuführenden Kapitalbetrags) seinen Liquidationswert übersteigt. In diesem Fall stellt die Fortführung des Unternehmens eine sinnvolle Investitionsentscheidung dar. Eine Sanierungswürdigkeitsprüfung ist mit schwerwiegenden (Bewertungs-)Problemen behaftet. Sie ist jedoch als Grundlage der Entscheidung über eine Unternehmensfortführung unverzichtbar.

Die Studie von *Hotchkiss* aus dem Jahre 1995 belegt, dass in den USA ein großer Teil der Unternehmen, die ein Reorganisationsverfahren nach Chapter 11 BC verlassen, nicht dauerhaft lebensfähig ist. Offenbar kommt es im Verfahren nach Chapter 11 BC häufig zu dem Versuch, nicht sanierungswürdige Unternehmen zu reorganisieren. Dieses Phänomen lässt sich mit der Ausgestaltung des Chapter 11-Verfahrens erklären, die verschiedene Anreize bietet, eine Reorganisation anzustreben. Das Management profitiert vor allem von den direkten

---

[59] S. zur bislang zwar geringen, aber offenbar stark steigenden Zahl der Planverfahren die Einführung der Arbeit (unter 1., insbes. Fn. 13 dort). Es kann davon ausgegangen werden, dass die weitaus meisten Planverfahren mit dem Ziel einer Unternehmensreorganisation initiiert wurden.

[60] Vgl. dazu unten Kap. 5, B.II.2. in diesem Teil.

persönlichen Vorteilen, die ihm ein Reorganisationsverfahren bietet. Die Anteilsinhaber (und ggf. die in ihrem Interesse handelnden Manager) können sich von einer Reorganisation Vermögensumverteilungen zu ihren Gunsten erhoffen.

Auch in Deutschland gibt es Anreize für Manager und Anteilsinhaber, eine Reorganisation anzustreben. Die Aussicht, eine Vermögensumverteilung zu Gunsten der Anteilsinhaber zu erreichen, beruht allerdings auf anderen Ursachen: Sie ist in erster Linie auf die fehlende Möglichkeit, im Insolvenzplanverfahren in Gesellschafterrechte einzugreifen, zurückzuführen. Immerhin sind die Anreize für das Management, eine Reorganisation zu versuchen, insgesamt schwächer und seine Möglichkeiten, einen Reorganisationsplan durchzusetzen, schlechter als in den USA. Dennoch muss auch in Deutschland mit einer Fortführung nicht sanierungswürdiger Unternehmen gerechnet werden, da die Regeln des Insolvenzplanverfahrens über die Abstimmung und Planbestätigung derartige Fehlallokationen kaum in jedem Fall verhindern können.

Kapitel 5: Die Kosten des US-amerikanischen Reorganisationsverfahrens und des deutschen Insolvenzplanverfahrens

Neben den Schwierigkeiten einer Unternehmensbewertung, den Abweichungen von der absoluten Vorrangsregel und den suboptimalen Allokationsentscheidungen im US-amerikanischen Reorganisationsverfahren, stellen auch die durch das Verfahren ausgelösten Kosten einen Kritikpunkt dar, der näherer Erörterung bedarf. Dabei sollte der Zusammenhang der Kostenproblematik mit den Inhalten der vorangegangenen Kapitel 2 bis 4 nicht übersehen werden: Macht das Insolvenzverfahren gerichtliche Bewertungsentscheidungen erforderlich, so führt dies zu Verfahrensverzögerungen, die mit Kosten für die Kapitalgeber verbunden sind. Ebenso beeinflusst die Durchsetzung der Vorgaben der a.p.r. die Kosten eines Insolvenzverfahrens: Oben[1] sind die Auswirkungen einer Beachtung der a.p.r. bereits unter dem Gesichtspunkt der ökonomischen Effizienz diskutiert worden. Es ging dabei um die – im Ergebnis nicht eindeutig zu beantwortende – Frage, ob sich die Einhaltung der a.p.r. wohlstandserhöhend oder wohlstandssenkend auswirkt. Da höhere Kosten gleichbedeutend sind mit Effizienzverlusten,[2] hätte die gleiche Diskussion auch unter dem Kostenaspekt geführt werden können.[3] Schließlich verursachen auch Fehlallokationen, die durch suboptimale Entscheidungen über die Verwertung des Unternehmensvermögens ausgelöst werden, Kosten. Wird entschieden, dass sanierungswürdige Unternehmen liquidiert werden, so entstehen Kosten durch Vernichtung des Fortführungsmehrwerts. Werden nicht sanierungswürdige Unternehmen fortgeführt, so wird die Liquidation durch die Fortführungsentscheidung – bei Unterstellung eines funktionierenden Marktes – nur hinausgezögert. Kosten entstehen hier durch die Verzögerung der richtigen Verwertungsentscheidung und der optimalen Allokation der Ressourcen.

In diesem Kapitel wird unter Punkt A. zunächst ein Überblick über die (wichtigsten) Kosten, die durch ein Insolvenzverfahren ausgelöst werden, gegeben. Unter Punkt B. wird eine Einschätzung vorgenommen, welches Gewicht den einzelnen Kostenkategorien im US-amerikanischen Reorganisationsverfahren und im deutschen Insolvenzverfahren (insbesondere im Insolvenzplanverfahren) zukommt. Teilweise kann zu diesem Zweck auf empirisches Material zurückgegriffen werden. Zumeist sind jedoch – wenn überhaupt – nur Tendenzaussagen möglich. Punkt C. fasst die Ergebnisse zusammen und würdigt sie kritisch.

A. Die Kosten eines Insolvenzverfahrens

Die folgende Darstellung der Kosten eines Insolvenzverfahrens nimmt eine zeitliche Perspektive ein. Ein Insolvenzverfahren kann prinzipiell innerhalb dreier verschiedener Zeiträume Kosten auslösen:[4]

- noch vor Eintritt der finanziellen Krise eines Unternehmens,
- nach Eintritt der finanziellen Krise, aber vor Eröffnung des Insolvenzverfahrens
- und nach Eröffnung des Insolvenzverfahrens.

1 S. Kap. 3, B.I.
2 Vgl. *White* (1996), S. 479.
3 Vgl. auch sogleich Punkt A.II.1.
4 *White* (1996), S. 479.

Eine Beschränkung der Betrachtung auf einen der drei Zeiträume würde möglicherweise bedeutsame Kostenkategorien außer Acht lassen. Es ist denkbar, dass eine Gesetzesänderung, die zu einer Senkung bestimmter Kosten führt, gleichzeitig an anderer Stelle eine Kostensteigerung zur Folge hat und die Kosten der Insolvenz per Saldo erhöht. Um Anhaltspunkte für die Gestaltung eines gesetzlichen Insolvenzverfahrens zu gewinnen, müssen daher alle Kostenkategorien mit einbezogen werden. Bei der häufig gewählten Einteilung in „direkte" und „indirekte" Kosten der Insolvenz[5] besteht die Gefahr, dass die Kostenfolgen, die die Ausgestaltung eines Insolvenzverfahrens auf solvente Unternehmen hat, übersehen werden. Gerade diese Kostenfolgen können jedoch – selbst wenn die Auswirkungen auf das einzelne Unternehmen gering sein mögen – gesamtwirtschaftlich gesehen bedeutsam sein, da die Zahl der solventen Unternehmen diejenige der insolventen bei weitem übersteigt.[6]

Die Kosten eines Insolvenzverfahrens dürfen nicht mit dem Wertverlust verwechselt werden, den ein Unternehmen durch seinen wirtschaftlichen Niedergang erleidet. Ein Insolvenzverfahren stellt lediglich einen Mechanismus zur Krisenbewältigung zur Verfügung, wenn ein Unternehmen einen wirtschaftlichen Niedergang bis hin zur Insolvenz erlebt. Es ist jedoch nicht die Ursache für die Krise und die mit ihr verbundene Minderung des Unternehmenswerts.[7]

I. Die ex ante anfallenden Kosten der Insolvenz

Es ist denkbar, dass die Ausgestaltung eines Insolvenzverfahrens schon vor dem (nie ganz ausgeschlossenen) Eintritt der finanziellen Krise eines Unternehmens Kosten bei diesem auslöst. Geht man davon aus, dass der Wert eines Unternehmens durch den Arbeitseinsatz seiner Manager beeinflusst wird und dass der Arbeitseinsatz der Manager von ihrer erwarteten Behandlung in einem Insol-

---

[5] S. z.B. *Brealey/Myers* (1996), S. 484 ff.; *Drukarczyk*, BFuP 1995, S. 40 ff.; *Eidenmüller* (1999), S. 74 ff.; *Franke/Hax* (1999), S. 459; *Weiss*, j. of financial econ. 1990, S. 288 f.

[6] *White* (1996), S. 491 spricht von einem Anteil der insolventen Unternehmen an der Gesamtzahl der Unternehmen in den USA von einem Prozent.

[7] S. *Brealey/Myers* (1996), S. 487: "(People) think of the lost value as a cost of bankruptcy. That is the mistake. (...) bankruptcy is a legal mechanism allowing creditors to take over when a firm defaults. Bankruptcy costs are the costs of using this mechanism."

venzverfahren abhängt,[8] so kann die Ausgestaltung des Verfahrens unterschiedlich hohe Kosten verursachen. Rechnen die Manager damit, im Insolvenzverfahren schonend behandelt zu werden und ihre Stellung zu behalten, kann dies ihre Anstrengungen reduzieren, ein Insolvenzverfahren zu vermeiden. Das Management wirtschaftet nachlässiger und der Wert des Unternehmens sinkt. Ein Verfahren, das die Manager im Insolvenzfall weniger schonend behandelt, hätte demgegenüber nach dieser Vorstellung erhöhte Anstrengungen des Managements zur Folge, eine Insolvenz zu verhindern. Der Einfluss auf den Unternehmenswert wäre positiv. Eine strengere Behandlung der Manager in einem Insolvenzverfahren hätte demnach niedrigere Kosten für das Unternehmen zur Folge. Der sog. „punishment effect" wäre geringer.[9] Im Extremfall eines reinen Liquidationsverfahrens, das für die Manager den sicheren Verlust ihrer Stellung bedeutet, wäre der „punishment effect" gleich Null.

Ob diese Zusammenhänge tatsächlich existieren, ist ungewiss. Es kann bereits bezweifelt werden, dass Manager eines gesunden Unternehmens ihren Arbeitseinsatz überhaupt von ihrer erwarteten Behandlung im Insolvenzfall abhängig machen. Doch selbst wenn man davon ausgeht, dass die Ausgestaltung eines Insolvenzverfahrens die Anstrengungen des Managements solventer Unternehmen beeinflusst, ist keineswegs sicher, dass sich eine milde Behandlung des Managements im Insolvenzfall tatsächlich negativ auf dessen Arbeitseinsatz auswirkt. Auch ein motivations- und leistungserhöhender Anreiz durch eine milde Behandlung ist vorstellbar. Die Richtung und selbst die Existenz eines „punishment effect" sind also bislang nicht geklärt.[10]

---

[8] So z.B. *Aghion/Hart/Moore*, j. of law, econ., & org. 1992, S. 531 ff., 538 ff.

[9] Vgl. *White* (1996), S. 479 ff., von der auch der Ausdruck „punishment effect" stammt (s. a.a.O., S. 481).

[10] Vgl. *White* (1996), S. 481, 491. Zu den (hier nicht behandelten) Kosten, die bereits vor der Insolvenz durch Reaktionen von Gläubigern, Arbeitnehmern und anderen Vertragspartnern des Unternehmens auf ihre Behandlung in einem antizipierten Insolvenzverfahren entstehen (z.B. durch entsprechende Gestaltung der Kreditkonditionen), s. die (knappen) Ausführungen bei *Franke/Hax* (1999), S. 460.

II. Kosten eines Insolvenzverfahrens nach Eintritt der finanziellen Krise

Die zweite Kostenkategorie betrifft Unternehmen, die sich in einer finanziellen Krise befinden, über die ein Insolvenzverfahren aber (noch) nicht eröffnet worden ist. Auch in dieser Situation kann die Behandlung der Manager in dem als möglich antizipierten Insolvenzverfahren deren Verhalten beeinflussen und dadurch Kosten verursachen.

1. Manager eines Unternehmens, das sich in einer finanziellen Krise befindet, haben im Falle der Überschuldung einen Anreiz, riskante Investitionen zu tätigen, um die Eröffnung eines Insolvenzverfahrens zu vermeiden. Haben sie mit ihrer riskanten Investition Erfolg, so kann dies zur Beseitigung der Überschuldung führen und eine dauerhafte oder zumindest zeitweilige Fortführung des Unternehmens ohne Eintritt in ein Insolvenzverfahren ermöglichen. Schlägt die Investition fehl, so haben die Gläubiger die Verluste in Form einer niedrigeren Quote im Insolvenzverfahren zu tragen. Unter Umständen kann aus Sicht der Manager sogar ein Investitionsprojekt lohnend sein, dessen Kapitalwert negativ ist.[11] Dieser „overinvestment effect", der bereits oben im Zusammenhang mit der Frage nach den Effizienzwirkungen einer Beachtung der a.p.r. aufgetaucht ist,[12] ist umso stärker, je strenger die Manager in einem Insolvenzverfahren behandelt werden. Können die Manager sicher sein, im Insolvenzfall ihre Stellung zu verlieren, so haben sie nichts zu verlieren und werden sich im Extremfall sogar an einem Glücksspiel beteiligen, um die Eröffnung eines Insolvenzverfahrens zu verhindern. Rechnen die Manager hingegen mit der Möglichkeit, im Insolvenzfall ihre Position zu behalten, so werden sie sehr riskante Investitionen eher meiden.

---

[11] Man stelle sich bspw. ein Investitionsobjekt mit einer Auszahlung von 20 $ vor, das mit einer Wahrscheinlichkeit von 0,15 eine (diskontierte) Einzahlung von 100 $ und mit einer Wahrscheinlichkeit von 0,85 keine Einzahlung bringt. Der Erwartungswert von 15 $ ist niedriger als die Auszahlung. Der negative Kapitalwert der Investition von –5 $ entspricht den Kosten des sog. „overinvestment effect". *White* (1996), S. 484; vgl. auch *Brealey/Myers* (1996), S. 491 f.

[12] S. Kap. 3, B.I.; dort wurde argumentiert, dass eine strenge Einhaltung der a.p.r. die im Interesse der Eigenkapitalgeber handelnden Manager dazu verleite, im Falle der Überschuldung riskante Investitionen zu tätigen. Im Erfolgsfall profitieren die Eigenkapitalgeber von einer Erhöhung des Unternehmensvermögens über den Wert der Verbindlichkeiten hinaus, während ein Fehlschlag allein die Gläubiger belastet.

Neben dem „overinvestment effect" ist auch ein „underinvestment effect" denkbar. Gemeint ist die Möglichkeit, dass Manager eine wirtschaftlich sinnvolle Investitionen in der Situation der Überschuldung nicht durchführen, weil der zu erwartende Gewinn (ohnehin) nicht ausreicht, um die Überschuldung zu beseitigen und die Eröffnung eines Insolvenzverfahrens zu verhindern. Stattdessen werden riskante Investitionen vorgezogen, die – wenn sie auch aus Sicht der Gesamtheit der Kapitalgeber möglicherweise nicht sinnvoll sind – wenigstens die Aussicht auf eine Beseitigung der Überschuldung bieten.[13] Mit einer strengen Behandlung der Manager in einem Insolvenzverfahren erhöht sich der „underinvestment effect", da die Manager sinnvolle Investitionen nur noch dann durchführen, wenn sie mit einem Gewinn rechnen können, der hoch genug ist, um ein Insolvenzverfahren zu verhindern und den Managern ihre Führungspositionen zu erhalten.

„Overinvestment effect" und „underinvestment effect" betreffen eine weitaus geringere Zahl von Unternehmen als der „punishment effect", da sie sich nur auf Krisenunternehmen auswirken. Geht man davon aus, dass der „punishment effect" bei einer milden Behandlung des Managements zu hohen Kosten führt, so sind „over-/underinvestment effect" und „punishment effect" gegenläufig. Eine eindeutige Empfehlung im Hinblick auf die Behandlung des Managements in einem Insolvenzverfahren kann daher ohne nähere Informationen über das tatsächliche Gewicht der Effekte nicht abgegeben werden.

2. In der finanziellen Krise eines Unternehmens können auch dadurch Kosten entstehen, dass die Eröffnung eines Insolvenzverfahrens hinausgezögert wird und damit eine günstigere Allokation des Unternehmensvermögens erst später stattfindet.[14] Werden die Manager in einem Insolvenzverfahren streng behandelt, indem sie mit dem Verlust ihrer Positionen sanktioniert werden, so haben sie einen starken Anreiz, die Verfahrenseröffnung hinauszuzögern. Der sog. „delay effect" ist also tendenziell bei strengerer Behandlung der Manager stärker. Allerdings gilt dies nur, wenn die Ausgestaltung der gesetzlichen Regelungen der Eröffnung eines Insolvenzverfahrens den Managern überhaupt Verzögerungsmöglichkeiten einräumt.

[13] *White* (1996), S. 483 f.

[14] Näher dazu *White* (1996), S. 485 ff.

„Delay effect" und „overinvestment effect" kennzeichnen zwei Managementstrategien, die in den seltensten Fällen parallel zum Zuge kommen werden: Eine erfolglose Investition in riskante Projekte verzehrt Ressourcen, die für Verzögerungsstrategien benötigt würden.[15]

III. Insolvenzkosten nach Verfahrenseröffnung

Während die bislang genannten Kosten durch das Verhalten des Managements entstehen, dem durch die Ausgestaltung des Insolvenzverfahrens Anreize zur Verfolgung verschiedener Strategien gesetzt werden, haben die Kosten, die nach Eröffnung eines Insolvenzverfahrens entstehen, andere Ursachen.

1. Zunächst werden durch die Abwicklung eines Insolvenzverfahrens Transaktionskosten verursacht.[16] Hierunter fallen die Vergütung des Insolvenzverwalters, die Gebühren der Anwälte im Insolvenzverfahren, die Honorare von Gutachtern und die Gerichtsgebühren.[17] Mit der Dauer und der Kompliziertheit des Verfahrens steigen diese Kosten.

2. Wesentlich größere Bedeutung als den Transaktionskosten der Insolvenzabwicklung wird allgemein den Kosten beigemessen, die im insolvenzbedingten Wertverlust eines Unternehmens während der Durchführung eines Insolvenzverfahrens zum Ausdruck kommen.[18] Ein solcher Wertverlust entsteht dadurch, dass die Insolvenz eines Unternehmens allgemein bekannt wird und auf Seiten von Beteiligten oder außenstehenden Dritten, vor allem Transaktionspartnern,

---

15 *White* (1996), S. 486 f.

16 S. ausführlich zu diesem (schwierig zu definierenden) Begriff *Eidenmüller* (1998), S. 97 ff.; häufig wird auch von „direkten Kosten" der Insolvenz gesprochen, s. z.B. *Eidenmüller* (1999), S. 75; *White* (1996), S. 490.

17 S. z.B. *Drukarczyk*, BFuP 1995, S. 40; *Eidenmüller* (1999), S. 74; *Weiss*, j. of financial econ. 1990, S. 288; *White* (1996), S. 490.

18 *Adler*, Cornell L.R. 1992, S. 466 f.; *Bebchuk*, European Econ. R. 2000, S. 832; *Drukarczyk*, BFuP 1995, S. 40; *Hax*, j. of inst. and th. econ. 1985, S. 83. Zumeist findet hier die Bezeichnung „indirekte Kosten der Insolvenz" Anwendung. Gelegentlich wird auch von „Opportunitätskosten der Insolvenz" gesprochen (s. z.B. *Weiss*, j. of financial econ. 1990, S. 288; *Adler*, Cornell L.R. 1992, S. 465 unterscheidet zwischen „opportunity costs" und „uncertainty costs").

Reaktionen auslöst.[19] So meiden Käufer die Produkte von Unternehmen, von denen erwartet wird, dass sie nicht mehr lange am Markt vertreten sind. Dies gilt in besonderem Maße für Käufer langlebiger Güter, die damit rechnen müssen, eventuelle Gewährleistungs- oder Garantieansprüche nicht mehr durchsetzen zu können oder Ersatzteile nicht mehr nachkaufen zu können. Möglicherweise verliert ein Unternehmen, dessen Insolvenz publik wird, auch Lieferanten, die sich auf die Suche nach neuen, zahlungskräftigeren Vertragspartnern machen. Neue geeignete und günstige Lieferanten zu finden, ist für ein insolventes Unternehmen schwierig. Zumindest mit einer Verschlechterung der Lieferbedingungen (z.B. Lieferung nur noch gegen Vorauszahlung) muss gerechnet werden. Arbeitnehmer sehen sich im Insolvenzverfahren nach neuen Arbeitsplätzen um. Qualifizierte Arbeitskräfte mit guten Stellenaussichten auf dem Arbeitsmarkt werden oftmals als erste abwandern. Gerade sie werden für eine Reorganisation jedoch dringend benötigt. Manager werden durch die zahlreichen Probleme im Zusammenhang mit der Insolvenzabwicklung von ihrem eigentlichen Aufgabenfeld abgelenkt. Dies kann dazu führen, dass profitable Investitionsprojekte nicht durchgeführt werden oder Fehlentscheidungen fallen.

Für die Höhe des beschriebenen Wertverlustes ist die Branche des insolventen Unternehmens von großer Bedeutung.[20] Ein Unternehmen, dessen einziger Vermögensgegenstand ein Hotelgebäude ist, und das zahlungsunfähig wird, weil die Zimmer nicht ausreichend belegt sind, wird von den hier diskutierten Kosten bspw. kaum tangiert werden. Der Wert des Hotelgebäudes (und damit des Unternehmens) sinkt zwar mit einer niedrigeren Auslastung. Dieser Wertverlust resultiert jedoch nicht aus den Insolvenzkosten, sondern ist schlicht die Folge der schlechter gewordenen wirtschaftlichen Situation des Unternehmens. Ein Produktionsunternehmen, dessen Kunden ihre Kaufentscheidung von der Durchsetzbarkeit von Gewährleistungsansprüchen abhängig machen, wird im Insolvenzverfahren demgegenüber erheblich höhere Kosten zu tragen haben. Noch stärker dürfte sich der Vertrauensverlust, der mit dem öffentlichen Bekanntwerden eines Insolvenzverfahrens verbunden ist, auf ein Dienstleistungsunterneh-

---

[19] Zu den Vorteilen, die eine freie Sanierung in Form der Reorganisation aufgrund der geringeren Öffentlichkeitswirkung hier bietet s. oben Erster Teil, Kap. 1, B.II.2.a.; zur folgenden Darstellung vgl. z.B. *Brealey/Myers* (1996), S. 488 ff.; *Jackson* (1986), S. 203 ff.; *Roe*, Columbia L.R. 1983, S. 528 f.; *Weiss*, j. of financial econ. 1990, S. 288 f.

men auswirken, das vom Vertrauen seiner Kunden auf seine wirtschaftliche Stärke abhängig ist.[21] Solche Dienstleistungsunternehmen dürften dementsprechend von den beschriebenen, im Insolvenzverfahren anfallenden Kosten besonders hart betroffen sein.

Wie für die Transaktionskosten der Insolvenzabwicklung, kann auch für die Kosten, die ein Unternehmen im Insolvenzverfahren aufgrund der Reaktionen Beteiligter und Dritter treffen, davon ausgegangen werden, dass sie mit zunehmender Dauer und Kompliziertheit des Insolvenzverfahrens an Bedeutung gewinnen.

3. Insolvenzkosten können im Verfahren schließlich dadurch entstehen, dass die Entscheidung über die Verwertung des Unternehmensvermögens zu einer Fehlallokation führt.[22]

B. Die Bedeutung der verschiedenen Kostenkategorien in den USA und in Deutschland

I. Einschätzung der durch den „punishment effect", den „over-/under-investment effect" und den „delay effect" ausgelösten Kosten

1. Geht man davon aus, dass eine strengere Behandlung des Managements im Insolvenzverfahren dessen Arbeitseinsatz fördert und somit kostensenkend wirkt (geringerer „punishment effect"),[23] dann ist das US-amerikanische Reorganisationsverfahren nach Chapter 11 BC in dieser Hinsicht kostenträchtig. Wie bereits erwähnt, belässt das US-amerikanische Reorganisationsrecht dem Gemeinschuldner in der großen Mehrzahl der Reorganisationsverfahren als „debtor in possession" die Verwaltungs- und Verfügungsbefugnis über die Insolvenz-

---

[20] S. bereits oben Zweiter Teil, Kap. 3, C.II.; vgl. auch *Brealey/Myers* (1996), S. 495.

[21] *Eidenmüller* (1999), S. 336, S. 405 f.

[22] Vgl. hierzu bereits ausführlich oben Kap. 4 in diesem Teil; s. auch die Einleitung dieses Kap. 5. *White* (1996), S. 489 f. unterscheidet innerhalb dieser Kostenkategorie zwischen den Kosten eines „type-I error" (Fortführung nicht fortführungswürdiger Unternehmen) und den Kosten eines „type-II error" (Liquidation fortführungswürdiger Unternehmen); ebenso *White*, j. of law, econ., & org. 1994, S. 273 f.

[23] So die Annahme von *Aghion/Hart/Moore*, j. of law, econ., & org. 1992, S. 531 ff., 538 ff.

masse; nur selten erfolgt die Bestellung eines „trustee".[24] Die Manager des insolventen Unternehmens bleiben daher in aller Regel vorerst im Amt und kontrollieren das Reorganisationsverfahren. Das Management hat gute Chancen, einen Reorganisationsplan durchzusetzen und auch nach Abschluss des Verfahrens im Amt zu bleiben.[25]

Im deutschen Insolvenzverfahren wird das Management eines insolventen Unternehmens weniger nachsichtig behandelt. Der Übergang der Verwaltungs- und Verfügungsbefugnis über das zur Insolvenzmasse gehörende Vermögen auf den Insolvenzverwalter mit Verfahrenseröffnung, § 80 I InsO, macht dies deutlich. Bereits im Eröffnungsverfahren ist die Bestellung eines vorläufigen Insolvenzverwalters möglich, dem die Verwaltungs- und Verfügungsbefugnis über das Schuldnervermögen übertragen werden kann, §§ 21 I, II Nrn. 1 und 2, 22 I InsO. Zu einer Eigenverwaltung gem. §§ 270 ff. InsO soll es nach der Absicht des Gesetzgebers[26] nur in Ausnahmefällen kommen; selbst wenn die Eigenverwaltung in der Insolvenzpraxis größere Bedeutung erlangen sollte,[27] wäre die Stellung des (Managements des) Gemeinschuldners aufgrund der Überwachung durch einen Sachwalter nicht mit der eines „debtor in possession" vergleichbar.[28] Die Aussichten des Managements nach Verfahrensende im Amt zu bleiben sind schlechter als in den USA; allerdings bietet ihm auch das deutsche Insolvenzplanverfahren Möglichkeiten, aktiv auf die Annahme und Bestätigung eines Reorganisationsplans hinzuwirken und so den eigenen Arbeitsplatz zu retten.[29]

Folgt man der Annahme, dass sich der „punishment effect" mit milderer Behandlung des Managements erhöht, so stellt sich das deutsche Insolvenzverfahren in dieser Hinsicht also günstiger dar als das US-amerikanische Reorganisati-

---

[24] Vgl. 11 USC §§ 1101 (1), 1104, 1107, 1108 sowie oben Erster Teil, Kap. 3, A.II. a.E.

[25] Vgl. oben Kap. 4, B.II.

[26] S. die Begr. zum Ersten Abschnitt des Achten Teils des RegE der InsO (jetziger Siebter Teil der InsO), abgedruckt in: *Balz/Landfermann* (1999), S. 526.

[27] *Braun/Uhlenbruck* sind der Ansicht, dass die Eigenverwaltung praktisch der Ausnahmefall bleiben wird; *Braun/Uhlenbruck* (1997), S. 513.

[28] Die Kontrolle des „debtor in possession" durch den „Bankruptcy Court" ist wegen der passiven Stellung des Gerichts nicht überzubewerten; *Kemper* (1996), S. 57.

[29] Vgl. bereits oben Kap. 4, C.

onsverfahren. Die Unsicherheit über Existenz und Richtung des „punishment effect" lässt eine abschließende Bewertung jedoch nicht zu.

2. Der „overinvestment effect" und der „underinvestment effect" dürften in Deutschland stärker ausgeprägt sein als in den USA. Die strengere Behandlung der Manager führt zu stärkeren Anreizen zur Durchführung riskanter Investitionsprojekte, die die Chance der Vermeidung eines Insolvenzverfahrens eröffnen. Entsprechend geringer sind die Anreize, Investitionen zu tätigen, die zwar wirtschaftlich sinnvoll sind, deren erwarteter Gewinn jedoch nicht ausreicht, das Unternehmen vor einem Insolvenzverfahren zu bewahren.

Zahlenmaterial zur tatsächlichen Bedeutung von „over-" und „underinvestment effect" liegt bislang nicht vor. Es kann lediglich festgehalten werden, dass die milde Behandlung des Managements im US-amerikanischen Reorganisationsverfahren im Hinblick auf die durch diese Effekte ausgelösten Kosten tendenziell Vorteile gegenüber der strengeren Regelung des deutschen Insolvenzverfahrens bietet.

3. Die strengere Behandlung des Managements im deutschen Insolvenzverfahren spricht zunächst dafür, dass eher als im US-amerikanischen Reorganisationsverfahren der Versuch unternommen wird, die Verfahrenseröffnung hinauszuzögern. Die durch den „delay effect" ausgelösten Kosten wären demnach in Deutschland bedeutsamer. Es ist jedoch zu berücksichtigen, dass das deutsche Insolvenzrecht neben den Managern (den „Mitgliedern des Vertretungsorgans", § 15 I, II InsO) auch den Gläubigern eines Unternehmens das Recht gewährt, den Antrag auf Eröffnung eines Insolvenzverfahrens zu stellen, wenn diese ein rechtliches Interesse an der Eröffnung eines Insolvenzverfahrens haben und ihre Forderung und den Eröffnungsgrund (§§ 16 ff. InsO) glaubhaft machen, §§ 13 I, 14 I, 15 I InsO. Die Möglichkeit, den Verfahrensbeginn hinauszuzögern, kann den Managern also von den Gläubigern genommen werden, indem diese selbst die Initiative ergreifen. In den USA ist es sehr selten, dass der Eröffnungsantrag nicht vom Gemeinschuldner selbst gestellt wird. Weil für eine „involuntary petition" das Zusammenwirken mehrerer Antragsteller und das Erreichen bestimmter Forderungshöhen notwendig ist,[30] werden nur etwa 2 bis 3 Prozent der

[30] S. bereits oben Erster Teil, Kap. 3, A.II.

Chapter 11-Verfahren auf die Initiative der Unternehmensgläubiger hin eröffnet.[31] Ggf. kann der Schuldner allerdings zu einer „voluntary petition" gezwungen werden, wenn ein Gläubiger in der Lage ist, wirkungsvoll mit dem Zugriff auf betriebsnotwendige Vermögensgegenstände des Unternehmens zu drohen.[32]

Für ein gegenüber dem US-amerikanischen Verfahren niedrigeres Verzögerungspotential der Manager im deutschen Insolvenzverfahren sprechen (neben den weiterreichenden Antragsmöglichkeiten) auch die gesetzlich normierten Insolvenzantragspflichten, deren Verletzung mit Strafe bedroht ist (s. z.B. §§ 64 I, 84 I Nr. 2, II GmbHG, §§ 92 II, 401 I Nr. 2, II AktG), und die zivilrechtliche Ersatzpflicht für nach Eintritt der Zahlungsunfähigkeit oder Überschuldung geleistete Zahlungen (s. z.B. §§ 64 II GmbHG, §§ 92 III i.V.m. 93 II AktG). Das US-amerikanische Recht kennt keine entsprechenden Regelungen.[33]

Im Ergebnis lässt sich nicht eindeutig sagen, ob den durch den „delay effect" ausgelösten Insolvenzkosten in Deutschland oder in den USA größeres Gewicht zukommt. Für beide Möglichkeiten lassen sich, wie gesehen, Argumente finden.

4. Zusammenfassend lässt sich festhalten, dass die Erkenntnisse zu den hier diskutierten Effekten nicht ausreichen, um konkrete Empfehlungen zur Behandlung des Managements in einem Insolvenzverfahren mit dem Ziel der Kostenersparnis abzugeben. Beim „punishment effect" herrscht schon über Existenz und Richtung Unklarheit. Im Hinblick auf den „over-" und den „underinvestment effect" lässt sich immerhin die Aussage treffen, dass das US-amerikanische Verfahren mit seiner milderen Behandlung des Managements tendenziell Vorteile besitzt. Bezüglich der durch den „delay effect" ausgelösten Insolvenzkosten ist wiederum keine klare Aussage möglich, ob die Regelungen des deutschen oder des US-amerikanischen Verfahrens günstiger sind.

Nähere Untersuchungen wären von einigem Wert für die kostensparende Gestaltung eines gesetzlichen Insolvenzverfahrens. Vor allem der „punishment effect" könnte gesamtwirtschaftlich gesehen von einiger Bedeutung sein, da er

---

[31] S. *White* (1996), S. 469, die darauf hinweist, dass die antragstellenden Gläubiger zudem mit Schadensersatzklagen zu rechnen hätten.

[32] *White* (1996), S. 469.

[33] Vgl. *White* (1996), S. 469 f.

sich (im Falle seiner Existenz) praktisch auf sämtliche gesunden Unternehmen auswirkt.

II. Einschätzung der nach Verfahrenseröffnung anfallenden Insolvenzkosten

1. Die Kosten im US-amerikanischen Reorganisationsverfahren

a. Die nach Eröffnung eines Verfahrens nach Chapter 11 BC anfallenden Transaktionskosten der Insolvenzabwicklung („direkte" Kosten) waren Gegenstand mehrerer Studien. Die jüngste dieser Untersuchungen wertete die Zahlen von 118 Unternehmen aus, die zwischen 1986 und 1993 in den USA in ein Chapter 11-Verfahren eintraten.[34] Es wurden durchschnittliche direkte Kosten von 3,5 Prozent des Werts des Unternehmensvermögens zum Zeitpunkt der Verfahrenseröffnung ermittelt.[35] Andere Studien kamen zu ähnlichen Ergebnissen.[36]

Die ermittelten Prozentsätze erscheinen verhältnismäßig niedrig. In absoluten Zahlen ausgedrückt können die Transaktionskosten der Insolvenzabwicklung allerdings Summen von vielen Millionen US-$ erreichen.[37] Die naheliegende

---

34 *Ferris/Lawless*, Univ. of Pittsburgh L.R. 2000, S. 635 Table One (; näher zur Auswahl dieser 118 Unternehmen a.a.O., S. 632 ff.)

35 *Ferris/Lawless*, Univ. of Pittsburgh L.R. 2000, S. 650 Table Five.

36 *Lubben* ermittelt in seiner ebenfalls recht aktuellen Studie für 22 größere Unternehmen (Vermögen oder Verbindlichkeiten von mehr als 20 Mio. US-$), die 1994 in ein Verfahren nach Chapter 11 BC eintraten, durchschnittliche direkte Kosten von 2,5 % des Unternehmensvermögens (; bezogen auf die Summe aus Vermögenswerten und Verbindlichkeiten errechnet *Lubben* einen Wert von 1,2 %); *Lubben*, Am.Bankr.L.J. 2000, S. 533 Table 4. Zu vergleichbaren Ergebnissen kommt *Weiss*, der für 31 börsengehandelte Unternehmen, die zwischen November 1979 und Dezember 1986 in ein Insolvenzverfahren eintraten, durchschnittliche direkte Kosten von 2,8 % des Buchwerts der Aktiva ermittelt (; bezogen auf den Buchwert des Fremdkapitals zzgl. des Marktwerts des Eigenkapitals ergab sich ein Wert von 3,1 %); *Weiss*, j. of financial econ. 1990, S. 289 f. *Ang/Chua/McConnell* errechnen in einer älteren Studie für Unternehmen, die zum Ende des Insolvenzverfahrens liquidiert wurden, direkte Kosten in Höhe von 7,5 % des Liquidationswerts, *Ang/Chua/McConnell*, j. of finance 1982, S. 223. S. auch *Wruck*, j. of financial econ., S. 436, die feststellt, dass die direkten Kosten einer *außergerichtlichen* Reorganisation deutlich niedriger sind.

37 *Bebchuk/Fried*, Harvard L.R. 2001, S. 2405, insbes. Fn. 75.

Vermutung, dass die Prozentsätze mit steigender Unternehmensgröße abnehmen, konnte nicht durchweg bestätigt werden.[38]

b. Die Höhe der Kosten, die ein Unternehmen im Insolvenzverfahren aufgrund der Reaktionen Beteiligter und Dritter treffen („indirekte" Kosten), ist kaum messbar.[39] Hinweise darauf, dass diese Kosten die Transaktionskosten der Insolvenzabwicklung bei weitem übersteigen, lieferte die Insolvenz von Texaco im Jahre 1987.[40] Texaco beantragte am 10.4.1987 die Eröffnung eines Insolvenzverfahrens.[41] Größter Gläubiger von Texaco war Pennzoil. Das Unternehmen war Inhaber eine Schadensersatzforderung gegen Texaco in Höhe von 10,5 Mrd. US-$, die aus der Übernahme der Ölgesellschaft Getty Oil durch Texaco herrührte.[42] Am Börsentag, der auf den Tag des Insolvenzeröffnungsantrags folgte (Montag, 13.4.1987), wurde die Texaco-Aktie mit 28,50 $ gehandelt. Dies bedeutete einen Kursverlust von 3,375 $ gegenüber dem vorhergehenden Börsentag (Freitag, 10.4.1987). Die Pennzoil-Aktie fiel um 15,125 $ auf 77,00 $. Der gesamte Börsenwert der Texaco-Aktien fiel damit um 817 Mio. US-$ und derjenige der Pennzoil-Aktien um 628 Mio. US-$. Die Ankündigung der Eröffnung eines Insolvenzverfahrens reduzierte damit den Marktwert des Gesamtvermögens von Texaco um mindestens 1,445 Mrd. US-$.[43] Dieser Betrag kann als eine

---

38 Die Untersuchung von *Ang/Chua/McConnell* bestätigt diese Vermutung; *Ang/Chua/McConnell*, j. of finance 1982, S. 223 f. *Lubben* und *Weiss* hingegen können diesen Zusammenhang nicht feststellen; *Lubben*, Am.Bankr.L.J. 2000, S. 534 ff.; *Weiss*, j. of financial econ. 1990, S. 289 f.

39 *Brealey/Myers* (1996), S. 488; *Weiss*, j. of financial econ. 1990, S. 288.

40 Vgl. zu der folgenden Darstellung *Brealey/Myers* (1996), S. 490; *Cutler/Summers*, RAND j. of econ. 1988, S. 157 ff.

41 *Brealey/Myers* (1996), S. 490.

42 Pennzoil hatte mit Getty Oil am 2.1.1984 eine Vereinbarung über die Übernahme eines Anteils von 3/7 an Getty Oil getroffen. Kurz darauf kaufte Texaco sämtliche Getty Oil-Anteile zu einem höheren Preis pro Aktie auf. Texaco hatte sich vor dem Kauf gegenüber Getty Oil verpflichtet, die Ölgesellschaft von etwaigen Schadensersatzansprüchen wegen des Vertragsbruchs gegenüber Pennzoil freizustellen. Die anschließende Schadensersatzklage von Pennzoil gegen Texaco hatte daher Erfolg. S. näher *Cutler/Summers*, RAND j. of econ. 1988, S. 158 f.

43 Der Wert des Eigenkapitals reduzierte sich um 817 Mio. US-$. Da der Wert der Forderungen von Pennzoil gegen (das Vermögen von) Texaco vom Markt um 628 Mio. US-$ niedriger eingeschätzt wurde, beträgt der gesamte Wertverlust des Unternehmensvermögens von Texaco nach Einschätzung des Marktes mindestens 817 Mio. US-$ + 628 Mio. US-$ = 1,445 Mrd. US-$. Die Wertverluste, die aus den verringerten Marktwerten der

Markteinschätzung des Barwerts der durch das Insolvenzverfahren zukünftig anfallenden Kosten gedeutet werden.[44] Allein mit den antizipierten Transaktionskosten der Insolvenzabwicklung können die hohen Kursverluste kaum erklärt werden, da sich die (später tatsächlich angefallenen) Transaktionskosten nur auf einen Bruchteil des Betrags von 1,445 Mrd. US-$ beliefen.[45] Es liegt daher nahe, dass der weit überwiegende Teil des Betrags die antizipierten Kosten widerspiegelt, die aus dem durch die Verfahrenseröffnung schwieriger werdenden Marktumfeld des Unternehmens (insbesondere der Verschlechterung der Liefer- und Finanzierungsbedingungen)[46] resultierten.[47] Zwar entsprechen die vom Markt antizipierten Kosten kaum exakt den tatsächlichen Kosten, die in einem Insolvenzverfahren anfallen. Als Anhaltspunkt für die Kostenhöhe kann die Markteinschätzung im Fall Texaco jedoch durchaus dienen.

c. Für das Verfahren nach Chapter 11 BC wurden in verschiedenen Studien durchschnittliche Verfahrensdauern zwischen 17 und 32 Monaten ermittelt.[48] Die beträchtliche Höhe der nach Verfahrenseröffnung anfallenden Kosten ist nicht zuletzt eine Folge dieser langen Verweildauern der Unternehmen im US-amerikanischen Reorganisationsverfahren.[49]

Forderungen anderer Gläubiger resultierten, sind dabei noch nicht berücksichtigt (daher „mindestens" 1,445 Mrd. US-$).

44 *Brealey/Myers* (1996), S. 490.

45 Vgl. die groben Schätzungen bei *Cutler/Summers*, RAND j. of econ. 1988, S. 166 f.

46 Vgl. *Cutler/Summers*, RAND j. of econ. 1988, S. 167 f. sowie allgemein zu diesen Kosten oben A.III.2.

47 Zur Illustration der beträchtlichen Höhe dieser „indirekten" Insolvenzkosten kann auch auf die Kursgewinne abgestellt werden, die die Aktien von Texaco und Pennzoil erzielten, als die beiden Unternehmen Ende 1987 eine Einigung hinsichtlich der noch zu leistenden Zahlungen erreichten und damit das weitere Andauern des Reorganisationsverfahrens vermieden; vgl. *Adler*, Cornell L.R. 1992, S. 466.

48 Vgl. die Auflistung der Ergebnisse mehrerer zwischen 1989 und 1991 durchgeführter Untersuchungen bei *Drukarczyk*, BFuP 1995, S. 45. (Lediglich die älteste der dort aufgezählten Untersuchungen aus dem Jahre 1983 weicht mit der Ermittlung einer durchschnittliche Verfahrensdauer von nur 10 Monaten deutlich von diesen Ergebnissen ab.) Vgl. auch die zusammenfassende Übersicht bei *Ferris/Lawless*, Univ. of Pittsburgh L.R. 2000, S. 640 Figure One.

49 *Ferris/Lawless*, Univ. of Pittsburgh L.R. 2000, S. 657 stellen allerdings nur einen schwachen Zusammenhang zwischen der Verweildauer im Chapter 11-Verfahren und der Höhe der *direkten* Insolvenzkosten fest.

2. Die Kosten im deutschen Insolvenzplanverfahren

In Deutschland fehlen bislang aussagekräftige Zahlen zu den Kosten, die im Insolvenzplanverfahren entstehen. Auch die Berichte über erste praktische Erfahrungen mit dem Planverfahren lassen keine eindeutigen Aussagen zur Kostenhöhe zu. *Kübler* hält das Verfahren für „zu kompliziert" und für „im Ablauf zu bürokratisch".[50] Kritisch äußert sich auch *Wellensiek.*[51] Er ist der Meinung, dass die Rechtsmittelmöglichkeiten und Minderheitenschutzrechte im Insolvenzplanverfahren „...dem zügigen Abschluss (...) entgegenstehen." Durch das häufige Auftreten von Planopponenten handele es sich um ein „...umständliches Verfahren (...), welches Kosten verursacht und Zeit kostet und bereits hierdurch dem vorgelegten Plan die Grundlage entziehen kann." Größere Bedeutung werde der Insolvenzplan wohl nur in der Form des „prepackaged plan"[52] und zur Bewältigung von Großinsolvenzen erlangen.[53]

Es gibt jedoch auch Stellungnahmen anderer Insolvenzpraktiker, die die Erwartung eines notwendigerweise komplizierten und langwierigen Planverfahrens nicht stützen.[54] Ihre Aussagen lassen daher auf wesentlich niedrigere Kosten des deutschen Insolvenzplanverfahrens gegenüber dem US-amerikanischen Reorganisationsverfahren hoffen. Insbesondere werden die in der insolvenzrechtlichen Literatur[55] zu findenden Prophezeiungen von „Sachverständigenschlachten" um Obstruktionsentscheidungen von ihnen nicht bestätigt. *Braun* verweist auf die

---

50 *Bruno M. Kübler* in der Sächsischen Zeitung vom 17.7.1999, S. 22. Vgl. auch *Küblers* Erfahrungsbericht über das bundesweit erste Insolvenzplanverfahren: Der in diesem Verfahren vom Schuldner, einem Sägewerk, bereits mit Antragstellung vorgelegte „prepackaged plan" scheiterte, da er nicht die Zustimmung der Mehrheit der abstimmenden Gruppen fand; *Kübler* (2000), S. 62 ff.

51 *Wellensiek*, BB 2000, S. 5 ff.; *Wellensiek*, NZI 2000, Heft 9, S. V.

52 Zur aus der US-amerikanischen Reorganisationspraxis stammenden Idee der „prepackaged bankruptcy" s. bereits oben Erster Teil, Kap. 1, B.II.2.d.

53 Ähnlich *Leoprechting*, DZWIR 2000, S. 68, der aus den Erfahrungen eines Rollenspiels mit Insolvenzpraktikern an der Universität Witten/Herdecke am 1.12.1999 den Schluss ziehen will, dass die an einen Insolvenzplan gestellten gesetzlichen Anforderungen „...nur der erfüllen kann, der bereits vor Antragstellung bzw. erstem Gläubigertermin im eröffneten Verfahren viel Zeit und Wissen auf eine gesetzeskonforme Planerstellung legen konnte."

54 S. *Braun*, NZI 1999, S. 473 ff.; *Georg*, ZInsO 2000, S. 93 ff.

55 S. z.B. *Smid/Rattunde* (1998), S. 166 Rn. 549; *Wittig*, ZinsO 1999, S. 377.

Insolvenz eines etwa 100 Arbeitnehmer beschäftigenden Gießereibetriebs, der am 16.2.1999 einen Antrag auf Eröffnung des Insolvenzverfahrens stellte und zugleich erklärte, die Fortführung des Unternehmens mit Hilfe eines Insolvenzplanverfahrens versuchen zu wollen.[56] Das Verfahren wurde zum 1.4.1999 eröffnet und am 9.4.1999 reichte der Schuldner den Insolvenzplan ein. Wie die Zusammenlegung des allgemeinen Prüfungstermins mit dem Erörterungs- und Abstimmungstermin (s. § 236 S. 2 InsO) am 15.7.1999 zeigt, war das Insolvenzgericht bemüht, das Verfahren zügig durchzuführen. Obwohl die Gläubigerin einer Gruppe (eine Bank) dem Plan nicht zustimmte und das Gericht die Zustimmung dieser Gläubigerin nach § 245 InsO ersetzen musste, wurde der Insolvenzplan durch Beschluss vom 27.7.1999 bestätigt.[57] Über das von der Gläubigerin eingelegte Rechtsmittel der sofortigen Beschwerde (§ 253 InsO) hat das Beschwerdegericht einen Monat später, am 27.8.1999, durch Beschluss entschieden.[58] Gegen die Entscheidung ist kein weiteres Rechtsmittel mehr eingelegt worden, so dass die Entscheidung über den Plan Mitte September 1999 rechtskräftig war. Das gesamte Verfahren vom Antrag auf Verfahrenseröffnung bis zur Rechtskraft der Bestätigung des Insolvenzplans dauerte damit etwa sieben Monate. Die Verfahrensdauer machte also nur einen Bruchteil der durchschnittlichen Verfahrensdauer in einem Reorganisationsverfahren nach Chapter 11 BC aus.[59] Dieses (kosten-)günstige Ergebnis ist mit Sicherheit der Schaffung zahlreicher Regelungen zur Beschleunigung des Planverfahrens durch den deutschen Gesetzgeber zu verdanken.[60] Es ist wohl außerdem darauf zurückzuführen, dass das Insolvenzgericht und das Beschwerdegericht die Entscheidung über die Zustimmungsersetzung nach § 245 InsO ohne die Hinzuziehung von Sachverständigen getroffen haben. Ob dieser Verzicht auf eine Sachverständi-

56 *Braun*, NZI 1999, S. 473; vgl. zu diesem Fall auch die beiden bereits oben Kap. 3, A.II.2. (im Zusammenhang mit der „new value exception" zur a.p.r.) zitierten Entscheidungen des AG Mühldorf/Inn, Beschluss vom 27.7.1999, 1 IN 26/99, NZI 1999, S. 422 ff. und des LG Traunstein, Beschluss vom 27.8.1999, 4 T 2966/99, ZinsO 1999, S. 577 ff.

57 AG Mühldorf/Inn, Beschluss vom 27.7.1999, 1 IN 26/99, NZI 1999, S. 422 ff.

58 LG Traunstein, Beschluss vom 27.8.1999, 4 T 2966/99, ZinsO 1999, S. 577 ff.

59 *Georg* berichtet über das Insolvenzverfahren eines nordrhein-westfälischen Schreinereibetriebs, bei dem im Frühjahr 1999 der Antrag auf Eröffnung des Insolvenzverfahrens gestellt wurde und mit Beschluss des AG Aachen vom 18.1.2000, 19 IN 187/99, ein Insolvenzplan bestätigt wurde; *Georg*, ZInsO 2000, S. 93. Verfahrensdauern von unter einem Jahr sind demnach durchaus realistisch.

60 S. zu diesen Regelungen bereits oben Kap. 3, D.I.

genmeinung bei der Beurteilung wirtschaftlicher Fragestellungen im konkreten Fall gerechtfertigt war, soll dahingestellt bleiben.[61] Es bleibt abzuwarten, wie häufig Gerichte in zukünftigen Insolvenzplanverfahren vor die Aufgabe gestellt sein werden, wirtschaftliche Bewertungsentscheidungen zu treffen,[62] und mit welchem zeitlichen und personellen Aufwand sie diese Aufgabe bewältigen werden. Neben den Transaktionskosten der Insolvenzabwicklung wird dieser Faktor auch die „indirekten" Kosten, die ein Unternehmen im Insolvenzverfahren treffen, stark beeinflussen: Je länger sich das Insolvenzplanverfahrens aufgrund der Kompliziertheit der zu treffenden Bewertungsentscheidungen hinzieht, desto deutlicher werden auch die Reaktionen von Beteiligten und Dritten (insbesondere Transaktionspartnern) ausfallen.

C. Zusammenfassung und kritische Würdigung der Ergebnisse

Die in diesem Kapitel vorgenommene Untersuchung der Kosten des US-amerikanischen Reorganisationsverfahrens und des deutschen Insolvenzplanverfahrens unterscheidet zwischen den Insolvenzkosten, die durch die Verfahrensgestaltung vor Eintritt der finanziellen Krise, nach Eintritt der finanziellen Krise (aber vor Verfahrenseröffnung) und nach Verfahrenseröffnung ausgelöst werden. Diesen drei Phasen werden verschiedene Kostenkategorien zugeordnet. Die Kategorien werden einzeln beschrieben und es wird der Versuch unternommen, ihre Bedeutung im Verfahren nach Chapter 11 BC und im Insolvenzplanverfahren darzulegen.

Insgesamt muss konstatiert werden, dass die Kenntnisse über die Insolvenzkosten bislang sehr begrenzt sind.[63] Im Rahmen der Einschätzung der durch den „punishment effect", den „over-/underinvestment effect" und den „delay effect" ausgelösten Kosten ist lediglich der Versuch möglich, Aussagen über die tendenzielle Wirkung der Behandlung des Unternehmensmanagements im US-ame-

---

61 Bejahend *Braun*, NZI 1999, S. 475, der den „...auf erfrischende Weise unbefangen(en)..." Umgang der Gerichte mit den wirtschaftlichen Fragestellungen lobt. Vgl. auch (insgesamt kritisch gegenüber der Entscheidung des LG Traunstein) *Smid*, InVo 2000, S. 1 ff.

62 S. ausführlich zum Erfordernis wirtschaftlicher Bewertungsentscheidungen im Insolvenzplanverfahren oben Kap. 2, D. und Kap. 2, E.IV.

rikanischen und im deutschen Verfahren auf die jeweilige Kostenkategorie zu gewinnen. Hinsichtlich des „punishment effect" und des „delay effect" kann eine klare Aussage, welches der beiden Verfahren günstiger ist, nicht getroffen werden. Lediglich im Hinblick auf den „overinvestment effect" und den „underinvestment effect" wird festgestellt, dass die mildere Behandlung des Managements im US-amerikanischen Verfahren tendenziell günstiger ist. Jedoch ist wohl selbst der Wert bloßer Tendenzaussagen im Zusammenhang mit den diskutierten Effekten zweifelhaft. Den verschiedenen Effekten liegt der Gedanke zugrunde, dass ein direkter Zusammenhang zwischen der (milden oder strengen) Behandlung des Managements in einem Insolvenzverfahren und seinem (kostensenkenden oder kostentreibenden) Verhalten vor Eröffnung des Verfahrens besteht. Dabei werden alle anderen (Umwelt-)Faktoren, die das Verhalten des Managements beeinflussen, völlig ausgeklammert. Natürlich kann es zur Verdeutlichung von Zusammenhängen hilfreich sein, die Entwicklung einer Größe (hier: der Insolvenzkosten) in Abhängigkeit von der Veränderung einer anderen Größe (hier: der Behandlung des Managements im Insolvenzverfahren) unter Ausklammerung aller übrigen Einflussfaktoren darzustellen. Dies verliert jedoch dann seinen Sinn, wenn der Einfluss anderer Faktoren in der Lebenswirklichkeit so stark ist, dass der darzustellende Zusammenhang zwischen beiden Größen völlig verwischt wird. Die Annahme, dass dies für die diskutierten Effekte gilt, liegt nahe.

Bezüglich der nach Verfahrenseröffnung anfallenden Insolvenzkosten sind aufgrund des (wenngleich nur spärlich) vorhandenen Zahlenmaterials präzisere Aussagen möglich. Im US-amerikanischen Reorganisationsverfahren machen die Transaktionskosten der Insolvenzabwicklung („direkte" Kosten) lediglich einen geringen Prozentsatz des Unternehmenswerts aus (ca. 3 bis 4 Prozent). Die Kosten, die ein Unternehmen im Insolvenzverfahren aufgrund der Reaktionen von Beteiligten und Dritten, insbesondere von Transaktionspartnern, treffen („indirekte" Kosten), sind vermutlich – Anhaltspunkte liefert die Texaco-Insolvenz aus dem Jahre 1987 – um ein Vielfaches höher. Die langen Verfahrensdauern in den USA tragen dazu bei, die Kosten in die Höhe zu treiben. Hinsichtlich der Kosten im deutschen Insolvenzplanverfahrens geben erste Erfahrungen von

[63] So auch *Ferris/Lawless*, Univ. of Pittsburgh L.R., S. 629: „..., surprisingly little is known about bankruptcy costs."

Insolvenzpraktikern mit dem noch relativ neuen Verfahren – trotz einiger pessimistischer Stellungnahmen – Anlass zu vorsichtigem Optimismus. Das Verfahren kann offenbar selbst dann innerhalb eines Zeitraums von unter einem Jahr durchlaufen werden, wenn nicht alle Gruppen dem vorgelegten Plan zustimmen und sofortige Beschwerde gegen den Bestätigungsbeschluss eingelegt wird. Diese verhältnismäßig kurze Verfahrensdauer spricht für gegenüber dem Verfahren nach Chapter 11 BC geringere Insolvenzkosten nach Verfahrenseröffnung.

In diesem Zweiten Teil der Arbeit ist deutlich geworden, dass sich die analysierten Schwachstellen des US-amerikanischen Reorganisationsverfahrens – trotz einer im Detail deutlich unterschiedlichen Verfahrensausgestaltung – weitgehend auch im deutschen Insolvenzplanverfahren wiederfinden. Gegenstand des nun folgenden Dritten Teils ist daher die Frage, ob sich diese Schwächen durch eine grundlegend andere Gestaltung des gesetzlichen Insolvenzverfahrens beseitigen lassen und inwieweit eine Abkehr von der gegenwärtig in den USA und in Deutschland praktizierten „Verhandlungslösung“ dafür zu anderen Problemen führt.

Dritter Teil: Marktorientierte Verfahrensvorschläge zur Bewältigung von Unternehmensinsolvenzen

Die wachsende Unzufriedenheit mit dem Reorganisationsverfahren nach Chapter 11 BC weckte in den USA gegen Ende der achtziger Jahre vermehrt Rufe nach einer *grundlegenden* Reform. Eine Idee bestand darin, die langwierigen und kostenträchtigen Verhandlungen zwischen den Kapitalgebern um die Verwertung und Verteilung des Unternehmensvermögens durch die Einschaltung der Kapitalmärkte zu umgehen.[1] Die „Verhandlungslösung", das „structured bargaining", des Verfahrens nach Chapter 11 BC sollte durch eine „Marktlösung" ersetzt werden. Die Idee hat seitdem in den Reformvorschlägen verschiedener Autoren ihren Niederschlag gefunden, die im folgenden unter den Stichworten „Auktionen" und „Optionsmodell" vorgestellt werden sollen.[2] Kapitel 1 beschränkt sich dabei auf die Darstellung der wesentlichsten Überlegungen und Argumente, die im Zusammenhang mit dem Auktionsmodell von Bedeutung sind. Die Entwicklung des Optionsmodells, das im Jahre 1988 erstmals von *Bebchuk* vorgestellt worden ist,[3] hat durch Veröffentlichungen in jüngster Zeit

---

1 Zu einem sehr frühen Zeitpunkt tauchte diese Idee schon in dem Reformvorschlag von *Roe* aus dem Jahre 1983 auf, s. *Roe*, Columbia L.R. 1983, S. 527 ff.; dazu sogleich näher Kap. 1, B.

2 Neben der Verhandlungslösung („structured bargaining") und den Marktlösungen („auctions approach" und „options approach") lässt sich als dritte relevante Verfahrensform zur Bewältigung von Unternehmensinsolvenzen die Verwaltungslösung („administration") nennen, bei der ein Verwalter in Zusammenwirken mit einem Gericht über das ökonomische Schicksal des Unternehmens entscheidet; vgl. *Aghion/Hart/Moore*, j. of law, econ., & org. 1992, S. 530. Das französische System kommt dieser Lösung wohl am nächsten: Es sieht die Ernennung eines Verwalters durch das zuständige Gericht vor, der die Entscheidung über die Verwertung des Schuldnervermögens (ggf. durch Erstellung eines Sanierungsplanentwurfs) vorbereitet. Die endgültige Verwertungsentscheidung liegt allein beim Gericht. Den Beteiligten stehen lediglich Anhörungsrechte zu. Näher *Bauch* (1998), S. 93 ff., S. 118 ff. Gegenüber der reinen Verwaltungslösung ist Skepsis geboten, weil die Entscheidung über die Unternehmenszukunft in die Hände von Instanzen gelegt wird, die mit den speziellen Problemen des Unternehmens möglicherweise wenig vertraut sind und deren eigenes Geld nicht auf dem Spiel steht; vgl. *Aghion/Hart/Moore*, j. of law, econ., & org. 1992, S. 530. Durch die verhältnismäßig starke Position des Insolvenzverwalters im deutschen Insolvenzverfahren besitzt dieses ebenfalls eine gewisse Nähe zur Verwaltungslösung.

3 *Bebchuk*, Harvard L.R. 1988, S. 775 ff.

neue Impulse erhalten.[4] Kapitel 2 soll daher neben einer Zusammenfassung des gegenwärtigen Diskussionstandes auch eine kritische Analyse des Modells bieten.

Kapitel 1: Auktionen

A. Auktionen im engeren Sinne

Im Jahre 1986 fragten *Baird* und *Jackson* erstmals, ob es nicht sinnvoll sei, völlig auf die Möglichkeit einer Reorganisation insolventer Unternehmen zu verzichten.[5] Im Mittelpunkt ihrer Überlegungen stand dabei die Frage, ob die Vorteile einer Reorganisation gegenüber dem Verkauf des Unternehmensvermögens an Dritte die mit ihr verbundenen Nachteile aufwiegen können: „The question is whether the benefits of negotiating how to split the surplus obtained by selling the assets back to the claimants instead of to third parties is worth the cost of those negotiations."[6] Der zentrale Unterschied zwischen einer Reorganisation und dem Verkauf des Unternehmens an Dritte besteht darin, dass sich die Kapitalgeber im Rahmen der Reorganisation mit dem Problem der Bewertung des Unternehmensvermögens auseinandersetzen müssen. Während bei einem Verkauf an Dritte ein Gelderlös erzielt wird, der an die Kapitalgeber entsprechend ihrer Rangfolge verteilt werden kann, muss über die Verteilung des Unternehmensvermögens im Rahmen einer Reorganisation aufwendig verhandelt werden, weil der Gesamtwert des Vermögens nicht bekannt ist.[7] Ein Verkauf des Unternehmens an Dritte hat also den Vorteil, dass die Entscheidung über die Verwertung des Unternehmensvermögens klar von der Verteilungsentscheidung getrennt wird.[8] Zwar ist auch hier erforderlich, dass sich die Kapitalgeber über die Rangfolge ihrer Berechtigungen einigen; die Verwertung des Schuldnervermö-

---

4 S. *Bebchuk*, European Econ. R. 2000, S. 829 ff.; *Bebchuk/Fried*, Harvard L.R. 2001, S. 2386 ff.

5 *Baird*, j. of legal st. 1986, S. 127 ff., insbes. S. 138 ff. und *Jackson* (1986), S. 209 ff., insbes. S. 218 ff. (überschrieben mit: „Why not eliminate Chapter 11?")

6 *Jackson* (1986), S. 215; ganz ähnlich *Baird*, j. of legal st. 1986, S. 139.

7 S. bereits oben Zweiter Teil, Kap. 2, A.

gens kann jedoch völlig unabhängig davon vonstatten gehen. Der Gelderlös aus der Verwertung kann theoretisch bis zur Einigung der Kapitalgeber auf einem Treuhandkonto hinterlegt werden, während der neue Eigentümer des Unternehmensvermögens dieses bereits seiner neuen Verwendung zuführt. In einem Reorganisationsverfahren sind die Verwertungs- und die Verteilungsentscheidung hingegen miteinander verbunden, da die Verteilung davon abhängig ist, wie im Einzelnen verwertet wird und welcher Wert dem Unternehmensvermögen dementsprechend beizulegen ist.

Die Veräußerung des Unternehmens an Dritte besitzt weitere wichtige Vorteile, die hervortreten, wenn die im Zweiten Teil der Arbeit besprochenen Schwachstellen eines Reorganisationsverfahrens nochmals in den Blick genommen werden: Die Einhaltung der absoluten Vorrangsregel ist einfacher zu gewährleisten als in einem Reorganisationsverfahren, da die Verteilung eines Gelderlöses unter den Kapitalgebern entsprechend ihrer Rangfolge kaum Anlass zu Vermögensumverteilungen gibt.[9] Anders als im Falle der Reorganisation, die Umverteilungen zu Gunsten der Anteilsinhaber begünstigt und dadurch die Entscheidung zwischen Liquidation und Fortführung eines Unternehmens als Going Concern beeinflusst,[10] werden keine Entscheidungsanreize durch Umverteilungseffekte gesetzt, wenn die Unternehmensfortführung im Wege einer Veräußerung an Dritte realisiert wird. Damit sind Fehlallokationen weniger wahrscheinlich. Schließlich ist anzunehmen, dass oftmals zumindest die indirekten Kosten des zügigen Verkaufs eines Unternehmens an einen Dritten – wenn er in geeigneter Weise durchgeführt wird (dazu sogleich) – diejenigen einer Reorganisation deutlich unterschreiten.[11]

Angesichts der genannten Vorteile ist nur schwer zu bestreiten, dass die Verwertung des Unternehmensvermögens in Form einer Veräußerung an Dritte in einem gesetzlichen Insolvenzverfahren *möglich* sein sollte. Es fragt sich jedoch,

---

[8] Vgl. bereits oben Zweiter Teil, Kap. 4, B.II. sowie *Baird*, j. of law and econ. 1993, S. 638 f.

[9] Vgl. Zweiter Teil, Kap. 3.

[10] Vgl. Zweiter Teil, Kap. 4.

[11] Zur Frage der Vorteilhaftigkeit von Auktionen unter Kostengesichtspunkten s. *Baird*, j. of law and econ. 1993, S. 641 ff.; *LoPucki/Whitford*, Univ. of Pennsylvania L.R. 1993, S. 765 (s. dort auch Fn. 308); *Terhart* (1996), S. 318 f.

ob ein Insolvenzverfahren aufgrund dieser Vorteile einen Verkauf in Form einer Auktion *zwingend vorschreiben* sollte.[12] Für die Einführung zwangsweise durchzuführender Auktionen („mandatory auctions“) im Falle der Insolvenz eines Unternehmens spricht vor allem[13] der negative Signaleffekt, der mit Auktionen verbunden ist, die nur auf Grund einer expliziten Entscheidung des Verkäufers bzw. Verwalters veranstaltet werden:[14] Weniger gut informierte Kaufinteressenten werden die Entscheidung, eine Auktion durchzuführen, möglicherweise dahingehend deuten, dass der Verkäufer die Unternehmenszukunft negativ einschätzt und sich des Unternehmens entledigen möchte. Vorsichtshalber werden sie den Wert des Unternehmensvermögens eher niedrig einschätzen. Potentielle Bieter mit ungenaueren Informationen werden sich daher entweder gar nicht oder nur mit niedrigeren Geboten an einer Auktion beteiligen.[15] Diese Gefahr, dass aus Misstrauen zu niedrige Gebote abgegeben werden, wird wiederum die Entscheidung, ob eine Auktion durchgeführt werden soll, beeinflussen. Glaubt ein Verkäufer, dass die Bieter den Wert des Unternehmensvermögens zu niedrig einschätzen, ist er jedoch nicht in der Lage, ihnen dies glaubhaft zu vermitteln, so wird er sich gegen eine Auktion entscheiden.[16] Die asymmetrische Informationsverteilung zwischen Käufern und Verkäufern kann somit dazu führen, dass tatsächlich nur noch die Unternehmen mit schlechten Zukunftsaussichten auktioniert werden. Die vorsichtige Haltung der potentiellen Bieter bei der Einschätzung des Wertes zu versteigernder Unternehmen ist dann gerechtfertigt. Wird die Durchführung von Auktionen hingegen zwingend vorgeschrieben, so kann die Tatsache, dass ein Unternehmen versteigert wird, nicht mehr

[12] Vgl. *Baird*, j. of law and econ. 1993, S. 641: „The heart of the debate over auctions in Chapter 11 turns not on whether auctions may sometimes be desirable but rather on whether the freedom of choice of those in control should be curtailed.“

[13] Zur Diskussion weiterer Aspekte s. *Baird*, j. of law and econ. 1993, S. 641 ff.

[14] Vgl. *Baird*, j. of law and econ. 1993, S. 646 f.; *Dilger* (1998), S. 3, S. 342.

[15] Dieses transaktionshemmende „Lemon“-Problem ist laut *Baird* der Grund dafür, warum Mietwagenunternehmen in den USA ihre Autos immer nach einer bestimmten Zeit veräußern. So müssen die Käufer dieser Wagen – anders als auf dem normalen Gebrauchtwagenmarkt – nicht befürchten, nur die „Ausschussware“ angeboten zu bekommen. Höhere Gebote bei den Versteigerungen sind die erwünschte Folge. S. *Baird*, j. of law and econ. 1993, S. 646. Grundlegend zum „Lemon“-Problem *Akerlof*, Quarterly j. of econ. 1970, S. 488 ff.

als Hinweis auf die negative Einschätzung der Zukunftsaussichten durch die Verkäufer gedeutet werden. Die Käufer werden daher bei zwangsweise durchzuführenden Auktionen im allgemeinen höhere Preise bieten.[17] Das verbesserte durchschnittliche Auktionsergebnis bedeutet einen Fortschritt im Hinblick auf das Ziel, in einem gesetzlichen Insolvenzverfahren die zur Verfügung stehende Haftungsmasse zu maximieren.[18]

Dennoch begegnet der Vorschlag, einen Verkauf des Unternehmens in einem gesetzlichen Insolvenzverfahren unter Verdrängung der Reorganisationsalternative zwingend vorzuschreiben, Bedenken. Das stärkste Gewicht kommt dem Einwand zu, dass es in vielen Fällen nicht möglich sein wird, einen adäquaten Nettoerlös (nach Abzug der Verfahrenskosten) zu erzielen.[19]

---

16 Die Festsetzung eines Mindestpreises, unterhalb dessen ein Zuschlag nicht erteilt wird, verhindert zwar einen Verkauf zu einem Dumpingpreis; sie führt jedoch zu schwerwiegenden Problemen. Näher *Dilger* (1998), S. 232 ff., insbes. S. 238.

17 Zweifelnd *LoPucki/Whitford*, Univ. of Pennsylvania L.R. 1993, S. 759 Fn. 289.

18 Vgl. zu diesem Ziel oben Erster Teil, Kap. 2, B. und C.

19 Eine Reihe weiterer Einwände erscheint hingegen weniger schlagkräftig. Das Argument, eine Reorganisation sei unumgänglich, wenn dem Unternehmen spezifische Kenntnisse und Fähigkeiten des Managements erhalten bleiben sollen, hat zumindest im Falle der Insolvenz von Kapitalgesellschaften, die sich durch eine Trennung von Eigentum und Kontrolle auszeichnen, kaum Gewicht: Die Partizipation des gegenwärtigen Managements lässt sich auch im Falle der Veräußerung des Unternehmensvermögens an Dritte sicherstellen, indem der neue Unternehmensträger die Manager auch weiterhin vertraglich an sich bindet bzw. von einer Kündigung der Arbeitsverhältnisse absieht (vgl. für Deutschland § 613a BGB). Vgl. *Baird*, j. of legal st. 1986, S. 127 f.; *Jackson* (1986), S. 221 f.; *Eidenmüller* (1999), S. 42. Geht man davon aus, dass die Wahrscheinlichkeit eines Managerwechsels bei der Veräußerung eines Unternehmens an Dritte trotz dieser Weiterbeschäftigungsmöglichkeit höher ist als bei einer Reorganisation, so hat die Veräußerung an Dritte den Nachteil, dass das Management aufgrund der Gefahr des Verlustes seiner Position versuchen wird, eine Verfahrensauslösung möglichst lange hinauszuzögern. Welches Gewicht diesem „delay effect“ (vgl. oben Zweiter Teil, Kap. 5, A.II.2.) zukommt, ist jedoch ungewiss. Möglicherweise steht ihm auch ein „punishment effect“ gegenüber, der im Falle eines zwingend vorgeschriebenen Auktionsverfahrens unter Kostengesichtspunkten positiven Einfluss auf das Management eines gesunden Unternehmens hätte, weil dieses versuchen würde, eine finanzielle Schieflage des Unternehmens zu verhindern (vgl. zum „punishment effect“ oben Zweiter Teil, Kap. 5, A.I.). Schließlich lässt sich gegen die Einführung eines zwingenden Auktionsverfahrens anführen, dass auf die Reorganisation als Verwertungsform aufgrund steuerlicher Vorteile (z.B. im Hinblick auf die Grunderwerbsteuer) oder aufgrund der Notwendigkeit, unternehmensträgerspezifische Berechtigungen (z.B. in Form bestimmter öffentlich-rechtlicher Genehmigungen oder schuldrecht-

Ob ein angemessener Nettoerlös erreicht werden kann, hängt in hohem Maße davon ab, in welcher Form der Verkauf durchgeführt wird. Soeben wurde bei der Darstellung der Vorteile eines zwingend vorgeschriebenen Verkaufs insolventer Unternehmen bereits – ohne nähere Begründung – ein Verkauf in Form einer „Auktion“ unterstellt. Diesen Begriff verwenden auch *Baird* und *Jackson*,[20] ohne ihn jedoch klar zu umreißen oder von anderen Verfahrensmöglichkeiten abzugrenzen. Die schlichte Gleichsetzung des Auktionsvorschlags mit dem Verfahren nach Chapter 7 BC[21] wird dem Vorschlag wohl nicht gerecht: Zwar ist im US-amerikanischen Liquidationsverfahren durchaus die Veräußerung des Unternehmens als Going Concern an einen Dritten möglich;[22] jedoch ist das Chapter 7-Verfahren stark reguliert und der Verfahrensablauf in hohem Maße von den Entscheidungen des „trustee“ abhängig. Auch die gegenwärtige Praxis der übertragenden Sanierung in Deutschland, die durch Sondierungsgespräche und Verhandlungen zwischen Insolvenzverwalter (bzw. Sanierungsberater) und potentiellen Kaufinteressenten über die Bedingungen eines möglichen Erwerbs und insbesondere über die Höhe des Kaufpreises gekennzeichnet ist,[23] weicht von den Vorstellungen, die mit dem Auktionsvorschlag verbunden sind, deutlich ab. „Auktion“ im Sinne des „auctions approach“ meint nämlich die zügige Versteigerung des Unternehmensvermögens im Rahmen eines möglichst einfach und klar strukturierten, formalisierten Verfahrens unter möglichst vielen Bietern, mit dem Ziel die Erlöse der Verkäufer zu maximieren und eine optimale Allokation des Unternehmensvermögen zu erreichen.[24] Damit ist jedoch noch

licher Verträge) weiterhin wahrzunehmen, nicht verzichtet werden könne; vgl. *Eidenmüller* (1999), S. 43 ff. Auch dieses Argument ist letztlich wenig überzeugend, da es einem Gesetzgeber, der sich für die Schaffung eines Insolvenzverfahrens entschließt, das die Durchführung einer Auktion zwingend vorschreibt, möglich sein sollte, diese (rechtspolitisch ohnehin fragwürdigen) Hindernisse durch Gesetzesänderungen zu überwinden.

20 *Baird*, j. of law and econ. 1993, S. 633 ff.; *Jackson*, j. of law and econ. 1993, S. 655 ff. In ihren früheren Arbeiten aus dem Jahre 1986 sprechen beide Autoren hingegen nur allgemeiner von einem „sale to a third party“ (s. *Baird*, j. of legal st. 1986, z.B. S. 139 f.; *Jackson* (1986), z.B. S. 211, S.215).

21 So *Aghion/Hart/Moore*, j. of law, econ., & org. 1992, S. 526 f.

22 *Jackson* (1986), S. 211.

23 *Eidenmüller* (1999), S. 36; s. auch die Praxisbeispiele bei *Groß* (1988), S. 145 ff. Rn. 21 ff.

24 Dies lässt sich unter anderem entnehmen aus: *Baird*, j. of law and econ. 1993, S. 633 ff.; *LoPucki/Whitford*, Univ. of Pennsylvania L.R. 1993, S. 754 ff.; *Rasmussen/Skeel*, Am.Bankr.Inst.L.Rev. 1995, S. 108 f.; *Baird* befürwortet den Vorschlag, die Durchfüh-

nichts über die genaue Form der Versteigerung und deren Ausgestaltung im Einzelnen gesagt.[25] Aus der Vielzahl möglicher Formen, in denen Auktionen durchführbar sind, lassen sich mit der Englischen Auktion („ascending-bid auction", „oral auction" oder „open auction"), der Holländischen Auktion („descending-bid auction"), der Vickrey-Auktion („second-price sealed-bid auction") und der Höchstpreisauktion („first-price sealed-bid auction") vier Grundformen nennen, die sich vor allem durch die Regeln, nach denen die Gebote abgegeben werden und der Zuschlag erteilt wird, unterscheiden.[26] *Dilger* analysiert den Einfluss dieser Auktionsformen auf den Verkäufergewinn, indem er unter vereinfachenden Annahmen Bietstrategien herleitet, gemäß denen die Bieter ihre Gebote abgeben.[27] Sein Ziel ist es, die aus Sicht des Verkäufers eines insolventen Unternehmens günstigste Auktionsform zu ermitteln und auf dieser Grundlage einen Vorschlag für ein gesetzliches Insolvenzverfahren zu entwickeln, dessen wesentlichstes Merkmal ist, dass es die Durchführung von Auktionen zwingend vorschreibt.[28]

Alle Versuche, die Verkaufserlöse durch die Wahl der besten Auktionsform zu maximieren und die Kosten des Auktionsverfahrens durch detaillierte Ausgestaltungsvorschläge zu minimieren, nützen jedoch wenig, wenn nicht genügend Bieter vorhanden sind: Mit steigender Bieterzahl steigt auch der zu erwartende Kaufpreis. Ohne oder mit nur einem Bieter ist eine Auktion nicht durch-

rung von Auktionen in einem Insolvenzverfahren zwingend vorzuschreiben, vor allem für große Unternehmen mit öffentlich gehandelten Anteilen (s. *Baird*, j. of law and econ. 1993, S. 636 f.); *Jackson* sieht demgegenüber in dem Vorschlag auch Vorteile für kleinere Unternehmen in Form von „closely held companies" (*Jackson*, j. of law and econ. 1993, S. 656 Fn. 7).

25 Die US-amerikanische Literatur beschäftigt sich kaum mit dieser Frage. Eine Ausnahme stellen lediglich die Ausführungen von *Bhattacharyya/Singh*, j. of financial econ. (1999), S. 269 ff. dar, die die Vorteilhaftigkeit verschiedener Auktionsformen für unterschiedliche Gläubigergruppen untersuchen (a.a.O., S. 276 ff.). Der Schwerpunkt der Arbeit von *Bhattacharyya/Singh* liegt allerdings auf der Frage, wer das (werthaltige) Recht erhalten sollte, über die Form der Auktion und deren genaue Ausgestaltung zu bestimmen.

26 Am bekanntesten und auch praktisch am häufigsten ist die englische Auktion, bei der der Preis schrittweise durch die Gebote unterschiedlicher Bieter erhöht wird, bis das zuletzt genannte Gebot von niemandem mehr überboten wird und den Zuschlag erhält. Zu einer Beschreibung der anderen Auktionsformen s. *Dilger* (1998), S. 210 ff.

27 *Dilger* (1998), S. 212 ff.

28 Zur Ausgestaltung dieses Vorschlags s. *Dilger* (1998), S. 285 ff.

führbar.[29] Soll geklärt werden, ob ein gesetzliches Insolvenzverfahren die Durchführung von Auktionen zwingend vorschreiben sollte, so lautet die vielleicht entscheidende Frage daher, ob es in jedem einzelnen Fall gelingen wird, eine ausreichende Zahl von Bietern zu mobilisieren.[30] Zweifel sind hier angebracht.[31] *Shleifer* und *Vishny* weisen darauf hin, das die Vermögensgegenstände eines Unternehmens oftmals nur sehr spezifisch einsetzbar sind: „Unfortunately, most assets in the world are quite specialized and, therefore, are not redeployable. Oil rigs, brand name food products, pharmaceutical patents and steel plants have no reasonable uses other than the one they are destined for."[32] Dies hat zur Konsequenz, dass als Käufer oftmals nur Unternehmen der gleichen Branche in Frage kommen.[33] Diese messen den Vermögensgegenständen des insolventen Unternehmens den bei weitem höchsten Wert bei. Wenn die potentiellen Käufer jedoch ebenso wie das insolvente Unternehmen unter einer branchenweiten Krise leiden, können sie einen Unternehmenskauf u.U. aufgrund mangelnder

---

29 Bei Auktionsformen, die die geheime Abgabe des Gebots vorsehen („sealed-bid auctions"), kann auch ein einziger Bieter genügen. Dieser darf dann allerdings nicht wissen, dass er der einzige Bieter ist. Bei der Versteigerung eines Unternehmens, bei der die Zahl potentieller Käufer regelmäßig nicht sehr hoch sein wird (dazu sogleich im Text), könnte es schwierig sein, dem Bieter dies zu verheimlichen.

30 *Eidenmüller* (1999), S. 37 f. nennt im Zusammenhang mit der übertragenden Sanierung neben der zu geringen Zahl potentieller Käufer weitere Faktoren (v.a. Informationsdefizite und Risikoaversion der potentiellen Käufer), die zu einem zu geringen Kaufpreis führen können.

31 *Baird* äußerte sich 1986 zu dieser Frage noch sehr optimistisch: „The ability investment bankers have shown to take large firms public (such as the Ford Motor Co. or Apple Computer) and the willingness of others to acquire firms for huge sums (such as General Motors`multibillion dollar purchase of Hughes Aircraft) suggest that it is possible to sell assets of even giant corporations to third-party buyers. In a world in which information can be gathered and communicated quickly and in which many entrepreneurs specialize in acquiring firms in distress, the practical obstacles (as opposed to the ones that are purely legal) seem quite surmountable." (*Baird*, j. of legal st. 1986, S. 141) Im Jahre 1993 war er bereits wesentlich skeptischer und erklärte die Frage, ob genügend Bieter gefunden werden können, zur Schlüsselfrage: „The debate over mandatory auctions may ultimately focus on how many third parties enter the bidding and who they are. (...) Whether such people (gemeint sind potente Käufer; Anmerkung des Verf.) would emerge and flourish under a mandatory auction regime may be the single most important question in the law of corporate reorganizations." (*Baird*, j. of law and econ. 1993, S. 652 f.)

32 *Shleifer/Vishny*, j. of finance 1992, S. 1344.

33 *LoPucki/Whitford*, Univ. of Pennsylvania L.R. 1993, S. 764; *Shleifer/Vishny*, j. of finance 1992, S. 1344.

Eigenmittel nicht finanzieren.[34] Sog. Venture-Capital-Gesellschaften, die auf dem deutschen Markt für Beteiligungskapital eine Rolle spielen, kommen in ihrer gegenwärtigen Ausrichtung in der Regel nicht als Käufer von Krisenunternehmen in Betracht. Sie stellen ihr Kapital gewöhnlich nur Unternehmen zur Verfügung, die sich im Vorfeld der Beteiligung durch einen stabilen Cashflow und einen branchenbezogen nicht überdurchschnittlich hohen Verschuldungsgrad auszeichnen. Außerdem ist das Engagement der Beteiligungsgesellschaften in der Regel zeitlich und bezüglich des Umfangs (Minderheitsbeteiligung) begrenzt.[35]

B. Anteilsplatzierung am Kapitalmarkt

Zur Lösung des soeben angesprochenen Finanzierungsproblems beim Kauf eines Krisenunternehmens lassen sich verschiedene Überlegungen anstellen.

Eine Versteigerung der einzelnen Vermögensgegenstände des Unternehmens, die neben der Versteigerung des Unternehmensvermögens in seiner Gesamtheit stattfindet,[36] könnte dazu dienen, die durch den einzelnen Käufer aufzubringenden Summen überschaubar zu halten. Eine parallele Einzelauktion ist jedoch immer dann sinnlos, wenn die Einzelgegenstände für den Fall, dass sie aus dem Unternehmensverbund herausgerissen werden, (nahezu) wertlos sind.

Auch die Zulassung von Nicht-Bargeboten stellt eine denkbare Möglichkeit dar, das Finanzierungsproblem in Unternehmensauktionen zu mildern.[37]

---

[34] *Shleifer/Vishny*, j. of finance 1992, S. 1344 (mit dem Hinweis, dass ein Erwerb auch an kartellrechtlichen Regelungen scheitern kann).

[35] *Perridon/Steiner* (1999), S. 355 f.

[36] Eine solche parallele Versteigerung der einzelnen Wertgegenstände des Unternehmens und des Gesamtunternehmens sieht ein Verfahrensvorschlag von *Dilger* vor. Die Auktionen der Einzelgegenstände werden nicht wirksam, wenn der in der Versteigerung des Gesamtunternehmens erzielte Preis ausreichend hoch ist. S. *Dilger* (1998), S. 293 ff. *Dilger* geht es bei diesem Vorschlag allerdings weniger um die Lösung des Finanzierungsproblems, als um den Gesichtspunkt der wertmaximierenden Vermögensverwertung.

[37] Näher zum Begriff des Nicht-Bargebots unten Kap. 2, A.II.2. im Rahmen der Beschreibung des Verfahrensvorschlags von *Aghion*, *Hart* und *Moore*; s. auch *Aghion/Hart/Moore*, j. of law, econ., & org. 1992, S. 533 f.

Im Falle der Insolvenz größerer Unternehmen könnte eine Finanzierungsmöglichkeit des Weiteren darin bestehen, das Unternehmen nicht nur einigen wenigen Großinvestoren anzubieten, sondern durch die Emission von Anteilsrechten eine Vielzahl kleinerer Kapitalgeber anzusprechen. So schlägt *Roe* vor, 10 Prozent der Aktien[38] eines Krisenunternehmens am Kapitalmarkt zu platzieren.[39] Der Vorschlag weist aufgrund dieses Aktienverkaufs an Dritte eine gewisse Nähe zum „auctions approach" auf.[40] Die Ähnlichkeit ist besonders ausgeprägt, wenn für die öffentliche Zeichnung der Aktien das international häufig angewandte Tender-Verfahren gewählt wird, bei dem auf der Basis der Gesamtheit der eingereichten Gebote anschließend die Zuteilung der Emission auf die Zeichner mit den höchsten Geboten erfolgt.[41] *Roe* geht es jedoch letztlich nicht um eine Veräußerung des insolventen Unternehmens an Dritte, sondern um seine Reorganisation in der Hand der alten Kapitalgeber. Der Verkauf von 10 Prozent der Aktien soll lediglich dazu dienen, aus dem erzielten Kaufpreis den Unternehmensgesamtwert zu ermitteln. Auf der Grundlage des Gesamtwerts sollen dann die restlichen 90 Prozent der Aktien an die alten Kapitalgeber des Krisenunternehmens verteilt werden. Das Unternehmen weist nach Abschluss dieses Vorgangs eine reine Eigenkapitalstruktur auf.[42] Durch die Nutzung des

---

38 *Roe* beschränkt seinen Vorschlag ausdrücklich auf „...large public companies (...) whose stock is (...) publicly and widely traded..."; *Roe*, Columbia L.R. 1983, S. 530 Fn. 8. Es muss sich bei den Anteilsrechten also um Aktien handeln.

39 *Roe*, Columbia L.R. 1983, S. 559.

40 Vgl. die Einordnung des Vorschlags von *Roe* in *Bebchuk*, NBER working paper 6473, S. 8 und in *Bebchuk/Fried*, Harvard L.R. 2001, S. 2390 Fn. 12.

41 S. näher zum Tender-Verfahren und den anderen gängigen Preisfindungsverfahren (Festpreisverfahren/Bookbuilding-Verfahren) im Zusammenhang mit Wertpapieremissionen *Perridon/Steiner* (1999), S. 366 f.

42 Bsp. nach *Roe*, Columbia L.R. 1993, S. 559: Ein insolventes Unternehmen habe gegenüber seinen vorrangigen und nachrangigen Gläubigern Verbindlichkeiten in Höhe von jeweils 5 Mio. \$. Hinter diesen beiden Gläubigergruppen rangieren die alten Aktionäre. Es werden 1 Mio. neuer Aktien emittiert. 100.000 dieser neuen Aktien (10 Prozent des Gesamtvolumens) werden am Kapitalmarkt platziert. Kann ein Preis von 10 \$ pro Aktie erzielt werden, so errechnet sich ein Unternehmensgesamtwert von 10 Mio. \$. Die verbliebenen 900.000 Aktien haben also einen Wert von 9 Mio. \$ und werden dementsprechend auf die Gläubiger verteilt: Die vorrangigen Gläubiger erhalten 500.000 Aktien und erlangen damit vollständige Befriedigung. Die nachrangigen Gläubiger erhalten 400.000 Aktien und erreichen damit eine Befriedigungsquote von 4/5. Die alten Aktionäre gehen leer aus. (Das Bsp. geht davon aus, dass die Erlöse aus dem 10-prozentigen Aktienverkauf in das Unternehmen fließen und dessen Wert erhöhen; dies wird von den Käufern bei Ab-

Marktes als Bewertungsinstrument bleiben den Kapitalgebern zeitaufwendige und kostenträchtige Verhandlungen über die Höhe des Unternehmenswerts erspart. An *Roes* Konzept ist vor allem zu kritisieren, dass es manipulationsanfällig ist:[43] Kapitalgeber des Krisenunternehmens könnten versuchen, den Preis der platzierten Aktien – etwa durch die Veröffentlichung bewertungssensitiver Informationen oder durch die künstliche Ankurbelung der Nachfrage – zu beeinflussen, um so eine ihnen günstige Bewertung des gesamten Unternehmensvermögens zu erreichen. Auch ist nicht klar, ob es sinnvoll ist, bei einer Platzierung von 10 Prozent der Aktien stehen zu bleiben. Wenn der Markt bereit ist, 10 Prozent der Anteilsrechte aufzunehmen, so lassen sich häufig vermutlich auch 100 Prozent unterbringen,[44] zumal einige Großanleger, die Wert auf Kontrollmöglichkeiten und Einfluss auf die Geschäftspolitik legen, an kleinen Anteilspaketen von 10 Prozent oder weniger gar kein Interesse haben werden.[45] Unabhängig davon, ob 10 oder 100 Prozent der Aktien am Kapitalmarkt platziert werden, wird die Nachfrage (und damit der Preis) stark von der Möglichkeit ihrer zukünftigen Veräußerbarkeit abhängen. Die zukünftige Handelbarkeit der Wertpapiere auf einem Sekundärmarkt kann theoretisch durch eine Börseneinführung gewährleistet werden. In Deutschland setzen die Vorschriften des Börsengesetzes (§§ 36 ff., 71 ff. BörsG), der Börsenzulassungs-Verordnung und verschiedener anderer Regelwerke[46] der Zulassung der Papiere von Krisenunternehmen an einem der verschiedenen Börsensegmente jedoch Grenzen.[47]

---

gabe ihres Kaufangebots berücksichtigt. Denkbar ist auch, dass die Erlöse bei Unternehmen, denen ausreichend Liquidität zur Verfügung steht, an die Gläubiger ausgeschüttet werden. Die Berechnung gestaltet sich dann anders, ohne dass sich jedoch an der Grundkonzeption etwas ändert. Vgl. *Roe*, Columbia L.R. 1983, S. 559 Fn. 116.)

43 *Bebchuk*, Harvard L.R. 1988, S. 790 (auch zu weiteren Kritikpunkten); s. auch *Eidenmüller* (1999), S. 98 ff.

44 *Roe*, Columbia L.R. 1983, S. 573 ist insoweit skeptisch: „It is one thing to say that the market effectively values the opportunities of Chrysler Corporation and International Harvester via the several thousand shares traded daily; it is quite another to say that there is a liquid market, with many potential purchasers, for entire automobile and farm machinery companies."

45 Vgl. *Eidenmüller* (1999), S. 98.

46 Bspw. gibt es für das privatrechtlich organisierte Börsensegment „Neuer Markt" ein „Regelwerk Neuer Markt der Deutsche Börse AG".

47 Zu denken wäre allenfalls an eine Zulassung im gesetzlichen Marktsegment des „Freiverkehrs", § 78 BörsG, für den nur wenige formale Zulassungsvoraussetzungen bestehen. Angesichts der Diskussion um die Wiedergewinnung des Anlegervertrauens durch die

Der Vorschlag, neben Anteilsrechten auch Fremdkapitaltitel (z.B. Anleihen) am Kapitalmarkt zu platzieren, um die Kapitalbeschaffung zu erleichtern und das Finanzierungsproblem zu lösen, ist, soweit ersichtlich, bislang nicht diskutiert worden.[48] Es erscheint jedoch plausibel, dass sich mehr Investoren finden, wenn neben einer Eigenkapitalbeteiligung auch der Erwerb einer (weniger risikoreichen) Gläubigerposition angeboten wird.

Die Aufnahmefähigkeit der Kapitalmärkte spielt auch für die Funktionsfähigkeit des Optionsmodells von *Bebchuk* eine nicht unerhebliche Rolle, so dass auf diese Frage im folgenden Kapitel noch zurückzukommen sein wird.[49] Jedenfalls erscheint das Finanzierungsproblem in der Regel durch eine Platzierung von Anteilsrechten am Kapitalmarkt eher lösbar, als durch die Versteigerung des gesamten Unternehmensvermögens unter – wenn überhaupt – einigen wenigen Großinvestoren, die zu einem solchen finanziellen Kraftakt in der Lage sind.

C. Zusammenfassende Betrachtung

Zusammenfassend ist festzuhalten, dass der Vorschlag, die Durchführung von Auktionen in einem gesetzlichen Insolvenzverfahren zwingend vorzuschreiben, trotz der nicht zu übersehenden Vorteile dieser Verfahrensform, gewagt erscheint. Zwar können durch die Verfahrensausgestaltung im Detail (z.B. im Hinblick auf die Wahl der Auktionsform) die Nettoerlöse positiv beeinflusst werden. Es bestehen jedoch Zweifel, ob sich immer genügend Kaufinteressenten finden, damit ein angemessener Erlös erzielt werden kann. Dies gilt für den deutschen Markt in noch stärkerem Maße als für den US-amerikanischen. Durch die Platzierung der Anteile eines Krisenunternehmens am Kapitalmarkt kann die Nachfragesituation gegenüber der Versteigerung des gesamten Unternehmens

Verbannung insolventer und angeschlagener Unternehmen vom Neuen Markt (s. Handelsblatt vom 20.7.2001, S. 35; Handelsblatt vom 23.7.2001, S. 2, S.32) dürfte die Idee einer regelmäßigen Börseneinführung von Unternehmen, die gerade eine finanzielle Krise durchleben, gegenwärtig in Deutschland auch politisch auf wenig Akzeptanz stoßen.

[48] Das Unternehmen würde dann – anders als beim Vorschlag von *Roe* – nach Abschluss der Platzierung keine reine Eigenkapitalstruktur aufweisen. Die Einschätzung der Unternehmensbonität durch die Marktteilnehmer würde den Kurs der zu platzierenden Fremdkapitaltitel bestimmen.

[49] S. Kap. 2, E.I.3.

„en bloc“ mit einiger Sicherheit verbessert werden. Gerade für sehr große Unternehmen bedarf die Frage der Aufnahmefähigkeit der Märkte jedoch auch für diese Vorgehensweise näherer Untersuchung.

Kapitel 2: Das Optionsmodell

Das Optionsmodell von *Bebchuk* bietet in der Diskussion um eine marktorientierte Bewältigung von Unternehmensinsolvenzen ein interessantes Konkurrenzverfahren zum „auctions approach“. Neben der Darstellung des Modells ist eine ausführliche Auseinandersetzung mit seinen Schwächen und Vorzügen Ziel dieses Kapitels, das sich im Einzelnen wie folgt gliedert:

Unter Punkt A. sollen zunächst grundlegende Überlegungen im Zusammenhang mit dem Optionsmodell von *Bebchuk* vorgestellt werden. Dazu wird das Optionsmodell zunächst ausführlich beschrieben. Danach werden in der Literatur zu findende Erweiterungsvorschläge vorgestellt und eine wirtschaftswissenschaftliche Einordnung des Modells vorgenommen.

Punkt B. fragt danach, ob das Optionsmodell im Rahmen des geltenden US-amerikanischen und deutschen Insolvenzrechts Anwendung finden kann oder ob zu seiner Umsetzung die Schaffung neuer insolvenzverfahrensrechtlicher Regelungen erforderlich ist. Dabei stehen die rechtlichen Hindernisse, die einer Anwendung unter geltendem Recht entgegenstehen, im Zentrum der Betrachtung.

Punkt C. beschäftigt sich mit einem Problem, das – obwohl es in Unternehmensinsolvenzen von erheblicher Bedeutung ist – bislang bei der Entwicklung marktorientierter Verfahrensvorschläge zur Insolvenzbewältigung kaum beachtet worden ist: Es handelt sich um die Frage der Feststellung der Höhe des gesicherten Teils der Forderung eines gesicherten Gläubigers. Lässt sich diese Aufgabe nur – wie bisher – durch Verhandlungen und gerichtliche Bewertungsentscheidungen bewältigen oder kann sie auch unter Zuhilfenahme der Marktkräfte gelöst werden? *Bebchuk* und *Fried* haben neuerdings erstmals den Versuch unternommen, die Idee einer marktorientierten Insolvenzbewältigung auch auf dieses Teilproblem zu erstrecken.[1] Ihr Verfahrensvorschlag steht daher im Mittelpunkt der Ausführungen zu Punkt C.

Unter Punkt D. werden – ohne Anspruch auf Vollständigkeit – Schwierigkeiten erörtert, mit denen bei einer Anwendung des Optionsverfahrens von *Bebchuk* zu rechnen ist. Behandelt werden sowohl Anwendungsprobleme, die allgemein in dem Verfahren auftreten könnten als auch Hindernisse, die sich speziell bei einer Anwendung des Optionsmodells unter einem nach *Bebchuks* Vorstellungen reformierten[2] deutschen Insolvenzrecht ergeben könnten.

Punkt E. befasst sich mit den Vorteilen, die eine Umsetzung des Optionsmodells erwarten lässt. Falls die im Zweiten Teil der Arbeit erörterten Kritikpunkte am Verfahren nach Chapter 11 BC und am Insolvenzplanverfahren ein Insolvenzverfahren auf der Grundlage des Optionsmodells nicht oder nur in geringerem Umfang treffen, können sich daraus gute Argumente für die gesetzliche Normierung eines Optionsverfahrens ergeben.

Punkt F. enthält eine zusammenfassende Würdigung und Kritik des Optionsmodells.

A. Der „options approach“: Darstellung des Grundmodells und weitergehender Überlegungen

Ziel dieses Abschnitts ist in erster Linie die Darstellung des Optionsmodells von *Bebchuk* (Punkt I.).[3] Der von *Bebchuk* vorgeschlagene Verfahrensablauf und die Funktionsweise des „Optionsmechanismus“ sollen deutlich werden. Unter Punkt II. und III. sollen dann die Überlegungen von *Aghion*, *Hart* und *Moore*[4] sowie von *Hart*, *La Porta Drago*, *Lopez-de-Silanes* und *Moore*[5] vorgestellt und gewürdigt werden. Zwar werden diese Überlegungen von den Autoren in Form von eigenen Verfahrensvorschlägen präsentiert; in beiden Vorschlägen nehmen die

---

1 *Bebchuk/Fried*, Harvard L.R. 2001, S. 2386 ff.

2 Dazu nachfolgend B.I.1.

3 Die Darstellung erfolgt in enger Anlehnung an *Bebchuk*, Harvard L.R. 1988, S. 775 ff. und *Bebchuk*, European Econ. R. 2000, S. 829 ff. S. auch *Hinrichs*, KTS 2002, S. 497 ff.

4 *Aghion/Hart/Moore*, j. of law, econ., & org. 1992, S. 523 ff., insbes. S. 532 ff.

5 *Hart/La Porta Drago/Lopez-de-Silanes/Moore*, LSE Discussion Paper No. 254 (1997).

Ideen von *Bebchuk* jedoch einen zentralen Platz ein. Schließlich wird unter Punkt IV. der wirtschaftswissenschaftliche Hintergrund des Optionsmodells von *Bebchuk* näher beleuchtet, indem sein Verhältnis zum Optionspreismodell von *Black* und *Scholes*[6] beschrieben wird.

I. *Bebchuks* Idee der Insolvenzbewältigung durch Optionen

Da eine objektive Größe für den Unternehmenswert nicht erhältlich ist,[7] wurde das Verteilungsverfahren des US-amerikanischen Reorganisationsverfahrens und des deutschen Insolvenzplanverfahrens als ein Prozess des Verhandelns und des Austragens von Rechtsstreitigkeiten zwischen den verschiedenen Kapitalgeberklassen ausgestaltet. Die Verhandlungen führen nicht immer zu gerechten Verteilungsergebnissen, die mit der Rangfolge der Vorinsolvenzrechte in Einklang stehen.[8] Ziel des Optionsmodells von *Bebchuk* ist es, eine Bewertung des zu verteilenden Vermögens durch das Insolvenzgericht entbehrlich zu machen, und dennoch zu einer gerechten Verteilung zu gelangen. Die Kosten langwieriger Verhandlungen zwischen den Kapitalgebern sollen mit Hilfe des Modells eingespart werden.

Bebchuk teilt seinen Verfahrensvorschlag in vier Abschnitte ein, die im Folgenden zu beschreiben sind:[9]

- Verfahrensabschnitt 1: Bestimmung der Kapitalgeberklassen
- Verfahrensabschnitt 2: Zuteilung von Optionsrechten
- Verfahrensabschnitt 3: Handel und schließlich Ausübung der Optionsrechte
- Verfahrensabschnitt 4: Entscheidung der neuen Anteilsinhaber über die Zukunft des Unternehmens

6 S. *Black/Scholes*, j. of finance 1972, S. 399 ff.; *Black/Scholes*, j. of political econ. 1973, S. 637 ff.

7 Vgl. dazu ausführlich Zweiter Teil, Kap. 2.

8 S. Zweiter Teil, Kap. 3.

9 Die folgende Beschreibung der vier Verfahrensabschnitte erfolgt in enger Anlehnung an *Bebchuk*, European Econ. R. 2000, S. 833 ff. und *Bebchuk*, Harvard L.R. 1988, S. 781 ff.

1. Zu Verfahrensabschnitt 1: Bestimmung der Kapitalgeberklassen und Wertzuteilung

Eine Verteilung des Unternehmensvermögens unter den Kapitalgebern in einem Insolvenzverfahren setzt voraus, dass Rang und Wert ihrer Rechte bekannt sind. Auch im Rahmen des Optionsmodells von *Bebchuk* kann nicht auf die Ermittlung und Klassifizierung der rechtlichen Positionen von Gläubigern und Anteilseignern verzichtet werden.[10] Sind die Rechtspositionen festgestellt, so lässt sich die Verteilung des Unternehmenswerts, wie sie durch den „options approach" angestrebt wird, wie folgt beschreiben:

Ein Unternehmen, z.B. eine Corporation oder Aktiengesellschaft, befinde sich in einem Reorganisationsverfahren. Es gebe n Klassen von Kapitalgebern. Jede Klasse i bestehe aus m_i Kapitalgeberrechten (, d.h. Gläubiger- oder Anteilsrechten). Innerhalb einer Klasse habe jedes dieser Rechte den gleichen Wert. Dabei können einem einzelnen Kapitalgeber mehrere der Rechte zustehen.

Der Wert des Unternehmensvermögens, das unter den Kapitalgebern aufzuteilen ist, sei V.[11] Das Verfahren soll nun die gerechte Aufteilung von V unter den Kapitalgebern gewährleisten. Folgt man der Auffassung, dass die Verteilung nach Maßgabe der absoluten Vorrangsregel erfolgen sollte,[12] so darf eine Klasse i erst dann eine Wertzuteilung erhalten, wenn alle höherrangigen Klassen $j < i$ voll befriedigt sind. Die Wertzuteilung, die erforderlich ist, um alle Ansprüche einer Klasse i zu befriedigen, sei D_i. Die Klasse mit dem niedrigsten Rang sei eine Anteilseignerklasse n. Da diese Klasse den Restwert (in theoretisch unbegrenzter Höhe) beanspruchen kann, der nach voller Befriedigung aller vorrangigen Klassen verbleibt, ist $D_n = \infty$. Der Gesamtwert der Ansprüche aller Klassen mit einem gegenüber der Klasse i höheren Rang sei mit $D_i°$ gekennzeichnet, so dass gilt $D_i° = \sum_{j=1}^{i-1} D_j$. Einer Klasse i steht nach der absoluten Vorrangsregel nur

[10] *Bebchuk*, Harvard L.R. 1988, S. 778.

[11] Da es einen objektiven, für alle Wirtschaftssubjekte gleichen Unternehmenswert nicht gibt, kann V als Mittelwert aller „subjektiven Unternehmenswerte" im oben (Zweiter Teil, Kap. 2, E.I.6.a.) beschriebenen Sinne verstanden werden.

[12] Eine prinzipielle Beachtung der absoluten Vorrangsregel wurde in Kap. 3 des Zweiten Teils der Arbeit befürwortet.

dann eine Wertzuteilung zu, wenn $V > D_i°$ ist. Außerdem darf keine Klasse i eine Wertzuteilung bekommen, die D_i übersteigt (oder – beschränkte Haftung der Anteilseigner vorausgesetzt – kleiner als 0 ist). Damit lässt sich der Wert, den eine Klasse i erhalten sollte, beschreiben mit $E_i = \min[D_i, \max(0, V - D_i°)]$. Auf das einzelne Kapitalgeberrecht innerhalb einer Klasse i entfällt ein Wert von E_i/m_i.

Diese formelmäßige Darstellung der angestrebten Wertzuteilung lässt sich anhand eines (im Folgenden noch mehrfach zu verwendenden) Beispiels verdeutlichen:

Das insolvente Unternehmen habe drei Kapitalgeberklassen ($n = 3$): Klasse 1 bestehe aus 100 vorrangigen Gläubigern („senior creditors"),[13] Klasse 2 bestehe aus 100 nachrangigen Gläubigern („junior creditors") und Klasse 3 setze sich aus 100 Gesellschaftern zusammen, von denen jedem ein gleich großer Anteil an dem Unternehmen zusteht. Von den vor- und nachrangigen Gläubigern habe jeder einzelne eine Forderung von 1 $, so dass sich die Gesamtverbindlichkeiten des Unternehmens auf 200 $ belaufen. Es gilt also:

$m_i = 100$ für $i = 1$ bis 3 (, wobei jedem Kapitalgeber (nur) ein Kapitalgeberrecht zusteht)
$D_1 = 100$ \$; $D_2 = 100$ \$; $D_3 = \infty$
$D_1° = 0$ \$; $D_2° = 100$ \$; $D_3° = 200$ \$

Die angestrebte Wertzuteilung an die Klassen 1 bis 3 und an die einzelnen Kapitalgeber(rechte) innerhalb dieser Klassen in Abhängigkeit vom Wert des Unternehmensvermögens V ergibt sich aus der Tabelle auf der folgenden Seite.

Wäre der Wert des Unternehmensvermögens V bekannt, so wäre seine Aufteilung unter den Kapitalgebern entsprechend den Vorgaben der absoluten Vorrangsregel im Prinzip einfach:[14] Die neuen Kapitalgeberrechte an dem Unternehmensvermögen könnten in beliebig viele gleiche Einheiten („units") aufgeteilt

---

[13] *Eidenmüller* (1999), S.103 ff. spricht von „gesicherten Gläubigern"; diese werden jedoch von *Bebchuk* separat behandelt, s. *Bebchuk*, Harvard L.R. 1988, S. 802 f. sowie unten Punkt C.

[14] Vgl. auch oben Zweiter Teil, Kap. 2, A.

Tabelle 2: Beispiel für die Wertzuteilungen $E_i = \min[D_i, \max(0,V-D_i^\circ)]$ bzw. E_i/m_i

(1)	(2)	(3)	(4)
Wert des Unternehmensvermögens V	Klasse i	Wertzuteilung E_i an die Klasse i	Wertzuteilung E_i/m_i an die einzelnen Kapitalgeber der Klasse i
$V \leq 100$ \$	Klasse 1: Vorrangige Gläubiger	$E_1 = V$	$E_1/m_1 = V/100$
	Klasse 2: nachrangige Gläubiger	$E_2 = 0$ \$	$E_2/m_2 = 0$ \$
	Klasse 3: Anteilsinhaber	$E_3 = 0$ \$	$E_3/m_3 = 0$ \$
100 \$ $< V \leq$ 200 \$	Klasse 1: Vorrangige Gläubiger	$E_1 = 100$ \$	$E_1/m_1 = 100$ \$/100 = 1 \$
	Klasse 2: nachrangige Gläubiger	$E_2 = V - 100$ \$	$E_2/m_2 = (V/100) - 1$ \$
	Klasse 3: Anteilsinhaber	$E_3 = 0$ \$	$E_3/m_3 = 0$ \$
$V > 200$ \$	Klasse 1: Vorrangige Gläubiger	$E_1 = 100$ \$	$E_1/m_1 = 100$ \$/100 = 1 \$
	Klasse 2: nachrangige Gläubiger	$E_2 = 100$ \$	$E_2/m_2 = 100$ \$/100 = 1 \$
	Klasse 3: Anteilsinhaber	$E_3 = V - 200$ \$	$E_3/m_3 = (V/100) - 2$ \$

werden. Die Aufteilung der neuen Kapitalgeberrechte in s gleiche Einheiten ist immer möglich, gleich wie die neue Kapitalstruktur des Unternehmens aussehen soll.[15] Setzt sich die neue Kapitalstruktur bspw. aus 100 Stammaktien und 50 Vorzugsaktien zusammen, dann besteht für s = 100 jede Einheit aus einer Stammaktie und einer halben Vorzugsaktie. Es ist auch denkbar, dass sich die einzelne Einheit aus einem Eigenkapital- und einem Fremdkapitalanteil zusammensetzt. Wäre V bekannt, so wäre der Wert einer Einheit V/s einfach zu errechnen. Die Befriedigung der Kapitalgeber könnte erfolgen, indem ihnen die Einheiten (oder Bruchteile von Einheiten) unter Beachtung von Rang und Wert ihrer bisherigen Rechtspositionen zugeteilt werden.

Da V nicht bekannt ist, ist unklar, wie viele Einheiten (oder Bruchteile von Einheiten) einem Kapitalgeber zuzuteilen sind, damit er Befriedigung erlangt. *Beb-*

[15] S. *Bebchuk*, European Econ. R. 2000, S. 834: „Whatever is going to be the capital structure of RC (= reorganized company; Anmerkung des Verf.), it will be possible to divide the securities of RC available for division into equal units."

chuk geht daher einen anderen Weg, um die neuen Einheiten unter den Kapitalgebern aufzuteilen.

2. Zu Verfahrensabschnitt 2: Zuteilung von Optionsrechten

Nach *Bebchuks* Vorschlag soll die Aufteilung der Einheiten durch die Verteilung von Optionsrechten an die bisherigen Kapitalgeber erreicht werden. Die Idee basiert auf der Beobachtung, dass sich die Wertzuteilung an die einzelnen Kapitalgeber als Funktion von V darstellen lässt (vgl. Spalte (4) von Tabelle 2): V selbst ist zwar nicht bekannt; da sich die Wertzuteilungen jedoch als von V abhängige Größen darstellen lassen, können Optionsrechte gestaltet und den Kapitalgebern zugeteilt werden, die diesen – so jedenfalls *Bebchuks* Anspruch – eine Wertzuteilung sichern, die mit ihrer ursprünglichen Berechtigung in Einklang steht.[16] Mit Zuteilung der Optionsrechte erlöschen die alten Gläubiger- und Anteilsrechte.

Die Kapitalstruktur, die das Unternehmen nach Verteilung und Ausübung (s. Abschnitt 3 des Verfahrensvorschlags) der Optionsrechte haben soll, wird im Voraus bestimmt. Dabei kann eine reine Eigenkapitalstruktur gewählt werden. Es ist aber auch möglich, dass die Kapitalstruktur durch einen gerichtlich bestimmten Experten (etwa einen Investmentbanker) festgelegt wird.[17] (Es steht den neuen Anteilsinhabern in jedem Fall frei, die Kapitalstruktur in Abschnitt 4 des Verfahrens entsprechend ihren Vorstellungen umzugestalten.)

Die (sich gleichenden) s Einheiten, die in ihrer Gesamtheit die neue Kapitalstruktur des Unternehmens bestimmen, werden nicht direkt unter den Kapitalgebern verteilt. Stattdessen werden die Einheiten bis zur Ausübung der Optionsrechte von einem „clearing agent“ gehalten.[18] Erst die Entscheidung der Teilnehmer über die Ausübung ihrer Optionsrechte bestimmt über die Verteilung der

---

[16] S. z.B. *Bebchuk*, Harvard L.R. 1988, S. 785; *Bebchuk*, European Econ. R. 2000, S. 835.

[17] Die Rekapitalisierung des insolventen Unternehmens auf einer reinen Eigenkapitalbasis ist also *nicht* zwingend, s. *Bebchuk*, European Econ. R. 2000, S. 834, aber auch bereits *Bebchuk*, Harvard L.R. 1988, S. 782, S. 798; (anders – aber in Widerspruch zu *Bebchuk* – *Aghion/Hart/Moore*, j. of law, econ., & org. 1992, S. 533 f.; *Eidenmüller* (1999), S. 103.)

[18] Nach *Eidenmüller* (1999), S.104 erhalten hingegen (zunächst) die höchstrangigsten Gläubiger (*Eidenmüller* spricht von „gesicherten Gläubigern“) alle Einheiten und nur den nachrangigen Gläubigern und den bisherigen Anteilsinhabern werden Optionsrechte zugeteilt.

Einheiten. Die Verteilung ist von der Ausgestaltung der Optionsrechte und von den jeweiligen Ausübungsentscheidungen abhängig, so dass der „clearing agent“ keinerlei Entscheidungsfreiraum hat. Seine Aufgabe kann daher von einer Stelle des Insolvenzgerichts, aber auch von einer Abteilung des zu reorganisierenden Unternehmens selbst oder von einem außenstehenden Dritten wahrgenommen werden.[19]

Die Ausgestaltung der Optionsrechte und ihre Zuteilung an die Kapitalgeber soll durch die Fortführung des obigen Beispiels (s. unter 1.) verdeutlicht werden:

Die neuen Kapitalgeberrechte an dem Unternehmen mögen in s = 100 gleiche Einheiten aufgeteilt werden. Jede Klasse i erhält dann 100 Optionsrechte. Da drei Kapitalgeberklassen existieren, müssen auch drei unterschiedlich ausgestaltete „Typen“ von Optionsrechten gebildet werden:

- Jeder der 100 vorrangigen Gläubiger erhält ein Typ 1-Recht. Dieses kann von dem Unternehmen (vertreten durch den „clearing agent“) am Ende des Ausübungszeitraums gegen Zahlung von 1 $ an den Gläubiger ausgelöst werden. Wird es nicht ausgelöst, dann kann der Optionsinhaber eine Einheit im Wert von $V/s = V/100$ verlangen. Ein vorrangiger Gläubiger erhält somit entweder 1 $ oder eine Einheit im Wert von $V/100$. Dies entspricht der Wertzuteilung E_1/m_1 die er gem. Spalte (4) von Tabelle 2 beanspruchen kann.
- Jeder nachrangige Gläubiger erhält ein Typ 2-Recht. Dieses kann – wie das Typ 1-Recht – am Ende des Ausübungszeitraums gegen Zahlung von 1 $ an den nachrangigen Gläubiger ausgelöst werden. Wird es nicht ausgelöst, so haben die nachrangigen Gläubiger das Recht, eine Einheit im Wert von $V/100$ gegen Zahlung von 1 $ zu erwerben. Jeder nachrangige Gläubiger erhält somit eine Wertzuteilung E_2/m_2 von 1 $ oder von einer Einheit im Wert von $V/100$ gegen Bezahlung des Ausübungspreises von 1 $. Das Optionsrecht verfällt als wertlos ($E_2/m_2 = 0$ $), wenn es weder von der Gesellschaft ausgelöst, noch vom Gläubiger ausgeübt wird. Dazu wird es kommen, wenn der Wert $V/100$ einer Einheit nicht über 1 $ liegt ($V \leq 100$ $). Vgl. wiederum Spalte (4) von Tabelle 2.
- Die Gesellschafter erhalten schließlich ein Typ 3-Recht. Dieses kann vom „clearing agent“ nicht ausgelöst werden. Das Recht erlaubt es dem Inhaber am

[19] *Bebchuk*, European Econ. R. 2000, S. 835.

Ende des Ausübungszeitraums gegen Bezahlung von 2 $ eine Einheit im Wert von $V/100$ an der Gesellschaft zu erwerben. Dies wird er tun, wenn er glaubt, dass $V/100$ größer als 2 $ ist. Entsprechend Spalte (4) von Tabelle 2 erhält ein Gesellschafter also niemals eine Wertzuteilung E_3/m_3, die ($V/100$)–2 $ übersteigt.

Allgemein formuliert gilt für die Optionsrechte der Gläubiger und Gesellschafter Folgendes:[20]

Für n Kapitalgeberklassen werden n Typen von Optionsrechten gebildet. Die Kapitalgeber innerhalb einer Klasse i erhalten sämtliche Typ i-Rechte. Die Anzahl der Optionsrechte, die jede Klasse erhält, stimmt mit der Anzahl s der (teilbaren) Einheiten, die zur Verteilung zur Verfügung stehen, überein. Auf jedes der m_i Kapitalgeberrechte innerhalb einer Klasse i entfallen daher s/m_i (teilbare) Typ i-Rechte. Wird ein Typ i-Recht vom „clearing agent" ausgelöst,[21] so hat dies gegen Zahlung eines Betrags von D_i/s an den Rechtsinhaber zu geschehen. Dieser Betrag entspricht dem auf das einzelne Optionsrecht entfallenden Anteil der Gesamtforderung der Klasse i. Wenn das Recht nicht ausgelöst wird, hat sein Inhaber die Option, eine Einheit des Unternehmensvermögens im Wert von V/s zu einem Preis von $D_i°/s$ zu erwerben. $D_i°/s$ ist der auf das einzelne Optionsrecht entfallende Anteil sämtlicher Forderungen, die der Klasse i im Rang vorgehen. Möchte der Optionsinhaber in dem Fall, dass sein Recht nicht vom „clearing agent" ausgelöst wird, sein Recht ausüben und eine Einheit des Unternehmensvermögens erwerben, so muss er dies dem „clearing agent" im Verfahrensabschnitt 3 mitteilen.

3. Zu Verfahrensabschnitt 3: Handel und schließlich Ausübung der Optionsrechte

Die Ausübung der Optionsrechte hat nach *Bebchuks* Vorstellungen am Ende eines Zeitraums von etwa einem Monat ab Zuteilung der Rechte zu erfolgen.[22] Innerhalb dieses Zeitraums sollen die Rechte öffentlich gehandelt werden können (z.B. an einer Börse). Der Marktpreis der gehandelten Optionsrechte soll für

[20] Vgl. *Bebchuk*, European Econ. R. 2000, S. 836.

[21] Dazu sogleich näher unter 3.

[22] *Bebchuk*, European Econ. R. 2000, S. 836; 1988 hielt *Bebchuk* noch einen Zeitraum von fünf Tagen für ausreichend, *Bebchuk*, Harvard L.R. 1988, S. 785.

alle Beteiligten eine zusätzliche Informationsquelle bezüglich des Unternehmenswerts darstellen.[23]

Wie bereits erwähnt, bestimmen die Ausübungsentscheidungen der Optionsinhaber die Verteilung der Einheiten („units"), in die die neuen Kapitalgeberrechte an dem Unternehmen aufgeteilt werden. Die (unter 2.) beschriebene Ausgestaltung der Optionsrechte führt dazu, dass im Ergebnis nie mehr Einheiten verteilt werden müssen, als die *s* Einheiten, deren Verteilung von Anfang an geplant war. Der „clearing agent" ist also immer in der Lage, den bei Ausübung der Optionsrechte entstehenden Zuteilungsverpflichtungen in vollem Umfang nachzukommen. Zur Verdeutlichung soll wiederum auf das obige Beispiel zurückgegriffen werden:

Wenn alle Inhaber eines Optionstyps (Typ 1, 2 oder 3) ihre Rechte einheitlich ausüben, ergeben sich die folgenden drei Hauptszenarien:

- Üben alle Typ 3-Rechtsinhaber ihre Rechte aus, so erhält der „clearing agent" 200 $. Mit diesen löst er sämtliche Typ 1 und Typ 2 Rechte aus. Die Inhaber dieser Rechte, also die vor- und nachrangigen Gläubiger (sofern diese ihre Rechte nicht verkauft und abgetreten haben) erhalten jeweils 1 $. Die Typ 3-Rechtsinhaber erhalten vom „clearing agent" alle 100 Einheiten (eine Einheit für jedes ausgeübte Recht).
- Angenommen keiner der Typ 3-Rechtsinhaber übt sein Recht aus, aber alle Typ 2-Rechtsinhaber tun dies, so erhält der „clearing agent" von diesen (letzteren) 100 $. Im Gegenzug erhalten die Typ 2-Rechtsinhaber für jedes ausgeübte Recht eine Einheit. Die 100 $ werden vom „clearing agent" an die Typ 1-Rechtsinhaber weitergeleitet.
- Üben weder Typ 2- noch Typ 3-Rechtsinhaber ihre Rechte aus, so erhalten die Inhaber der Typ 1-Rechte sämtliche Einheiten.

Etwas komplizierter gestaltet sich die Verteilung, wenn nur ein Teil der Typ 2 oder Typ 3-Rechte ausgeübt wird. *Bebchuk* hält diese Konstellation für unwahrscheinlich, wenn die Rechte vor der Ausübung für kurze Zeit öffentlich gehan-

[23] *Bebchuk*, Harvard L.R. 1988, S. 795 f.

delt werden.[24] Er argumentiert, eine Situation, in der beispielsweise die Inhaber von Typ 2-Rechten ihre Rechte teilweise ausüben, weil ein Teil von ihnen *V*/100 für größer als 1 $ hält, und teilweise verfallen lassen, weil der andere Teil von ihnen *V*/100 für kleiner als 1 $ hält, könne kaum eintreten. Denn die pessimistischen Rechtsinhaber, die *V*/100 für kleiner als 1 $ halten, müssten froh sein, für ihre – aus ihrer Sicht wertlosen – Rechte überhaupt einen (auch noch so geringen) Preis zu erhalten. Zu diesem Preis müssten die optimistischeren Marktteilnehmer jedoch bereit sein, den Pessimisten ihre Rechte abzukaufen. Auf diese Weise landen alle Typ-2 Rechte in den Händen von optimistischen Marktteilnehmern, die *V*/100 für größer als 1 $ halten und die Rechte daher ausüben.

Jedoch ist das Funktionieren des Modells nicht davon abhängig, dass alle Typ 2- oder Typ 3-Rechte ausgeübt werden: Werden beispielsweise nicht alle 100, sondern nur 50 Typ 2-Rechte und keine Typ-3 Rechte ausgeübt, so erhalten diejenigen, die die Rechte ausgeübt haben, 50 Einheiten. Die eingenommenen 50 $ verwendet der „clearing agent“ für eine anteilige (hälftige) Auslösung der Typ 1-Rechte. Jeder Typ 1-Rechtsinhaber erhält also 0,5 $ und ½ Einheit. Bei nur teilweiser Ausübung der Rechte durch die drei Rechtsinhabergruppen gestaltet sich die Verteilung also derart, dass die durch die Rechtsausübung erhaltenen finanziellen Mittel genutzt werden, um die „besseren“ Rechte anteilig auszulösen. Die 100 Einheiten verteilen sich im Ergebnis immer auf diejenigen, die Typ 3-Rechte ausgeübt haben, diejenigen, die nicht ausgelöste Typ 2-Rechte ausgeübt haben und diejenigen, die nicht ausgelöste Typ 1-Rechte halten.

(Das Beispiel lässt sich beliebig verkomplizieren.[25] Wichtig ist, dass die Zuteilung der Einheiten beginnend mit den „schlechtesten“ Rechten (hier: Typ 3-Rechten) erfolgt. Die bei Rechtsausübung zu zahlenden Geldbeträge werden jeweils anteilig unter den Inhabern der „besseren“ Rechte aufgeteilt. Werden z.B. 50 Typ 3-Rechte und alle Typ 2-Rechte ausgeübt, so erhalten zunächst die Typ 3-Rechtsinhaber 50 Einheiten. Mit den 100 $, die die Typ 3-Rechtsinhaber für die Rechtsausübung bezahlen müssen, werden die Typ 1- und Typ 2-Rechte anteilig ausgelöst: Jeder Typ 1- und Typ 2-Rechtsinhaber erhält 0,5 $, was eine hälftige Auslösung der Rechte bedeutet. Die verbleibenden 50 Einheiten werden

[24] *Bebchuk*, Harvard L.R. 1988, S. 787.
[25] Vgl. *Bebchuk*, Harvard L.R. 1988, S. 788 Fn. 35.

den Inhabern der Typ 2-Rechte übertragen. Da diese Rechte bereits zur Hälfte ausgelöst sind, erhält jeder der 100 Typ-2 Rechtsinhaber ½ Einheit. Die 50 $, die die Typ 2-Rechtsinhaber für die Ausübung ihrer noch nicht ausgelösten Rechte bezahlen müssen (– soweit die Rechte ausgelöst wurden, geht die Rechtsausübung ins Leere –), werden verwendet, um die Typ 1-Rechte, soweit diese noch nicht ausgelöst wurden, vollständig auszulösen. Im Ergebnis befinden sich nun 50 Einheiten in den Händen der Typ 3-Rechtsinhaber und 50 Einheiten in den Händen der Typ 2-Rechtsinhaber. Die Typ 2-Rechtsinhaber haben außerdem jeder 0,5 $, also die Hälfte ihres Forderungsbetrags, erhalten. Die Typ 1-Rechtsinhaber haben insgesamt 100 $, den Gesamtwert ihrer Forderungen, erhalten.)

4. Zu Verfahrensabschnitt 4: Entscheidung der neuen Anteilsinhaber über die Zukunft des Unternehmens

Nach Ausübung der Optionsrechte und Zuteilung der Einheiten ist klar, wer die neuen Inhaber der Unternehmensanteile sind. Die neuen Anteilsinhaber bestimmen nun über die Zukunft des Unternehmens. Sie entscheiden, ob und mit welcher strategischen Ausrichtung das Unternehmen fortgeführt werden soll oder ob eine Zerschlagung des Unternehmensvermögens erfolgen soll. Es liegt in ihrem gemeinsamen Interesse, die wertmaximierende Entscheidung zu treffen.

5. Was wurde erreicht?

Das Optionsmodell erreicht die Aufteilung des Unternehmensvermögens unter Gläubigern und Anteilsinhabern, ohne dass hierzu lange, kostspielige Verhandlungen zwischen den Kapitalgebern oder die Festsetzung eines Unternehmenswerts durch eine besondere Instanz erforderlich sind. Die Kapitalgeber können selbst entscheiden, ob sie dem Unternehmen einen Wert beimessen, bei dem die Ausübung der Optionsrechte lohnend ist.

Bebchuk betont, dass durch das beschriebene Verfahren gewährleistet sei, dass sich kein Beteiligter über das erzielte Verteilungsergebnis beklagen könne:[26]

[26] S. *Bebchuk*, Harvard L.R. 1988, S. 790: „...no participant has any basis for complaining about the method's outcome."; ebenso *Bebchuk*, European Econ. R. 2000, S. 838.

- Wenn im obigen Beispiel die vorrangigen Gläubiger ihre Typ 1-Rechte bis zum Ausübungstag behalten (, diese also nicht vorher im öffentlichen Handel verkaufen), dann bestehen zwei Möglichkeiten:[27] Entweder die Rechte der vorrangigen Gläubiger werden für 100 $ ausgelöst. Das ist dann der Fall, wenn die Inhaber von Typ 2- oder Typ 3-Rechten diese ausüben. Die vorrangigen Gläubiger sind dann voll befriedigt. Oder die Typ 2- und Typ 3-Rechtsinhaber üben ihre Rechte nicht aus. Dann erhält jeder der vorrangigen Gläubiger eine Einheit des zu verteilenden Vermögen. Die vorrangigen Gläubiger erhalten in diesem Fall also alles, was zu verteilen ist. Die nachrangigen Gläubiger und die Anteilseigner gehen leer aus. In keinem der beiden Fälle gibt es nach Ansicht *Bebchuks* für die vorrangigen Gläubiger Anlass, sich zu beklagen.
- Wenn die nachrangigen Gläubiger ihre Typ 2-Rechte bis zum Ausübungszeitpunkt halten, dann bestehen ebenfalls zwei Möglichkeiten.[28] Zum einen ist denkbar, dass die Typ 3-Rechtsinhaber ihre Rechte ausüben. Dann leitet die Gesellschaft den eingenommenen Ausübungspreis von 200 $ an die Typ 1- und Typ 2-Rechtsinhaber weiter. Die nachrangigen Gläubiger werden dann voll befriedigt. Zum anderen besteht die Möglichkeit, dass die Typ 2-Rechte nicht ausgelöst werden. Dann haben die nachrangigen Gläubiger das Recht, gegen Zahlung von 1 $ eine Einheit des Unternehmens zu erwerben. Der Wert dieses Rechts entspricht dem Wert der Vorinsolvenzberechtigung der nachrangigen Gläubiger. Denn die gesamte Berechtigung der nachrangigen Gläubiger erfasst nicht mehr als das, was noch übrig ist, wenn die vorrangigen Gläubiger voll befriedigt sind.
- Wenn schließlich die Gesellschafter ihre Typ 3-Rechte bis zum Ausübungszeitpunkt halten, dann haben sie das Recht, Einheiten für 2 $ zu erwerben. Der eingenommene Betrag wird verwendet, um die Typ 1- und Typ 2-Rechte auszulösen. Somit machen die Typ 3-Rechte den Anteilseignern den vollen Wert dessen zugänglich, was ihnen zusteht, d.h. den Wert dessen, was übrig ist, nachdem die vor- und nachrangigen Gläubiger voll befriedigt sind.

27 Der Fall der nur teilweisen Ausübung von Rechten durch Typ 2- oder Typ 3-Rechtsinhaber bleibt hier unberücksichtigt.

28 Der Fall der nur teilweisen Ausübung von Rechten durch Typ 3-Rechtsinhaber bleibt hier unberücksichtigt.

Es lässt sich auch allgemeingültig zeigen, dass das Optionsverfahren jedem Kapitalgeber die Möglichkeit bietet, mindestens die Wertzuteilung zu realisieren, die ihm zusteht, sofern seine eigene Einschätzung des Unternehmenswerts zutreffend ist.[29] Bezeichnet man die persönliche Einschätzung des Unternehmenswerts V durch den Kapitalgeber mit V_p und ist dieser Inhaber eines der m_i Kapitalgeberrechte innerhalb der Klasse i, so steht dem Kapitalgeber unter Zugrundelegung seiner eigenen Einschätzung eine Wertzuteilung von $E_p = (1/m_i)\min[D_i, \max(0, V_p - D_i°)]$ zu (vgl. oben 1.). Schätzt der Kapitalgeber den Unternehmenswert niedriger oder gleich hoch ein, wie den Gesamtwert der Ansprüche aller Klassen mit einem gegenüber seiner Klasse i höheren Rang ($V_p \leq D_i°$) so steht ihm keine Wertzuteilung zu ($E_p = 0$). Das Optionsverfahren gewährleistet, dass er nicht schlechter steht als bei einer Wertzuteilung von 0, da das Verfahren negative Wertzuteilungen nicht kennt. Übersteigt der Unternehmenswert hingegen nach Einschätzung des Kapitalgebers den Wert der Ansprüche der höherrangigen Klassen ($V_p > D_i°$), so muss der Kapitalgeber eine Wertzuteilung von (mindestens) $E_p = (1/m_i)\min[D_i, V_p - D_i°]$ erhalten. Diese Wertzuteilung kann er sich durch die Erklärung, seine Optionsrechte ausüben zu wollen, sichern, sofern seine Einschätzung des Unternehmenswerts zutreffend ist.[30] Die tatsächliche Wertzuteilung kann E_p sogar übersteigen, wenn die Optionsrechte ausgelöst werden oder am Markt günstig verkauft werden können, weil andere Kapitalgeber oder Marktteilnehmer V höher einschätzen als V_p. Dass die tatsächliche Wertzuteilung geringer ist als E_p, ist hingegen aufgrund der Möglichkeit, die Optionsrechte auszuüben, wenn diese nicht ausgelöst werden, nur dann möglich, wenn $V < V_p$ ist, d.h., wenn der Kapitalgeber den Unternehmenswert zu hoch einschätzt. In diesem Fall wird er die Optionsrechte u.U. auch dann ausüben, wenn dies nicht lohnend ist, weil V den Gesamtwert der Forderungen der höherrangigen Klassen $D_i°$ unterschreitet.[31] Sofern die Einschätzung des Unternehmenswerts durch den Kapitalgeber jedoch zutreffend ist, versetzt ihn das Optionsverfahren in die

---

29 Vgl. *Bebchuk*, European Econ. R. 2000, S. 838 f.

30 Wird das Optionsrecht nicht ausgelöst, so erhält der Kapitalgeber – sofern seine Einschätzung des Unternehmenswerts zutreffend ist (d.h. $V_p = V$) – Einheiten im Wert von $(1/m_i)V_p$ gegen Zahlung eines Ausübungspreises von $(1/m_i)D_i°$.

31 Eine kritische Auseinandersetzung mit diesem Charakteristikum des Optionsverfahrens erfolgt unter E.I.2.

Lage, die ihm aufgrund seiner Rechtsposition zustehende Wertzuteilung von $E_p = (1/m_i)\min[D_i, \max(0, V_p - D_i^\circ)]$ zu realisieren.

6. Einklang mit der Insolvenzrechtskonzeption von *Baird* und *Jackson*

Das Optionsmodell steht seinem konzeptionellen Ansatz nach im Einklang mit der Insolvenzrechtskonzeption von *Baird* und *Jackson*:[32] In der Ausgestaltung der Optionsrechte spiegelt sich die durch die absolute Vorrangsregel bestimmte Vermögenszuteilung genau wieder. Die strikte Beachtung der relativen Berechtigungen der Kapitalgeber, wie sie *Baird* und *Jackson* fordern, wird also angestrebt. Weitergehende verteilungspolitische Ziele, etwa die Berücksichtigung rechtlich nicht untermauerter Interessen außenstehender Dritter, werden nicht verfolgt. Die Zuteilung der Optionsrechte an die Kapitalgeber soll eine Kollektivierung der Haftungsverwirklichung bewirken, die im Ergebnis zu einer Maximierung des haftenden Schuldnervermögens führt.

II. Die Überlegungen von *Aghion*, *Hart* und *Moore*

Im Jahre 1992 präsentierten *Aghion*, *Hart* und *Moore* einen eigenen Verfahrensvorschlag zur Bewältigung von Unternehmensinsolvenzen.[33] Während bei *Bebchuks* Optionsmodell die Verteilung des Unternehmensvermögens unter den Kapitalgebern im Mittelpunkt steht, befasst sich der Vorschlag von *Aghion*, *Hart* und *Moore* auch mit der Frage der Vermögensverwertung. Diese Frage, deren Beantwortung die entscheidende Weichenstellung für die Zukunft des Unternehmens bedeutet, wird bei *Bebchuk* nur am Rande thematisiert (vgl. oben unter I.4. die Beschreibung des 4. Verfahrensabschnitts). Der Vorschlag von *Aghion*, *Hart* und *Moore* kann dennoch als bloße Ergänzung oder Verfeinerung des Mo-

---

32 Die Verwendung dieser Insolvenzrechtskonzeption als Maßstab für die Gestaltung eines gesetzlichen Insolvenzverfahrens ist im Ersten Teil der Arbeit befürwortet worden, vgl. Erster Teil, Kap. 2, B. und C.

33 *Aghion/Hart/Moore*, j. of law, econ., & org. 1992, S. 523 ff., insbes. S. 532 ff.; s. auch *Hart* (1995), S. 169 ff. Im Jahre 1995 stellten *Aghion*, *Hart* und *Moore* eine zweite Version ihres Vorschlags vor, die mehr auf die Bedürfnisse des englischen Insolvenzverfahrens zugeschnitten ist. Der Hauptunterschied zur ursprünglichen Version besteht in der stärkeren Stellung der Person, die für die Überwachung und Leitung des Verfahrens zuständig ist; s. näher *Aghion/Hart/Moore*, Insolvency Law & Practice, S. 67 ff.; Hart (1995), S. 174 ff.

dells von *Bebchuk* behandelt werden, da er das Optionsmodell als zentralen Baustein verwendet und dieses – bei genauerer Betrachtung – lediglich um eine zusätzliche Idee bereichert (dazu sogleich unter 3.).

Der Verfahrensvorschlag von *Aghion*, *Hart* und *Moore* sieht vor, dass gleich nach Verfahrenseröffnung sämtliche Schulden des insolventen Unternehmens gestrichen werden und eine reine Eigenkapitalstruktur hergestellt wird. Anders als *Bebchuk*, der auch Fremdkapitalanteile in der zu Beginn seines Optionsverfahrens neu zu bestimmenden Kapitalstruktur zulassen will,[34] verlangen *Aghion*, *Hart* und *Moore* also zunächst einmal zwingend die völlige Eliminierung der Verbindlichkeiten. Wie bei *Bebchuk* erhalten die Gläubiger im Gegenzug Optionsrechte, die ihnen den Erwerb neuer Kapitalgeberrechte ermöglichen.

Aghion, *Hart* und *Moore* sehen die Ernennung einer Person, z.B. eines Richters, vor, die das Verfahren überwacht und daneben im Wesentlichen zwei Aufgaben zu erfüllen hat:

- die Zuteilung von Optionsrechten an die bisherigen Kapitalgeber
- das Sammeln von Bargeboten und Nicht-Bargeboten für das entschuldete Unternehmen

Beide Aufgaben sind nach Verfahrenseröffnung innerhalb eines Zeitraums von etwa drei Monaten parallel zu erfüllen.

1. Zu Aufgabe 1: Zuteilung von Optionsrechten

Aghion, *Hart* und *Moore* bedienen sich des Optionsmodells von *Bebchuk*, um die Verteilung der neuen Kapitalgeberrechte an dem Unternehmen zu erreichen.[35] Die Zuteilung von Optionsrechten an die bisherigen Kapitalgeber innerhalb des Dreimonatszeitraums nach Verfahrenseröffnung stellt dabei den ersten Schritt dar. Die Verteilung und Ausgestaltung der Optionsrechte ist – wie oben beschrieben (s. I.2.) – vom Rang der bisherigen Kapitalgeberrechte abhängig.

[34] S. oben I.2.

[35] *Aghion*,*Hart* und *Moore* machen daneben einige Alternativvorschläge zur Verteilung der Kapitalgeberrechte, ohne diese jedoch näher zu erörtern; s. *Aghion/Hart/Moore*, j. of law, econ., & org. 1992, S. 540.

Bei den neu zu verteilenden Kapitalgeberrechten handelt es sich um reine Anteilsrechte (ohne Fremdkapitalanteil), da die Unternehmensverbindlichkeiten mit Verfahrenseröffnung gelöscht werden. In einem zweiten Schritt können die zugeteilten Optionsrechte nach Ablauf des Zeitraums von drei Monaten einen Monat lang gehandelt werden. Die Optionsinhaber können ihre Optionsrechte am Ende dieses Monats ausüben.[36] Nicht ausgeübte Optionsrechte verfallen. Entsprechend den Ausübungsentscheidungen der Optionsinhaber werden die neuen Anteilsrechte verteilt. Nach Ablauf von insgesamt vier Monaten seit Verfahrenseröffnung steht fest, wer die neuen Inhaber der Unternehmensanteile sind.

2. Zu Aufgabe 2: Sammeln von Bargeboten und Nicht-Bargeboten

Während des Dreimonatszeitraums nach Verfahrenseröffnung hat der Richter zeitgleich mit der Zuteilung der Optionsrechte Gebote für das entschuldete Unternehmen einzuholen.

Anders als bei einer gewöhnlichen Auktion kann es sich bei den Geboten auch um Nicht-Bargebote handeln. Dadurch ist es möglich, etwaige Finanzierungsprobleme von Investoren zu mildern und eine größere Zahl potentieller Bieter anzusprechen. Ein Nicht-Bargebot kann z.B. in dem Angebot des bisherigen Managements bestehen, dem Unternehmen weiterhin seine Arbeitskraft zur Verfügung zu stellen und den bisherigen Kapitalgebern ihren Platz in der Kapitalstruktur zu belassen.[37] Ein solches Angebot kann auch von neuen Managern ausgehen. Will das Management das Unternehmen nicht mit einer reinen Eigenkapitalstruktur fortführen, so kann es neben der Zurverfügungstellung seiner Arbeitskraft auch anbieten, den Kapitalgebern für ihre Anteilsrechte neue (, weniger wertvolle) Anteilsrechte und zusätzlich einen Bargeldbetrag zu überlassen. Das Bargeld könnte durch die Aufnahme eines Bankkredits im Namen und für

---

[36] Auch *Bebchuk* sieht etwa einen Monat für den Handel der Optionsrechte und die Ausübungsentscheidung der Optionsinhaber vor; s. oben I.3. sowie *Bebchuk*, European Econ. R. 2000, S. 836.

[37] Vgl. zu den folgenden Ausführungen *Aghion/Hart/Moore*, j. of law, econ., & org. 1992, S. 533; *Hart* (1995), S. 171.

Rechnung des Unternehmens aufgebracht werden.[38] Alternativ wäre auch das Angebot denkbar, den Kapitalgebern für ihre Anteilsrechte neue Anteilsrechte zu überlassen und ihnen zusätzlich Anleihen oder vergleichbare Fremdkapitaltitel zuzuteilen.

Notwendige Voraussetzung für die Beteiligung einer ausreichenden Anzahl von Bietern ist, dass potentiellen Bietern während des Dreimonatszeitraums ausreichend Gelegenheit gegeben wird, sich über die Situation des Unternehmens zu informieren. Nach Ablauf der drei Monate seit Verfahrenseröffnung gibt der Richter die abgegebenen Gebote bekannt. Die Gebote stellen für die Optionsinhaber eine Orientierungshilfe dar, die ihnen im nun folgenden vierten Monat des Verfahrens die Entscheidung über Ausübung oder Verkauf ihrer Optionsrechte erleichtern soll (näher dazu sogleich unter 3.). Zum Wert vor allem der Nicht-Bargebote kann die Meinung eines Sachverständigen eingeholt werden. Nachdem die neuen Anteilsrechte am Unternehmen auf der Basis der Ausübungsentscheidungen der Optionsinhaber am Ende des vierten Monats verteilt worden sind, stimmen die neuen Anteilsinhaber über die vorliegenden Gebote ab. Ein Kapitalgeber hat dabei pro Anteilsrecht eine Stimme. Das Gebot, auf das die meisten Stimmen entfallen, erhält den Zuschlag. Nach Zuschlagserteilung verlässt das Unternehmen das Insolvenzverfahren und die Umsetzung des gewählten Gebots bestimmt seinen weiteren Weg.

Das beschriebene Verfahren lässt sich durch das Ablaufschema auf der folgenden Seite zusammenfassen (Abbildung 1).

In den Verfahrensablauf, den *Bebchuk* für sein Modell vorsieht, kann der Vorschlag von *Aghion*, *Hart* und *Moore* integriert werden, indem die Gebote im zweiten Abschnitt des von *Bebchuk* vorgeschlagenen Verfahrens (zeitgleich mit der Zuteilung der Optionsrechte; vgl. oben I.2.) eingeholt und am Ende des zweiten Verfahrensabschnitts bekannt gegeben werden.[39]

---

[38] Der Kreditvertrag müsste unter der aufschiebenden Bedingung der Annahme des Gebots durch die Kapitalgeber geschlossen werden; *Hart* (1995), S. 171.

[39] S. *Bebchuk*, European Econ. R. 2000, S. 837, S. 840.

Abbildung 1: Ablauf des Insolvenzverfahrens nach *Aghion*, *Hart* und *Moore*

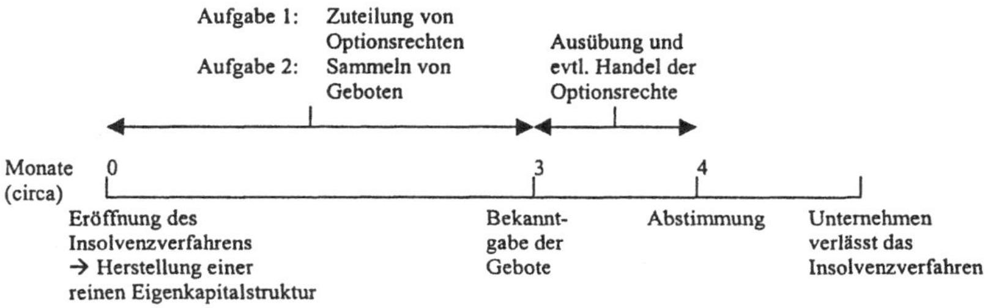

Quelle: *Aghion/Hart/Moore*, j. of law, econ., & org. 1992, S. 536; *Hart* (1995), S. 173

3. Der Beitrag von *Aghion*, *Hart* und *Moore* zum Ausbau des Optionsmodells

Worin besteht nun die eigentliche Neuerung des Verfahrensvorschlags von *Aghion*, *Hart* und *Moore* gegenüber *Bebchuks* Optionsmodell?

Der Vorschlag, die Anteilseigner nach der Ausübung der Optionsrechte und der Verteilung der neuen Kapitalgeberrechte zwischen Bargeboten und Nicht-Bargeboten wählen zu lassen, stellt an sich keinen Fortschritt dar. Denn auch *Bebchuk* hat die Wahlmöglichkeiten der Anteilsinhaber nach vollendeter Rekapitalisierung des Unternehmens nie auf bestimmte Alternativen begrenzt. Er geht – geradezu selbstverständlich – davon aus, dass die neuen Anteilsinhaber frei über den zukünftigen Kurs des Unternehmens bestimmen können. Diese Möglichkeit zur freien Entscheidung über die Unternehmenszukunft schließt sowohl den Verkauf des Unternehmens an außenstehende Dritte als auch die Fortführung unter Leitung des bisherigen oder eines neuen Managements ein. Immerhin rückt der Vorschlag, Bargebote und Nicht-Bargebote zuzulassen, die Frage der Verwertung des Unternehmensvermögens stärker ins Blickfeld und macht so bewusst, dass *Bebchuk* diesbezüglich kaum Aussagen trifft. Mit anderen Worten: Die einseitige Betonung der finanzwirtschaftlichen Seite einer Insolvenzbewältigung, die das Optionsmodell vornimmt, indem es sich ganz auf die Schaffung einer neuen Kapitalstruktur für das insolvente Unternehmen konzentriert, wird von *Aghion*, *Hart* und *Moore* aufgehoben.

Auch der Vorschlag, dass die verschiedenen Möglichkeiten, die nach erfolgter Rekapitalisierung zur Gestaltung der Unternehmenszukunft in Betracht kommen, durch das systematische Einholen verschiedener Angebote durch eine eigens hierfür eingerichtete Stelle (z.B. einen Richter) erfasst werden sollen, stellt im Grunde genommen keine wesentliche Erweiterung des Modells von *Bebchuk* dar. Das gleiche gilt für den Vorschlag, die Entscheidung der neuen Anteilsinhaber für eines der gesammelten Angebote durch ein formalisiertes Wahlverfahren herbeizuführen. Es handelt sich lediglich um Ausgestaltungsvorschläge, die den Prozess der Suche nach Verwertungsalternativen durch mehr Transparenz und Wettbewerb verbessern können.

Das grundlegend Neue am Vorschlag von *Aghion*, *Hart* und *Moore* ist die Idee, die verschiedenen Angebote schon vor Ausübung der Optionsrechte einzuholen und bekannt zu geben. Die Kenntnis der Gebote erleichtert den Optionsinhabern die Entscheidung über Ausübung oder Verkauf ihrer Optionsrechte.[40] Wenn in dem oben (unter I.) verwendeten Beispiel (drei Kapitalgeberklassen bestehend aus 100 vorrangigen Gläubigern und 100 nachrangigen Gläubigern mit Forderungen von 1 $ je Gläubiger und 100 Gesellschaftern) die Gebote den Beteiligten – entsprechend dem Vorschlag von *Aghion*, *Hart* und *Moore* – schon vor ihrer Ausübungsentscheidung bekannt wären, so könnte ihnen diese zusätzliche Information dazu dienen, sich ihre persönliche Einschätzung des Unternehmenswerts zu bilden oder diese zu überdenken. Würde dem Unternehmen durch das beste Gebot nach Ablauf des Dreimonatszeitraums ein Wert von unter 100 $ beigemessen, so sollte dies für die nachrangigen Gläubiger ein Signal sein, auf die Ausübung ihrer Optionsrechte zu verzichten. Im Falle der Ausübung hätten sie (insgesamt) einen Betrag von 100 $ für etwas zu zahlen, für das Gebote in dieser Höhe am Markt nicht erzielt werden können. Entsprechend sollten die Gesellschafter eventuell auf die Ausübung ihrer Optionsrechte verzichten, wenn das beste Gebot von einem Unternehmenswert unter 200 $ ausginge.

---

[40] Vgl. *Bebchuk*, European Econ. R. 2000, S. 837, S. 840.

III. Relevante Verbesserungen durch *Hart*, *La Porta Drago*, *Lopez-de-Silanes* und *Moore*?

Hart, *La Porta Drago*, *Lopez-de-Silanes* und *Moore* (im Folgenden: *Hart u.a.*) haben den Verfahrensvorschlag von *Aghion*, *Hart* und *Moore* nochmals in zwei Punkten weiterentwickelt.[41]

Zum einen haben sie das Verfahren der Optionsausübung, das *Aghion*, *Hart* und *Moore* im Wesentlichen unverändert von *Bebchuk* übernommen haben, modifiziert, um zu verhindern, dass nachrangige Gläubiger u.U. Befriedigung in Geld erhalten können, obwohl vorrangige Gläubiger nicht vollständig durch Bargeldzahlungen befriedigt worden sind.[42] Hinsichtlich dieser Modifikation genügt hier die Feststellung, dass *Hart u.a.* auf einen Handel der Optionsrechte im Vorfeld der Optionsausübung verzichten.

Stattdessen sehen *Hart u.a.* – als zweite Weiterentwicklung – eine öffentliche Auktion („public auction") vor, die durchgeführt werden soll, sobald die Einheiten, in die die neuen Kapitalgeberrechte an dem Unternehmensvermögen aufgeteilt wurden (*Hart u.a.* verwenden für die Einheiten den Begriff „reorganization rights"),[43] entsprechend den Ausübungsentscheidungen der Optionsinhaber verteilt worden sind.[44] Erst im Anschluss an diese zusätzlich eingeschobene Auktion, die nochmals zu einer Umverteilung der Einheiten führt, soll die Wahl der neuen Anteilsinhaber über die Annahme der eingeholten Bargebote und Nicht-Bargebote erfolgen.

Durch die „public auction" wird auch außenstehenden Dritten die Möglichkeit geboten, „reorganization rights" zu erwerben. Die bisherigen Kapitalgeber des Unternehmens, die durch die Ausübung ihrer Optionen Inhaber der „reorganization rights" geworden sind, sind verpflichtet, die Rechte den Bietern in der „public auction" zu übertragen, wenn diese ihnen einen bestimmten Mindest-

---

[41] *Hart/La Porta Drago/Lopez-de-Silanes/Moore*, LSE Discussion Paper No. 254 (1997).

[42] S. *Hart/La Porta Drago/Lopez-de-Silanes/Moore*, LSE Discussion Paper No. 254 (1997), S. 5 f., S. 9 ff.; vgl. auch unten Punkt E.II.2.b. in diesem Kapitel.

[43] *Bebchuk* spricht von „units" (s. bereits oben I.1. sowie *Bebchuk*, European Econ. R. 2000, S. 834).

[44] S. *Hart/La Porta Drago/Lopez-de-Silanes/Moore*, LSE Discussion Paper No. 254 (1997), S. 5 f., S. 12 ff.

preis bieten. Der Mindestpreis ist so bemessen, dass er den Wert der Forderung, die der Kapitalgeber ursprünglich innehatte, zuzüglich eines etwaigen Erwerbspreises (Optionsausübungspreises) für das „reorganization right" deckt. Der Kapitalgeber muss sein „reorganization right" also nur verkaufen und übertragen, wenn er dadurch volle Befriedigung erlangt. Der Mindestpreis für den Erwerb der „reorganization rights" ist umso höher, je größer der Betrag ist, den der Inhaber des Rechts für die Ausübung seiner Option bezahlen musste. Alle Erwerber von „reorganization rights" in der „public auction" zahlen jedoch einen einheitlichen Preis. Dieser wird durch den Ausgleich von Nachfrage und Angebot ermittelt. Welche Angebotsmenge an „reorganization rights" zu einem bestimmten Preis zur Verfügung steht, hängt davon ab, wie viele Rechtsinhaber (aufgrund des für sie geltenden Mindestpreises) verpflichtet sind, ihre Rechte zu diesem Preis zu verkaufen. In der Auktion erhalten all diejenigen Bieter „reorganization rights", die mindestens den Preis geboten haben, zu dem Nachfrage und Angebot zum Ausgleich gelangen. Die von den Bietern für den Rechtserwerb entrichteten Gelder werden verwendet, um den bisherigen Rechtsinhabern einen Betrag in Höhe des für sie geltenden Mindestpreises zukommen zu lassen. Danach verbleibende Gelder werden an Kapitalgeber verteilt, die aufgrund von finanziellen Restriktionen ihre Optionsrechte nicht ausüben konnten und daher bislang keine wirtschaftlichen Werte erhalten haben.

In letzterem Verfahrensmerkmal sehen *Hart u.a.* einen der beiden Vorteile der Durchführung einer zusätzlichen „public auction" nach Ausübung der Optionsrechte und Verteilung der „reorganization rights":[45] Optionsinhabern, die den Preis für die Ausübung ihrer Optionsrechte nicht aufbringen konnten und daher nicht in der Lage waren, „reorganization rights" zu erwerben, sollen durch die in der öffentlichen Auktion generierten Überschüsse zumindest teilweise befriedigt werden. Der zweite Vorteil der „public auction" besteht nach *Hart u.a.* darin, dass sie den Inhabern der „reorganization rights" eine Chance bietet, diese Rechte frühzeitig zu veräußern und dafür Bargeld zu erhalten. Auf diese Weise würde dem Inhalt der ursprünglichen Ansprüche der Rechtsinhaber Rechnung getragen, die auf eine Befriedigung in Geld (und nicht in „reorganization rights") gerichtet waren.

---

[45] *Hart/La Porta Drago/Lopez-de-Silanes/Moore*, LSE Discussion Paper No. 254 (1997), S. 8.

Auf eine ausführlichere Darstellung der Funktionsweise der „public auction" kann hier verzichtet werden.[46] Es genügt die Feststellung, dass die beiden behaupteten Vorteile dieser zusätzlich in das Verfahren eingeschobenen Auktion angezweifelt werden müssen, wenn ein Vergleich mit dem Vorschlag von *Bebchuk*, vor der Optionsausübung einen Handel in den Optionsrechten zuzulassen, vorgenommen wird. Denn auch ein Handel mit Optionsrechten im Vorfeld der Optionsausübung würde den Optionsinhabern die Möglichkeit bieten, durch einen Verkauf ihrer Rechte Einnahmen zu erzielen, die ihnen ansonsten u.U. aufgrund von finanziellen Restriktionen entgehen würden. Es ist nicht ersichtlich, warum die durch einen solchen Verkauf der Optionsrechte am Markt erzielbaren Einnahmen niedriger sein sollten, als die durch einen Verkauf der „reorganization rights" in einer öffentlichen Auktion generierten Überschüsse. Ähnlich kann auch im Hinblick auf den zweiten von *Hart u.a.* behaupteten Vorteil einer „public auction" gefragt werden: Wenn die Inhaber der „reorganization rights" durch eine öffentliche Auktion in die Lage versetzt werden, diese zuvor erworbenen Rechte zu einem Preis zu veräußern, der zu ihrer vollständigen Befriedigung führt, warum sollte dann nicht auch ein Verkauf von (auf den Erwerb dieser „reorganization rights" gerichteten) Optionsrechten zur Befriedigung der Optionsinhaber führen? *Hart u.a.* betonen, dass ihr Verfahrensvorschlag selbst bei unterentwickelten Kapitalmärkten funktionieren soll.[47] Sie legen jedoch nicht dar, warum eine öffentliche Auktion in geringerem Maße als der Handel mit Optionsrechten auf einen gut funktionierenden Markt angewiesen sein soll. Dies wäre jedoch erforderlich, um die Vorteilhaftigkeit ihres Vorschlags zu begründen.

IV. Das Verhältnis zum Optionspreismodell von *Black* und *Scholes*

Die Überlegungen von *Black* und *Scholes* zur Bewertung von Optionen[48] bilden den wirtschaftswissenschaftlichen Hintergrund (und vermutlich auch den An-

---

46 S. für mehr Details (mit einem einfachen Beispielsfall) *Hart/La Porta Drago/Lopez-de-Silanes/Moore*, LSE Discussion Paper No. 254 (1997), S. 12 ff.

47 *Hart/La Porta Drago/Lopez-de-Silanes/Moore*, LSE Discussion Paper No. 254 (1997), S. 1.

48 S. die folgenden, häufig als „klassisch" bezeichneten, Aufsätze: *Black/Scholes*, j. of finance 1972, S. 399 ff.; *Black/Scholes*, j. of political econ. 1973, S. 637 ff.

stoß) für *Bebchuks* Idee der Insolvenzbewältigung durch Optionen. Unter 2. soll der Zusammenhang zwischen dem Optionspreismodell von *Black* und *Scholes* und dem Optionsmodell von *Bebchuk* verdeutlicht werden. Damit dies gelingt, soll zuvor (unter 1.) eine genauere Betrachtung von Rechtsnatur und Zusammensetzung der Rechtspositionen erfolgen, die *Bebchuk* den Kapitalgebern von Krisenunternehmen in Form der oben (unter I.) beschriebenen Typ *i*-Rechte einräumen will.

1. Rechtsnatur und Zusammensetzung der zugeteilten Typ *i*-Rechte

Die Typ *i*-Rechte, die *Bebchuk* den Kapitalgebern zuteilen will, wurden bisher als „Optionen" oder „Optionsrechte" bezeichnet. Genaugenommen handelt es sich bei den einzuräumenden Rechten jedoch um eine Kombination aus Optionen. Um dies (unter b.) zu verdeutlichen, sind zunächst (unter a.) Begriff und Rechtsnatur einer Option zu beschreiben.

a. Begriff und Rechtsnatur der Option

Optionen zählen zur Gruppe der Termingeschäfte. Grundsätzlich wird bei Termingeschäften zum Zeitpunkt des Vertragsabschlusses festgelegt, zu welchen Bedingungen der Vertrag zu einem in der Zukunft liegenden Zeitpunkt zu erfüllen ist. Optionen gehören jedoch zu den bedingten Termingeschäften. Bei diesen hat es der Erwerber der Option in der Hand, das Geschäft zu den beim Optionserwerb festgelegten Bedingungen zustande kommen zu lassen. Der Veräußerer der Option muss sich der Entscheidung des Erwerbers fügen. Er wird daher als „Stillhalter" bezeichnet.

Rechtlich[49] ist der Optionsvertrag ein atypischer, synallagmatischer Vertrag, dessen Abschluss im Rahmen der Vertragsfreiheit (vgl. §§ 145 ff., 311 ff. BGB) möglich ist.[50] Der Vertrag verpflichtet die eine Partei (den „Verkäufer" der Option) dem Vertragspartner (dem „Käufer" der Option) das Optionsrecht einzuräumen. Der Käufer hat im Gegenzug gleich nach Vertragsabschluss einen Preis in Form der Optionsprämie an den Verkäufer zu bezahlen.

---

[49] D.h. nach *deutschem* Rechtsverständnis.

[50] *Winter*, WM 1995, S. 1174 m.w.N.; zu weiteren Auffassungen zur Rechtsnatur s. *Schimanski/Bunte/Lwowski-Kienle*, S. 3371 Rn. 59 m.w.N.

Das Optionsrecht ist ein Gestaltungsrecht, das es dem Rechtsinhaber erlaubt, den – inhaltlich genau spezifizierten – Hauptvertrag (einen Kaufvertrag) durch eine einseitige, empfangsbedürftige Willenserklärung wirksam werden zu lassen. Es lassen sich zwei Grundformen von Optionsrechten unterscheiden.[51] Die Kaufoption (Call) ermöglicht es dem Rechtsinhaber (Käufer des Call), innerhalb eines in der Zukunft liegenden Zeitraums bzw. zu einem zukünftigen Zeitpunkt[52] durch seine Gestaltungserklärung einen Kaufvertrag wirksam werden zu lassen, der ihn zum Bezug eines bestimmten Gegenstands (Waren, Wertpapiere, usw.) zu einem festgelegten Preis (Basispreis) berechtigt. Durch Ausübung einer Verkaufsoption (Put) kann der Rechtsinhaber (Käufer des Put) demgegenüber innerhalb eines in der Zukunft liegenden Zeitraums bzw. zu einem zukünftigen Zeitpunkt einen Kaufvertrag wirksam werden lassen, der ihn zum Erhalt des Basispreises gegen Übertragung des bestimmten Gegenstands berechtigt.

Der Käufer einer Option ist Inhaber einer Long-Position, der Verkäufer ist Inhaber einer Short-Position. In Bezug auf die beiden Optionsgrundformen Call und Put lassen sich folglich vier Positionen unterscheiden, die von Anlegern eingenommen werden können:[53] der Kauf einer Kaufoption (Call long), der Verkauf einer Kaufoption (Call short), der Kauf einer Verkaufsoption (Put long) und der Verkauf einer Verkaufsoption (Put short).

Der Verkäufer einer Kaufoption ist dem Optionsinhaber gegenüber verpflichtet, zum Ausübungszeitpunkt die bestimmten Waren oder Wertpapiere zu liefern, sofern der Optionsinhaber dies wünscht. Der Verkäufer einer Verkaufsoption muss damit rechnen, die Waren oder Wertpapiere zum Ausübungszeitpunkt vom Optionsinhaber angedient zu bekommen.

---

51 Vgl. *Perridon/Steiner* (2000), S. 316; *Steiner/Bruns* (2000), S. 293.

52 In Abhängigkeit vom Zeitpunkt der Optionsausübung wird zwischen europäischen und amerikanischen Optionen unterschieden. Während europäische Optionen nur am Laufzeitende ausgeübt werden können, können amerikanische Optionen während der gesamten Laufzeit ausgeübt werden.

53 *Perridon/Steiner* (1999), S. 316 ff.; *Steiner/Bruns* (2000), S. 294 f.

b. Typ *i*-Rechte als Kombination verschiedener Optionen

Die Gewinn- und Verlustmöglichkeiten, die mit den vier genannten Positionen verbunden sind, lassen sich mit Hilfe sog. „Hockeystick-Diagramme" darstellen, die den Erfolg des Optionsgeschäfts in Abhängigkeit von der Wertentwicklung des zugrunde liegenden Gegenstands abbilden. Auf eine Darstellung der vier Grundpositionen in Diagrammform soll hier verzichtet werden.[54] Stattdessen soll – unter Anknüpfung an das oben (unter I.) verwendete Beispiel – sogleich gezeigt werden, wie sich die zugeteilten Typ *i*-Rechte durch die Kombination verschiedener Optionspositionen gewinnen lassen.[55]

Der Inhaber eines Typ 1-Rechts kann in dem obigen Beispiel am Ende des Ausübungszeitraums eine Einheit („unit") im Wert von *V*/100 verlangen, wenn sein Optionsrecht nicht gegen Zahlung von 1 $ „ausgelöst" wird (s. oben I.2.). Diese Rechtsposition kann dem Kapitalgeber verschafft werden, indem ihm (gegen Streichung seines bisherigen Anspruchs gegen das Unternehmen) eine Call long-Position mit einem Basispreis von 0 $ in Kombination mit einer Call short-Position mit einem Basispreis von 1 $ eingeräumt wird. Das folgende Hockeystick-Diagramm zeigt, wie sich durch die Addition dieser beiden Optionspositionen die Gesamtposition des Typ 1-Rechtsinhabers ergibt.

Abbildung 2: Gewinnung eines Typ 1-Rechts

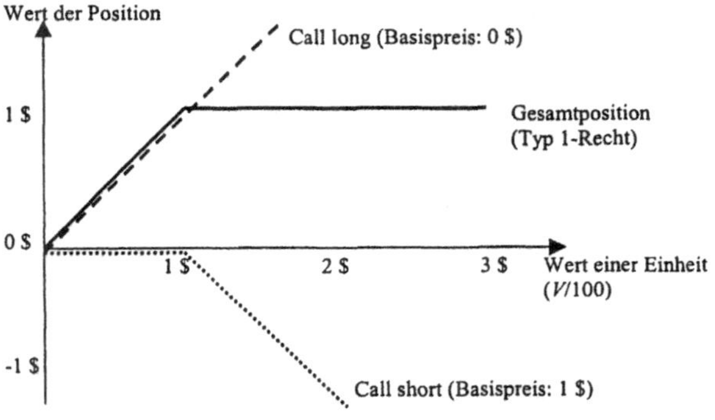

[54] S. dazu die Diagramme bei *Perridon/Steiner* (1999), S. 317 und bei *Steiner/Bruns* (2000), S. 295.

[55] Vgl. auch *Bebchuk*, Harvard L.R. 1988, S. 785 f. Fn. 30 bis 32.

Die Call long-Position ermöglicht es dem Typ 1-Rechtsinhaber, eine Einheit im Wert von *V*/100 gegen Bezahlung eines Basispreises von 0 \$ zu beziehen. Wird die Call-Option, in der der Typ 1-Rechtsinhaber eine short-Position einnimmt, ausgeübt, so erhält er 1 \$. Dafür muss er jedoch die zum Basispreis von 0 \$ erworbene Einheit wieder abgeben. Damit erhält der Typ 1-Rechtsinhaber also entweder eine Einheit im Wert von *V*/100 oder einen Betrag von 1 \$, der zu seiner vollständigen Befriedigung führt. Dieses Ergebnis entspricht der Wertzuteilung E_l/m_l, die ein Typ 1-Rechtsinhaber gem. Spalte (4) von Tabelle 2 (s. oben I.1.) verlangen kann.[56]

Anders als beim Typ 1-Recht müssen die Inhaber von Typ 2-Rechten 1 \$ bezahlen, damit sie am Ende des Ausübungszeitraums eine Einheit im Wert von *V*/100 verlangen können. Auch ihr Recht kann gegen Zahlung von 1 \$ (netto; s. sogleich) „ausgelöst" werden (s. oben I.2.). Die folgende Abbildung soll verdeutlichen, dass sich ein Typ 2-Recht durch die Kombination einer Call long-Position mit einem Basispreis von 1 \$ mit einer Call short-Position mit einem Basispreis von 2 \$ konstruieren lässt.

Abbildung 3: Gewinnung eines Typ 2-Rechts

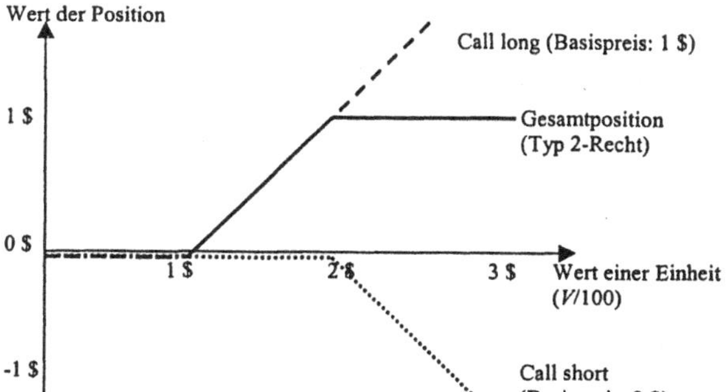

[56] Die genaue Übereinstimmung ergibt sich, weil die Zahl der Kapitalgeberrechte m_l im Beispiel mit 100 genau der Zahl der Einheiten s entspricht, in die die neuen Kapitalgeberrechte an dem Unternehmen aufgeteilt werden (Gleiches gilt für m_2 und m_3). Auf jedes Kapitalgeberrecht entfällt also genau ein Typ 1 (bzw. Typ 2 oder 3) –Recht.

Wenn die Kaufoption, in der der Typ 2-Rechtsinhaber die short-Position einnimmt, nicht ausgeübt wird, ist lediglich die Call long-Position von Bedeutung: Der Rechtsinhaber kann eine Einheit im Wert von *V*/100 gegen Bezahlung eines Basispreises von 1 $ beziehen. Wird die Option, in der er die short-Position einnimmt, hingegen ausgeübt, so muss der Rechtsinhaber außerdem eine Einheit gegen Erhalt des Basispreises von 2 $ veräußern. Damit verliert er die durch seine long-Position erworbene Einheit wieder. Ihm verbleibt (netto) ein – der Höhe seiner ursprünglichen Forderung entsprechender – Betrag von 1 $. Das durch die beschriebene Kombination der Optionspositionen erreichte Ergebnis entspricht der Wertzuteilung E_2/m_2, wie sie sich aus Spalte (4) von Tabelle 2 (s. oben I.1.) für die verschiedenen Werte von *V* ergibt.

Die Typ 3-Rechtsinhaber können am Ende des Ausübungszeitraums eine Einheit im Wert von *V*/100 gegen Bezahlung von 2 $ erwerben. Da Typ 3-Rechte nicht „ausgelöst" werden können, sind sie durch eine einfache Call long-Position mit einem Basispreis von 2 $ darstellbar.

Abbildung 4: Gewinnung eines Typ 3-Rechts

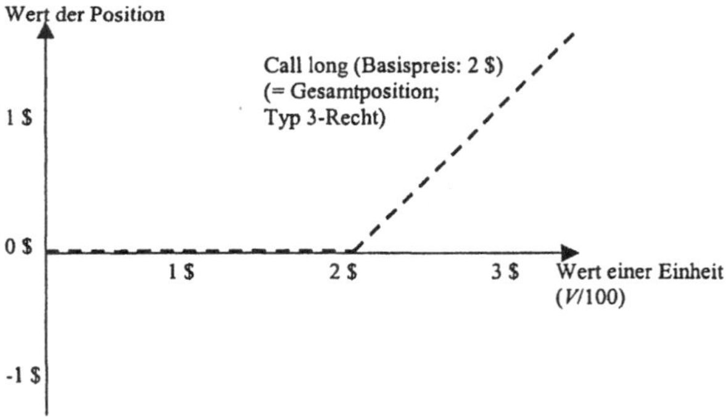

Die Call long-Position gibt dem Typ 3-Rechtsinhaber die Möglichkeit zum Erwerb einer Einheit im Wert von *V*/100 gegen Bezahlung des Basispreises von 2 $. Da eine short-Position fehlt, ist der Wert der Gesamtposition des Typ 3-Rechtsinhabers nach oben (theoretisch) unbegrenzt: Wenn die vorrangigen Rechtsinhaber voll befriedigt werden, soll den Typ 3-Rechtsinhabern der verbleibende Restwert zukommen; vgl. die Wertzuteilung E_3/m_3 gem. Spalte (4) von Tabelle 2 (unter I.1.).

2. Weite Anwendungsmöglichkeiten des Optionspreismodells von *Black* und *Scholes* als Anknüpfungspunkt für *Bebchuk*

Die Suche nach einer Methode zur Bewertung von Optionen hat die Wirtschaftswissenschaften jahrelang beschäftigt.[57] Die Schwierigkeit bei der Optionsbewertung besteht darin, dass sich der Wert einer Option während ihrer Laufzeit – anders als es die Hockeystick-Diagramme unter 1. suggerieren – nicht einfach aus der Differenz zwischen dem Wert des zugrunde liegenden Gegenstands (Waren, Wertpapiere oder – bei *Bebchuk* – „units") und dem Basispreis entnehmen lässt. Anhand einer einfachen Differenzbildung lässt sich der Wert einer Option nur an ihrem Verfalltag feststellen. Vor dem Verfalltag besteht das Problem, dass der Wert, den der zugrunde liegende Gegenstand am Verfalltag der Option haben wird, nicht bekannt ist. Daher besitzt eine Option einen sog. Zeitwert, der bei der Bewertung zu berücksichtigen ist. Der Zeitwert ist als Preis für die Chance zu verstehen, dass sich der der Option zugrunde liegende Gegenstand innerhalb der bestehenden Optionsrestlaufzeit in die vom Anleger gewünschte Richtung entwickelt.[58] Faktoren, die den Wert einer Option beeinflussen sind neben dem gegenwärtigen Preis des zugrunde liegenden Gegenstands und dem Basispreis auch die Optionsrestlaufzeit, die Volatilität des Werts des zugrunde liegenden Gegenstands und der Zinssatz einer risikolosen Geldanlage.[59]

Zu Beginn der siebziger Jahre fanden *Black* und *Scholes* die lange gesuchte Formel zur Bewertung einer Option.[60] Ihr Optionspreismodell liefert heute das in der Praxis meistgenutzte Verfahren zur Optionsbewertung.[61] Zur Verdeutlichung des Verhältnisses zwischen dem Optionspreismodell von *Black* und

[57] *Brealey/Myers* (1996), S. 572 f.

[58] *Steiner/Bruns* (2000), S. 297.

[59] Vgl. bereits oben Zweiter Teil, Kap. 3, C.II.; s. auch *Brealey/Myers* (1996), S. 573, Table 20-2; *Perridon/Steiner* (1999), S. 320 ff.

[60] S. *Black/Scholes*, j. of finance 1972, S. 399 ff.; *Black/Scholes*, j. of political econ. 1973, S. 637 ff.

[61] *Brealey/Myers* (1996), S. 578; *Perridon/Steiner* (1999), S. 323; *Steiner/Bruns* (2000), S. 350.

Scholes und dem Optionsmodell von *Bebchuk* können die Einzelheiten der Herleitung der gefundenen Formel außen vor bleiben.[62] Entscheidend ist vielmehr die Erkenntnis, dass sich die Optionspreistheorie nicht nur zur Bewertung von Optionen nutzen lässt. Sie ist vielmehr auf eine ganze Reihe weiterer betriebswirtschaftlicher Bewertungssachverhalte übertragbar, die als Optionen oder Kombinationen von Optionen interpretiert werden können.[63] Diese weitreichenden Anwendungsmöglichkeiten ihrer Theorie deuteten *Black* und *Scholes* bereits 1973 an: „Since almost all corporate liabilities can be viewed as combinations of options, the formula and the analysis that led to it are also applicable to corporate liabilities such as common stock, corporate bonds, and warrants."[64] *Bebchuk* verwendet die Entdeckung der weiten Anwendungsmöglichkeiten nun allerdings nicht zur Bewertung von Unternehmensanteilen oder –verbindlichkeiten. Sein Optionsmodell sieht vielmehr vor, dass die Optionen, als die die Eigen- oder Fremdkapitaltitel eines Unternehmens interpretiert werden können, *tatsächlich* geschaffen und verteilt werden.

Am deutlichsten wird dies am Beispiel des Eigenkapitals eines verschuldeten Unternehmens. *Bebchuk* macht sich die Erkenntnis zunutze, dass dieses als Kaufoption auf das Unternehmensvermögen interpretiert werden kann:[65] Die

[62] Die Herleitung der Formel ist mathematisch anspruchsvoll, so dass zumeist auch in der wirtschaftswissenschaftlichen Literatur auf die Darstellung von Einzelheiten verzichtet wird (vgl. z.B. *Brealey/Myers* (1996), S. 577 ff.; *Franke/Hax* (1999), S. 369 ff.; *Steiner/Bruns* (2000), S. 322 ff.). Die Grundidee des Modells von *Black* und *Scholes* lässt sich mit dem Begriff „pricing by duplication" kennzeichnen. Danach lässt sich (z.B.) eine Aktienoption bewerten, indem durch die Kombination einer Aktienanlage mit einer Kreditaufnahme ein „Optionsäquivalent" (d.h. ein der Anlage in einer Option entsprechender Zahlungsstrom) konstruiert wird. Die Nettokosten für den Erwerb des „Optionsäquivalents" entsprechen dann dem Wert der Option. Ein (gut nachvollziehbares) Beispiel für das „pricing by duplication" findet sich bei *Brealey/Myers* (1996), S. 574.

[63] S. *Brealey/Myers* (1996), S. 578; *Perridon/Steiner* (1999), S. 503; *Steiner/Bruns* (2000), S. 350. Eine Aufzählung verschiedener Anwendungsmöglichkeiten (z.B. die Bewertung von Sachversicherungen) findet sich bei *Franke/Hax* (1999), S. 374.

[64] *Black/Scholes*, j. of political econ. 1973, S. 637.

[65] Die Möglichkeit, das Eigenkapital als Kaufoption zu interpretieren, wurde bereits oben (Zweiter Teil, Kap. 3, C.II.) im Rahmen der Erklärungsversuche von *Bebchuk* und *Chang* für die Abweichungen von der a.p.r. im US-amerikanischen Reorganisationsverfahren angesprochen. S. ausführlich zu dieser Interpretationsmöglichkeit und der daraus resultierenden Bewertungsmöglichkeit anhand des Optionspreismodells von *Black* und *Scholes*: *Perridon/Steiner* (1999), S. 503 ff.

Aufnahme von Fremdkapital ist vergleichbar mit dem Verkauf entsprechender Aktiva, unter Vereinbarung einer leihweisen weiteren Nutzung und dem gleichzeitigen Abschluss einer Kaufoption, die das Recht beinhaltet, die Aktiva nach Ablauf der Kreditlaufzeit (Optionsfrist) zum vereinbarten Basispreis durch Schuldentilgung wieder zu erwerben.[66] Man stelle sich vor, dass das bereits mehrfach (erstmals unter I.) verwendete Beispielunternehmen mit seinen drei Kapitalgeberklassen und einem Wert des Unternehmensvermögens von *V* zum Zeitpunkt $T = 0$ gegründet wird und die Verbindlichkeiten in Höhe von insgesamt 200 $ aufnimmt.[67] Zum Zeitpunkt $T = 1$ seien die Verbindlichkeiten in vollem Umfang fällig. Geht man davon aus, dass die Gesellschafter – entsprechend den Vorgaben der absoluten Vorrangsregel – zu diesem Zeitpunkt bei Bezahlung der 200 $ per Saldo den Restwert von *V*–200 $ beanspruchen können, so kann ihre Position als Option zum Kauf des Unternehmensvermögens im Wert von *V* gegen Bezahlung eines Basispreises von 200 $ zum Zeitpunkt $T = 1$ interpretiert werden. Der Wert dieser Option zum Zeitpunkt $T = 1$, d.h. am Ende der Optionslaufzeit ist lediglich abhängig vom Wert des Unternehmensvermögens *V* zu diesem Zeitpunkt und vom Basispreis. Er beträgt daher max(*V*–200 $, 0). Mit Hilfe der Formel von *Black* und *Scholes* lässt sich der Wert berechnen, den die Kaufoption (und damit das Eigenkapital des Unternehmens) zu einem früheren Zeitpunkt als $T = 1$ hat, wenn der Wert des Unternehmensvermögens einem Zufallspfad folgt. Im Zusammenhang mit *Bebchuks* Optionsmodell interessiert jedoch nicht die Bewertung des Eigenkapitals zu einem Zeitpunkt vor $T = 1$, sondern die Aufteilung des Unternehmensvermögens nach Maßgabe der absoluten Vorrangsregel in $T = 1$ unter den Kapitalgebern. *Bebchuk* verwertet die Erkenntnis, dass sich das Eigenkapital des Unternehmens als Kaufoption interpretieren lässt, indem er den Gesellschaftern eben diese Kaufoption tatsächlich zuteilt.[68] Wie gesehen, erhält jeder einzelne der 100 Gesellschafter des Beispielunternehmens im Austausch gegen sein bisheriges Anteilsrecht eine Kaufoption in Form eines Typ 3-Rechts, die es ihm erlaubt, zum Zeitpunkt T = 1 gegen Bezahlung von 2 $ eine Einheit im Wert von *V*/100 an der Gesellschaft zu

[66] *Perridon/Steiner* (1999), S. 503.

[67] Vgl. zu den folgenden Ausführungen *Bebchuk*, European Econ. R. 2000, S. 840 ff.

[68] S. *Bebchuk*, European Econ. R. 2000, S. 840: „While in the Black-Scholes analysis the equivalence of securities to options was just a tool for calculation, the options procedure under consideration suggests that bankruptcy be done by actually writing out the options to which the value of the shares is equivalent."

erwerben (vgl. oben I.2.). In ihrer Gesamtheit können die Gesellschafter damit gegen Zahlung von 200 $ den Wert des Unternehmensvermögens *V* für sich beanspruchen.

Bebchuk betont, dass durch seine Idee, die Optionen oder Optionskombinationen[69] tatsächlich zu schaffen und den Kapitalgebern zuzuteilen, die angestrebte Verteilung des Unternehmensvermögens entsprechend den Rechtspositionen der Kapitalgeber erreicht wird.[70] Bereits im Zweiten Teil der Arbeit (Kap. 3, C.) wurde festgestellt, dass das gegenwärtige Reorganisationsverfahren nach Chapter 11 BC eine solche Verteilung nicht in vollem Umfang gewährleistet: Die Verhandlungen zwischen den Kapitalgebern führen regelmäßig zu Abweichungen von der absoluten Vorrangsregel. Diese Abweichungen haben zur Folge, dass Bewertungen von Eigen- oder Fremdkapitalpositionen mit Hilfe der Formel von *Black* und *Scholes* zu Ungenauigkeiten führen.[71] So müsste zur Erzielung korrekter Ergebnisse bei der Anwendung der Formel zur Bewertung des Eigenkapitals im obigen Beispiel wohl davon ausgegangen werden, dass die Gesellschafter sich auch dann noch einen gewissen Wert sichern können, wenn *V* im Zeitpunkt $T = 1$ kleiner als 200 $ ist. Es wäre also nicht exakt, bei Anwendung der Formel von einem Basispreis von 200 $ auszugehen. Ein Basispreis von 200 $ kann nur dann zugrunde gelegt werden, wenn eine entsprechende Verteilung des Unternehmensvermögens im Zeitpunkt $T = 1$ auch tatsächlich realisiert wird. Das Problem stellt sich nicht, wenn im Insolvenzfall die Optionen, die zum Zwecke der Bewertung mittels der Formel von *Black* und *Scholes* fingiert werden, entsprechend *Bebchuks* Vorstellung tatsächlich zugeteilt werden.

B. Anwendbarkeit des Optionsmodells unter geltendem Insolvenzrecht?

Nachdem im vorangegangenen Abschnitt A. die Funktionsweise des Optionsmodells von *Bebchuk* erläutert worden ist, stellt sich nun die Frage, welche gesetzlichen Rahmenbedingungen für die praktische Umsetzung des Modells

69 S. oben 1.b.

70 S. bereits oben A.I.5.; näher dazu unten E.II.

71 *Bebchuk*, European Econ. R. 2000, S. 841.

benötigt werden. Müssen neue insolvenzverfahrensrechtliche Regelungen geschaffen werden oder kann das Optionsmodell auch unter dem geltenden US-amerikanischen und deutschen Insolvenzrecht Anwendung finden?

Unter Punkt I. werden zunächst *Bebchuks* eigene Überlegungen zu dieser Frage vorgestellt. Da *Bebchuk* bereits unter den geltenden reorganisationsrechtlichen Regelungen in 11 USC Chapter 11 Einsatzmöglichkeiten für sein Optionsmodell sieht, wird unter Punkt II. nach der Möglichkeit einer Anwendung (auch) im Rahmen der deutschen Vorschriften gefragt. Die Betrachtung konzentriert sich dabei auf zentrale rechtliche Hindernisse, die der Anwendbarkeit des Modells entgegenstehen.

I. Anwendung im Rahmen des US-amerikanischen Reorganisationsrechts

1. Optionsmodell als Grundlage einer Gesetzesreform

Bebchuk betrachtet seinen Verfahrensvorschlag als Grundlage für eine umfassende Reform des US-amerikanischen Reorganisationsrechts.[72] Das reformierte Reorganisationsrecht soll die regelmäßige Anwendung des Optionsverfahrens ermöglichen und erleichtern, indem es den oben (unter A.I.) beschriebenen Verfahrensablauf gesetzlich festschreibt. Einem Reorganisationsplan käme in diesem Verfahren nur noch eine sehr begrenzte Funktion zu. *Bebchuk* sieht diese in erster Linie darin, die neue Kapitalstruktur des Unternehmens festzulegen.[73] Diese Funktionsbegrenzung habe die positive Folge, dass der Plan deutlich schneller als bisher erstellt werden könne. Zudem gebe es keine Interessenkonflikte zwischen den Beteiligten, da der Plan sich nicht mit Verteilungsfragen beschäftige. Die Vermögensverteilung ergebe sich vielmehr aus den Prinzipien

[72] S. *Bebchuk*, Harvard L.R. 1988, S. 797 f.

[73] *Bebchuk*, Harvard L.R. 1988, S. 798. Außerdem kann der Plan dazu dienen, die Behandlung der gesicherten Gläubiger (s. dazu unten C.III.) und der beidseitig nicht erfüllten Verträge (s. dazu unten D.II.) zu regeln. *Bebchuk*, European Econ. R. 2000, S. 834 betrachtet die Festlegung der Kapitalstruktur nicht mehr als Aufgabe des Reorganisationsplans. Sie soll stattdessen durch einen gerichtlich bestimmten Experten erfolgen, sofern nicht gleich nach Verfahrenseröffnung eine reine Eigenkapitalstruktur hergestellt wird (s. bereits oben A.I.2.).

des Optionsmodells. Gleich welche Partei als Planersteller fungiere („trustee", „creditors' committee", Management,...), es sei immer allein die Maximierung des Unternehmenswerts das angestrebte Ziel. Mit einer zügigen Planbestätigung durch das Insolvenzgericht sei daher zu rechnen. Anders als bisher (vgl. 11 USC § 1123) braucht der Plan sich auch nicht mit der Frage der Verwertung des Unternehmensvermögens auseinander zu setzen. Mit dieser Frage befassen sich die Anteilsinhaber nach *Bebchuks* Vorstellung erst nach erfolgter Rekapitalisierung im 4. Abschnitt seines Verfahrens.[74]

Unter Berücksichtigung der Idee von *Aghion*, *Hart* und *Moore*, schon vor Ausübung der Optionsrechte Bargebote und Nicht-Bargebote für das Unternehmen einzuholen,[75] müsste ein reformiertes Reorganisationsrecht etwa folgenden Ablauf des Optionsverfahrens von *Bebchuk* vorsehen:

Abbildung 5: Ablauf des Optionsverfahrens von *Bebchuk* unter Berücksichtigung des Vorschlags von *Aghion*, *Hart* und *Moore*

Verfahrenseröffnung

Verfahrensabschnitt 1:
- Ermittlung und Klassifizierung der rechtlichen Positionen der Kapitalgeber
- Aufstellung und Bestätigung eines Reorganisationsplans mit begrenztem Inhalt (v.a. Festlegung der neuen Kapitalstruktur)

Herstellung der neuen Kapitalstruktur („clearing agent" hält die Einheiten („units") bis zur Ausübung der Optionsrechte)

Verfahrensabschnitt 2:
- Zuteilung von Optionsrechten
- Sammeln von Bargeboten und Nicht-Bargeboten für das Unternehmen

Bekanntgabe der Gebote

Verfahrensabschnitt 3:
- Handel und schließlich Ausübung der Optionsrechte sowie entsprechende Verteilung der Einheiten

Verfahrensabschnitt 4:
- Entscheidung der neuen Anteilsinhaber über die Unternehmenszukunft durch Abstimmung über die vorliegenden Gebote

---

[74] Vgl. oben A.I.4.

[75] *Bebchuk* hält die Berücksichtigung dieses Vorschlags in seinem Verfahren für sinnvoll; s. *Bebchuk*, European Econ. R. 2000, S. 837.

2. Reorganisationsplan auf der Grundlage des Optionsmodells als Hilfslösung

Soll das Optionsmodell von *Bebchuk* im Rahmen des *geltenden* US-amerikanischen Insolvenzrechts Anwendung finden, so ist dies nur in der Form einer Implementierung in einen Reorganisationsplan denkbar. Der Reorganisationsplan müsste den Ablauf des Insolvenzverfahrens im Einklang mit dem Optionsmodell detailliert festlegen. Es wären daher erheblich umfangreichere Planregelungen zu treffen, als in der soeben beschriebenen Situation eines auf die Anwendung des Optionsmodells zugeschnittenen Reorganisationsrechts. Von dem größeren Aufwand für die Planerstellung abgesehen, würde sich der in Abbildung 5 dargestellte Verfahrensablauf jedoch nicht ändern.

Vor allem vorrangige Gläubiger könnten Interesse an der Erstellung eines Reorganisationsplans auf der Grundlage des Optionsmodells haben, da ein solcher Plan für diese Gläubigerklasse entweder volle Befriedigung in bar oder die Zuteilung sämtlicher Einheiten am Unternehmensvermögen bedeuten würde.[76] *Bebchuk* sieht den besonderen Reiz eines solchen Reorganisationsplans in der Möglichkeit, die Bestätigungsentscheidung des Insolvenzgerichts schneller zu erlangen als bisher:[77] Das Optionsmodell gewährleiste, dass jeder Beteiligte dasjenige an Vermögenswerten erhalte, was ihm aufgrund seiner rechtlichen Position zustehe.[78] Daher sei es dem Planersteller durch die Implementierung des Optionsmodells ohne weiteres möglich, das Insolvenzgericht davon zu überzeugen, dass die Bestätigungsvoraussetzungen in 11 USC § 1129 (a)(7)(A) und 11 USC § 1129 (b) vorliegen. Gerichtliche Bewertungsentscheidungen würden entbehrlich. Nachrangigen Gläubigern und Anteilsinhabern sei es dann nicht mehr möglich, durch die Verweigerung ihrer Zustimmung die Planbestätigung in erheblichem Maße zu verzögern. Ein Reorganisationsplan auf der Grundlage des Optionsmodells nehme ihnen also die Möglichkeit, durch Drohung mit kostspieligen Verfahrensverzögerungen Wertzuteilungen zu erlangen, die ihnen nicht zustehen.[79]

---

76 S. *Bebchuk*, Harvard L.R. 1988, S. 799.

77 *Bebchuk*, Harvard L.R. 1988, S. 799.

78 S. bereits oben A.I.5. und kritisch dazu unten E.II.

79 S. zu diesem Verzögerungspotential als Ursache für Wertzuteilungen unter Abweichung von der a.p.r. oben Zweiter Teil, Kap.3, insbes. Punkt C.

Ein erhebliches Hindernis für die Anwendung des Optionsmodells im Rahmen des geltenden Planverfahrens könnte das exklusive Planvorlagerecht des Gemeinschuldners während der ersten 120 Tage nach Verfahrenseröffnung darstellen, s. 11 USC § 1121 (b).[80] Wenn es zutrifft, dass die Manager eines Unternehmens vorrangig im Interesse der Anteilsinhaber handeln, so werden sie die Berücksichtigung des Optionsmodells in einem Reorganisationsplan vermeiden: Für die Anteilsinhaber führt das Optionsverfahren bei überschuldeten Unternehmen in der Regel dazu, dass sie leer ausgehen, weil die Ausübung ihrer Optionsrechte sich nicht lohnt. Bis andere Beteiligtengruppen, z.B. die vorrangigen Gläubiger, die Gelegenheit haben, einen Reorganisationsplan auf der Grundlage des Optionsmodells vorzulegen, ist bereits viel wertvolle Zeit verstrichen.

II. Anwendung im Rahmen des Insolvenzplanverfahrens

Auch für Deutschland stellt sich die Frage der Anwendbarkeit des Optionsmodells im Rahmen der bestehenden insolvenzrechtlichen Regelungen. Im Prinzip ist auch hier die Gestaltung eines Insolvenzplans auf der Grundlage des Optionsmodells denkbar: Den inhaltlichen Gestaltungsmöglichkeiten eines Insolvenzplans sind kaum Grenzen gesetzt, wenn nur auf sorgsame Einbettung in den gesetzlichen Verfahrensrahmen geachtet wird.[81]

1. Verfahrensablauf und Planinhalt

Für den denkbaren Verfahrensablauf im Falle der Implementierung des Optionsmodells in das Insolvenzplanverfahrens kann (wiederum) auf Abbildung 5 (unter I.1.) verwiesen werden. Der in Verfahrensabschnitt 1 aufgestellte und bestätigte Insolvenzplan müsste den weiteren Verfahrensablauf (Verfahrensabschnitte 2 bis 4) festlegen. Für den Ablauf des Verfahrens von der Planvorlage bis zur Planbestätigung setzt die Insolvenzordnung den zeitlichen Rahmen (s. §§ 232 III, 235 I 2, 236, 241 I 2, 252 I 1 InsO).[82] Der Zeitrahmen für die Ver-

[80] S. auch oben Erster Teil, Kap. 3, A.III.1.

[81] FK-InsO-*Jaffé*, § 217 Rn. 42.

[82] Auch für die Anmeldung und Prüfung der Forderungen ist ein klarer Zeitplan vorgegeben (s. §§ 28 I 2, 29 I Nr. 2 InsO).

fahrensabschnitte 2 bis 4 könnte im Insolvenzplan entsprechend den Bedürfnissen des Einzelfalls gestaltet werden.[83]

Inhaltlich wäre ein Insolvenzplan auf der Grundlage des Optionsmodells gegenüber einem „gewöhnlichen" Insolvenzplan insofern weniger beladen, als er die Frage der Verwertung des Unternehmensvermögens der Entscheidung der neuen Anteilsinhaber (Verfahrensabschnitt 4) überließe. Die Prüfung der Sanierungsfähigkeit und –würdigkeit[84] des Unternehmens, die eigentlich Kernstück des darstellenden Teils (§ 220 InsO) ist, wäre also nicht mehr Gegenstand des Insolvenzplans. Da bei der Planerstellung noch nicht feststünde, ob das Unternehmen fortgeführt oder liquidiert werden soll, könnte der Plan auch nicht die in § 229 InsO vorgesehenen Unterlagen (Planbilanz, Plan-GuV und Plan-Liquiditätsrechnung) enthalten.

2. Rechtliche Hindernisse für eine Anwendung des Optionsmodells im Insolvenzplanverfahren

a. Da im deutschen Insolvenzplanverfahren kein 120-tägiges exklusives Planvorlagerecht des Gemeinschuldners besteht, *entfällt* im Vergleich zum US-amerikanischen Recht ein wesentliches Hindernis für die Implementierung des Optionsmodells (vgl. oben I.2.). Dem Schuldner ist zwar durch die Verbindung mit dem Antrag auf Verfahrenseröffnung eine besonders frühe Planvorlage möglich, vgl. § 218 I 2 InsO. Durch Beauftragung des Insolvenzverwalters mit der Ausarbeitung eines Insolvenzplans im alsbald stattfindenden Berichtstermin (vgl. §§ 157 S. 2, 29 I Nr. 1 InsO) haben jedoch auch die Gläubiger schon früh die Möglichkeit, die Vorlage eines Insolvenzplans auf der Grundlage des Optionsmodells zu erreichen. Als hinderlich für die Erstellung eines solchen Plans könnte sich allerdings erweisen, dass die Insolvenzordnung – anders als das US-amerikanische Reorganisationsrecht –[85] kein Planvorlagerecht einzelner (beson-

[83] Dabei ist fraglich, ob bereits vor Rechtskraft der Planbestätigung mit der Umsetzung einzelner Teile der Verfahrensabschnitte 2 bis 4 begonnen werden sollte. So schlägt *Eidenmüller* vor, die Bargebote und Nicht-Bargebote für das Unternehmen bereits vor Rechtskraft der Planbestätigung einzuholen; *Eidenmüller* (1999), S. 113. Unter dem Gesichtspunkt der Zeitersparnis (2 Wochen gem. §§ 253, 6 I, II InsO, § 577 II 1 ZPO) ist dieser Vorschlag zu begrüßen.

[84] S. zu diesen Begriffen oben Zweiter Teil, Kap. 4, A.I.

[85] S. 11 USC § 1121 (c).

ders interessierter) Gläubiger oder Gläubigergruppen vorsieht. Diese können daher nur über die Gläubigerversammlung (vgl. § 157 S. 2 InsO) oder über den Gläubigerausschuss (vgl. §§ 218 III, 67 ff. InsO) Einfluss auf Planziel und Planinhalt nehmen.

b. Einer Anwendung des Optionsmodells im Rahmen des Insolvenzplanverfahrens stehen jedoch andere rechtliche Hindernisse entgegen, die mindestens ebenso schwerwiegend sind, wie das exklusive Planvorlagerecht des Gemeinschuldners im US-amerikanischen Reorganisationsrecht. Gemeint sind Hindernisse, die sich unmittelbar aus der gesetzgeberischen Ausgestaltung des Insolvenzplanverfahrens ergeben. Andere rechtliche Schwierigkeiten einer Anwendung des Modells von *Bebchuk* unter deutschem Recht werden erst an späterer Stelle (unter D.) behandelt.

aa. Ein wesentliches Implementierungshindernis ergibt sich zunächst aus der fehlenden Eingriffsmöglichkeit in die Rechtsstellung von Gesellschaftern im Rahmen der §§ 217 ff. InsO, die oben[86] bereits als Ursache für Abweichungen von der absoluten Vorrangsregel im Planverfahren identifiziert wurde.

Bebchuks Modell sieht vor, dass den Gesellschaftern im Austausch gegen ihre Anteilsrechte Optionsrechte (Typ *i*-Rechte) zugeteilt werden. Diese Maßnahme stellt einen Eingriff in die organisationsrechtliche Position der Gesellschafter dar und kann daher nicht Inhalt des Insolvenzplans sein. Ihre Durchführung erfordert die Mitwirkung der Gesellschafter.[87] Zu erwägen wäre die Aufstellung eines bedingten Plans (§ 249 InsO), in dem die Mitwirkungshandlung der Gesellschafter in Gestalt eines Verzichts auf ihre Anteilsrechte (gegen Zuteilung von Optionsrechten nach Herstellung der neuen Kapitalstruktur) als Voraussetzung für die gerichtliche Planbestätigung festgelegt wird. Solch ein „Verzicht" ist jedoch gesellschaftsrechtlich kaum zu bewerkstelligen: Eine nominelle Kapitalherabsetzung auf 0 gem. § 228, 229 AktG, § 58a GmbHG ist nur möglich, wenn das Grund- bzw. Stammkapital durch eine uno actu beschlossene effektive Kapitalerhöhung wieder auf den gesetzlichen Mindestbetrag (s. § 7 AktG, § 5 I

---

[86] S. Zweiter Teil, Kap. 3, D.II.

[87] Allgemein zu den weitgehenden Mitwirkungsrechten von Gesellschaftern bei Sanierungsmaßnahmen s. *Schmidt/Uhlenbruck-Schmidt, K.* (1999), S. 152 f. Rn. 256.

GmbHG) gebracht wird, § 229 III i.V.m. § 228 I AktG, § 58a IV GmbHG. Dazu müsste aber zumindest klar sein, wer die neuen Anteilsinhaber des Unternehmens sein sollen. Deren Identität steht jedoch erst zu einem späteren Zeitpunkt, nämlich nach Ausübung der Optionsrechte, fest. Das gesellschaftsrechtliche Instrumentarium ist nicht geeignet, die von *Bebchuk* vorgesehene Streichung der alten Kapitalgeberrechte zur Herstellung einer neuen Kapitalstruktur zu realisieren.[88]

[88] *Eidenmüller* hält es im Prinzip für möglich, die Herstellung der neuen Kapitalstruktur durch eine nominelle Kapitalherabsetzung auf 0 und eine gleichzeitig beschlossene effektive Kapitalerhöhung durch Einbringung der Gläubigerforderungen als Sacheinlagen zu erreichen; *Eidenmüller* (1999), S. 113. Er geht bei diesem Vorschlag allerdings davon aus, dass die vorrangigen Gläubiger (*Eidenmüller* spricht von „gesicherten Gläubigern") im Austausch gegen ihre Forderungen sofort sämtliche neuen Anteilsrechte an dem Unternehmen erhalten und dass zudem eine reine Eigenkapitalstruktur hergestellt wird; vgl. *Eidenmüller* (1999), S. 103 f. *Bebchuk* hingegen sieht vor, dass zunächst *sämtliche* Gläubiger im Austausch gegen ihre Forderungen Optionsrechte erhalten und dass die Rekapitalisierung nicht notwendig auf einer reinen Eigenkapitalbasis erfolgen muss; s. oben A.I.2. sowie (z.B.) *Bebchuk*, European Econ. R. 2000, S. 834, S. 835 f. Folgt man *Eidenmüllers* Vorschlag dennoch, so ergeben sich andere Probleme: (1) Grundsätzlich darf das Grund- bzw. Stammkapital nur dann unter den Mindestbetrag herabgesetzt werden, wenn dieser durch eine gleichzeitig beschlossene Kapitalerhöhung wieder erreicht wird, bei der *Sacheinlagen ausgeschlossen* sind, § 228 I AktG, § 58a IV 1 GmbHG. Nach ständiger Rechtsprechung des BGH stellen gegen eine Gesellschaft gerichtete Forderungen Sacheinlagen dar, falls diese zur Übernahme von Gesellschaftsanteilen eingebracht werden; BGH 15.1.1990, WM 1990, S. 222; BGH 13.4.1992, WM 1992, S. 1225; BGH 16.3.1998, WM 1998, S. 925. Zwar wird für die GmbH vertreten, dass der Ausschluss von Sacheinlagen in § 58a IV 1 GmbHG nur für den Teil des Erhöhungsbetrags gilt, der zur Erreichung des Mindeststammkapitals erforderlich ist. Selbst wenn man dieser Auslegung von § 58a IV 1 GmbHG auch für § 228 I AktG folgt, bleibt jedoch das Problem, dass zumindest dieser Teil des Erhöhungsbetrags als Bareinlage erbracht werden muss; s. *Eidenmüller* (1999), S. 101 Fn. 117, S. 113. (2) Mit der Einbringung von Forderungen als Sacheinlagen ist das Risiko der Differenzhaftung der neuen Anteilsinhaber verbunden (s. *Eidenmüller* (1999), S. 102 sowie ausführlicher *Schmidt/Uhlenbruck-Schmidt, K.* (1999), S. 205 f. Rn. 360 f.), das sich aus § 9 (i.V.m. § 56 II) GmbHG bzw. für die Aktiengesellschaft aus der Rechtsprechung des BGH (BGH 27.2.1975, BGHZ 64, S. 52, 62 f.) ergibt. Die Einbringung einer Kreditforderung als Sacheinlage befreit den Kapitalübernehmer höchstens insoweit von seiner Einlageverpflichtung, wie die Forderung als vollwertig angesehen werden kann. Der volle Wert entspricht dabei nicht dem Nominalbetrag der Forderung. Vielmehr kommt es darauf an, welcher Wert der Forderung wirtschaftlich beizumessen ist. Stellt sich später heraus, dass der Wert der eingebrachten Forderung hinter dem angesetzten Wert zurückbleibt, so schuldet der (frühere) Kreditgeber den Differenzbetrag.

Im Übrigen wären die Gesellschafter wohl ohnehin nicht dazu bereit, an der Streichung ihrer Anteilsrechte (gegen die spätere Zuteilung von Optionsrechten) mitzuwirken, da das Optionsverfahren bei überschuldeten Unternehmen in der Regel dazu führt, dass die Gesellschafter leer ausgehen.

bb. Ein weiteres rechtliches Hindernis für die Anwendung des Optionsmodells im Rahmen des Insolvenzplanverfahrens ist in dem Zustimmungserfordernis zu sehen, das § 230 II InsO für Gläubiger normiert, die Anteilsrechte an einem Unternehmen übernehmen sollen:

Bebchuk sieht den Vorteil eines Planverfahrens auf der Grundlage des Optionsmodells, wie erwähnt,[89] darin, dass die gerichtliche Bestätigungsentscheidung schnell und ohne gerichtliche Bewertungsentscheidungen erlangt werden kann. Ein Cram Down obstruierender Gläubiger und Anteilsinhaber sei problemlos möglich, da jeder Beteiligte Werte erhalte, die seiner rechtlichen Position entsprächen. Folgt man dieser Ansicht *Bebchuks*,[90] so bestünde der gleiche Vorteil prinzipiell auch bei der Anwendung des Optionsmodells im deutschen Planverfahren: Das Insolvenzgericht könnte die Auffassung vertreten, dass durch die Anwendung des Optionsmodells gewährleistet sei, dass voraussichtlich kein Beteiligter schlechter gestellt werde als bei einer Liquidation oder übertragenden Sanierung ohne Plan (vgl. §§ 245 I Nr. 1, 251 I Nr. 2 InsO). Jeder Beteiligte könne nur davon profitieren, dass der Unternehmenswert durch die spätere Entscheidung der neuen Anteilsinhaber über die Unternehmenszukunft maximiert werde. Probleme könnte dem Gericht allerdings die Bejahung der Voraussetzungen des § 245 II Nr. 2 InsO bereiten, da ein Insolvenzplan auf der Grundlage des Optionsmodells dazu führen kann, dass nachrangige Gläubiger oder Anteilsinhaber Vermögenswerte in Form von Einheiten („units“) an dem Unternehmen erhalten. Allerdings erhalten diese Beteiligten nur dann Vermögenswerte, wenn höherrangige Gläubiger voll befriedigt werden und daher eigentlich gar nicht stimmberechtigt wären, § 237 II InsO. Zum Zeitpunkt der Abstimmung steht jedoch noch nicht fest, welche Beteiligten voll befriedigt werden. Ihr Ausschluss von der Abstimmung ist daher nicht möglich. Es kann aber nicht Zweck von § 245 II Nr. 2 InsO sein, die Planbestätigung an der Obstruktion von

[89] S. oben I.2.
[90] Zur näheren Begründung dieser Ansicht s. oben A.I.5.; kritisch dazu unten E.II.

Gruppen scheitern zu lassen, die – im Nachhinein gesehen – aufgrund ihrer vollen Befriedigung gar nicht stimmberechtigt wären. Richtigerweise wird man daher die vorrangigen Gläubiger zwar an der Abstimmung teilnehmen lassen, jedoch § 245 II Nr. 2 InsO berichtigend so auslegen, dass eine Verteilung von Vermögenswerten an nachrangige Gläubiger oder Anteilsinhaber zulässig ist, soweit vorrangige Gläubiger bei einer Optionsausübung voll befriedigt werden.[91] Im Ergebnis könnte das Optionsmodell somit prinzipiell auch im deutschen Planverfahren eine schnellere Planbestätigung gegen die ablehnende Haltung einzelner Gläubiger (§ 251 InsO) oder einer ganzen Gläubigergruppe (§ 245 InsO) fördern.

Die zügigere Planbestätigung unter Überwindung der obstruktiven Haltung von Gläubigern oder Gläubigergruppen verhindert jedoch § 230 II InsO. Die Bestimmung sieht vor, dass dem Insolvenzplan die zustimmende Erklärung jedes einzelnen Gläubigers beizufügen ist, der laut Plan Anteilsrechte an einem Unternehmen übernehmen soll. Fehlt eine Zustimmungserklärung, so hat das Gericht die Planbestätigung gem. § 250 Nr. 1 InsO von Amts wegen zu versagen. Die Erklärung nach § 230 II InsO soll verhindern, dass Gläubigern durch die Zuteilung von Anteilsrechten durch die bei der Planabstimmung erfolgende Mehrheitsentscheidung unternehmerisches Risiko aufgezwungen werden kann.[92] Zwar sähe ein Insolvenzplan auf der Grundlage des Optionsmodells zunächst (nur) die Zuteilung von Optionsrechten an die Unternehmensgläubiger vor. Es käme also nicht *unmittelbar* zu einer Übernahme von Anteilsrechten. Da jedoch im Zuge des Optionsverfahrens ein Teil der bisherigen Gläubiger Anteilsrechte erhält (sofern nicht sämtliche (Alt-)Anteilsinhaber ihre Optionsrechte ausüben), müsste die teleologische Auslegung des § 230 II InsO dennoch zur Anwendung der Vorschrift führen.[93] Da erst nach Ausübung der Optionsrechte feststeht, welche Gläubiger Anteilsrechte an dem Unternehmen erhalten, müsste vorsorg-

---

[91] *Eidenmüller* (1999), S. 114 Fn. 140.

[92] Für die zwangsweise Zuteilung von *Aktien* ist die Berechtigung dieses Anliegens jedenfalls dann zu bezweifeln, wenn mit der Bildung eines liquiden Marktes für die Aktien gerechnet werden kann. Denn in diesem Fall könnte sich der (ehemalige) Gläubiger durch einen baldigen Verkauf seiner Anteile des unternehmerischen Risikos entledigen. Vgl. in diesem Zusammenhang auch nachfolgend Fn. 97 sowie unten E.II.2.

[93] *Eidenmüller* (1999), S. 114.

lich von jedem Gläubiger eine Zustimmungserklärung verlangt werden.[94] Im Ergebnis nimmt § 230 II InsO damit einer Anwendung des Optionsmodells im Planverfahren ihren möglichen Vorteil, eine schnelle Bestätigungsentscheidung unter Überwindung des Störpotentials einzelner Gläubiger oder Gläubigergruppen zu erreichen.

3. Ergebnis

Es ist festzustellen, dass eine Anwendung des Optionsmodells im Rahmen des Planverfahrens, wie sie *Bebchuk* für die USA als Hilfslösung vorschlägt, in Deutschland nicht realisierbar ist.[95] Einzelne unpassende Vorschriften (z.B. § 229 InsO) machen bereits deutlich, dass das Insolvenzplanverfahren nicht auf die Anwendung des Optionsmodells zugeschnitten ist. Verhindert wird die Einbettung des Optionsmodells in den gegenwärtigen gesetzlichen Verfahrensrahmen der Insolvenzordnung jedoch vor allem durch die fehlende Möglichkeit, durch Planregelungen in die Rechtsstellung von Gesellschaftern einzugreifen und durch das Zustimmungserfordernis des § 230 II InsO für die Übernahme von Anteilsrechten durch Gläubiger.[96] Falls die Untersuchung des Optionsmodells im weiteren Verlauf der Arbeit zu einer positiven Beurteilung führt, sollte daher (auf lange Sicht) ein eigener gesetzlicher Verfahrensrahmen für seine Anwendung geschaffen werden. (Vorstellbar wäre etwa das Einfügen eines neuen Teils mit dem Titel „Optionsverfahren" in die Insolvenzordnung.)[97]

---

[94] Die Erklärungen müssten die Zustimmung zu einem Anteilserwerb in der maximal möglichen Höhe beinhalten. Diese ist von dem Forderungsanteil des jeweiligen Gläubigers an den Gesamtforderungen seiner Gruppe abhängig.

[95] *Eidenmüller* ist hier wesentlich optimistischer, s. *Eidenmüller* (1997), S. 165 ff. und (etwas skeptischer) *Eidenmüller* (1999), S. 115.

[96] Ausführlich äußerte sich vor kurzem auch *Achsnick* zu der Möglichkeit einer Implementation des Optionsmodells in das Insolvenzplanverfahren. Er sieht die Hauptprobleme neben den Durchsetzungsschwierigkeiten auf Gesellschafter- und Gläubigerebene (s. *Achsnick* (2002), S. 109 ff., 128 ff.) vor allem in den Differenzhaftungsrisiken bei mangelnder Werthaltigkeit von als Sacheinlagen eingebrachten Forderungen, s. *Achsnick* (2002), S. 141, S. 166 ff.; zu letzterem Gesichtspunkt s. oben Fn. 88.

[97] Würde in solch einem eigenständig normierten Optionsverfahren auf Zustimmungserfordernisse, wie sie § 230 II InsO vorsieht, verzichtet, so könnte dies – nebenbei bemerkt – verfassungsrechtliche Probleme aufwerfen: Da § 230 II InsO eine Ausprägung der verfassungsmäßig garantierten negativen Vereinigungsfreiheit ist, könnte der Verzicht auf Zustimmungserfordernisse für den Anteilserwerb zu Verstößen gegen Art. 9 I GG führen.

C. Die Behandlung der gesicherten Gläubiger: Sicherheitenbewertung durch den Markt?

I. Problemstellung

Die Verteilung des Unternehmensvermögens unter den Kapitalgebern hängt im Insolvenzverfahren entscheidend von ihrem Rang innerhalb der Finanzierungshierarchie ab. In *Bebchuks* Optionsverfahren äußert sich dies in der Zuteilung unterschiedlich wertvoller Optionsrechte (Typ *i*-Rechte) an die Kapitalgeber entsprechend ihrer Einteilung in verschiedene Klassen. Mit der vereinfachenden Einteilung der Kapitalgeber in vorrangige Gläubiger („senior creditors"), nachrangige Gläubiger („junior creditors") und Anteilsinhaber hat die bisherige Darstellung eine wichtige Gruppe von Kapitalgebern außer Acht gelassen:[98] Es handelt sich um die gesicherten Gläubiger, die gegenüber den sonstigen Gläubigern eine gewisse Sonderstellung einnehmen. Die Sonderstellung ergibt sich daraus, dass die Vorrangstellung dieser Gläubiger nicht die vorrangige Befriedigung aus dem gesamten Unternehmensvermögen, sondern lediglich die vorrangige Befriedigung aus der vereinbarten Sicherheit beinhaltet. Wenn und soweit der Betrag der persönlichen Forderung eines gesicherten Gläubigers den Wert seiner Sicherheit übersteigt, ist der Gläubiger Inhaber einer ungesicherten Forderung, die im Rang entsprechenden ungesicherten Forderungen gleichsteht. Außerhalb eines Insolvenzverfahrens ist die „Aufspaltung" der Forderung eines gesicherten Gläubigers in ihren gesicherten und ungesicherten Teil unproblematisch: Der Gläubiger, dessen Forderung nicht vereinbarungsgemäß bedient wird,

---

(FK-InsO-*Jaffé*, § 230 Rn. 17 hält § 230 II InsO für eine Ausprägung der negativen Koalitionsfreiheit in Art. 9 III GG. Dem ist nicht zuzustimmen, weil die in § 230 II InsO gemeinten Vereinigungen keine Koalitionen i.S.v. Art. 9 III GG sind.) Zumindest, wenn es sich bei den ohne Zustimmung zugeteilten Anteilsrechten um *Aktien* handelt, dürfte eine Verletzung von Art. 9 I GG aber auszuschließen sein, da die Aktie im Wirtschaftsleben überwiegend als bloßes Vermögensrecht angesehen wird und das Element des mitgliedschaftlichen Zusammenschlusses demgegenüber in den Hintergrund tritt. (Mit dieser Begründung hat das BVerfG die Zwangszuteilung von Aktien in BVerfGE 4, S. 7, 25 f. für zulässig erklärt.) Da das Optionsmodell ohnehin nur für Unternehmen in der Rechtsform der Aktiengesellschaft besondere Attraktivität besitzt (dazu näher unten, z.B. unter E.I.3.c.), dürfte sich aus Art. 9 I GG somit kein zusätzliches Hindernis für die Anwendbarkeit des Modells in Deutschland ergeben.

98 S. zum Folgenden auch überblicksweise *Hinrichs*, KTS 2002, S. 497 ff.

greift auf seine Sicherheit zu.[99] Soweit der erzielte Verwertungserlös nicht zur vollen Befriedigung seiner Forderung führt, ist der Gläubiger Inhaber einer ungesicherten Forderung, deren Verfolgung ihm das Zwangsvollstreckungsrecht ermöglicht.[100] Im Insolvenzverfahren ist die Ermittlung des gesicherten und des ungesicherten Teils einer gesicherten Forderung immer dann problematisch, wenn es nicht zu einer Einzelverwertung der jeweiligen Sicherheit kommt. Im US-amerikanischen Insolvenzverfahren verhindert grundsätzlich[101] der „automatic stay“ (11 USC § 362), dass die gesicherten Gläubiger ihre Sicherheiten einzeln verwerten. In Deutschland übernehmen die §§ 166 ff. InsO diese Funktion.[102] Diese Vorschriften verhindern den Einzelzugriff der gesicherten Gläubiger auf ihre Sicherheiten, um die Möglichkeit der Fortführung des Unternehmens in seiner Gesamtheit offen zu halten; ihr Ziel ist es hingegen nicht, das Recht der gesicherten Gläubiger zur vorrangigen Befriedigung aus ihrer Sicherheit zu entwerten. Auch wenn es nicht zu einer Einzelverwertung der Sicherheiten kommt, weil diese Teil des Unternehmensverbunds bleiben,[103] ist daher die Ermittlung des gesicherten und des ungesicherten Teils der gesicherten Forderungen unentbehrlich. Es fragt sich, wie die Höhe dieser beiden Teile gesicherter Forderungen ermittelt werden kann.

Weil gesicherte Forderungen in Unternehmensinsolvenzen in der Regel einen bedeutenden Teil des gesamten Forderungsvolumens ausmachen,[104] spielt diese

---

99 Das Verwertungsrecht ergibt sich in Deutschland z.B. für Pfandrechte aus § 1228 BGB, für sicherungsübereignete Gegenstände aus dem Sicherungsvertrag.

100 S. für Deutschland die §§ 803 ff. ZPO.

101 Zu den Ausnahmen s. oben Erster Teil, Kap. 3, A.II.

102 Die §§ 166 ff. InsO beziehen sich nur auf absonderungsberechtigte Gläubiger (vgl. §§ 50 ff. InsO). Aussonderungsberechtigte Gläubiger (vgl. § 47 InsO) hingegen – z.B. der Eigentumsvorbehaltsverkäufer, der gem. §§ 449 II, 346 BGB vom Kaufvertrag zurücktritt – können ihre Herausgabeansprüche im Wege der Zwangsvollstreckung durchsetzen.

103 Dies kann – nebenbei bemerkt – auch im US-amerikanischen Liquidationsverfahren nach 11 USC Chapter 7 und im deutschen Regelverfahren der Insolvenzordnung (außerhalb des Insolvenzplanverfahrens) vorkommen, wenn die Verwertung im Wege der Veräußerung der Unternehmensgesamtheit (d.h. durch eine übertragende Sanierung) erfolgt.

104 *Bebchuk/Fried* nennen für Unternehmenskredite in den USA eine Besicherungsquote von durchschnittlich fast 80 Prozent; *Bebchuk/Fried*, Harvard L.R. 2001, S. 2389 Fn. 1 (unter Berufung auf: *Leeth, John D./Scott, Jonathan A.*, The incidence of secured debt: Evidence from the small business community, 24 j. fin. & quantitative analysis 1989, S. 379 ff., S. 379).

Frage nicht nur im US-amerikanischen Reorganisationsverfahren und im deutschen Insolvenzplanverfahren (dazu Punkt II.), sondern auch in einem Insolvenzverfahren auf der Grundlage des Optionsmodells von *Bebchuk* (dazu Punkt III.) eine wichtige Rolle. Gegenwärtig wird die Höhe des gesicherten Teils einer Forderung durch Verhandlungen und richterliche Bewertungsentscheidungen festgelegt. *Bebchuk* und *Fried* haben zur Lösung des Problems in jüngster Zeit einen Alternativvorschlag entwickelt, der – ganz auf der Linie des „auctions approach" und des „options approach" – die Sicherheitenbewertung dem Markt überlassen will (dazu Punkt IV.).[105]

II. Die Verhandlungslösung des US-amerikanischen Reorganisationsverfahrens und des deutschen Insolvenzplanverfahrens

Das US-amerikanische Reorganisationsrecht überlässt es im Planverfahren den Beteiligten, sich über den Wert der Sicherheiten und damit über die Höhe des gesicherten Anteils der Forderungen zu einigen. Die gesicherten Gläubiger werden einen möglichst hohen Wertansatz für ihre Sicherheiten anstreben. Auf diese Weise können sie insgesamt mit einer höheren Befriedigung rechnen: Für den gesicherten Anteil ihrer Forderung können sie mit einer Wertzuteilung rechnen, die dem Wert der Sicherheit entspricht; der ungesicherte Forderungsanteil, der nur mit einer – zumeist geringen – Quote bedient wird, fällt entsprechend niedriger aus. Die ungesicherten Gläubiger werden hingegen eine möglichst niedrige Bewertung der Sicherheiten befürworten. Die gesicherten Gläubiger erhalten dann für den (entsprechend niedrigeren) gesicherten Teil ihrer Forderung eine geringere Wertzuteilung. Zwar ist nun der ungesicherte Teil der Forderungen der gesicherten Gläubiger höher. Da dieser ungesicherte Teil aber nur quotal bedient wird, verbleibt insgesamt ein höherer Vermögenswert zur Verteilung an die ungesicherten Gläubiger.[106] Falls es aufgrund dieser Interessengegensätze zwischen gesicherten und ungesicherten Gläubigern nicht zu einer Einigung und zur Annahme eines vorgelegten Reorganisationsplans kommt,

---

[105] *Bebchuk/Fried*, Harvard L.R. 2001, S. 2386 ff.

[106] Für ein Zahlenbeispiel s. *Bebchuk/Fried*, Harvard L.R. 2001, S. 2399 f. Für die *Anteilsinhaber* spielt der Wertansatz für die Sicherheiten hingegen im Prinzip keine Rolle, da sie nach der absoluten Vorrangsregel ohnehin erst eine Wertzuteilung erhalten, wenn alle Gläubiger voll befriedigt sind.

entscheidet das Insolvenzgericht, ob es den Plan dennoch bestätigt. Die Bestätigungsentscheidung macht jedoch die gerichtliche Bewertung der Sicherheiten, über deren Wertansatz Streit herrscht, erforderlich, vgl. 11 USC § 1129 (a)(7)(A)(ii), 11 USC § 1129 (b)(1), (b)(2)(A).[107]

Auch das deutsche Insolvenzplanverfahren überlässt den Wertansatz für die Sicherheiten grundsätzlich den Verhandlungen der Beteiligten, so dass es durch den beschriebenen Interessenkonflikt zu kostenträchtigen Verzögerungen kommen kann. Eine gerichtliche Sicherheitenbewertung ist auch hier nur als Notlösung vorgesehen. Sie wird erforderlich, wenn der Plan nicht die Zustimmung aller Beteiligten findet und daher gem. §§ 245 I Nr. 1, 251 I Nr. 2 InsO die Position absonderungsberechtigter Gläubiger im Falle der Planlösung mit ihrer hypothetischen Position im Falle der Verwertung ohne Plan verglichen werden muss.[108]

III. Die bisherige Behandlung der gesicherten Gläubiger im Optionsverfahren

Auch in einem Verfahren auf der Grundlage des Optionsmodells von *Bebchuk* muss festgestellt werden, welcher Teil der Forderung eines gesicherten Gläubigers durch den Wert seiner Sicherheit gedeckt ist. Nur hinsichtlich dieses Forderungsteils genießt der Gläubiger den (auf die zugrunde liegende Sicherheit bezogenen) Befriedigungsvorrang vor allen anderen Forderungen. Es ist daher nicht möglich, dem Gläubiger – entsprechend der dargestellten Behandlung der „senior creditors" –[109] einfach im Tausch gegen seine Gesamtforderung ein Optionsrecht (etwa ein Typ 1-Recht) zuzuteilen.[110]

---

[107] S. dazu bereits oben Zweiter Teil, Kap. 2, C.II.2. und 5.d.

[108] Unter Umständen hat das Insolvenzgericht bereits zuvor eine Sicherheitenbewertung vorgenommen, um die Stimmrechte der absonderungsberechtigten Gläubiger zu ermitteln, vgl. §§ 237, 238 InsO sowie oben Zweiter Teil, Kap. 2, D.V.

[109] S. oben A.I.2.

[110] *Eidenmüller* unterscheidet hingegen – im Widerspruch zu *Bebchuk* – nicht zwischen gesicherten Gläubigern und vorrangigen Gläubigern („senior creditors"); s. *Eidenmüller* (1999), S. 103 f.

Vor der Entwicklung des neuen, marktorientierten Vorschlags zur Behandlung der gesicherten Gläubiger durch *Bebchuk* und *Fried* (dazu sogleich unter IV.) musste die Bewertung der Sicherheiten daher auch im Rahmen des Optionsverfahrens durch Verhandlungen zwischen den Beteiligten erfolgen. Der Reorganisationsplan, dessen möglichst weitgehende inhaltliche Entlastung durch das Optionsmodell angestrebt wird,[111] muss in diesem Fall einen Wertansatz für die Sicherheiten enthalten.[112] Falls sich die Beteiligten nicht über den Plan einigen können, muss das Gericht (wie im gegenwärtigen US-amerikanischen und deutschen Planverfahren) eine Bewertungsentscheidung treffen, um den Plan dennoch bestätigen zu können. Aus dem Wertansatz für die Sicherheiten ergibt sich, in welcher Höhe die gesicherten Gläubiger Befriedigung erlangen. Sieht der Plan eine Befriedigung durch sofortige Barzahlung vor, so muss gleichzeitig eine Regelung für die Beschaffung der hierfür erforderlichen Geldmittel getroffen werden (z.B. die Aufnahme von Krediten oder der Verkauf von Vermögensgegenständen).[113] Soweit die gesicherten Gläubiger aufgrund des gewählten Wertansatzes nicht befriedigt werden, sind sie Inhaber einer ungesicherten Forderung. Für diese Forderung erhalten sie – wie alle anderen ungesicherten Gläubiger – Optionsrechte des dem Forderungsrang entsprechenden Typs. Die Ausübung sämtlicher Optionsrechte erfolgt in Kenntnis der Verpflichtungen, die das Unternehmen zur Befriedigung der gesicherten Gläubiger im Plan eingegangen ist. Die Einschätzung des Unternehmenswerts durch die Optionsinhaber müsste also dementsprechend niedriger ausfallen.

Es erscheint unbefriedigend, in einem Insolvenzverfahren auf der Grundlage des Optionsmodells Planverhandlungen durchführen zu müssen, in denen verschiedene Interessen aufeinanderprallen und unter Umständen gerichtliche Bewertungsentscheidungen erforderlich werden. Ziel des Modells ist es ja gerade, Verhandlungen und Rechtsstreitigkeiten unter den Beteiligten zu vermeiden. *Bebchuk* und *Fried* haben daher zur Lösung dieses Problems einen Verfahrensvorschlag gemacht, der sich zum Zwecke der Sicherheitenbewertung der Marktkräfte bedienen will.[114]

---

[111] S. dazu oben B.I.1.

[112] *Bebchuk*, Harvard L.R. 1988, S. 798 Fn. 41, S. 802 f.

[113] *Bebchuk*, Harvard L.R. 1988, S. 803 Fn. 53.

[114] *Bebchuk/Fried*, Harvard L.R. 2001, S. 2386 ff.

IV. Der marktorientierte Verfahrensvorschlag von *Bebchuk* und *Fried* zur Bewertung von Sicherheiten

Der marktorientierte Vorschlag von *Bebchuk* und *Fried* zur Bewertung von Sicherheiten soll auch in Insolvenzverfahren integriert werden können, die eigentlich eine Verhandlungslösung, ein „structured bargaining", vorsehen (z.B. in das Verfahren nach Chapter 11 BC und in das deutsche Insolvenzplanverfahren).[115] Von besonderem Interesse ist der Vorschlag jedoch vor allem dann, wenn die Nutzung des Marktmechanismus zur Bewältigung von Unternehmensinsolvenzen grundsätzlich für sinnvoll erachtet wird und daher für das gesamte Insolvenzverfahren eine marktorientierte Lösung gewählt wird. Daher geht die nachfolgende Darstellung des Verfahrensvorschlags von *Bebchuk* und *Fried* von einer Anwendung des Vorschlags im Rahmen eines Insolvenzverfahrens auf der Grundlage des Optionsmodells aus (Punkt 2.). Zuvor wird jedoch die Grundidee des Vorschlags erläutert (Punkt 1.).

1. Die Grundidee: Schaffung eines Forderungsäquivalents in Form einer „Nonrecourse Note"

Der Verfahrensvorschlag von *Bebchuk* und *Fried* nutzt die Feststellung, dass sich die Forderung eines gesicherten Gläubigers gedanklich in einen gesicherten und einen ungesicherten Teil zerlegen lässt.[116] Der Wert des gesicherten Teils entspricht dem Wert der zugrunde liegenden Sicherheit, übersteigt jedoch (selbstverständlich) nie den Gesamtbetrag der Forderung. In Höhe des gesicherten Teils seiner Forderung steht dem Gläubiger volle Befriedigung zu.

Die zentrale Idee des Vorschlags von *Bebchuk* und *Fried* besteht darin, für den gesicherten Teil der Forderung ein Äquivalent in Form einer sog. „Nonrecourse Note" zu schaffen und durch den Verkauf dieser Nonrecourse Note in einer Auktion den Wert des gesicherten Forderungsteils zu ermitteln.

Eine „Note" kann im Deutschen etwa als handelbares Wertpapier mit (regelmäßig) kurzer Laufzeit bezeichnet werden. „Nonrecourse" („ohne Rückgriff") meint, dass der Erwerber der Note zu Befriedigungszwecken nur auf die der

---

[115] S. *Bebchuk/Fried*, Harvard L.R. 2001, S. 2427 f.

[116] Vgl. zum Folgenden *Bebchuk/Fried*, Harvard L.R. 2001, S. 2410 ff.

Note zugrunde liegende Sicherheit zugreifen kann. Hingegen erlaubt die Nonrecourse Note es nicht, den Schuldner persönlich in Anspruch zu nehmen.[117] Der Inhaber der Nonrecourse Note kann sich zudem durch Zugriff auf die Sicherheit nur bis zur Höhe des Nennbetrags der Note befriedigen; wenn und soweit der Wert der Sicherheit diesen Nennbetrag überschreitet, steht er ihm nicht zu. Damit hat die Nonrecourse Note einen Wert in Höhe des Werts der zugrunde liegenden Sicherheit, falls der Sicherheitswert unterhalb des Nennbetrags liegt; ist der Sicherheitwert gleich dem Nennbetrag oder überschreitet er diesen, so entspricht der Wert der Nonrecourse Note ihrem Nennbetrag.[118]

Ein Wertpapier mit den beschriebenen Eigenschaften hat den gleichen Wert, wie der gesicherte Teil der Forderung eines gesicherten Gläubigers, wenn dem Wertpapier (der Nonrecourse Note) dieselbe Sicherheit zugrunde liegt und wenn sein Nennbetrag dem Gesamtbetrag der gesicherten Forderung entspricht.[119]

Bebchuk und *Fried* wollen diese Erkenntnis nutzen, um im Insolvenzverfahren die Werte der gesicherten Teile der Forderungen sämtlicher gesicherten Gläubiger durch Auktionierung entsprechender (gleichwertiger) Nonrecourse Notes zu ermitteln.

---

[117] S. *Bebchuk/Fried*, Harvard L.R. 2001, S. 2411: „...the lender has no recourse against the debtor other than seizing the collateral."

[118] In den USA spielt die Nonrecourse Note, soweit ersichtlich, vor allem im Zusammenhang mit der Immobilienfinanzierung eine gewisse Rolle; vgl. *Clauretie/Sirmans* (1999), S. 263. Die Einordnung eines Wertpapiers mit den beschriebenen Eigenschaften in die Kategorien des deutschen Wertpapierrechts ist problematisch. Aufgrund der fehlenden Möglichkeit der persönlichen Inanspruchnahme des Schuldners besteht eine gewisse Ähnlichkeit mit dem (praktisch ungebräuchlichen) Inhabergrundschuldbrief nach § 1195 BGB.

[119] Bsp. nach *Bebchuk/Fried*, Harvard L.R. 2001, S. 2410 ff.: Eine Forderung von 100 $ sei durch eine Maschine im Wert von X $ gesichert. Der Wert des gesicherten Teils der Forderung ist X $, höchstens jedoch 100 $. (Der Wert des ungesicherten Teils der Forderung ist 100 $ abzüglich des Werts des gesicherten Teils der Forderung.) Der gesicherte Teil dieser Forderung hat den gleichen Wert wie eine Nonrecourse Note mit einem Nennbetrag von 100 $, die durch dieselbe Maschine im Wert von X $ gesichert ist. (Der Wert des ungesicherten Teils der Forderung ist 100 $ abzüglich des Werts der Nonrecourse Note.)

2. Bewertung der Sicherheiten nach *Bebchuk* und *Fried* im Optionsverfahren

Im Folgenden wird beschrieben, wie ein Insolvenzverfahren auf der Grundlage des Optionsmodells abläuft, wenn zur Sicherheitenbewertung der Vorschlag von *Bebchuk* und *Fried* genutzt wird. Die Darstellung orientiert sich weiterhin an der Einteilung des Optionsverfahrens in vier Abschnitte[120] und geht jeweils auf die Modifizierungen ein, die jeder Verfahrensabschnitt durch den Vorschlag von *Bebchuk* und *Fried* erfährt.[121]

a. Zu Verfahrensabschnitt 1 (= Bestimmung der Kapitalgeberklassen): Auktion von Nonrecourse Notes

Im ersten Abschnitt des Verfahrens auf der Grundlage des Optionsmodells kann bei Anwendung des Vorschlags von *Bebchuk* und *Fried* auf einen Wertansatz für die Sicherheiten in einem Reorganisationsplan – und die damit verbundenen Verhandlungen zwischen den Beteiligten – verzichtet werden. Stattdessen wird eine Versteigerung von Nonrecourse Notes durchgeführt, deren Emittent der Rechtsträger des Krisenunternehmens ist. Durch die Versteigerung wird der Wert dieser Notes und damit der Wert des gesicherten Teils der Forderungen der gesicherten Gläubiger ermittelt. Ist der Wert des gesicherten Teils bekannt, so folgt daraus auch der Wert des ungesicherten Teils dieser Forderungen. Für jede zu bewertende Sicherheit wird eine Nonrecourse Note versteigert, die ihrem Erwerber das Recht gibt, sich bis zur Höhe des Nennbetrags der Note aus der zu bewertenden Sicherheit zu befriedigen. Der Nennbetrag der einzelnen Note wird so festgelegt, dass er dem Gesamtbetrag der jeweils korrespondierenden Forderung eines gesicherten Gläubigers entspricht. Der gesicherte Gläubiger kann zwar nicht mehr auf seine Sicherheit zugreifen, da das Zugriffsrecht auf den Erwerber der Note übergeht. Er erhält jedoch den Bargelderlös aus der Versteigerung der als Äquivalent für den gesicherten Teil seiner Forderung geschaffenen Nonrecourse Note. Mit dieser Erlöszuteilung gilt er als in Höhe des gesi-

[120] S. oben A.I. sowie Abb. 5 unter B.I.1.

[121] S. zum Folgenden *Bebchuk/Fried*, Harvard L.R. 2001, S. 2414 ff., S. 2428 f., die ihren Verfahrensvorschlag allerdings unabhängig vom „options approach“ beschreiben und daher den Verfahrensablauf nur in drei Abschnitte einteilen.

cherten Teils seiner Forderung befriedigt.[122] Die Befriedigung des Inhabers der Nonrecourse Note erfolgt erst im vierten Verfahrensabschnitt, wenn die finanzielle Restrukturierung des Unternehmens abgeschlossen ist (s. dazu sogleich d.).

An der Auktion der Nonrecourse Notes kann jeder Interessent, auch der gesicherte Gläubiger selbst, teilnehmen.[123] Der Gewinner der Auktion muss den gebotenen Betrag in bar leisten. Eine Ausnahme von dieser Bargebotsregel gibt es für denjenigen Gläubiger, dessen bisherige Sicherheit durch Versteigerung der jeweiligen Nonrecourse Note bewertet werden soll. Dieser muss lediglich die Höhe seines Gebots nennen, da ihm ja ohnehin der Erlös aus der Versteigerung zufließen soll.[124]

b. Zu Verfahrensabschnitt 2 (= Zuteilung von Optionsrechten): Ermittlung der ungesicherten Forderungsteile

Durch die Versteigerung der Nonrecourse Notes im ersten Verfahrensabschnitt ist die Höhe der durch den Wert der jeweiligen Sicherheiten gedeckten Forderungsteile der gesicherten Gläubiger ermittelt worden. Soweit für die gesicherten Gläubiger in der Versteigerung keine Erlöse generiert werden, gelten ihre Forderungen als ungesichert. Hinsichtlich dieses Forderungsteils werden sie wie die anderen ungesicherten Gläubiger behandelt und erhalten Optionsrechte des entsprechenden Typs.[125]

---

[122] Der gesicherte Gläubiger erhält den Versteigerungserlös nicht sofort, sondern erst nach Befriedigung des Inhabers der Nonrecourse Note im 4. Verfahrensabschnitt. Zwischenzeitlich wird der Erlös auf einem Treuhandkonto verzinslich angelegt. Die Zinsen erhält der Inhaber der Nonrecourse Note, damit dieser keinen Anlass hat, in der Versteigerung die Zeitspanne zwischen Erwerb der Note und der Befriedigung seiner Ansprüche aus der Note durch entsprechende Abzinsung seines Gebots zu berücksichtigen; s. *Bebchuk/Fried*, Harvard L.R. 2001, S. 2414, S. 2416 Fn. 102.

[123] *Bebchuk/Fried*, Harvard L.R. 2001, S. 2414.

[124] S. *Bebchuk/Fried*, Harvard L.R. 2001, S. 2414: „...a cash bid by the secured creditor would be the equivalent of moving money from one pocket to another."; näher zum Recht des gesicherten Gläubigers, an der Versteigerung teilzunehmen, *Bebchuk/Fried*, Harvard L.R. 2001, S. 2417 f.

[125] *Bebchuk/Fried*, Harvard L.R. 2001, S. 2429.

c. Zu Verfahrensabschnitt 3 (= Ausübung der Optionsrechte): Optionsausübung in Kenntnis der Verbindlichkeiten aus den Nonrecourse Notes

Der Handel und die Ausübung der Optionsrechte erfolgen in Kenntnis der Ansprüche der Inhaber der Nonrecourse Notes, die durch den Unternehmensträger im vierten Verfahrensabschnitt zu begleichen sind (s. dazu sogleich Punkt d.). Diese Ansprüche senken den Unternehmenswert und damit auch den Wert der Optionsrechte.[126]

d. Zu Verfahrensabschnitt 4 (= Entscheidung der neuen Anteilsinhaber über die Unternehmenszukunft): Befriedigung der Nonrecourse Note-Inhaber und Ausschüttung der Auktionserlöse

Nachdem die Optionsrechte ausgeübt worden sind und die neuen Kapitalgeber des Unternehmens feststehen, müssen die Inhaber der Nonrecourse Notes befriedigt werden. Zahlt der Unternehmensträger dem Inhaber nicht den vollen Nennbetrag der Note aus, so kann sich dieser, wie erläutert, durch Zugriff auf die Sicherheit bis zur Höhe des Nennbetrags der Note befriedigen. Da das Unternehmen nun finanziell restrukturiert ist, sollte es in der Lage sein, dem Note-Inhaber den Nennbetrag zu zahlen und dadurch selbst im Besitz der Sicherheit zu bleiben, wenn es der Sicherheit einen Wert oberhalb des Nennbetrags beimisst.[127] Misst der Unternehmensträger der Sicherheit einen Wert unterhalb des Nennbetrags bei, so gibt es nach *Bebchuk* und *Fried* zwei Möglichkeiten:[128] Wenn die Sicherheit in den Händen eines Dritten einen höheren Wert hat als in den Händen des Unternehmensträgers, so wird der Unternehmensträger dem Inhaber der Nonrecourse Note die Sicherheit überlassen. Dieser wird sie sodann an den Dritten, dem die wertmaximierende Verwendungsalternative zur Verfügung steht, veräußern. Hat die Sicherheit hingegen in den Händen des Unternehmensträgers den höchsten Wert, so sollte es diesem möglich sein, sich mit

---

[126] S. *Bebchuk/Fried*, Harvard L.R. 2001, S. 2429.

[127] So jedenfalls die Annahme von *Bebchuk* und *Fried*; s. *Bebchuk/Fried*, Harvard L.R. 2001, S. 2425. Die Richtigkeit dieser Annahme kann bezweifelt werden. Sie setzt voraus, dass das gerade finanziell restrukturierte Unternehmen ausreichend liquide ist, um diese Beträge aufzubringen. Dies ist jedoch fraglich, da das Volumen der Ansprüche aus den Nonrecourse Notes, das vom früheren Volumen an gesicherten Forderungen abhängt, möglicherweise beträchtlich ist (vgl. Fn. 104).

dem Inhaber der Nonrecourse Note zu einigen und die Sicherheit gegen Bezahlung eines entsprechenden Betrags in seinem Besitz zu behalten. Denn der Inhaber der Nonrecourse Note kann durch den Zugriff auf die Sicherheit und ihren Verkauf an eine dritte Partei keinen höheren Wert realisieren. Funktioniert die Befriedigung des Note-Inhabers in der beschriebenen Art und Weise, so ist sichergestellt, dass dieser immer einen Betrag in Höhe des Wertes der Sicherheit in ihrer bestmöglichen Verwendung, maximal jedoch den Nennbetrag der Nonrecourse Note, erhält.

Die Erlöse, die im ersten Verfahrensabschnitt aus der Versteigerung der Nonrecourse Notes gewonnen wurden, werden schließlich an die gesicherten Gläubiger ausgeschüttet. Diese gelten nun als hinsichtlich des gesicherten Teils ihrer Forderung voll befriedigt (; die Optionsrechte, die den Gläubigern im zweiten Verfahrensabschnitt für den ungesicherten Teil ihrer Forderung zugeteilt wurden, führen hingegen – mangels ausreichenden Unternehmensvermögens – in vielen Fällen nicht zur vollen Befriedigung.)

Die Abbildung 6 auf der folgenden Seite stellt eine Fortentwicklung der Abbildung 5 unter B.I.1. dar. Sie soll einen zusammenfassenden Überblick über die Inhalte der einzelnen Verfahrensabschnitte des Optionsverfahrens geben, wenn dieses um den Vorschlag von *Bebchuk* und *Fried* zur Behandlung der gesicherten Gläubiger ergänzt wird.

3. Kritische Würdigung des Vorschlags von *Bebchuk* und *Fried*

Bebchuk und *Fried* widmen sich mit ihren Ausführungen zur Sicherheitenbewertung in der Unternehmensinsolvenz einem Problem, das bislang – angesichts der bedeutenden Rolle, die Kreditsicherheiten im Rahmen der Unternehmensfinanzierung spielen – in der Diskussion um die Möglichkeiten einer marktorientierten Insolvenzbewältigung zu kurz gekommen ist. Es handelt sich um den bislang einzigen Vorschlag, der bemüht ist, das Problem der Sicherheitenbewertung einer marktorientierten Lösung zuzuführen. Tatsächlich erscheint der Wert der Modelle, die eine Insolvenzbewältigung unter Zuhilfenahme der Marktkräfte anstreben („options approach", „auctions approach"), geschmälert,

[128] S. zum Folgenden *Bebchuk/Fried*, Harvard L.R. 2001, S. 2425 f.

Abbildung 6: Ablauf des Optionsverfahrens von *Bebchuk* unter Berücksichtigung des Vorschlags von *Aghion*, *Hart* und *Moore* und des Vorschlags von *Bebchuk* und *Fried*

(Die Neuerungen gegenüber Abbildung 5 (s. B.I.1.) sind *kursiv* gedruckt.)

Verfahrenseröffnung

Verfahrensabschnitt 1:

- Ermittlung und Klassifizierung der rechtlichen Positionen der Kapitalgeber; *Auktion von Nonrecourse Notes, um die gesicherten und die ungesicherten Teile der Forderungen der gesicherten Gläubiger zu ermitteln*
- Aufstellung und Bestätigung eines Reorganisationsplans mit begrenztem Inhalt (v.a. Festlegung der neuen Kapitalstruktur)

Herstellung der neuen Kapitalstruktur („clearing agent" hält die Einheiten („units") bis zur Ausübung der Optionsrechte)

Verfahrensabschnitt 2:

- Zuteilung von Optionsrechten (*auch an die gesicherten Gläubiger für den – mit Hilfe der Auktion in Verfahrensabschnitt 1 ermittelten – ungesicherten Teil ihrer Forderung*)
- Sammeln von Bargeboten und Nicht-Bargeboten für das Unternehmen

Bekanntgabe der Gebote

Verfahrensabschnitt 3:

- Handel und schließlich Ausübung der Optionsrechte (*in Kenntnis der in Verfahrensabschnitt 4 zu befriedigenden Ansprüche der Nonrecourse Note-Inhaber*) sowie entsprechende Verteilung der Einheiten

Verfahrensabschnitt 4:

- Entscheidung der neuen Anteilsinhaber über die Unternehmenszukunft durch Abstimmung über die vorliegenden Gebote
- *Befriedigung der Nonrecourse Note-Inhaber*
- *Befriedigung der gesicherten Gläubiger hinsichtlich des gesicherten Teils ihrer Forderungen durch Ausschüttung der Erlöse aus der Auktion der Nonrecourse Notes*

wenn ein wichtiger Teilbereich von der Marktbewertung ausgenommen und insoweit wieder auf Verhandlungen und gerichtliche Bewertungsentscheidungen zurückgegriffen wird.

Es bestehen allerdings Zweifel, ob mit einer erfolgreichen praktischen Anwendung des Verfahrensvorschlags von *Bebchuk* und *Fried* zu rechnen ist. Fraglich ist insbesondere, ob mit einer Nachfrage nach Nonrecourse Notes zu rechnen ist, die zur Bildung eines angemessenen Preises ausreicht:

Wenn der Wert der Sicherheit, die einer Nonrecourse Note zugrunde liegt, allgemein *höher* eingeschätzt wird als der Gesamtbetrag der korrespondierenden gesicherten Forderung, so ist die Wahrscheinlichkeit hoch, dass auch das Unternehmen diese Einschätzung teilt und dem Erwerber der Note bei Fälligkeit den Nennbetrag auszahlt. Als Käufer einer Nonrecourse Note kommen in diesem Fall vor allem Investoren in Betracht, die an einer kurzfristigen Geldanlage interessiert sind: Sie zahlen für den Erwerb der Note einen Wert nahe am Nennbetrag und erhalten bei Fälligkeit den Nennbetrag zuzüglich Zinsen zurück.[129] Jedoch läuft der Inhaber der Nonrecourse Note Gefahr, dass ihm das Unternehmen – z.B. aufgrund einer anderen Werteinschätzung – bei Fälligkeit nicht den Nennbetrag auszahlt, sondern die Befriedigung aus der Sicherheit anbietet. Er ist dann gezwungen, sich um die Verwertung der Sicherheit zu bemühen. Diesen Aufwand wird ein Erwerber, der lediglich an einer kurzfristigen Geldanlagemöglichkeit interessiert ist, nicht auf sich nehmen wollen. Handelt es sich um eine schwer verwertbare Sicherheit (z.B. um eine spezielle Maschine), so geht der Anleger mit dem Erwerb der Note zudem das nur schwer kalkulierbare Risiko ein, bei der Verwertung keinen adäquaten Erlös zu erzielen.

Wird der Wert der Sicherheit, die einer Nonrecourse Note zugrunde liegt, allgemein *niedriger* eingeschätzt als der Gesamtbetrag der korrespondierenden gesicherten Forderung, so ist regelmäßig damit zu rechnen, dass auch das Unternehmen diese Einschätzung teilt und daher bei Fälligkeit der Nonrecourse Note nicht zur Zahlung des Nennbetrags bereit ist. In einem Teil dieser Fälle wird das Unternehmen dem Note-Inhaber einen Geldbetrag unterhalb des Nennbetrags anbieten, um selbst im Besitz der Sicherheit bleiben zu können. Manches Mal wird es den Inhaber der Note jedoch auf sein Recht verweisen, seine Befriedigung im Wege der Sicherheitenverwertung zu suchen. Derartige Nonrecourse Notes, bei denen ein hohes Risiko besteht, auf das Verwertungsrecht verwiesen zu werden, werden (erst recht) kaum Käufer finden, die lediglich an

[129] Die Zinsen werden durch die Anlage des bei der Versteigerung der Nonrecourse Note erzielten Erlöses auf einem verzinslichen Treuhandkonto erwirtschaftet. Aufgrund der Verzinsung des in die Nonrecourse Note investierten Geldbetrags hat der Anleger grundsätzlich keinen Anlass, die Zeitspanne zwischen Erwerb der Note und Befriedigung seiner Ansprüche aus der Note durch entsprechende Abzinsung seines Gebots zu berücksichtigen. *Bebchuk* und *Fried* nehmen jedoch an, dass der Anleger bei seinem Gebot einen leichten Wertabschlag gegenüber dem Nennbetrag der Note vornehmen wird, um das Risiko eines sinkenden Sicherheitswerts in dem Zeitraum bis zu seiner Befriedigung zu berücksichtigen; *Bebchuk/Fried*, Harvard L.R. 2001, S. 2414, S. 2416 Fn. 102.

einer Geldanlage interessiert sind. Der drohende Verwertungsaufwand wird diesen regelmäßig zu hoch sein. Als Käufer kommen damit vor allem Personen in Betracht, die die Sicherheit für eigene Zwecke nutzen wollen. Dementsprechend klein wird der potentielle Käuferkreis sein, wenn die Sicherheit – man denke wiederum an eine spezielle Maschine – nur von wenigen Personen eingesetzt werden kann.

Im Ergebnis erscheint es somit wahrscheinlich, dass es in der Praxis häufig nur zu einer geringen Nachfrage nach Nonrecourse Notes (mit dementsprechend niedrigen Preisen) kommen würde.

Nun betonen *Bebchuk* und *Fried* allerdings, dass in ihrem Verfahren weder gesicherte noch ungesicherte Gläubiger Grund hätten, sich über zu niedrige Gebote aufgrund zu geringer Nachfrage zu beklagen.[130] Sie geben zu, dass dies „auf den ersten Blick“[131] nicht so erscheine: Die gesicherten Gläubiger könnten behaupten, der Markt messe ihrer Sicherheit einen zu niedrigen Wert bei und sie erhielten daher eine zu geringe Erlöszuteilung für den gesicherten Teil ihrer Forderung.[132] Die ungesicherten Gläubiger könnten argumentieren, dass zu niedrige Gebote und die mit ihnen verbundene zu geringe Erlöszuteilung an die gesicherten Gläubiger dazu führen würden, dass deren ungesicherte Forderungsanteile zu hoch angesetzt würden. Das Unternehmensvermögen müsste dann zur

---

[130] *Bebchuk/Fried*, Harvard L.R. 2001, S. 2419 ff. *Bebchuk* und *Fried* nehmen an, dass die Höhe der für die Nonrecourse Notes erzielten Gebote für die *Anteilsinhaber* keine Rolle spielt. Sie folgern dies aus der (bereits oben in Fn. 106 unter II. getroffenen) Feststellung, dass der Wertansatz für die Sicherheiten den Anteilsinhabern im Prinzip gleichgültig sein kann, da sie nach der absoluten Vorrangsregel ohnehin erst eine Wertzuteilung erhalten, wenn alle Gläubiger voll befriedigt sind; s. *Bebchuk/Fried*, Harvard L.R. 2001, S. 2419 Fn. 106. Diese Schlussfolgerung ist jedoch unzutreffend. Wird das Verfahren von *Bebchuk* und *Fried* angewandt, dann haben auch die Anteilsinhaber ein Interesse an möglichst hohen Geboten. Dies hängt damit zusammen, dass die gesicherten Gläubiger im Verfahren nach *Bebchuk* und *Fried* hinsichtlich des gesicherten Teils ihrer Forderungen aus einem gesonderten „Topf“ befriedigt werden, der die Erlöse aus der Auktion der Nonrecourse Notes enthält. Niedrigere Gebote bedeuten, dass höhere ungesicherte Forderungsanteile der gesicherten Gläubiger verbleiben, die sich gegen das Unternehmensvermögen richten. Damit sinken die Aussichten der Anteilsinhaber, dass nach der Vermögenszuteilung an die ungesicherten Gläubiger noch Vermögenswerte für sie übrig bleiben.

[131] *Bebchuk/Fried*, Harvard L.R. 2001, S. 2420: „At first glance…“.

Befriedigung eines größeren ungesicherten Forderungsvolumens dienen. Dementsprechend geringer wäre die quotale Wertzuteilung an jeden einzelnen Inhaber einer ungesicherten Forderung. Diese – denkbare – Argumentation halten *Bebchuk* und *Fried* jedoch für unberechtigt: Jeder gesicherte und ungesicherte Gläubiger könne selbst an der Auktion der Nonrecourse Notes teilnehmen. Glaube also ein Gläubiger, dass die Gebote zu niedrig seien, so könne er die Nonrecourse Note selbst mit einem geringfügig höheren Gebot erwerben und einen Gewinn in Höhe der Differenz zwischen dem Wert der Sicherheit (bis zur Höhe des Nennbetrags der Note) und seinem Gebot erzielen.

Für die gesicherten Gläubiger mag man dieser Argumentation folgen: Gläubiger, deren (bisherige) Sicherheit durch Versteigerung einer Nonrecourse Note bewertet werden soll, müssen keine Bargebote abgeben[133] und haben daher im Falle des Zuschlags keine Finanzierungsprobleme. Auch spielt es für sie keine große Rolle, ob sie den Zugriff auf ihre Sicherheit direkt oder auf dem Umweg über den Erwerb der Nonrecourse Note erhalten. Für die ungesicherten Gläubiger hat eine Beteiligung an der Auktion jedoch – von möglichen Finanzierungsproblemen abgesehen –[134] den Nachteil, dass sie mit dem Erwerb einer Nonrecourse Note das Risiko eingehen, sich um die Verwertung der Sicherheit bemühen zu müssen. Außerdem kann realistischerweise nicht erwartet werden, dass ein ungesicherter Gläubiger die Auktion sämtlicher Nonrecourse Notes verfolgt und jeweils eine Werteinschätzung vornimmt, um die Nachteile zu niedriger Gebote für die Gesamtheit der ungesicherten Gläubiger abzuwenden.

Ist die Vermutung zutreffend, dass die Nachfrage nach Nonrecourse Notes in der Praxis regelmäßig zur Bildung eines angemessenen Preises nicht ausreicht, dann mindert dies – entgegen der Auffassung *Bebchuks* und *Frieds* – die Attraktivität

---

[132] Der ungesicherte Forderungsteil fiele dann zwar größer aus; dieser Teil wird aber in der Regel nur mit einer Quote bedient.

[133] S. oben IV.2.a.

[134] *Bebchuk* und *Fried* halten die Finanzierungsprobleme für gering. Fehle es einem ungesicherten Gläubiger ausnahmsweise an den notwendigen finanziellen Mitteln, so könne dieser in aller Regel einen kurzfristigen Kredit in der notwendigen Höhe aufnehmen; s. näher *Bebchuk/Fried*, Harvard L.R. 2001, S. 2421 ff.

ihres Vorschlags für eine marktorientierte Sicherheitenbewertung somit erheblich.[135]

D. Anwendungsprobleme und Schwächen des Optionsmodells

Die Frage, mit welchen Problemen bei der Anwendung des Optionsmodells von *Bebchuk* zu rechnen ist, kann nicht abschließend beantwortet werden. Ein Verfahren auf der Grundlage des Optionsmodells ist – wie jedes gesetzliche Insolvenzverfahren – mit einer kaum überschaubaren Vielzahl von Detailproblemen behaftet. In diesem Abschnitt kann daher nur der Versuch unternommen werden, einige Problemschwerpunkte zu erörtern.

Gliederungspunkt I. befasst sich mit der Frage, ob in einem gesetzlichen Insolvenzverfahren auf der Grundlage des Optionsmodells die Gefahr besteht, dass den Optionsinhabern die finanziellen Mittel zur Ausübung ihrer Optionsrechte fehlen. Punkt II. beschäftigt sich mit Gläubigeransprüchen aus Verträgen, die gemäß 11 USC § 365 bzw. § 103 InsO erfüllt werden sollen. Im Mittelpunkt steht die Frage, ob Inhaber derartiger Ansprüche in einem Optionsverfahren gesondert zu behandeln und daher von der Optionszuteilung auszunehmen sind. Während sich die unter I. und II. angesprochenen Fragen in jedem Insolvenzverfahren, das nach dem Optionsschema durchgeführt wird, stellen, behandelt Punkt III. ein Problem, das nicht regelmäßig auftreten dürfte: Es geht um die Vermeidung von Sondervorteilen, die Erwerbern von Mehrheitsbeteiligungen aus ihrer Position erwachsen. Unter Punkt IV. werden schließlich rechtliche Schwierigkeiten erörtert, die sich ergeben könnten, wenn das Optionsmodell unter einem nach *Bebchuks* Vorstellungen reformierten[136] deutschen Insolvenzrecht Anwendung fände. Vor allem Normen des deutschen Gesellschaftsrechts könnten der Anwendung des Modells im Wege stehen.

[135] Wie noch zu zeigen sein wird, ist auch für den umfassenderen marktorientierten Ansatz des Optionsmodells ein funktionsfähiger Markt (für den Optionsrechtshandel) kaum verzichtbar; s. etwa unten E.I.3.

[136] S. B.I.1.

I. Finanzierung des Optionsausübungspreises

Anlass zur Kritik an einem Insolvenzverfahren auf der Grundlage des Optionsmodells bestünde, wenn einzelne Optionsinhaber aufgrund von finanziellen Restriktionen nicht zur Ausübung ihrer Optionsrechte in der Lage wären.[137] Diese Optionsinhaber könnten nämlich den ihnen zustehenden Anteil am Unternehmensvermögen nicht realisieren. Optionsinhaber, denen aufgrund ihres höheren Ranges in der Finanzierungsstruktur des Unternehmens „bessere" Optionsrechte zugeteilt wurden, würden hiervon profitieren.[138] Es käme also zu Umverteilungseffekten unter Missachtung von Rang und Höhe der Vorinsolvenzrechte der Kapitalgeber. Abweichungen von der absoluten Vorrangsregel durch diese Umverteilungseffekte wären eine Schwachstelle in einem Insolvenzverfahren auf der Grundlage des Optionsmodells.[139]

Bebchuk erkennt dieses Problem, hält es jedoch für eher unbedeutend.[140] Zur Begründung führt er verschiedene Argumente an, deren Stichhaltigkeit im Folgenden geprüft werden soll.[141]

1. Zunächst weist *Bebchuk* darauf hin, dass ja die meisten Optionsinhaber gar keinen Ausübungspreis leisten müssten, weil ihre Optionsrechte von dem Unternehmen ausgelöst würden.[142] Dies mag zwar häufig zutreffend sein, ist aber dennoch nicht überzeugend. Von der Auslösung der Optionsrechte profitieren nämlich primär die hochrangigen Gläubiger, die ohnehin zur Ausübung ihrer Optionsrechte die niedrigsten Beträge aufbringen müssen. Je mehr Options-

---

137 S. zum Folgenden auch überblicksweise *Hinrichs*, KTS 2002, S. 497 ff.

138 Wären z.B. in dem oben unter A.I. gewählten Beispiel die nachrangigen Gläubiger („junior creditors") nicht dazu in der Lage, ihre Optionsrechte gegen Zahlung von 1 $ auszuüben, obwohl sie den Wert einer Einheit auf *V*/100 = 1,20 $ schätzen, so blieben die Einheiten in den Händen der vorrangigen Gläubiger („senior creditors"). Diese würden also durch eine höhere Wertzuteilung von den finanziellen Restriktionen der nachrangigen Gläubiger profitieren.

139 S. dazu die Beurteilung der absoluten Vorrangsregel im Zweiten Teil, Kap. 3, B.; vgl. auch *Aghion/Hart/Moore*, j. of law, econ., & org. 1992, S. 539, die fragen: „But does it matter if options cannot be exercised?"

140 S. *Bebchuk*, Harvard L.R. 1988, S. 797: „..., these problems appear to be quite limited."; *Hart* (1995), S. 180 f. stimmt dieser Auffassung weitgehend zu.

141 S. *Bebchuk*, Harvard L.R. 1988, S. 796 f.; *Bebchuk*, European Econ. R. 2000, S. 839.

142 *Bebchuk*, Harvard L.R. 1988, S. 796.

rechte aber ausgelöst werden, umso höher werden (tendenziell) die für die Ausübung nötigen Summen (und damit die Finanzierungslast).[143]

2. *Bebchuk* betont des Weiteren, dass sein Modell ja den Handel der Optionsrechte vorsehe. Optionsinhaber, die nicht der Meinung seien, dass ihre Rechte am Markt unterbewertet seien, könnten diese daher verkaufen und auf diese Weise die ihnen gebührende Wertzuteilung realisieren. Ein Finanzierungsproblem bestünde für diese Optionsinhaber nicht.[144] Diese Argumentation beinhaltet die Annahme, dass sich ein gut funktionierender Markt für den Handel mit Optionsrechten zum Erwerb von Einheiten („units“) an Krisenunternehmen bildet.[145] Die Existenz eines Finanzierungsproblems würde die Zahl potentieller Käufer, die zur Ausübung der Optionsrechte bereit wären, jedoch reduzieren und daher die Bildung eines liquiden Marktes beeinträchtigen. Das Fehlen eines Finanzierungsproblem ist daher gerade eine Voraussetzung für *Bebchuks* implizite Annahme eines gut funktionierenden Marktes.

3. *Bebchuk* hält das Finanzierungsproblem auch deshalb eher für unbedeutend, weil er glaubt, dass die meisten Kapitalgeber vermögend genug seien, die zur Optionsausübung erforderlichen Beträge ohne Schwierigkeiten aufzubringen.[146] Gerade in der Insolvenz von Kapitalgesellschaften mit öffentlich gehandelten Anteilen seien die meisten Kapitalgeber nur mit einem Bruchteil ihres Gesamtportfolios in dem Unternehmen investiert. Dementsprechend niedrig seien die aufzubringenden Beträge im Vergleich zu ihrem Gesamtvermögen.[147] Fraglich ist, ob *Bebchuk* mit dieser Vermutung Recht hat.[148]

---

[143] Vgl. *Dilger* (1998), S. 188, der außerdem darauf hinweist, dass die Optionsinhaber vor der Ausübung ihrer Optionsrechte nicht wissen, ob sie zum Zuge kommen oder ob ihre Rechte ausgelöst werden. Wenn ihnen die Rechtsausübung attraktiv erscheint, müssen sie sich daher in jedem Fall um eine Finanzierungsmöglichkeit bemühen.

[144] *Bebchuk*, Harvard L.R. 1988, S. 796; *Bebchuk*, European Econ. R. 2000, S. 839.

[145] Dazu näher unten E.I.3.

[146] *Bebchuk*, Harvard L.R. 1988, S. 796 f.

[147] *Bebchuk*, European Econ. R. 2000, S. 839.

[148] *Drukarczyk* schließt allein aus der Tatsache, dass es überhaupt zur Insolvenz eines Unternehmens gekommen ist, dass die alten Anteilsinhaber nicht in der Lage sein könnten, die Ausübung ihrer Optionsrechte in vollem Umfang zu finanzieren. Denn der zur Ausübung insgesamt notwendige Betrag sei ausreichend, alle Gläubigeransprüche zum vollen Wert bereits vor Eintritt in ein Insolvenzverfahren aufzukaufen; s. *Drukarczyk* (1994), S. 129; *Drukarczyk*, BFuP 1995, S. 53 f. Zumindest für Unternehmen in der Rechtsform der Akti-

Unter Rückgriff auf die zu Beginn dieses Kapitels (unter A.I.) verwendeten Symbole lässt sich der Gesamtwert der Ansprüche aller Klassen mit einem gegenüber der Klasse *i* höheren Rang mit $D_i°$ kennzeichnen. Die Kapitalgeber der Klasse *i* müssen insgesamt einen Betrag in Höhe von $D_i°$ aufbringen, wenn sie alle ihre Optionsrechte ausüben wollen. Auf ein einzelnes der m_i Kapitalgeberrechte (Gläubiger- oder Anteilsrechte), die eine Klasse *i* enthält, entfällt somit ein Betrag von $D_i°/m_i$, der zur Optionsrechtsausübung erforderlich ist. Der Betrag, den ein einzelner Kapitalgeber zur Ausübung seiner Optionsrechte aufbringen muss, ist daher vom Gesamtwert der vorrangigen Ansprüche $D_i°$, von der Zahl m_i der Kapitalgeberrechte in seiner Klasse *i* und von der Anzahl der von ihm selbst gehaltenen Kapitalgeberrechte *k* (mit $k \leq m_i$) abhängig und errechnet sich mit $k(D_i°/m_i)$ bzw. $(k/m_i)D_i°$. Wenn dieser Ausdruck in Relation zum Gesamtvermögen des Kapitalgebers zu hohe Werte annimmt, wird die Finanzierung der Optionsausübung zum Problem.

Dass der Ausdruck – zumindest in Einzelfällen – sehr hohe (Geld-)Werte annehmen kann, demonstriert *LoPucki* am Fall der Manville Corporation,[149] die sich bis 1988 im Verfahren nach Chapter 11 BC befand.[150] Das Unternehmen hatte 20.800 Aktionäre. Geht man davon aus, dass sich die Zahl der Aktien m_i gleichmäßig auf alle Aktionäre verteilte, so ist $k/m_i = 1/20.800$.[151] Die gesamten Forderungen gegen das Unternehmens beliefen sich auf 2,8 Mrd. US-$. Dieser Betrag kann nun allerdings nicht mit $D_i°$ gleichgesetzt werden, da davon auszugehen ist, dass ein erheblicher Teil der Forderungen gesichert waren. In *Bebchuks* Optionsmodell erfahren die gesicherten Gläubiger eine gesonderte Behandlung.[152] $D_i°$ meint daher nur den ungesicherten Teil der Forderungen. Nimmt man an, dass das gesamte Forderungsvolumen in Höhe von 80 Prozent

engesellschaft überzeugt dies jedoch nicht. Denn vor Eintritt in ein Insolvenzverfahren haben die Aktionäre oftmals gar keine Veranlassung auf ihr Privatvermögen zurückzugreifen, um einen Aufkauf sämtlicher Gläubigerforderungen zu finanzieren.

149 Die heutige Firma lautet Johns Manville Corporation.

150 *LoPucki*, Univ. of Toronto L.J. 1993, S. 713; Die folgende Darstellung übernimmt nur die Ausgangsdaten von *LoPucki*, weicht im Übrigen hingegen von derjenigen *LoPuckis* ab.

151 *LoPucki*, Univ. of Toronto L.J. 1993, S. 713 macht keine Aussage zur Zahl der einzelnen Aktien. Mit der Annahme der gleichmäßigen Verteilung der Aktien auf die Aktionäre lässt sich die Position eines „durchschnittlichen“ Aktionärs jedoch realistisch beschreiben.

152 S. dazu ausführlich oben Punkt C.

durch Sicherheiten gedeckt war,[153] so errechnet sich für die ungesicherten Forderungen ein Betrag von $D_i°$ = 2,8 Mrd. US-$ x 0,2 = 560 Mio. US-$. Der einzelne Aktionär hätte somit in der Manville-Insolvenz einen Betrag von $(k/m_i)D_i°$ = (1/20.800) x 560 Mio. US-$ ≈ 27.000 US-$ zur Ausübung seiner Optionsrechte aufbringen müssen. Der Marktwert sämtlicher Aktien von Manville belief sich zur Zeit der Planbestätigung auf etwa 21 Mio. US-$. Der einzelne, „durchschnittliche" Aktionär hielt damit Aktien mit einem Marktwert von rund 1.000 US-$. Es ist zu vermuten, dass viele dieser Kleinaktionäre nicht in der Lage gewesen wären, einen Betrag von 27.000 US-$ aus ihrem Privatvermögen aufzubringen. Außerdem erscheint eine Investition von 27.000 US-$ zum Erwerb von neuen Kapitalgeberrechten im Wert von vielleicht 28.000 US-$ angesichts des mit der Investition in ein Krisenunternehmen verbundenen Risikos nicht eben attraktiv.[154]

Würde es sich bei der Manville-Insolvenz um ein typisches Beispiel handeln, so hieße dies, dass *Bebchuks* Optionsmodell von den Aktionären eines insolventen Unternehmens unrealistische finanzielle Leistungen verlangt. Eine stichprobenweise Überprüfung der Relationen zwischen der Höhe der Verbindlichkeiten und der Zahl der Aktien einiger *solventer* deutscher Aktiengesellschaften mittlerer Größe durch den Verfasser dieser Arbeit hat allerdings Anlass zu der Vermutung gegeben, dass die mit der Optionsausübung verbundenen finanziellen Belastungen der Aktionäre im Insolvenzfall regelmäßig geringer ausfallen dürften, als im Fall von Manville.[155] Eine abschließende Aussage zu der Frage, ob

[153] Dieser Prozentwert entspricht etwa der durchschnittlichen Besicherungsquote für Unternehmenskredite in den USA; s. *Bebchuk/Fried*, Harvard L.R. 2001, S. 2389 Fn. 1 (unter Berufung auf: *Leeth, John D./Scott, Jonathan A.*, The incidence of secured debt: Evidence from the small business community, 24 j. fin. & quantitative analysis 1989, S. 379 ff., S. 379).

[154] Dies gilt jedenfalls für kleine Investoren. Denn neben dem Risiko, dass sich der Unternehmenswert negativ entwickelt, kann bei Investition großer Summen in ein einzelnes Unternehmen auch aufgrund fehlender Diversifikation ein hohes Risiko für den Kapitalgeber bestehen.

[155] Die Stichprobe sollte lediglich die Frage beantworten, ob aus den zur Manville-Insolvenz errechneten Zahlenwerten verallgemeinernde Schlüsse hinsichtlich der Finanzierbarkeit der Optionsausübungspreise gezogen werden können. Die Aussagekraft der Stichprobenwerte ist erheblich eingeschränkt, weil es sich um die Werte *solventer* Unternehmen handelt. Daher wurde die Probe auf lediglich fünf börsennotierte deutsche Aktiengesellschaf-

das Optionsmodell von den Kapitalgebern die Zahlung von Ausübungspreisen verlangt, die in keiner vernünftigen Relation zu ihrem Gesamtvermögen und zu ihrem bisherigen Investitionsvolumen stehen, würde jedoch eine umfangreiche Auswertung der Zahlen *insolventer* Unternehmen erfordern. Dabei wäre neben der finanziellen Belastung der Aktionäre auch die finanzielle Belastung der Gläubiger der verschiedenen Klassen zu überprüfen. *Bebchuks* Vermutung, dass die aufzubringenden Beträge im Vergleich zum Gesamtvermögen der Kapitalgeber regelmäßig niedrig seien, kann jedenfalls nicht ohne Weiteres bestätigt werden.

4. Schließlich hält *Bebchuk* die Finanzierung der Ausübungspreise der Optionsrechte für eher unproblematisch, weil die Kapitalgeber Kredite aufnehmen könnten, wenn sie ausnahmsweise nicht in der Lage seien, die Zahlungen aus ihrem eigenen Vermögen zu leisten. Die Kreditaufnahme sei erheblich erleichtert, weil die durch die Optionsausübung erlangten Einheiten („units“) zur Besicherung der Kredite verwendet werden könnten.[156] Es sei angenommen, dass sich in dem oben (unter A.I.) verwendeten Beispiel der Wert einer Einheit („unit“) nach Einschätzung des Marktes auf 1,30 $ beläuft. Ein Typ 2-Rechtsinhaber, der sein Recht (Ausübungspreis des Typ 2-Rechts: 1 $) nicht für 0,30 $ am Markt verkaufen will, weil er den Wert einer Einheit auf 1,50 $ schätzt, sollte nach *Bebchuks* Vorstellung zur Finanzierung des Ausübungspreises einen Kredit in Höhe von 1 $ aufnehmen können, indem er die zu erwerbende Einheit als Sicherheit anbietet.[157]

---

ten mittlerer Größe (Bilanzsumme zwischen 88 Mio. DM und 241 Mio. DM; Umsatzerlöse zwischen 99 Mio. DM und 280 Mio. DM) und unterschiedlicher Branchen beschränkt. Die Zahlen wurden den Geschäftsberichten für das Jahr 2000 entnommen. Die Quotienten aus der Höhe der ungesicherten Unternehmensverbindlichkeiten (wiederum angesetzt mit 20 Prozent der gesamten Verbindlichkeiten) und der Zahl der Aktien waren erstaunlich niedrig: Es ergaben sich ungesicherte Verbindlichkeiten zwischen 0,60 DM und 6,08 DM pro Aktie. (Die (Geschäfts-)Jahresschlusskurse der Aktien betrugen zwischen 3,30 € (ca. 6,45 DM) und 30,60 € (ca. 59,80 DM). Selbst unter Berücksichtigung dessen, dass sich im Falle der Insolvenz dieser Unternehmen die (ungesicherten) Verbindlichkeiten wohl beträchtlich erhöhen und die Aktienkurse stark fallen würden, erscheinen die Zahlen der Manville-Insolvenz als extrem.

[156] *Bebchuk*, Harvard L.R. 1988, S. 797; *Bebchuk*, European Econ. R. 2000, S. 839.

[157] Vgl. *Bebchuk*, Harvard L.R. 1988, S. 797.

Bebchuk berücksichtigt bei diesen Überlegungen nicht, dass kein Kreditgeber bereit sein wird, die Unternehmenseinheiten zu 100 Prozent ihres Marktwerts als Sicherheit zu akzeptieren. So liegt die Beleihungsgrenze deutscher Banken für inländische Aktien (Standardwerte) bei 50 bis 60 Prozent des Kurswerts.[158] Mit einem dementsprechend niedrigeren Anteil ihres Marktwerts (vielleicht 30 bis 40 Prozent) dürften die Einheiten von Krisenunternehmen als Kreditsicherheit akzeptiert werden. Für das obige Beispiel bedeutet dies, dass ein Kreditgeber – falls keine weiteren Sicherheiten zur Verfügung stehen oder ein Teil des Kredits ungesichert vergeben wird – nur etwa 0,50 $ (1,30 $ x 0,4) oder 50 Prozent des Ausübungspreises finanzieren würde. Das Besicherungsproblem verschärft sich, wenn sich die Markteinschätzung des Werts der Unternehmenseinheiten dem Ausübungspreis nähert oder diesen sogar unterschreitet.[159] Bewertet der Markt eine Einheit mit 0,80 $, während der Inhaber des Typ 2-Rechts den Wert auf 1,10 $ schätzt, so wird er nur geschätzte 30 Prozent (0,80 $ x 0,4 = 0,32 $) des Ausübungspreises durch Aufnahme eines mit der zu erwerbenden Einheit gesicherten Kredits finanzieren können. Im übrigen verursacht eine Kreditaufnahme Kosten, die den Reiz dieser von *Bebchuk* angepriesenen „Hilfslösung" weiter schmälern.

5. Zusammenfassend ist festzuhalten, dass sich die Finanzierung des Preises für die Ausübung der Optionsrechte insbesondere für nachrangige Gläubiger und Anteilsinhaber als problematischer darstellt, als von *Bebchuk* angenommen. Durch einen Rückgriff auf den Kreditmarkt werden die Schwierigkeiten oftmals nicht zu lösen sein. Das Gewicht des Finanzierungsproblems hängt daher entscheidend von der Frage ab, ob die Höhe der Optionsausübungspreise regelmäßig in einem „vernünftigen" Verhältnis zum Gesamtvermögen und zum bisherigen Investitionsvolumen der Optionsinhaber steht: Eine Frage, die vor dem Entwurf eines gesetzlichen Insolvenzverfahrens auf der Grundlage des Optionsmodells durch umfangreiche Auswertungen verfügbaren Zahlenmaterials zu beantworten wäre.

---

[158] Laut Auskunft der Citibank Freiburg, der Deutschen Bank Freiburg und der Volksbank Freiburg auf Anfrage des Verf. vom 13.9.01.

[159] Dies räumt auch *Bebchuk* ein; *Bebchuk*, Harvard L.R. 1988, S. 797 Fn. 40.

II. Die Behandlung vertraglicher Forderungen bei Erfüllungswahl

Sowohl im US-amerikanischen als auch im deutschen Insolvenzrecht bestehen Regelungen, die sich mit der Fortführung oder Beendigung beiderseitig noch nicht erfüllter Verträge des Gemeinschuldners befassen (s. 11 USC § 365, §§ 103 ff. InsO). Die Vorschriften gehen von dem Grundgedanken aus, dass zum Wohl der Gläubigergesamtheit nur Verträge erfüllt werden sollen, die für die Insolvenzmasse vorteilhaft sind; andererseits soll der Vertragspartner davor geschützt werden, seine Leistungen erbringen zu müssen, für die Gegenleistung aber auf die Quote verwiesen zu werden.[160] Falls der Vertragspartner seine Leistungen zu erbringen hat, werden seine Ansprüche daher bevorzugt behandelt.

1. In den USA entscheidet nach der Grundregel in 11 USC § 365 (a) ein „trustee“ mit Zustimmung des Insolvenzgerichts über die Erfüllung oder Nichterfüllung beidseitig nicht voll erfüllter Verträge. Gemäß 11 USC § 1123 (b)(2) ist es aber auch möglich (und im Chapter 11-Verfahren die Regel), dass ein Reorganisationsplan festlegt, welche Verträge des Schuldners erfüllt werden sollen.[161] Wird die Erfüllung abgelehnt, so ist der Vertragspartner Inhaber eines Schadensersatzanspruchs, der als einfache Insolvenzforderung behandelt wird.[162] Im Falle der Erfüllungswahl entsteht eine bevorzugte Forderung, für deren Bestand die ganze Insolvenzmasse haftet und die nicht den allgemeinen insolvenzrechtlichen Regelungen unterliegt.[163] Im Planverfahren gelten diese bevorzugten Forderungen gemäß 11 USC § 1124 als nicht beeinträchtigt („not impaired“); die Zustimmung der Inhaber dieser Forderungen zum Reorganisationsplan ist daher gem. 11 USC § 1126 (f) nicht erforderlich.

Fraglich ist, welche Behandlung diese bevorzugten Forderungen in einem Insolvenzverfahren auf der Grundlage des Optionsmodells erfahren sollen. In einem nach *Bebchuks* Vorstellungen reformierten Reorganisationsrecht soll dem Reorganisationsplan nur noch eine sehr begrenzte Funktion zukommen.[164] Neben der Festlegung einer neuen Kapitalstruktur und (u.U.) des Wertansatzes für die Si-

---

[160] *Bork* (1998), S. 77 Rn. 155; *Kemper* (1996), S. 123.
[161] S. auch *Waxman* (1997), S. 166.
[162] *Kemper* (1996), S. 128.
[163] Näher *Kemper* (1996), S. 128 (mit Rechtsprechungsnachweisen).
[164] S. dazu oben B.I.1.

cherheiten der gesicherten Gläubiger[165] bestünde diese auch in der Bestimmung der vom Gemeinschuldner zu erfüllenden Verträge.[166] Diese zusätzliche Funktion hindere eine zügige Planbestätigung kaum, da alle potentiellen Planersteller bemüht seien, die zu erfüllenden Verträge unter dem Gesichtspunkt der Wertmaximierung des Unternehmensvermögens zu bestimmen.[167] Da die Inhaber der Ansprüche aus den nach dem Plan zu erfüllenden Verträgen in ihren Forderungsrechten nicht beeinträchtigt seien, sollen sie laut *Bebchuk* keine Optionsrechte erhalten. Vielmehr habe das Schuldnerunternehmen die Ansprüche entsprechend der vertraglichen Vereinbarung zu erfüllen. Die Forderungsinhaber, die Optionsrechte erhielten, würden diese in Kenntnis der vertraglichen Verpflichtungen ausüben, denen der Gemeinschuldner durch die Erfüllungswahl im Reorganisationsplan unterläge.[168]

2. Es fragt sich, ob die Behandlung der im Falle der Erfüllungswahl bestehenden Forderungen des Vertragspartners ebenso unproblematisch wäre, wenn das Optionsmodell unter einem entsprechend *Bebchuks* Vorstellungen reformierten *deutschen* Insolvenzrecht Anwendung fände.[169] Die Bestimmung der vom Gemeinschuldner zu erfüllenden Verträge in einem inhaltlich stark entlasteten Insolvenzplan ist in Deutschland schwerer vorstellbar als in den USA. Denn gemäß § 103 InsO ist es Sache des Insolvenzverwalters, die Entscheidung über die Erfüllung beiderseitig nicht oder nicht vollständig erfüllter synallagmatischer Verträge zu treffen. Hingegen ist nicht vorgesehen, die Beteiligten über diese Frage im Planverfahren befinden zu lassen. Es ist jedoch zweitrangig, ob die Erfüllungswahl in einem (inhaltlich entlasteten) Insolvenzplan von den Beteiligten oder von einem Dritten in deren Interesse getroffen wird (; beide Alternativen wären wohl – nötigenfalls durch Gesetzesänderungen – realisierbar). Wichtiger ist die Frage, ob auch in Deutschland die Inhaber der Ansprüche aus

---

[165] S. dazu oben C.III.

[166] *Bebchuk*, Harvard L.R. 1988, S. 798 Fn. 41, S. 802.

[167] Es bestünden also keine Interessenkonflikte; vgl. *Bebchuk*, Harvard L.R. 1988, S. 802 (unter Verweis auf S. 798 in Fn. 50).

[168] So sinngemäß *Bebchuk*, Harvard L.R. 1988, S. 802.

[169] Es sei nochmals erwähnt, dass es hier nicht um eine Anwendung des Optionsmodells im Rahmen des bestehenden Insolvenz*plan*verfahrens geht; diese Alternative wurde bereits an früherer Stelle verworfen, s. oben Punkt B. *Bebchuk* sieht bei Anwendung seines Verfahrens unter einem reformierten Insolvenzrecht nur noch einen inhaltlich stark entlasteten Insolvenzplan vor; s. B.I.1.

den zu erfüllenden Verträgen von der Optionszuteilung auszunehmen wären. Dies hängt von der Behandlung ab, die das deutsche Insolvenzrecht für diese Ansprüche vorsieht.

Ansprüche aus Verträgen, für deren Durchführung sich der Verwalter gemäß § 103 I InsO entschieden hat, sind nach § 55 I Nr. 2 InsO Masseansprüche. Die bevorzugte Behandlung dieser Ansprüche zeigt sich in der Insolvenzordnung mehrfach: Massegläubiger sind vorweg (nach Vollzug von Absonderung und Aussonderung)[170] aus der Insolvenzmasse zu befriedigen, § 53 InsO. Der Verwalter hat die Befriedigung der Masseverbindlichkeiten von Amts wegen sicherzustellen, vgl. § 61 InsO. Die Vorschriften der §§ 87, 88, 94-96, 174-196 InsO finden auf Massegläubiger keine Anwendung. Ein Massegläubiger kann seinen Anspruch im Klagewege geltend machen und Sicherung oder Befriedigung durch Zwangsvollstreckung erzwingen, soweit nicht § 90 (und § 210) InsO entgegenstehen. Geltendmachung der Ansprüche und Befriedigung der Massegläubiger vollziehen sich somit außerhalb des Verfahrens und unabhängig von ihm.[171] Um diese Sonderstellung, die das deutsche Insolvenzrecht den Massegläubigern einräumt, zu wahren, dürften ihnen im Optionsverfahren keine Optionsrechte zugeteilt werden. Zwar könnte der höhere Rang der Massegläubiger gegenüber den Insolvenzgläubigern durch die Zuteilung „besserer“ Typ *i*-Rechte gewahrt werden. Durch die Zuteilung von Optionsrechten würden die Massegläubiger jedoch in das Verfahren miteingebunden. Geltendmachung und Befriedigung ihrer Ansprüche vollzögen sich – systemwidrig – innerhalb des Verfahrens. Im Ergebnis wäre es daher auch in Deutschland geboten, die Inhaber der Ansprüche aus den gem. § 103 I InsO zu erfüllenden Verträgen von der Optionszuteilung auszunehmen. Ihre Ansprüche wären also, entsprechend der von *Bebchuk* für die USA vorgeschlagenen Vorgehensweise, wie ursprünglich vereinbart zu erfüllen.[172]

[170] HK-InsO-*Eickmann*, § 53 Rn. 3.

[171] S. HK-InsO-*Eickmann*, § 53 Rn. 5 f.

[172] Genaugenommen leben die Erfüllungsansprüche nach hM (insbesondere nach der neueren Rechtsprechung des BGH; grundlegend BGHZ 116, 156, 158 ff.; 106, 236, 241 ff.) mit Wirkung ex nunc wieder auf, wenn sich der Verwalter für die Durchführung des Vertrages entscheidet.

Konsequenterweise müssten bei der Anwendung des Optionsmodells unter deutschem Insolvenzrecht nicht nur die Inhaber der Masseforderungen nach § 55 I Nr. 2 InsO, sondern die Inhaber *sämtlicher* Masseforderungen entsprechend ihrer Sonderstellung von der Optionszuteilung ausgenommen werden. Verfahrenstechnisch wäre dies zwar zu bewerkstelligen. Die Tatsache, dass neben den gesicherten Gläubigern[173] auch die Massegläubiger eine gesonderte Behandlung außerhalb des eigentlichen Optionsschemas erhalten müssten, bedeutet für das Modell von *Bebchuk* jedoch einen Attraktivitätsverlust.[174] Für eine Beteiligung an der Optionszuteilung würden nur die einfachen Insolvenzgläubiger,[175] die verschiedenen Rangklassen nachrangiger Insolvenzgläubiger (s. § 39 InsO) und die Anteilsinhaber verbleiben. Ein Großteil des Unternehmensvermögens würde oftmals außerhalb des Optionsschemas verteilt. In den USA stellt sich das Problem, dass eine zu geringe Zahl verschiedener Gläubiger- und Anteilsinha-

---

173 S. oben C.III. und IV.

174 Eine weitere Forderungskategorie, die von der Optionszuteilung ausgenommen werden müsste, ist diejenige der streitigen Forderungen: Damit Forderungen, über deren Bestand, Höhe oder Rang keine Einigkeit herrscht, den Fortgang eines Insolvenzverfahrens nicht gefährden, sollte der Streit außerhalb des Verfahrens ausgetragen werden. Das deutsche Insolvenzrecht enthält dementsprechend in den §§ 179 ff. InsO Regelungen über einen eigenen Feststellungsprozess (; zur Berücksichtigung bestrittener Forderungen bei der Vermögensverteilung s. §§ 189, 198 InsO). Vergleichbare Regelungen müssten auch in einem gesetzlichen Insolvenzverfahren auf der Basis des Optionsmodells Anwendung finden. Die Zuteilung und Ausübung der Optionsrechte sowie die anschließende Verteilung der Unternehmenseinheiten („units") müssten ohne Berücksichtigung der Inhaber der streitigen Forderungen durchgeführt werden. Erst wenn eine rechtskräftige Entscheidung über das Feststellungsbegehren dieser Forderungsinhaber vorliegt, würden diese eine Vermögenszuteilung erhalten. Diese nachträgliche Vermögenszuteilung ist allerdings nicht ganz unproblematisch. Eine denkbare Möglichkeit bestünde darin, den „neuen" Forderungsinhabern die gleichen Vermögenswerte zukommen zu lassen, die Inhabern vergleichbarer Forderungen durch das Optionsschema zuteil geworden sind. (S. *Hart* (1995), S. 182 Fn. 33: „…one (way) is to give new claimants the same securities that equivalent creditors elected to hold as a result of the bankruptcy process."; vgl. auch *Aghion/Hart/Moore,* j. of law, econ., & org. 1992, S. 541.) Dieser Vorschlag wäre allerdings noch zu präzisieren, da die Gläubiger, die für ihre Forderungen Optionsrechte erhalten haben, verschiedene Handlungsalternativen haben (Verkauf der Optionsrechte am Markt oder Optionsausübung) und daher im Regelfall durch das Optionsverfahren nicht alle die gleichen Vermögenswerte erhalten.

175 Die absonderungsberechtigten Gläubiger partizipieren als einfache Insolvenzgläubiger an der Optionszuteilung, soweit ihnen der Schuldner auch persönlich haftet und sie auf eine abgesonderte Befriedigung verzichten oder bei ihr ausgefallen sind, vgl. § 52 InsO.

berklassen in das Optionsverfahren einzubeziehen wären, aufgrund der stärker ausdifferenzierten Finanzierungshierarchie US-amerikanischer Unternehmen[176] weniger.

III. Sondervorteile durch Anteilskonzentrationen

1. In einem gesetzlichen Insolvenzverfahren auf der Grundlage des Optionsmodells von *Bebchuk* besteht die Möglichkeit, dass sich nach Abschluss der finanziellen Restrukturierungsphase (d.h. nach Verteilung der Unternehmenseinheiten in Verfahrensabschnitt 3)[177] eine Anteilsmehrheit in den Händen einer einzelnen Person befindet. Zu einer solchen Anteilskonzentration in einer Hand kann es kommen, wenn ein Einzelner eine ausreichende Zahl von Optionsrechten am Markt aufkauft und ausübt. Denkbar ist auch, dass ein Großgläubiger die Optionsrechte, die er im Austausch für seine Forderungen erhält, ausübt. Handelt es sich um einen vorrangigen Gläubiger („senior creditor"), der Optionsrechte der höchsten Kategorie (Typ 1-Rechte) erhält, so kann er sogar ohne Zahlung eines Ausübungspreises eine Anteilsmehrheit erwerben, wenn seine Optionsrechte nicht ausgelöst werden.

Der Erwerb von Anteilsmehrheiten ist vor allem aus zwei Gründen problematisch (; weitere Probleme durch Anteilskonzentrationen ergeben sich in Deutschland durch verschiedene gesellschaftsrechtliche Vorschriften; dazu sogleich unter IV.):

Zum Ersten sind Mehrheitsanteile aufgrund der Einflussmöglichkeiten auf die Geschäftsleitung mehr wert als Minderheitsanteile.[178] Ein Optionsinhaber, der durch seine Optionsrechte Mehrheitsanteile erwirbt, erhält also höherwertige Anteilsrechte als derjenige Optionsinhaber, der durch Optionsrechte der gleichen Kategorie (z.B. Typ 1-Rechte) Minderheitsanteile erwirbt. Dieser Vorteil des Erwerbers von Mehrheitsanteilen ist nicht gerechtfertigt, weil er sich nicht in Form eines höheren Preises für die Optionsrechte – bestehe dieser nun in dem bezahlten Marktpreis oder in dem Verlust der ursprünglichen Forderung – nie-

---

176 S. oben Erster Teil, Kap. 3, A.III.2.a.
177 Vgl. Abb. 5 unter B.I.1.
178 S. dazu oben Zweiter Teil, Kap. 2, E.I.4.; vgl. auch *Bebchuk*, Harvard L.R. 1988, S. 803.

derschlägt. Zum Zweiten besteht die Gefahr, dass ein Mehrheitsanteilsinhaber die Abstimmung über die Gebote (Verfahrensabschnitt 4)[179] missbraucht, indem er Geboten den Vorzug gibt, die für ihn vorteilhaft, für das Kollektiv der Anteilsinhaber jedoch nachteilig sind. Z.B. könnte er für ein Nicht-Bargebot votieren, das ihm selbst die Kontrolle über das Unternehmen verschafft. Er wäre dann in der Lage das Unternehmensvermögen billig an ein zweites, ihm (zum Teil) gehörendes Unternehmen zu verkaufen. Denkbar ist auch, dass sich der Inhaber von Mehrheitsanteilen für ein an sich zu niedriges Bargebot eines anderen Unternehmens, an dem er beteiligt ist, entscheidet.[180]

Mit dem Auftreten des Problems der Anteilskonzentration ist – anders als mit den unter I. und II. angesprochenen Schwierigkeiten – nicht regelmäßig zu rechnen. *Bebchuk* ist zudem der Auffassung, dass das Problem in jedem Reorganisationsverfahren auftreten könne, also für sein Optionsverfahren nicht spezifisch sei.[181] Es ist zwar richtig, dass es auch in einem Verfahren, das auf Verhandlungen zwischen den Beteiligten setzt, aufgrund von Anteilskonzentrationen zur einer ungerechtfertigten Besserstellung einzelner Beteiligter bei der Wertverteilung kommen kann. Während die „Verhandlungslösung" etwaige Sondervorteile aber als Preis für eine Einigung zwischen den Beteiligten (in gewissem Umfang) bewusst in Kauf nimmt, verfolgt das Optionsverfahren gerade das Ziel, diese zu vermeiden. Da dieses Ziel durch das Problem der Anteilskonzentration gefährdet wird, ist zu fragen, ob geeignete Lösungsvorschläge existieren.

2. *Bebchuk* greift einen Vorschlag von *Roe* auf, um zu verhindern, dass jemand durch das Optionsverfahren dauerhaft in den Besitz einer Mehrheitsbeteiligung kommen kann:[182] Hält eine Person nach Abschluss der finanziellen Restrukturierung des Krisenunternehmens eine Mehrheitsbeteiligung, so soll sie verpflichtet sein, einen Teil ihrer Anteilsrechte innerhalb eines bestimmten Zeitraums zu veräußern und so wieder unter eine bestimmte Beteiligungsschwelle (z.B. 50 Prozent) zu gelangen. Auf diese Weise könnten alle Optionsinhaber sicher sein, durch Ausübung ihrer Optionsrechte Anteile zu erhalten, die – jedenfalls nach Ablauf des bestimmten Zeitraums – keine Minderheitsanteile (mehr) sind.

---

179 Vgl. Abb.5 unter B.I.1.

180 S. *Aghion/Hart/Moore*, j. of law, econ., & org. 1992, S. 541 f.

181 *Bebchuk*, Harvard L.R. 1988, S. 803.

Ein Verkauf kleinerer Anteilspakete mit dem Ziel, unter eine bestimmte Beteiligungsschwelle zu rutschen, dürfte häufig unproblematisch sein. Es ist jedoch davon auszugehen, dass der Markt regelmäßig nicht in der Lage ist, auch größere Pakete ohne Weiteres aufzunehmen.[183] Die erzwungene Veräußerung größerer Pakete könnte daher mit massiven Preisabschlägen verbunden sein. Interessenten für den Erwerb größerer Beteiligungen würden diese Preisabschläge antizipieren und vom Erwerb Abstand nehmen.[184] Hierdurch würde wiederum der Optionsrechtshandel negativ beeinflusst. Die Lösung könnte in einer flexiblen Festsetzung des für den Anteilsverkauf zur Verfügung stehenden Zeitraums liegen. Für große Anteilspakete könnte der erforderliche Zeitraum jedoch sehr lang sein. Der Vorschlag einer erzwungenen Veräußerung stellt daher keine Ideallösung für das Problem der Bevorzugung einzelner Personen durch Mehrheitsbeteiligungen dar.

3. Außerdem löst dieser Vorschlag nicht das zweite Problem, das mit einem Erwerb von Anteilsmehrheiten im Optionsverfahren verbunden ist. Da die Abstimmung über die Gebote (Verfahrensabschnitt 4) schon bald nach Abschluss der finanziellen Neustrukturierung erfolgen muss, kann die erzwungene Anteilsveräußerung zum Zeitpunkt der Abstimmung noch nicht abgeschlossen sein. Die Gefahr des Abstimmungsmissbrauchs durch Mehrheitsanteilsinhaber ist also nicht gebannt. *Aghion*, *Hart* und *Moore* unterbreiten zwei Ideen, wie Minderheiten unter den Anteilsinhabern in der Abstimmung geschützt werden könnten:[185]

Zum Ersten könnte Mehrheitsanteilsinhabern das Wahlrecht entzogen werden, wenn sie selbst direkt oder indirekt (z.B. über eine Beteiligung an einem bietenden Unternehmen) an einem der eingegangenen Gebote beteiligt sind. Von der rechtlichen Problematik einer derartigen Beschränkung des Anteilseigentums

182 S. *Bebchuk*, Harvard L.R. 1988, S. 803 f.; *Roe*, Columbia L.R. 1983, S. 575 f.

183 Andernfalls wäre zu fragen, warum nicht anstelle des Optionsverfahrens gleich – im Sinne des „auctions approach" – ein Verkauf des gesamten Unternehmens durchgeführt wird; vgl. *Dilger* (1998), S. 180.

184 *Dilger* (1998), S. 181.

185 *Aghion/Hart/Moore*, j. of law, econ., & org. 1992, S. 542.

einmal abgesehen,[186] erscheint dieser Vorschlag auch zu weitreichend, weil er selbst dann zum Wahlrechtsentzug führt, wenn Inhaber von Mehrheitspaketen gar keine Missbrauchsabsicht haben. Die Abgabe attraktiver Gebote, deren Annahme ohne die Stimmen des Mehrheitsanteilsinhabers in Frage steht, könnte unterbleiben. Es dürfte auch kaum praktikabel sein, den Nachweis einer Missbrauchsabsicht zu verlangen und den Wahlrechtsentzug von diesem Nachweis abhängig zu machen. Im Nachhinein eine Missbrauchsabsicht mit der Begründung zu unterstellen, die Auswahl sei auf ein ungünstiges Gebot gefallen, ist ebenfalls problematisch; denn die Abstimmung findet ja gerade statt, weil niemand allgemeingültig entscheiden kann, welches das beste Gebot ist.[187]

Der zweite Vorschlag von *Aghion*, *Hart* und *Moore* zur Verhinderung des Missbrauchs einer Mehrheitsbeteiligung in der Abstimmung besteht darin, den Inhabern von Minderheitsbeteiligungen bestimmter Größe ein Vetorecht gegen Nicht-Bargebote einzuräumen und die Auswahl eines Bargebots nur zuzulassen, wenn es sich um das höchste der eingegangenen Bargebote handelt. Während die Beschränkung der Abstimmungsentscheidung auf das höchste Bargebot sinnvoll und einfach überprüfbar ist, wirft die Idee eines Vetorechts gegen Nicht-Bargebote die Frage auf, welche Beteiligungshöhe für eine Sperrminorität zur Ausübung des Vetorechts ausreicht.[188] Wenn ein Veto schon mit einer sehr geringen Beteiligungshöhe eingelegt werden kann, führt dies zu einer häufigen Ablehnung von Nicht-Bargeboten. Im Extremfall käme nur noch das höchste Bargebot zum Zuge. Die vorangegangene Zuteilung und Ausübung von Optionsrechten wäre dann überflüssig; das Unternehmen könnte ebenso gut sofort versteigert werden. Wird die für ein Vetorecht erforderliche Beteiligungsquote allerdings zu hoch angesetzt, so werden Inhaber kleinerer Beteiligungen möglicherweise nicht ausreichend geschützt. Denkbar wäre hier ein Kompromiss in der Form, dass die Sperrminorität ausreichend hoch (z.B. bei einer Beteiligungsquote von 20 Prozent) angesetzt wird und die einzelnen Anteilsinhaber zum Ausgleich die Möglichkeit erhalten, die Abstimmungsentscheidung durch

---

[186] Nach deutschem Recht könnte ein vollständiger Entzug des Wahlrechts einen Verstoß gegen Art. 14 GG begründen, da das BVerfG das Anteilseigentum „...in seinem mitgliedschaftsrechtlichen und seinem vermögensrechtlichen Element..." dem Schutz des Art. 14 GG unterstellt hat; s. BVerfGE 50, 290, 341 f.

[187] So zutreffend *Dilger* (1998), S. 197.

[188] Vgl. *Dilger* (1998), S. 197.

das Insolvenzgericht auf offensichtliche Missbräuche durch Inhaber von Mehrheitsbeteiligungen untersuchen zu lassen. Allerdings ist die Frage, wann ein „offensichtlicher Missbrauch" der Abstimmungsmacht vorliegt, nicht immer einfach zu treffen; nicht jede Entscheidung, die für den Mehrheitsbeteiligten besonders günstig ist, darf als Missbrauch gedeutet werden.

4. Als Ergebnis ist festzuhalten, dass die günstigste Lösung zur Vermeidung von Sondervorteilen für Inhaber großer Anteilspakete noch nicht gefunden ist. Bei der Bewertung des Optionsmodells sollte dieser Kritikpunkt allerdings nicht zu stark gewichtet werden: Probleme mit Anteilskonzentrationen können in jedem Verfahren zur Insolvenzbewältigung auftauchen, in dem das Unternehmensvermögen durch Verteilung neuer Gläubiger- und Anteilsrechte unter den bisherigen Kapitalgebern aufgeteilt werden soll.[189] Für eine genauere Gewichtung des Problems wäre zu klären, wie hoch die Wahrscheinlichkeit ist, dass es durch die finanziellen Restrukturierungsmaßnahmen in der Praxis tatsächlich zu relevanten Anteilskonzentrationen käme.

IV. Gesellschaftsrechtliche Hindernisse für die Anwendung des Optionsmodells unter einem reformierten deutschen Insolvenzrecht

Unter Punkt B.II.2. wurden bereits rechtliche Hindernisse diskutiert, die die Anwendung des Optionsmodells von *Bebchuk* im deutschen Insolvenz*plan*verfahren verhindern. Doch auch wenn die Insolvenzordnung entsprechend *Bebchuks* Vorstellungen (s. B.I.1.) reformiert würde, stünden der Durchführung eines Insolvenzverfahrens auf der Grundlage des Optionsmodells in Deutschland weitere, vor allem gesellschaftsrechtliche, Vorschriften im Wege. Da die hier zu beschreibenden rechtlichen Hindernisse ihre Ursache in der möglichen Bildung von Anteilskonzentrationen im Optionsverfahren haben, stellen die folgenden Ausführungen insofern eine Ergänzung zum vorangegangenen Punkt III. dar.

---

[189] Dies trifft sowohl auf die „Verhandlungslösung" des US-amerikanischen Reorganisationsverfahrens und des deutschen Insolvenzplanverfahrens als auch auf den Verfahrensvorschlag von *Roe* (*Roe*, Columbia L.R. 1983, S. 527 ff.) zu. Dieser unterbreitete daher auch den oben unter 2. beschriebenen Lösungsvorschlag (s. a.a.O., S. 575 f.).

Unter 1. werden Schwierigkeiten erörtert, die sich aus den Regeln über den Kapitalersatz (vgl. § 32a GmbHG) ergeben können. Punkt 2. befasst sich mit möglichen konzernrechtlichen und konzernbilanzrechtlichen Hindernissen für eine Anwendung des Optionsmodells in Deutschland.

1. Kapitalersatzrecht als Finanzierungshindernis in zukünftigen Krisen

Grundsätzlich laufen Gesellschafter, die ihrer Gesellschaft in der Krise ein Darlehen gewähren, aufgrund der Regeln über den Kapitalersatz Gefahr, ihren Rückgewähranspruch im Insolvenzverfahren nur als nachrangige Insolvenzgläubiger geltend machen zu können, s. § 32a GmbHG.[190] Dies gilt bei der GmbH für den nicht geschäftsführenden Gesellschafter bei eine Beteiligungsquote von über 10 Prozent, § 32a III 2 GmbHG. Bei der Aktiengesellschaft haben Gesellschafterdarlehen erst bei einer Beteiligungsquote von mehr als 25 Prozent kapitalersetzenden Charakter, weil erst dann von einer unternehmerischen Beteiligung auszugehen ist.[191]

In einem Insolvenzverfahren auf der Grundlage des Optionsmodells erhalten Gläubiger durch die Zuteilung und Ausübung von Optionsrechten und die anschließende Verteilung der neuen Unternehmenseinheiten („units") Anteilsrechte (und ggf. auch neue Forderungsrechte)[192] an dem Unternehmen. Da es sich bei diesen Anteilsrechten um Anteile handelt, die „...in der Krise der Gesellschaft (...) zum Zweck der Überwindung der Krise..." erworben werden, s. § 32a III 3 GmbHG, finden die Regeln über kapitalersetzende Darlehen auch dann keine Anwendung auf die neuen GmbH-Gesellschafter oder Aktionäre, wenn diese durch das Optionsverfahren eine über 10 bzw. 25 Prozent hinausgehende Beteiligung an der GmbH bzw. Aktiengesellschaft erhalten haben. Nach *Obermüller* sind diese Beteiligungen „...nicht nur während der Dauer derjenigen Krise, zu deren Beseitigung sie übernommen wurden, als Anknüpfungspunkt für die Anwendung der Kapitalersatzregeln ausgeschlossen, sondern auch in später

[190] Nach einer Entscheidung des BGH vom 26.3.1984 sollen die für die GmbH entwickelten kapitalersatzrechtlichen Regeln im Grundsatz auch auf die Aktiengesellschaft anwendbar sein, s. BGHZ 90, S. 381 ff. = BGH 26.3.1984, WM 1984, S. 625 ff.

[191] BGHZ 90, S. 381, 390 f. = BGH 26.3.1984, WM 1984, S. 625, 627.

[192] Eine „unit" kann auch einen Fremdkapitalanteil enthalten; s. oben A.I.1. und 2.

erneut eintretenden Kapitalersatzsituationen."[193] Diese Aussage muss wohl dahingehend verstanden werden, dass Kredite, die in der ersten Krise schon bestanden oder im Zusammenhang mit dem Beteiligungserwerb neu gewährt wurden, auch in zukünftigen Krisen dem Sanierungsprivileg des § 32a III 3 GmbHG unterfallen. Gewähren die neuen Beteiligungsinhaber jedoch nach der ersten Krise in einer zukünftigen Krise *neue* Kredite, so sind diese nicht privilegiert und stellen in einem Insolvenzverfahren nachrangige Insolvenzforderungen dar.[194] Dies hat zur Folge, dass Gläubiger, die durch das Optionsverfahren Anteilspakete entsprechender Größe erwerben, in zukünftigen Krisen nicht mehr als Kreditgeber zur Verfügung stehen werden. Die Durchführung des Optionsverfahrens birgt also die Gefahr, dass dem Unternehmen in zukünftigen Krisen der Teil des Kreditmarktes abgeschnitten ist, der durch seine bisherigen (Groß-)Gläubiger repräsentiert wird.[195] Das Problem kann vor allem dann von Gewicht sein, wenn die Fremdfinanzierung eines Unternehmens durch eine sehr beschränkte Zahl großer Gläubiger (z.B. durch einige „Hausbanken") sichergestellt wird, wie dies in Deutschland vor allem für Unternehmen kleinerer und mittlerer Größenordnung noch üblich ist.

Allerdings taucht die beschriebene Problematik nicht nur im Optionsverfahren auf, sondern immer dann, wenn Gläubiger einen Sanierungsbeitrag durch die Umwandlung von Kreditforderungen in Eigenkapital (sog. „debt-equity-swap") leisten. Der Verzicht auf diese „...scheinbar naheliegende Form des Sanierungsbeitrages..."[196], der in der deutschen Sanierungspraxis in aller Regel geübt wird,[197] ist jedoch in einem Insolvenzverfahren auf der Grundlage des Optionsmodells nicht möglich. In einem Verfahren, das den Vorgaben der absoluten Vorrangsregel verpflichtet ist, ist er auch gar nicht erwünscht: Die Umsetzung dieser Rechtsregel erfordert oftmals, dass die alten Anteilsinhaber ihren Platz in der Kapitalstruktur eines Krisenunternehmens räumen und dass bisherige Gläu-

---

[193] *Obermüller*, ZInsO 1998, S. 53; dem folgend *Schmidt/Uhlenbruck-Wittig* (1999), S. 203 Rn. 354.

[194] Vgl. *Eidenmüller*, S. 102, insbes. Fn. 119 sowie *Obermüller*, ZInsO 1998, S. 54.

[195] Vgl. *Eidenmüller* (1999), S. 102 (im Zusammenhang mit dem Modell von *Roe*, Columbia L.R. 1983, S. 527 ff.)

[196] So *Schmidt/Uhlenbruck-Wittig* (1999), S. 197 Rn. 343.

[197] S. bereits oben Zweiter Teil, Kap. 2, D.I.1.b. sowie *Schmidt/Uhlenbruck-Wittig* (1999), S. 197 Rn. 343.

biger diesen Platz einnehmen. Die Finanzierungsprobleme, die durch die Regeln über eigenkapitalersetzende Darlehen in zukünftigen Krisen ausgelöst werden, können dem Optionsverfahren daher nicht im Sinne eines „Konstruktionsfehlers“ angelastet werden.[198] Dennoch senken sie die Attraktivität eines deutschen Insolvenzverfahrens auf der Grundlage des Optionsmodells.

2. Konzernrecht und Konzernbilanzrecht als Hindernisse für die Anwendung des Optionsmodells

Neben den kapitalersatzrechtlichen Regeln gibt es im deutschen Recht weitere Vorschriften, die die Durchführung eines Insolvenzverfahrens auf der Grundlage des Optionsmodells erschweren können.

a. Gemeint sind hier vor allem die aktienrechtlichen Vorschriften über Unternehmensverbindungen, also das Konzernrecht i.w.S..[199] Bilden sich durch den Erwerb von Anteilsrechten im Zuge des Optionsverfahrens Unternehmensverbindungen i.S.v. § 15 AktG, so hat dies eine Reihe von Konsequenzen für die betreffenden Unternehmen. Das Aktiengesetz knüpft verschiedene Pflichten entweder an das Vorliegen des Tatbestandes „verbundene Unternehmen“ oder an das Vorliegen einer der in § 15 aufgezählten einzelnen Formen aktienrechtlicher Unternehmensverbindungen.[200] Es handelt sich vor allem um Mitteilungspflichten über das Bestehen von Unternehmensverbindungen, sonstige Publizitätspflichten, verschiedene Pflichten gegenüber Minderheitsaktionären und Gläubigern sowie um Pflichten zwischen den verbundenen Unternehmen.[201]

[198] Es ist eher zu fragen, ob die Regeln über kapitalersetzende Darlehen ökonomisch sinnvoll sind: Weder die Gesellschafter einer GmbH noch diejenigen einer Aktiengesellschaft sind in Krisensituationen verpflichtet, dem Unternehmen gegen ihren Willen Eigenkapital zuzuführen. Das Kapitalersatzrecht hat also die fragwürdige Folge, „...dass in der Krise von den Gesellschaftern einerseits zwar kein Eigenkapital zugeführt werden muss, andererseits aber nur Eigenkapital zugeführt werden darf.“ (So treffend *Eidenmüller* (1999), S. 390.)

[199] S. zu dieser Terminologie *Hüffer* (1999), § 15 Rn. 2.

[200] Die Definitionsnormen der §§ 15 bis 19 AktG sind rechtsformneutral. Sie finden deshalb auch außerhalb des Aktienkonzernrechts Anwendung, z.B. wenn das abhängige Unternehmen eine GmbH ist. Näher *Hüffer* (1999), § 15 Rn. 4, 6.

[201] Die betreffenden Vorschriften des Aktiengesetzes werden aufgezählt bei *Hüffer* (1999), § 15 Rn. 17, § 16 Rn. 14, § 17 Rn. 24, § 18 Rn. 22.

Besonders belastend könnten sich Pflichten eines herrschenden Unternehmens gegenüber einem abhängigen Unternehmen zur Verlustübernahme und zum Nachteilsausgleich auswirken.[202] Voraussetzung für eine Pflicht zur Verlustübernahme analog § 302 AktG ist das Bestehen eines qualifizierten faktischen Konzerns.[203] Diese sehr enge Form der Unternehmensverbindung verlangt neben der Zusammenfassung mehrerer rechtlich selbständiger Unternehmen unter einheitlicher Leitung (vgl. § 18 I AktG), dass die Einflussnahme des herrschenden Unternehmens so intensiv ist, dass sich ihre Wirkungen „...nicht mehr isolieren lassen und die unternehmerische Struktur der abhängigen Gesellschaft entscheidend betroffen ist."[204] Durch das Optionsverfahren wird es nur im Ausnahmefall zu einer derart verdichteten Leitungsmacht des anteilserwerbenden Unternehmens über das Krisenunternehmen kommen; zudem hat es das anteilserwerbende Unternehmen selbst in der Hand, die Intensität seiner Einflussnahme zu verringern. Die Pflicht zum Nachteilsausgleich gem. § 311 AktG besteht hingegen schon bei einem einfachen faktischen Konzern. Ausreichend ist sogar ein einfaches Abhängigkeitsverhältnis gem. § 17 AktG, so dass das konzernbegründende Merkmal der einheitlichen Leitung (s. § 18 I 1 AktG) nicht vorliegen muss.[205] Der Abhängigkeitstatbestand ist erfüllt, wenn ein Unternehmen die Möglichkeit hat, auf ein anderes Unternehmen beherrschenden Einfluss auszuüben; die tatsächliche Ausübung des Einflusses ist nicht erforderlich.[206] Die Einflussmöglichkeit muss gesellschaftsrechtlich fundiert, beständig (im Gegensatz zu zufällig) und umfassend, jedoch nicht von Dauer sein.[207] Eine vorübergehende Beteiligung, wie sie ein Anteilserwerber im Optionsverfahren möglicherweise anstrebt, kann also genügen. Erlangt ein Anteilserwerber im Optionsver-

---

[202] *Eidenmüller* (1999), S. 102 nennt diese Pflichten im Zusammenhang mit seiner Bewertung des Marktmodells von *Roe*; (s. *Roe*, Columbia L.R. 1983, S. 527 ff.)

[203] So die hM; s. *Hüffer* (1999), § 18 Rn. 5. Es kann sich um einen qualifizierten faktischen Aktienkonzern oder um einen qualifizierten faktischen GmbH-Konzern handeln; s. *Hüffer* (1999), § 302 Rn. 6 ff., 30.

[204] *Hüffer* (1999), § 18 Rn. 4 m.w.N.

[205] *Hüffer* (1999), § 17 Rn. 1; allerdings finden die §§ 311 ff. AktG keine analoge Anwendung auf eine abhängige GmbH. (Stattdessen kann eine Treubindung des herrschenden Unternehmens in seiner Eigenschaft als Mitglied der GmbH bestehen; näher *Hüffer* (1999), § 311 Rn. 51. Aus einer Verletzung der Treupflicht kann sich eine Haftungsbegründung ergeben.)

[206] *Hüffer* (1999), § 17 Rn. 4.

[207] Näher *Hüffer* (1999), § 17 Rn. 5 ff.

fahren den Mehrheitsbesitz (s. § 16 I AktG) an einem Unternehmen, so begründet § 17 II AktG die widerlegbare Vermutung der Abhängigkeit. Da schon die Möglichkeit der Einflussnahme die Abhängigkeit begründet, ist es für die Widerlegung unerheblich, ob der beherrschende Einfluss tatsächlich ausgeübt wird. Es muss vielmehr bewiesen werden, dass der beherrschende Einfluss aus Rechtsgründen nicht ausgeübt werden kann.[208] Da dies häufig nicht möglich sein wird, ist davon auszugehen, dass in der Regel eine Pflicht zum Nachteilsausgleich gem. § 311 besteht, wenn es durch das Optionsverfahren zu einer Mehrheitsbeteiligung kommt. Jedoch ist wohl auch in der aktienrechtlichen Pflicht zum Nachteilsausgleich kein entscheidendes Hindernis für die Anwendung des Optionsmodells im Rahmen eines reformierten deutschen Insolvenzverfahrens zu sehen. Denn die Verpflichtung besteht gem. § 311 I AktG nur, wenn das herrschende Unternehmen das abhängige Unternehmen durch Benutzung seines Einflusses dazu veranlasst, nachteilige Rechtsgeschäfte vorzunehmen oder nachteilige Maßnahmen zu treffen. Das herrschende Unternehmen hat es also auch im Falle des § 311 AktG in der Hand, der Nachteilsausgleichspflicht zu entgehen, indem es auf eine Einflussnahme verzichtet.[209]

b. Ein weiteres konzernrechtliches Hindernis für die Durchführung eines Insolvenzverfahrens auf der Grundlage des Optionsmodells könnte sich aus dem Verbot des Erwerbs eigener Aktien gem. §§ 71, 71d AktG ergeben.[210] § 71 AktG geht von dem Grundsatz aus, dass ein Erwerb eigener Aktien durch eine Aktiengesellschaft unter dem Gesichtspunkt des Kapitalschutzes unzulässig ist,[211] und normiert Verbotsausnahmen. Die Vorschrift ist kapitalschützend, weil die Zahlung des Erwerbspreises grundsätzlich eine verbotene Einlagenrückgewähr i.S.d. § 57 I 1 AktG darstellt. § 71d S. 2, 1. Fall (i.V.m. S. 1) AktG erstreckt das Erwerbsverbot auf Umgehungsgeschäfte, durch die die Aktienge-

---

[208] Näher *Hüffer* (1999), § 17 Rn. 19 ff.

[209] Da für § 311 I AktG jede Einflussnahme, also auch eine bloße Anregung, ausreichend ist und (nach hM) ein Veranlassungsbewusstsein nicht erforderlich ist (*Hüffer* (1999), § 311 Rn. 16), ist allerdings Vorsicht geboten, wenn eine Verpflichtung zum Nachteilsausgleich vermieden werden soll.

[210] Vgl. *Eidenmüller* (1999), S. 101 Rn. 117 (im Zusammenhang mit dem Marktmodell von *Roe*; s. *Roe*, Columbia L.R. 1983, S. 527 ff.)

[211] Außerdem dient das Verbot der Kompetenzabgrenzung zwischen Vorstand und Hauptversammlung; näher *Hüffer* (1999), § 71 Rn. 1.

sellschaft die eigenen Aktien nicht selbst erwirbt, sondern dies einem abhängigen (§ 17 AktG) oder einem in ihrem Mehrheitsbesitz stehenden (§ 16 AktG) Unternehmen überlässt. Erhält nun in einem Optionsverfahren ein solches Tochterunternehmen aufgrund seiner Position als Gläubiger des Mutterunternehmens Optionsrechte, so kann die Möglichkeit der Optionsausübung mit anschließendem Erwerb von Aktien des Mutterunternehmens durch die §§ 71, 71d AktG stark eingeschränkt sein. Zu überlegen wäre, ob bei einem Aktienerwerb im Rahmen des Optionsverfahrens die Voraussetzungen der Verbotsausnahme nach § 71 I Nr. 1 (i.V.m. § 71d) AktG vorliegen. Ein schwerer, unmittelbar bevorstehender Schaden durch das Erwerbsverbot würde der Muttergesellschaft wohl dann drohen, wenn das Optionsverfahren ohne den Aktienerwerb durch das Tochterunternehmen nicht durchführbar wäre. Dies ist wohl zu bejahen: Zwar bestünde die Möglichkeit, dem Tochterunternehmen die Ausübung seiner Optionsrechte (und damit den Aktienerwerb) zu untersagen und es auf einen Verkauf der Rechte am Markt zu verweisen; diese Vorgehensweise dürfte sich aufgrund der erheblichen Beeinträchtigung der Gläubigerrechte des Tochterunternehmens (vor allem bei illiquiden Märkten) jedoch verbieten. Die Notwendigkeit des Aktienerwerbs zur Abwendung eines schweren, unmittelbar bevorstehenden Schadens von der Muttergesellschaft besteht also. Ein Tochterunternehmen darf somit gem. §§ 71 I Nr. 1, 71d AktG im Optionsverfahren durch Ausübung seiner Optionsrechte Aktien des Mutterunternehmens erwerben. Jedoch ist zu beachten, dass der Aktienerwerb gem. § 71d i.V.m. § 71 II AktG auf 10 Prozent des Grundkapitals der Muttergesellschaft beschränkt ist.[212] Diese – verhältnismäßig niedrige – Grenze kann der Anwendung des Optionsmodells im Wege stehen, wenn ein Tochterunternehmen im Insolvenzverfahren des Mutterunternehmens größere Forderungspositionen innehat.

c. Für die Anwendung des Optionsmodells unter einem reformierten deutschen Insolvenzrecht könnten schließlich auch die handelsrechtlichen Vorschriften über die Konzernrechnungslegung (§§ 290 ff. HGB) eine Belastung darstellen. Ein Unternehmen[213] könnte im Optionsverfahren von einem Anteilserwerb Ab-

[212] Zu Einzelheiten der Berechnung s. *Hüffer* (1999), § 71 Rn. 21.

[213] Die §§ 290 ff. HGB über die Konzernrechnungslegung gelten nur für Kapitalgesellschaften (und für Kapitalgesellschaften & Co.). (Die bei einer Kapitalgesellschaft zu konsoli-

stand nehmen, um den erheblichen Aufwand zu vermeiden, der mit der Aufstellung eines Konzernabschlusses und eines Konzernlageberichts verbunden ist. Voraussetzung für die Aufstellungspflicht ist die Erfüllung der Merkmale des konzernbilanzrechtlichen Konzernbegriffs in § 290 I, II HGB.[214] Die Voraussetzungen nach § 290 I HGB (einheitliche Leitung eines Mutterunternehmens über ein Tochterunternehmen; Beteiligung zur Herstellung einer dauerhaften Verbindung gem. § 271 I HGB) dürften nach Abschluss des Optionsverfahrens nur selten vorliegen; die Erfüllung des Tatbestandsmerkmals der „einheitlichen Leitung" kann das anteilserwerbende Unternehmen durch Verzicht auf eine Einflussnahme auf die Geschäftspolitik des Beteiligungsunternehmens vermeiden. Wahrscheinlicher ist, dass ein Anteilserwerb im Optionsverfahren nach § 290 II HGB zu einer Konzernrechnungslegungspflicht führt, weil ein Unternehmen eine Stimmrechtsmehrheit erwirbt, § 290 II Nr.1 HGB. Auch einer Konzernrechnungslegungspflicht nach § 290 II Nr. 1 HGB kann ein anteilserwerbendes Unternehmen jedoch entgehen, indem es einen Entherrschungsvertrag abschließt.[215] Außerdem könnte das Einbeziehungswahlrecht nach § 296 I Nr. 3 HGB helfen.

d. Insgesamt erscheinen die konzernrechtlichen und konzernbilanzrechtlichen Hindernisse für eine Anwendung des Optionsmodells unter einem nach *Bebchuks* Vorstellungen reformierten deutschen Insolvenzrecht eher gering und in der Regel ausräumbar. Wie für das durch das Kapitalersatzrecht ausgelöste Finanzierungsproblem (s. oben 1.) gilt auch hier, dass die Probleme nicht spezifisch für das Optionsverfahren sind. Sie können vielmehr immer dann auftauchen, wenn es durch die Umwandlung von Forderungen in Eigenkapital zu Anteilskonzentrationen kommt.

dierenden Unternehmen können jedoch auch andere Rechtsformen haben; *Baumbach/Hopt* (2000), § 290 Rn. 1.)

[214] Dieser Konzernbegriff weicht von demjenigen nach Konzernrecht (§§ 15 ff. AktG) ab.

[215] Str.; s. *Baumbach/Hopt* (2000), § 291 Rn. 8 m.w.N.

E. Potentielle Vorteile des Optionsmodells gegenüber Chapter 11 Bankruptcy Code und Insolvenzplanverfahren

Nachdem im vorigen Abschnitt D. Anwendungsprobleme und Schwächen des Optionsmodells erörtert worden sind, sollen nun die Vorteile in den Blick genommen werden, die potentiell mit der Anwendung des Modells in einem gesetzlichen Insolvenzverfahren verbunden sind. Zu diesem Zweck werden die im Zweiten Teil der Arbeit diskutierten Kritikpunkte am Verhandlungsprozess des US-amerikanischen Reorganisationsverfahrens und des deutschen Insolvenzplanverfahrens wieder aufgegriffen. Es wird gefragt, ob und inwieweit die dort angeführten Schwachstellen durch die besondere Konzeption des Optionsmodells beseitigt werden.

Punkt I. fragt danach, ob sich ein Insolvenzverfahren auf der Grundlage des Optionsmodells im Hinblick auf das Problem der Unternehmensbewertung günstiger darstellt als das Verfahren nach Chapter 11 BC oder das Insolvenzplanverfahren. Das Bewertungsproblem stellt sich dabei zunächst unter dem Gesichtspunkt einer möglichen Fehleinschätzung des Unternehmenswerts durch Optionsinhaber bzw. Verhandlungsteilnehmer im Planverfahren (s. sogleich I.1. bis 4.); aber auch der Verzicht auf gerichtliche Bewertungsentscheidungen in einem Optionsverfahren stellt einen zu erörternden Aspekt des Bewertungsproblems dar (s. I.5.).

Unter Gliederungspunkt II. wird untersucht, ob ein Optionsverfahren geringere Abweichungen von der absoluten Vorrangsregel erwarten lässt als das US-amerikanische Reorganisationsverfahren und das deutsche Insolvenzplanverfahren.

Punkt III. soll die Frage beantworten, ob ein Optionsverfahren – im Unterschied zum Verfahren nach Chapter 11 BC und zum Insolvenzplanverfahren –[216] eine Allokation des Unternehmensvermögens ermöglicht, die allein das Ziel der Wertmaximierung verfolgt.

---

[216] S. oben Zweiter Teil, Kap. 4, B. und C.

Unter Punkt IV. wird schließlich erörtert, ob in einem Insolvenzverfahren auf der Grundlage des Optionsmodells mit geringeren Insolvenzkosten zu rechnen ist als im Chapter 11-Verfahren und im Insolvenzplanverfahren.

I. Optionsmodell und Unternehmensbewertung

1. Problemstellung: Das Bewertungsproblem im Optionsverfahren

Durch ein Insolvenzverfahren auf der Grundlage des Optionsmodells sollen zeitraubende und kostenträchtige Verhandlungen, an die sich bei fehlender Einigung zwischen den Beteiligten schwierige gerichtliche Bewertungsentscheidungen anschließen, vermieden werden. Die Verhandlungen werden geführt, weil eine unstrittige, objektive Größe für den Unternehmenswert, anhand derer die Verteilung neuer Gläubiger- und Anteilsrechte vorgenommen werden kann, nicht existiert.

Der Streit über den Unternehmenswert resultiert zunächst aus den Anreizen der verschiedenen Klassen von Gläubigern und Anteilseignern, den Unternehmenswert zu ihren Gunsten verzerrt darzustellen.[217] Diese taktischen Versuche zur Manipulation des Unternehmenswerts sind in einem Insolvenzverfahren auf der Grundlage des Optionsmodells sinnlos, da die Verteilung der neuen Kapitalgeberrechte letztlich nur davon abhängt, was die Optionsinhaber mit ihren Optionsrechten tun: „The division of securities will in no way depend on what the participants or anyone else *claim V* is. The division depends only on what the participants *do* with their rights."[218] Die bloße Behauptung eines Optionsinhabers, das Unternehmensvermögen habe einen bestimmten Wert, beeinflusst die Frage seiner Berücksichtigung bei der Vermögensverteilung nicht. Er muss vielmehr entsprechend seiner Behauptung handeln, z.B. indem er seine Optionsrechte ausübt.[219] Soweit das Bewertungsproblem also Folge einer taktisch motivierten, verzerrten Darstellung des Unternehmenswerts durch die Beteiligten ist,

---

[217] S. dazu oben Zweiter Teil, Kap. 2, E.II.3. sowie *Bebchuk*, Harvard L.R. 1988, S. 778 f., 793 f. und *Bebchuk*, European Econ. R. 2000, S. 839.

[218] *Bebchuk*, Harvard L.R. 1988, S. 794.

[219] S. *Bebchuk*, Harvard L.R. 1988, S. 794.

ist ein Insolvenzverfahren auf der Grundlage des Optionsmodells nicht von ihm betroffen.

Neben den taktischen Versuchen einer falschen Darstellung durch die Beteiligten kann der Streit über den Wert des zu verteilenden Unternehmensvermögens seine Ursache aber auch in *tatsächlich bestehenden* Meinungsunterschieden haben. Aufgrund der Vielzahl von Unsicherheitsfaktoren im Rahmen der Bewertung von Krisenunternehmen[220] und aufgrund der Abhängigkeit des Unternehmenswerts von der konkreten Position des Bewertenden[221] werden die Werteinschätzungen der Beteiligten nur in den seltensten Fällen übereinstimmen. Auch hinsichtlich der Möglichkeit unterschiedlicher Werteinschätzungen scheint das Optionsverfahren auf den ersten Blick gegenüber der Verhandlungslösung des Verfahrens nach Chapter 11 BC und des Insolvenzplanverfahrens vorteilhaft zu sein: Die „dezentralisierte Natur"[222] des Optionsverfahrens erlaubt jedem Beteiligten die individuelle Einschätzung des Unternehmenswerts und die daran orientierte Entscheidung über die Ausübung seiner Optionsrechte; Streitigkeiten zwischen den Beteiligten werden auf diese Weise vermieden. Fraglich ist jedoch, ob die Möglichkeit jedes Optionsinhabers, die Entscheidung über sein Vorgehen individuell zu treffen das Problem unterschiedlicher Werteinschätzungen wirklich – wie *Bebchuk* behauptet –[223] in einer Weise löst, die keinem Optionsinhaber „Grund zur Klage" gibt.

2. Lösung des Bewertungsproblems durch „dezentralisierte" Entscheidungen?

a. *Bebchuk* betont, dass sich selbst dann kein Beteiligter über das Verfahrensergebnis beklagen könne, wenn kein funktionierender Markt existiere, auf dem die Optionsrechte zwischen ihrer Zuteilung und Ausübung gehandelt werden könnten: „It is (...) a significant advantage of the proposed method that an inaccurate market pricing of the rights will not provide participants with a basis for objecting to the methods outcome."[224] Um diese Aussage zu belegen, zeigt

[220] S. dazu ausführlich Zweiter Teil, Kap. 2, E.
[221] Zu dieser „Subjektivität" des Unternehmenswerts s. oben Zweiter Teil, Kap. 2, E.I.6.a.
[222] So *Bebchuk*, European Econ. R. 2000, S. 839 („decentralized nature").
[223] S. *Bebchuk*, Harvard L.R. 1988, S. 790; *Bebchuk*, European Econ. R. 2000, S. 838.
[224] *Bebchuk*, Harvard L.R. 1988, S. 790.

Bebchuk, dass das Optionsverfahren auch ohne marktmäßigen Handel der Optionsrechte jedem Kapitalgeber die Möglichkeit bietet, mindestens die Wertzuteilung zu realisieren, die ihm zusteht, sofern seine eigene Einschätzung des Unternehmenswerts zutreffend ist.[225] Die Voraussetzung einer zutreffenden eigenen Einschätzung des Unternehmenswerts macht das Verfahren jedoch möglicherweise angreifbar: Kann sich ein Optionsinhaber vielleicht über das Verfahren beklagen, weil er sich beim besten Willen nicht dazu in der Lage sieht, eine eigene Einschätzung des Unternehmenswerts vorzunehmen? Aufgrund der mit einer Werteinschätzung verbundenen Schwierigkeiten ist es denkbar, dass sich gerade kleinere Investoren mit sehr begrenztem Zugriff auf Know how und finanzielle Mittel nicht einmal eine grobe Einschätzung zutrauen. Grund zur Klage besteht aber nur, wenn eine Fehleinschätzung negative finanzielle Folgen für diese Investoren hat.

b. Ein Investor kann den Unternehmenswert – und damit den Wert seines Optionsrechts – über- oder unterschätzen. Die Wirkungen eines solchen Schätzfehlers können sich aus der Sicht eines nachrangigen Gläubigers in dem oben (unter A.I.) verwendeten Beispielsfall wie folgt darstellen:[226]

Wenn der Unternehmenswert $V = 80$ \$ ist, so sollte der nachrangige Gläubiger („junior creditor") sein Typ 2-Recht, das er im Austausch gegen seine Forderung erhalten hat, nicht ausüben: Der Erwerb einer Einheit des Unternehmens im Wert von $V/s = 80$ \$/100 = 0,8 \$ gegen Bezahlung eines Ausübungspreises von 1 \$ würde zu einem Verlust von 0,2 \$ führen.[227] Vermutet der Inhaber des Typ 2-Rechts fälschlich, der Unternehmenswert sei $V_p = 50$ \$, so wird er sein Typ 2-Recht nicht ausüben. Ein Unterschätzen des Unternehmenswerts ist für den Inhaber des Typ 2-Rechts also unschädlich, bringt ihm allerdings auch keinen Vorteil. Überschätzt der Rechtsinhaber den Unternehmenswert jedoch und setzt diesen mit $V_p = 110$ \$ an, so wird er sein Optionsrecht ausüben. Anstelle des

---

[225] S. dazu oben A.I.5.

[226] Vgl. *Dilger* (1998), S. 185 f.

[227] Da es einen objektiven, für alle Wirtschaftssubjekte gleichen Unternehmenswert nicht gibt, kann *V* als Mittelwert aller „subjektiven Unternehmenswerte" im oben (Zweiter Teil, Kap. 2, E.I.6.a.) beschriebenen Sinne verstanden werden. Strenggenommen ist die Berechnung des Verlustes von 0,2 \$ daher nur zutreffend, wenn der subjektive Unternehmenswert des Typ 2-Rechtsinhabers (zufällig) mit dem so verstandenen *V* übereinstimmt.

erwarteten Gewinns von (V_p/s)–1 \$ = (110 \$/100)–1\$ = 0,1 \$ wird er den errechneten Verlust von 0,2 \$ machen.

Ist der Unternehmenswert V = 120 \$, dann bringt die Ausübung des Typ 2-Rechts dem Rechtsinhaber einen Gewinn von (V/s)–1 \$ = (120 \$/100)–1 \$ = 0,2 \$. Überschätzt der Rechtsinhaber in diesem Fall den Unternehmenswert (z.B. V_p = 150 \$), so wird er sein Optionsrecht ausüben. Die zu hohe Schätzung ist nicht nachteilig, bringt ihm jedoch auch keinen Vorteil. Setzt der Optionsinhaber den Unternehmenswert jedoch mit V_p = 90 \$ an, unterschätzt er den Wert also, so wird er sein Optionsrecht nicht ausüben und den möglichen (und ihm zustehenden) Gewinn von 0,2 \$ nicht realisieren.

Allgemein formuliert: Lohnt sich die Optionsausübung für einen Typ i-Rechtsinhaber nicht, weil der Unternehmenswert niedriger (oder gleich hoch) ist, wie der Gesamtwert der Ansprüche aller Klassen mit einem gegenüber der Klasse i höheren Rang ($V \leq D_i°$), vermutet der Optionsinhaber jedoch, dass sich die Optionsausübung lohnt (, weil $V_p > D_i°$,) so führt die Ausübung des Optionsrechts zu einem Verlust in Höhe von $(D_i°–V)/s$. Lohnt sich die Optionsausübung hingegen für einen Typ i-Rechtsinhaber, weil der Unternehmenswert höher ist, als der Gesamtwert der Ansprüche aller Klassen mit einem gegenüber der Klasse i höheren Rang ($V > D_i°$), vermutet der Optionsinhaber jedoch, dass sich die Optionsausübung nicht lohnt (, weil $V_p \leq D_i°$,) so führt die Nichtausübung des Optionsrechts zu einem entgangenen Gewinn von $(V–D_i°)/s$.

Ein Schätzfehler in die „falsche" Richtung kann also zu einem Nachteil für den Optionsinhaber führen. Ein Vorteil gegenüber der Situation bei richtiger Einschätzung des Unternehmenswerts kann einem Optionsinhaber hingegen aus seiner Fehleinschätzung nie erwachsen. Das Risiko einer Fehleinschätzung gibt einem Optionsinhaber, der sich zu einer zutreffenden Bewertung des Unternehmensvermögens nicht in der Lage sieht, also – entgegen *Bebchuks* Ansicht – einen Grund, sich zu beklagen.[228]

[228] Es sei schon an dieser Stelle darauf hingewiesen, dass Optionsinhaber davon profitieren können, wenn *andere* Optionsinhaber einer Fehleinschätzung unterliegen; s. dazu unten II.1.b.bb. sowie *Dilger* (1998), S. 186. Die mögliche Bevorzugung von Optionsinhabern durch Schätzfehler anderer Optionsinhaber ändert jedoch nichts daran, dass Optionsinha-

c. Das Bestehen des Risikos einer Fehleinschätzung zeigt, dass auch das Optionsverfahren von *Bebchuk* Schwierigkeiten mit der Lösung des Bewertungsproblems hat. Nun ist das Fehleinschätzungsrisiko jedoch kein spezifisches Problem eines Insolvenzverfahrens auf der Grundlage des Optionsmodells. Denn auch im US-amerikanischen Reorganisationsverfahren und im deutschen Insolvenzplanverfahren verhandeln die Beteiligten letztlich auf der Basis ihrer Einschätzung des Wertes des vorhandenen Unternehmensvermögens über den Plan; nur auf dieser Basis ist die Verteilung neuer Gläubiger- und Anteilsrechte an dem Unternehmen möglich.[229] Es ist daher zu fragen, ob dem Fehleinschätzungsrisiko im Optionsverfahren höheres Gewicht zukommt als im Chapter 11-Verfahren bzw. im Insolvenzplanverfahren. Dies wäre der Fall, wenn die Auswirkungen einer Fehleinschätzung im Optionsverfahren gravierender wären oder wenn die Wahrscheinlichkeit einer Fehleinschätzung höher wäre als im gegenwärtigen US-amerikanischen bzw. deutschen Verfahren.

Dass die nachteiligen Konsequenzen einer fehlerhaften Einschätzung des Unternehmenswerts im Optionsverfahren generell stärker sind als in einem Verfahren, das auf Verhandlungen zwischen den Beteiligten setzt, ist nicht zu erkennen. Schätzen die Beteiligten bzw. einzelne Beteiligtengruppen im Chapter 11-Verfahren oder im Insolvenzplanverfahren den Unternehmenswert falsch ein und verhandeln sie auf der Basis dieser Fehleinschätzung, so sind, ebenso wie im Optionsverfahren, gravierende finanzielle Nachteile möglich. Ob in einem auf dem Optionsmodell basierenden Insolvenzverfahren die Wahrscheinlichkeit einer Fehleinschätzung höher ist als im Rahmen einer „Verhandlungslösung", hängt von der jeweiligen Informationslage der Beteiligten ab. Im Verfahren nach Chapter 11 BC und im Insolvenzplanverfahren werden die Beteiligten in Klassen bzw. Gruppen eingeteilt, 11 USC § 1123 (a)(1), § 222 InsO. Die Beteiligten innerhalb einer Klasse bzw. Gruppe sind grundsätzlich gleich zu behandeln, 11 USC § 1123 (a)(4), § 226 InsO. Das möglicherweise erhebliche Forde-

---

ber, die sich selbst zu einer zutreffenden Werteinschätzung nicht in der Lage sehen, Grund zur Klage haben. Denn kein Optionsinhaber kann sich von vornherein darauf verlassen, dass seine Fehleinschätzung keine nachteiligen Auswirkungen für ihn hat, weil sich andere Optionsinhaber zu seinen Gunsten verschätzen werden.

[229] S. *Bebchuk*, European Econ. R. 2000, S. 840: „...; under the existing bargaining-based process, classes would also have to bargain on the basis of whatever estimate of *V* they have."; ähnlich *Bebchuk*, Harvard L.R. 1988, S. 795.

rungsvolumen einer Klasse bzw. Gruppe mag daher in vielen Fällen einen beträchtlichen Aufwand zur Gewinnung von Informationen, auf deren Grundlage die Klasse bzw. Gruppe die Verhandlungen über die Vermögensverteilung führen kann, rechtfertigen. Für einen einzelnen Optionsinhaber in einem Verfahren auf der Grundlage des Optionsmodells könnte der erforderliche Aufwand hingegen zu hoch sein. Dem hält *Bebchuk* entgegen, dass die einzelnen Klassen von Optionsinhabern nicht gehindert seien, für die Mitglieder der Klasse, z.B. durch Bildung eines hierfür zuständigen Ausschusses, bewertungsrelevante Informationen zu sammeln.[230] Ein solches gemeinsames Vorgehen wird möglicherweise durch die geringere Verbundenheit der Mitglieder einer Klasse im Optionsverfahren, die aus der mangelnden Notwendigkeit zu einer koordinierten Verhandlungsführung resultiert, erschwert. Dem könnte jedoch vermutlich durch eine in geeigneter Weise ausgestaltete gesetzliche Pflicht zur Information der Optionsinhaber begegnet werden, so dass nicht von einer generell schlechteren Informationslage der Optionsinhaber gegenüber den Beteiligten im Chapter 11-Verfahren oder im Insolvenzplanverfahren auszugehen ist. Somit ist nicht anzunehmen, dass die Wahrscheinlichkeit einer Fehleinschätzung des Unternehmenswerts in einem Optionsverfahren höher ist als in den Verhandlungen des gegenwärtigen US-amerikanischen oder deutschen Planverfahrens. Dem Fehleinschätzungsrisiko ist folglich kein höheres Gewicht beizumessen als im Verfahren nach Chapter 11 BC oder im Insolvenzplanverfahren.

3. Milderung des Problems der Fehleinschätzung des Unternehmenswerts durch funktionsfähige Märkte?

a. Es ist anzunehmen, dass das Risiko, durch eine Fehleinschätzung des Unternehmenswerts finanzielle Nachteile zu erleiden, in einem Insolvenzverfahren auf der Grundlage des Optionsmodells sogar gemildert würde, wenn ein funktionsfähiger Markt für einen Handel mit den Optionsrechten (s. Verfahrensabschnitt 3) vorhanden wäre.

„Funktionsfähig“ meint nicht, dass der marktmäßige Handel zur Bildung eines „objektiv richtigen“ Preises führen muss. Ein solcher existiert für Unternehmen (und damit auch für Optionsrechte auf den Erwerb von Unternehmenseinheiten)

230 *Bebchuk*, Harvard L.R. 1988, S. 796; *Bebchuk*, European Econ. R. 2000, S. 840.

ohnehin nicht.[231] Verlangt ist lediglich ein liquider Markt, in dem ein reger Handel der Optionsrechte stattfindet und der somit einen Anhaltspunkt für den Options- und Unternehmenswert liefert.[232]

Ein funktionsfähiger Markt in diesem Sinne könnte das Risiko einer Fehleinschätzung gegenüber dem Chapter 11-Verfahren und dem Insolvenzplanverfahren mildern, weil er eine Informationsquelle für die Optionsinhaber darstellen würde, die den Verhandlungsteilnehmern in den gegenwärtigen Verfahren nicht zur Verfügung steht.[233] Außerdem würde die Ausübungsentscheidung der Optionsinhaber durch einen funktionierenden Markt erleichtert, weil diese regelmäßig nur noch zu entscheiden hätten, ob der tatsächliche Unternehmenswert die Unternehmenswerteinschätzung, die sich in der Marktbewertung ihrer Optionsrechte widerspiegelt, übersteigt. Glaubt ein Optionsinhaber, dass dies der Fall ist, so sollte er seine Optionsrechte nicht am Markt verkaufen, sondern diese selbst ausüben. Andernfalls – d.h. bei angenommener Überbewertung der Optionsrechte durch den Markt – ist der Verkauf am Markt aus seiner Sicht die richtige Entscheidung. Lediglich, wenn der Markt die Optionsrechte mit 0 bewertet, reicht die bloße Entscheidung, ob der Markt den Unternehmenswert zu niedrig ansetzt, nicht aus. In diesem Fall muss auch ein Urteil darüber fallen, *um wie viel* der Markt das Unternehmen unterbewertet; denn selbst wenn der Optionsinhaber den Wert des Unternehmens höher einschätzt als der Markt, bedeutet dies noch nicht zwingend, dass seinen Optionsrechten ein Wert über 0 beizumessen ist, so dass sich die Ausübung (aus Sicht des Optionsinhabers) lohnt.[234]

---

231 S. oben Zweiter Teil, Kap. 2, E.I.6.a.

232 Dabei sei eingeräumt, dass die Marktpreisbildung auch bei liquiden Märkten nicht unbedingt verlässliche Anhaltspunkte liefert. Dies wird am Beispiel des deutschen Aktienmarktes sehr deutlich, der in jüngerer Zeit Kursschwankungen erlebt hat, die in ihrer Stärke mit fundamentalen Ursachen nicht zu erklären sind.

233 *Bebchuk*, Harvard L.R. 1988, S. 795; *Bebchuk*, European Econ. R. 2000, S. 840.

234 Bsp. (wieder in Anlehnung an den Beispielsfall unter A.I.): Am Markt werden die Typ 1-Rechte mit 0,8 $ gehandelt, woraus sich eine Marktbewertung des Unternehmens von 80 $ ergibt. Die Typ 2-Rechte, die das Recht zum Erwerb einer Unternehmenseinheit zu 1 $ beinhalten, werden dementsprechend vom Markt mit 0 $ bewertet. Es reicht nun nicht aus, wenn der Inhaber eines Typ 2-Rechts, der durch die Rechtsausübung eine Einheit des Unternehmens im Wert von V/s erhalten würde, entscheidet, ob der tatsächliche Unternehmenswert V oberhalb der Marktbewertung von 80 $ liegt. Die Ausübung seines Rechts lohnt sich nämlich nur, wenn der Unternehmenswert sogar oberhalb von 100 $ liegt. *Bebchuk* übersieht diesen Sonderfall, in dem die bloße Entscheidung, ob der Markt den Unter-

b. Ein funktionierender Markt für den Handel mit Optionsrechten in Verfahrensabschnitt 3 des Optionsverfahrens würde nicht nur die Einschätzung des Unternehmenswerts und (damit) die Ausübungsentscheidung der Optionsinhaber erleichtern. Er würde außerdem das Problem der Finanzierung des Ausübungspreises[235] mildern, weil die Optionsinhaber ihre Optionsrechte (notfalls) immer am Markt verkaufen könnten[236] und weil die Aufnahme von (mit den zu erwerbenden „units" besicherten) Krediten eher möglich wäre; ein Kreditgeber wird eine „unit" nämlich eher als Sicherheit akzeptieren, wenn diese – mittelbar über den Preis der Optionsrechte – einer Marktbewertung unterliegt.[237] Die Attraktivität des Optionsmodells ist also in beträchtlichem Maße von der Existenz eines funktionsfähigen Marktes für den Optionsrechtshandel abhängig. Es fragt sich daher, ob gegenwärtig im Falle der Einführung eines Insolvenzverfahrens auf der Grundlage des Optionsmodells in den USA oder in Deutschland die Möglichkeit eines marktmäßigen Handels in den Optionsrechten bestünde.

c. Der Handel an einer Terminbörse[238] ist kaum vorstellbar. An einer Terminbörse gehandelte Aktienoptionskontrakte sind standardisiert. Regelmäßig werden nach einem bestimmten Schema Aktienoptionen mit neuen Basispreisen und Verfallterminen eingeführt,[239] so dass ein dauerhafter Handel von Aktienoptionen auf die jeweiligen Basistitel möglich ist. Diese Charakteristika des börsenmäßigen Terminhandels passen nicht zum Optionsmodell von *Bebchuk*, das lediglich die einmalige Markteinführung der Optionsrechte für einen Handelszeitraum von einem Monat mit einmalig festgelegten Basispreisen und einem einzigen Verfalltermin vorsieht. Eher denkbar ist, dass die Optionen bzw. Opti-

---

nehmenswert zu niedrig ansetzt, nicht ausreicht; s. *Bebchuk*, Harvard L.R. 1988, S. 795; vgl. *Dilger* (1998), S. 184.

235 S. oben D.I.

236 Vgl. oben D.I.2.

237 Allerdings wird er die „unit" auch in diesem Fall nur mit einem Bruchteil ihres Marktwertes als Sicherheit anerkennen; s. oben D.I.4.

238 Die umsatzstärkste US-amerikanische Terminbörse war im Jahr 2000 die CBOE (Chicago Board Options Exchange), gefolgt von der CBOT (Chicago Board of Trade). Die umsatzstärkste europäische Terminbörse im Jahr 2000 war die Eurex (European Exchange Organization), die im September 1998 aus dem Zusammenschluss der DTB (Deutsche Terminbörse) und der Schweizer SOFFEX (Swiss Options and Financial Futures Exchange) hervorgegangen ist. S. *Deutsche Börse AG* (2001), S. 94.

239 S. näher *Steiner/Bruns* (2000), S. 499 ff.

onskombinationen[240] außerbörslich als sog. „over the counter“(OTC)-Optionen gehandelt werden. Eine Bank oder ein anderes Finanzdienstleistungsunternehmen könnte den Handel organisieren. Auch eine Verbriefung der Optionsrechte in Optionsscheinen käme möglicherweise in Betracht. Optionsscheine existieren in vielen, teilweise sehr eigenwillig anmutenden, Varianten,[241] so dass sicherlich auch die Kombination einer Call long- mit einer Call short-Position, wie sie das Optionsmodell erfordert,[242] in einem Wertpapier verbrieft werden könnte. Optionsscheine werden in Deutschland börslich und außerbörslich gehandelt. In letzterem Fall organisiert wiederum eine Bank oder ein anderer Finanzdienstleister den Handel.

Ob die Nachfrage nach den Optionsrechten – sei es nun in der Form von OTC-Optionen oder Optionsscheinen – für die Bildung eines funktionsfähigen Marktes ausreichen würde, ist schwierig vorherzusagen. Angesichts der rasanten Entwicklung der Kapitalmärkte, insbesondere der Terminmärkte,[243] in den letzten Jahren ist dies (zumindest für die Zukunft) durchaus vorstellbar. Auch dürfte die Entwicklung eines funktionsfähigen Marktes für die Optionsrechte geringere Ansprüche an die Nachfragesituation stellen als die Platzierung großer Anteilspakete von 10 Prozent oder mehr[244] oder gar die Versteigerung eines Unternehmens als Ganzes an einen höchstbietenden Investor.[245] Allerdings ist bislang nur der Handel von Aktienoptionen bzw. Aktienoptionsscheinen, die sich auf börsengehandelte Aktien beziehen, üblich. Das Optionsmodell sieht hingegen während des Optionsrechtshandels keinen parallel stattfindenden (Börsen-)Handel in den Unternehmenseinheiten vor; diese werden vielmehr bis zur Optionsaus-

240 S. dazu oben A.IV.1.b.

241 *Steiner/Bruns* (2000), S. 417.

242 S. oben A.IV.1.b.

243 So hat sich der Umsatz in Aktienoptionen an der CBOE von 1997 bis 2000 um rund 140 Prozent auf die Zahl von fast 280 Mio. Kontrakten erhöht. Im gleichen Zeitraum erlebte die Eurex eine Steigerung um gut 100 Prozent auf fast 90 Millionen Kontrakten (s. *Deutsche Börse AG* (2001), S. 98; zum – ebenso beeindruckenden – Wachstum des gesamten Handelsvolumens in Optionen und Futures an den US-amerikanischen Terminbörsen und an der Eurex s. *Deutsche Börse AG* (2001), S. 94 f.). Es ist zu vermuten, dass der außerbörsliche Handel ebenfalls beträchtlich zugenommen hat.

244 Vgl. oben Kap. 1., B.

245 Vgl. oben Kap. 1, A. Zur Finanzierbarkeit des Optionsausübungspreises als Voraussetzung für eine ausreichende Nachfrage nach den Optionsrechten s. bereits oben D.I.2.

übung von einem „clearing agent“ gehalten.[246] Dennoch ist auch für die Durchführung eines Insolvenzverfahrens auf der Grundlage des Optionsmodells davon auszugehen, dass realistischerweise nur dann mit der Aufnahme von Handelsaktivitäten in den Optionsrechten gerechnet werden kann, wenn das Krisenunternehmen eine Größe und Rechtsform hat, die den börsenmäßigen Handel seiner Anteilsrechte zumindest zuließe. Da die Insolvenzen größerer Unternehmen in der Rechtsform der Aktiengesellschaft in Deutschland nur einen kleinen Bruchteil der gesamten Unternehmensinsolvenzen ausmachen,[247] ist die Erwartung, dass sich ein funktionierender Optionsmarkt bildet, nur in relativ wenigen Insolvenzfällen gerechtfertigt. Lediglich in diesen Fällen erscheint die Anwendung des Optionsmodells im Hinblick auf das Bewertungsproblem besonders attraktiv, weil das Risiko der Fehleinschätzung des Unternehmenswerts gegenüber dem Verfahren nach Chapter 11 BC und dem Insolvenzplanverfahren verringert würde.

d. Will man daher die Anwendung des Optionsmodells auf die Insolvenzfälle beschränken, in denen mit der Bildung eines funktionsfähigen Optionsmarktes gerechnet werden kann, so stellt sich die weitergehende Frage, wie diese Beschränkung zu erreichen ist. Hier seien – ohne nähere Erörterung – nur zwei Lösungen vorgeschlagen: Zum einen ist denkbar, dass die Anwendung des Optionsmodells denjenigen Unternehmen vom Gesetzgeber zur Pflicht gemacht wird, die bestimmte größenbezogene Kriterien (z.B. im Hinblick auf die Bilanzsumme, den Umsatz, eine schon vor der Insolvenz gegebene Börsennotierung o.Ä.) erfüllen. Vorstellbar ist aber auch, dass das Optionsverfahren den Unternehmen – entsprechend *Rasmussens* Vorschlag –[248] als eine Alternative vom Gesetzgeber zur Verfügung gestellt wird. Die Unternehmen könnten sich dann bei ihrer Gründung für oder gegen die Anwendung des Optionsverfahrens im Insolvenzfall entscheiden und diese Entscheidung später nötigenfalls (unter strengen Beschränkungen) ändern.

---

[246] S. oben A.I.2.

[247] S. dazu die Einführung der Arbeit (unter 1.).

[248] S. zum „menu approach“ von *Rasmussen* oben Erster Teil, Kap. 1, B.I.3.

4. Zwischenergebnis (Zusammenfassung)

Das Bewertungsproblem stellt sich in einem Insolvenzverfahren auf der Grundlage des Optionsmodells in Gestalt des Risikos einer Fehleinschätzung des Unternehmenswerts durch die Optionsinhaber. Dem Risiko, durch Schätzfehler finanzielle Nachteile zu erleiden, unterliegen die Verhandlungsteilnehmer im Verfahren nach Chapter 11 BC und im Insolvenzplanverfahren jedoch in vergleichbarem Maße. Die Situation der Optionsinhaber würde sich gegenüber derjenigen der Verhandlungsteilnehmer sogar günstiger darstellen, wenn die Optionsrechte zwischen Zuteilung und Ausübung auf einem funktionsfähigen Markt gehandelt werden könnten. In den USA und in Deutschland besteht jedoch allenfalls für Unternehmen, deren Größe und Rechtsform einen börsenmäßigen Handel ihrer Anteilsrechte zuließen, die Aussicht auf einen regen Handel in den Optionsrechten.

5. Der Verzicht auf gerichtliche Bewertungsentscheidungen im Optionsverfahren

a. Der Vergleich des Bewertungsproblems im Optionsverfahren einerseits und im Chapter 11-Verfahren bzw. Insolvenzplanverfahren andererseits ist mit einer Gegenüberstellung des Fehleinschätzungsrisikos, dem die Optionsinhaber und die Teilnehmer an den Planverhandlungen unterliegen, nicht abgeschlossen. Es bleibt nämlich noch zu berücksichtigen, dass sich das Bewertungsproblem im gegenwärtigen US-amerikanischen und deutschen Verfahren nicht nur für die Verhandlungsteilnehmer, sondern zusätzlich für das Insolvenzgericht im Rahmen der Planbestätigung stellt. Unter diesem Aspekt wurde das Bewertungsproblem im Zweiten Teil (Kap. 2) ausführlich erörtert: Führen die Planverhandlungen nicht zu einer Einigung zwischen allen Beteiligten, so können sowohl im US-amerikanischen Reorganisationsverfahren als auch im deutschen Insolvenzplanverfahren schwierige gerichtliche Bewertungsentscheidungen notwendig werden. Die Problematik gerichtlicher Bewertungsentscheidungen in diesen Verfahren darf allerdings nicht übergewichtet werden, da – zumindest in den USA – im weit überwiegenden Teil der Planverhandlungen eine Einigung zwischen den Teilnehmern erzielt wird.[249]

[249] S. oben Zweiter Teil, Kap. 2, E.IV.

In einem Insolvenzverfahren auf der Grundlage des Optionsmodells entfallen zeit- und kostenträchtige gerichtliche Bewertungsentscheidungen demgegenüber völlig. Das fehlende Recht der Beteiligten, ihre finanzielle Position gerichtlich überprüfen zu lassen, führt also dazu, dass in einem Optionsverfahren ein Bewertungsproblem insoweit nicht existiert.

b. Fraglich ist, ob sich der Verzicht auf gerichtliche Kontrollmöglichkeiten mit dem (in Deutschland durch Art. 14 GG garantierten) Recht der Beteiligten auf Schutz ihrer vermögenswerten Rechte (Forderungen, Anteilsrechte) vereinbaren lässt. Das Fehlen gerichtlicher Kontrollmöglichkeiten könnte hinsichtlich derjenigen Optionsinhaber kritisch sein, die sich eine Einschätzung des Unternehmenswerts nicht zutrauen. Im Optionsverfahren kann eine Fehleinschätzung in die „falsche" Richtung nämlich dazu führen, dass die Optionsinhaber die Vermögenszuteilung, die ihnen aufgrund ihrer ursprünglichen Berechtigung zusteht, nicht realisieren können.[250] Das Verfahren zwingt die Optionsinhaber dabei zu einer Entscheidung und somit auch zu einer potentiellen Fehlentscheidung. Zwar ist das Risiko einer Fehleinschätzung im Optionsverfahren nicht höher zu gewichten als im Chapter 11-Verfahren und im Insolvenzplanverfahren.[251] Jedoch bieten die beiden letzteren Verfahren einem Beteiligten, der sich zu einer Einschätzung nicht in der Lage sieht, eine gewisse Absicherung durch das Recht auf eine gerichtliche Kontrolle. In einem Insolvenzverfahren auf der Grundlage des Optionsmodells dürfte der Schutz der ursprünglichen Forderungen oder Anteilsrechte jedoch in einem mit der gerichtlichen Kontrollmöglichkeit vergleichbaren Maße gewährleistet sein, wenn ein funktionsfähiger Markt für die Optionsrechte existiert, der das Risiko einer Fehleinschätzung reduziert.[252] Denn auch die gerichtliche Kontrollmöglichkeit bietet aufgrund der Bewertungsschwierigkeiten keinen wirklich verlässlichen Schutz. Auch die Notwendigkeit eines Schutzes der Rechtspositionen der Beteiligten, der mit der verfassungsrechtlichen Eigentumsgarantie in Einklang steht, spricht somit dafür, die Anwendung des Optionsmodells auf die Fälle zu beschränken, in denen mit der Bildung eines funktionsfähigen Optionsmarktes gerechnet werden kann.

[250] S. oben 2.b.
[251] S. oben 2.c.
[252] Vgl. oben 3.

c. Die Frage, ob der Verzicht auf gerichtliche Bewertungsentscheidungen positiv zu beurteilen ist, lässt sich nicht einfach mit dem Hinweis auf den ersparten Bewertungsaufwand beantworten. Die fehlende gerichtliche Kontrolle ist nämlich Teil der Gesamtkonzeption des Optionsmodells und nur mit Blick auf diese Gesamtkonzeption ist sie begründbar: In einem Insolvenzverfahren auf der Grundlage des Optionsmodells kann ein Optionsinhaber seine finanzielle Position durch die Entscheidung über die Ausübung oder – sofern ein funktionsfähiger Markt existiert – den Verkauf seiner Optionsrechte unmittelbar beeinflussen. Ein Verhandlungsteilnehmer im US-amerikanischen und deutschen Planverfahren bestimmt seine finanzielle Position hingegen aufgrund seines begrenzten Einflusses in Planverhandlungen und Abstimmung nur sehr mittelbar. Dieser begrenzte Einfluss wird durch die Möglichkeit zur gerichtlichen Kontrolle „kompensiert". Welcher der beiden Ansätze ist nun vorzugswürdig? Zur Beantwortung der Frage, ob es sinnvoll ist, einem Beteiligten größere Einflussmöglichkeiten auf die eigene finanzielle Position einzuräumen und dafür kein Recht auf eine gerichtliche Kontrolle vorzusehen, müssen neben dem geringeren (gerichtlichen) Bewertungsaufwand auch mögliche weitere Vorteile des Optionsverfahrens in den Blick genommen werden. Dies soll im Folgenden (unter den Punkten II. bis IV.) geschehen.

II. Optionsmodell und absolute Vorrangsregel

Ein weiterer Vorteil eines Insolvenzverfahrens auf der Grundlage des Optionsmodells gegenüber dem US-amerikanischen Reorganisationsverfahren und dem deutschen Insolvenzplanverfahren könnte in der genaueren Beachtung der Vorgaben der absoluten Vorrangsregel liegen. Unter Punkt 1. soll untersucht werden, ob und wodurch es auch in einem Optionsverfahren zu Abweichungen von der a.p.r. kommen kann. Punkt 2. nimmt die Zuteilung von Anteilsrechten an die Gläubiger, zu der es in einem Optionsverfahren regelmäßig kommt, in den Blick und fragt, ob sich speziell aufgrund dieses Verfahrensmerkmals Verletzungen der a.p.r. ergeben. Unter Punkt 3. wird kurz erörtert, welche Folgen es für die Anwendbarkeit des Optionsmodells hat, dass es eine „new value exception" zur a.p.r. nicht vorsieht. Punkt 4. fasst zusammen.

1. Abweichungen von der absoluten Vorrangsregel im Optionsverfahren?

a. Das Optionsmodell ist konzeptionell geradezu auf eine strikte Beachtung der absoluten Vorrangsregel angelegt:[253] Die Optionen, die die Gläubiger und Anteilsinhaber für ihre bisherigen Kapitalgeberrechte erhalten, sind so ausgestaltet, dass Gläubiger bzw. Anteilsinhaber prinzipiell nur dann eine Wertzuteilung in Form von Unternehmenseinheiten erhalten, wenn ihnen vorrangige Kapitalgeber durch die Zahlung der Ausübungspreise voll befriedigt werden.[254]

Es besteht keine Gefahr, dass die Anteilsinhaber durch ihre Möglichkeit, die Planbestätigung hinauszuzögern, Umverteilungen zu ihren Gunsten durchsetzen:[255] Zwar ist auch in einem Insolvenzverfahren auf der Grundlage des Optionsmodells ein Reorganisationsplan nicht entbehrlich.[256] Die Vermögensverteilung wird jedoch nicht im Plan, sondern allein durch das Optionsschema bestimmt[257] und ist daher durch Verzögerungen der Planverhandlungen nicht beeinflussbar. Abweichungen von der absoluten Vorrangsregel durch fehlende Eingriffsmöglichkeiten in die Rechtsstellung der Anteilsinhaber drohen nur im

253 Allerdings erklärt *Bebchuk* (unter Hinweis auf ein bislang unveröffentlichtes „paper"): „...the options procedure can be adjusted to implement contractually prescribed distributions that are not sequential – for example, distributions under which the equityholders are supposed to get some value even if the debtholders are not paid in full." (*Bebchuk*, European Econ. R. 2000, S. 834).

254 Andersherum formuliert: Ist in der Unternehmensinsolvenz die absolute Vorrangsregel die Verteilungsregel, der Gläubiger oder Anteilsinhaber unterliegen, so sind die Optionsrechte, die die Kapitalgeber erhalten, ihren Forderungen bzw. Anteilsrechten prinzipiell gleichwertig. Vgl. dazu die Ausführungen zum Zusammenhang zwischen dem Optionsmodell von *Bebchuk* und dem Optionspreismodell von *Black* und *Scholes* oben A.IV.2. in diesem Kapitel: Das Optionsmodell sieht vor, dass die Optionen, als die die Eigen- und Fremdkapitaltitel eines Unternehmens interpretiert werden können, tatsächlich geschaffen werden; Gleichwertigkeit ist damit prinzipiell gewährleistet.

255 Vgl. dazu oben Zweiter Teil, Kap. 3, C.II.

256 S. oben B.I.1., C.III. und D.II.1.

257 Eine Ausnahme besteht, wenn im Plan die Sicherheiten der gesicherten Gläubiger bewertet werden (vgl. oben C.III.). Dieser Wertansatz ist aber lediglich für die Vermögensverteilung zwischen gesicherten und ungesicherten Gläubigern von Bedeutung. Die Anteilsinhaber können von einer Beeinflussung des Wertansatzes nicht profitieren, da sie im Optionsverfahren – entsprechend den Vorgaben der a.p.r. – nur dann eine Wertzuteilung erhalten, wenn alle Gläubiger voll befriedigt sind.

deutschen Insolvenzplanverfahren,[258] nicht jedoch in einem Insolvenzverfahren auf der Grundlage des Optionsmodells. Denn eine Anwendung des Optionsmodells im Rahmen des Insolvenzplanverfahrens ist nicht möglich[259] und ein entsprechend *Bebchuks* Vorstellungen reformiertes Insolvenzrecht[260] müsste die notwendigen Eingriffsmöglichkeiten vorsehen.

b. Möglicherweise kann es in einem Insolvenzverfahren auf der Grundlage des Optionsmodells aber aus anderen Gründen zu Abweichungen von der a.p.r. kommen.

aa. Abweichungen von der a.p.r. entstehen im Optionsverfahren *nicht schon dadurch*, dass ein Optionsinhaber (oder eine Mehrzahl von Optionsinhabern) eine persönliche Einschätzung des Unternehmenswerts V_p hat, die von den Einschätzungen der anderen Optionsinhaber abweicht. Da es einen objektiven, für alle Wirtschaftssubjekte gleichen Unternehmenswert nicht gibt, ist die Einschätzung aus Sicht des Optionsinhabers nämlich durchaus zutreffend, wenn sie mit seinem „subjektiven Unternehmenswert" übereinstimmt.[261] Es sei angenommen, dass ein Inhaber eines Typ 2-Rechts in dem oben (unter A.I.) verwendeten Beispiel den Unternehmenswert mit V_p = 110 $ ansetzt und dieser Wertansatz mit seinem subjektiven Unternehmenswert übereinstimmt, während das Unternehmensvermögen für alle anderen 99 Typ 2-Rechtsinhaber nur 90 $ wert ist. Aus Sicht des Typ 2-Rechtsinhabers erhalten die Inhaber von Typ 1-Rechten deutlich zu hohe Wertzuteilungen, da die 99 anderen Typ 2-Rechtsinhaber ihnen Einheiten im Wert von jeweils V_p/100 = 1,10 $ überlassen, obwohl ihnen nur jeweils 1 $ zusteht. Aus Sicht der 99 anderen Typ 2-Rechtsinhaber erhalten die Inhaber von Typ 1-Rechten ebenfalls – wenngleich nur geringfügig – zu hohe Wertzuteilungen, da ihnen ein Typ 2-Rechtsinhaber eine Einheit im (subjektiven) Wert von nur 0,9 $ für einen Ausübungspreis von 1 $ abkauft. Obwohl die Vermögenszuteilung in dem Beispiel also aus der Sicht sämtlicher Typ 2-Rechtsinhaber von der a.p.r. abweicht, ist eine Abweichung aus der Sicht eines „neutralen" Beobachters zu verneinen: Jeder der 100 Typ 1-Rechtsinhaber erhält 0,01 $ und 99/100 Einheiten und damit eine Vermögenszuteilung, die die subjektiven Wert-

[258] S. oben Zweiter Teil, Kap. 3, D.II.
[259] S. oben B.II.
[260] Vgl. oben B.I.1.

einschätzungen der Gesamtheit der 100 Typ 2-Rechtsinhaber genau widerspiegelt.

bb. Unterliegt ein Gläubiger hingegen einer *Fehleinschätzung*, weil er zu einer Bewertung des Unternehmensvermögens nicht in der Lage ist, so sind Abweichungen von der a.p.r. denkbar. Beträgt in dem gerade verwendeten Beispiel der subjektive Unternehmenswert für sämtliche Optionsinhaber 90 \$, so ist die Rechtsausübung für die Typ 2-Rechtsinhaber nicht lohnend: Sie müssten für den Erwerb einer Unternehmenseinheit im Wert von 0,9 \$ einen Ausübungspreis von 1 \$ bezahlen. Üben sie ihre Rechte dennoch aus, weil sie den Unternehmenswert fälschlich mit V_p = 110 \$ ansetzen, so profitieren davon die Inhaber der Typ 1-Rechte. Ihre Rechte werden ausgelöst und sie erhalten anstelle der ihnen zustehenden Zuteilung einer Unternehmenseinheit im Wert von 0,9 \$ einen Bargeldbetrag von 1 \$. Beträgt umgekehrt der subjektive Unternehmenswert für sämtliche Optionsinhaber 110 \$, üben die Inhaber der Typ 2-Rechte diese jedoch nicht aus, weil sie den Unternehmenswert aufgrund einer Fehleinschätzung lediglich mit V_p = 90 \$ ansetzen, so profitieren die Typ 1-Rechtsinhaber ebenfalls: Sie erhalten dann nämlich Einheiten im Wert von 1,10 \$ anstelle des (ihnen zustehenden) Bargeldbetrags von 1 \$. In der gleichen Weise profitieren Inhaber von Typ 2-Rechten von Schätzfehlern der Typ 3-Rechtsinhaber bzw. – allgemein formuliert – Inhaber von Typ *i*-Rechten von Schätzfehlern der Typ (*i*+1)-Rechtsinhaber. Lediglich die alten Anteilsinhaber als Inhaber der Optionsrechte mit dem niedrigsten Rang können nicht von Fehleinschätzungen anderer Optionsinhaber profitieren. Im Ergebnis bewirken die Schätzfehler eine „systematische Bevorzugung“[262] der jeweils höherrangigen Rechtsinhaber. Es drohen – anders als im Verfahren nach Chapter 11 BC und im Insolvenzplanverfahren – Abweichungen von der a.p.r. zu *Lasten* der Anteilsinhaber. Wenn diese Gefahr für die Anteilsinhaber nicht besteht, weil das Unternehmensvermögen – wie dies oftmals der Fall sein wird – dafür zu gering ist, dann werden regelmäßig Gläubiger mit niedrigem Rang von ihr betroffen sein.

cc. Abweichungen von der absoluten Vorrangsregel können in einem Insolvenzverfahren auf der Grundlage des Optionsmodells auch durch finanzielle

[261] Vgl. zum „subjektiven“ Unternehmenswert oben Zweiter Teil, Kap. 2, E.I.6.a.
[262] So treffend *Dilger* (1998), S. 186.

Restriktionen entstehen, die die Optionsinhaber an der Bezahlung des Ausübungspreises und damit an der Realisierung des ihnen zustehenden Anteils am Unternehmensvermögen hindern.[263] Da die Ausübungspreise für die Anteilsinhaber und die niedrigrangigen Gläubiger am höchsten sind, trifft sie das Finanzierungsproblem am stärksten. Umverteilungen sind daher (wiederum) am ehesten zu Lasten dieser Gruppen zu erwarten.

c. Sowohl die Gefahr einer Fehleinschätzung des Unternehmenswerts als auch die Probleme mit der Finanzierung des Ausübungspreises werden durch einen funktionsfähigen Markt für die Optionsrechte verringert.[264] Ein liquider Optionsrechtsmarkt ließe daher auch geringere Abweichungen von der a.p.r. erwarten.[265]

2. Befriedigung in Anteilsrechten und absolute Vorrangsregel

a. Durch die Ausübung ihrer Optionsrechte erwerben die Optionsinhaber Unternehmenseinheiten („units"), die – zumindest zum Teil – Anteilsrechte beinhalten.[266] Fraglich ist, ob die Befriedigung der Unternehmensgläubiger durch die Zuteilung von Anteilsrechten zu Abweichungen von der absoluten Vorrangsregel führt. Die Entwicklung der sog. „Bonus-Regel" durch den Supreme Court, wonach in der Befriedigung von Gläubigern mit Anteilsrechten eine „Herabstufung" zu sehen ist, für die ein Ausgleich gewährt werden müsse, legt diese Vermutung zunächst nahe.[267] Es ist jedoch zu berücksichtigen, dass die Optionsinhaber im Optionsverfahren selbst darüber entscheiden, ob die Anteilsrechte, die sie durch die Ausübungsentscheidung erhalten sollen, so wertvoll sind, dass sich die Optionsausübung lohnt. Ein „Bonus" wegen zu geringer Wertzuteilungen ist daher zur Einhaltung der a.p.r. nicht erforderlich.

---

[263] Zum Problem der Finanzierung des Ausübungspreises s. bereits ausführlich oben D.I. in diesem Kapitel.

[264] S. oben I.3.a. und b.

[265] Wenn der Markt die Optionsrechte überbewertet, ermöglicht ein Verkauf (auch) den alten Anteilsinhabern die Realisierung von Werten, die sogar *über* dem Wert der Vermögenszuteilung liegen, die ihnen nach der a.p.r. zusteht.

[266] S. oben A.I.1. und 2.

[267] S. Consolidated Rock Products Co. v. DuBois, 312 U.S. 510 (1941) sowie oben Zweiter Teil, Kap. 3, A.II.

b. *Hart u.a.* kritisieren am Optionsschema von *Bebchuk*: „Bebchuk's scheme has the unpalatable feature that junior claimants may receive cash even when senior creditors have not been fully paid."[268] Bevor beurteilt werden kann, ob sich hinter dieser Kritik eine Verletzung der a.p.r. verbirgt, ist zu klären, wie sie gemeint ist. In einem Optionsverfahren erhalten Gläubiger bzw. Anteilsinhaber prinzipiell nur dann eine Wertzuteilung in Form von Unternehmenseinheiten, wenn ihnen vorrangige Kapitalgeber durch die Zahlung der Ausübungspreise voll befriedigt werden. Auch wenn in *einer* Klasse von Optionsinhabern nur ein Teil der Optionsrechte ausgeübt wird, kommt es im Ergebnis nur dann zu Geldzuteilungen an Optionsinhaber, wenn alle höherrangigen Optionsinhaberklassen *voll in Geld befriedigt* werden.[269] Selbst wenn in *mehreren* Optionsinhaberklassen nur ein Teil der Optionsrechte ausgeübt wird, befinden sich am Ende des Verteilungsprozesses nur dann Geldzuteilungen in den Händen der Optionsinhaber, wenn alle höherrangigen Optionsinhaberklassen *voll befriedigt* werden. In diesem Fall ist es allerdings möglich, dass die Optionsinhaber in den höherrangigen Klassen zum Teil nicht in Geld, sondern *in Anteilsrechten* befriedigt werden; es kann also vorkommen, dass nachrangige Gläubiger am Ende des Verteilungsprozesses Geldzahlungen bekommen haben, während ihnen vorrangige Gläubiger nicht volle Befriedigung *in Geld*, sondern (nur) volle Befriedigung in Geld *und Anteilsrechten* erhalten haben.[270]

---

[268] *Hart/La Porta Drago/Lopez-de-Silanes/Moore*, LSE Discussion Paper No. 254 (1997), S. 10.

[269] Dies zeigt das Beispiel oben unter A.I.3. (letzter Absatz).

[270] Bsp.: Es sei angenommen, dass in dem unter A.I. verwendeten Beispielsfall von den jeweils 100 Typ 2- und Typ 3-Rechten nur jeweils 50 ausgeübt werden. Zunächst erhalten die Typ 3-Rechtsinhaber 50 Einheiten. Die 100 $, die die Typ 3-Rechtsinhaber für die Rechtsausübung bezahlen müssen, werden verwendet, um die Typ 1- und Typ 2-Rechte anteilig auszulösen: Jeder Typ 1- und Typ 2-Rechtsinhaber erhält 0,5 $, was eine hälftige Auslösung der Rechte bedeutet. Soweit die Rechte der Typ 2-Rechtsinhaber ausgelöst werden, geht die Rechtsausübung der 50 Typ 2-Rechtsinhaber ins Leere. Die Ausübung der nicht ausgelösten Rechte kostet sie 50 x 0,5 $ = 25 $. Diese 25 $ werden anteilig an die Typ 1-Rechtsinhaber verteilt, so dass jeder der 100 Typ 1-Rechtsinhaber 0,25 $ erhält. Die 50 Typ 2-Rechtsinhaber erhalten im Gegenzug für die Bezahlung des Ausübungspreises von 0,5 $ jeder ½ Einheit. Am Ende des Verteilungsprozesses halten die 50 Typ 3-Rechtsinhaber, die ihre Rechte ausgeübt haben, 50 Einheiten. Die 50 Typ 2-Rechtsinhaber, die ihre Rechte nicht ausgeübt haben, haben 0,5 $ bekommen; die 50 Typ 2-Rechtsinhaber die ihre (nicht ausgelösten) Rechte ausgeübt haben, haben 0,5 $ und ½ Einheit erhalten. Die Typ 1-Rechtsinhaber haben jeder 0,5 $ + 0,25 $ = 0,75 $ und ¼ Einheit in den

Wenn der Ausspruch von *Hart u.a.* in diesem Sinne zu verstehen ist, fragt sich, ob mit dieser Eigenschaft des Verteilungsprozesses im Optionsverfahren eine Verletzung der absoluten Vorrangsregel verbunden ist. Dies ist wohl zu verneinen: Die a.p.r. verlangt lediglich, dass jede Klasse von Finanziers vollen Ausgleich („full compensation") für ihre alten Rechte erhält, bevor die nächstrangige Klasse bei der Vermögensverteilung berücksichtigt wird. Der Ausgleich kann dabei durchaus auch in der Form von Anteilsrechten gewährt werden. Dass die Anteilsrechte für einen „vollen" Ausgleich nicht ausreichen, kann nicht behauptet werden, da die Meinungen über den Anteilswert – wie es die unterschiedlichen Ausübungsentscheidungen zeigen – auseinandergehen.

Auch wenn in der Zuteilung von Anteilsrechten an vorrangige Gläubiger bei gleichzeitiger (Teil-)Befriedigung nachrangiger Gläubiger in Geld keine Verletzung der a.p.r. zu sehen ist, kann die Frage gestellt werden, ob es gerecht ist, die vorrangigen Gläubiger durch Anteilsrechte zu befriedigen, wenn die insgesamt von nachrangigen Optionsinhabern gezahlten Ausübungspreise eigentlich zur vollständigen Befriedigung der vorrangigen Gläubiger in Geld ausgereicht hätten.[271] Denn immerhin waren die ursprünglichen Forderungen der vorrangigen Gläubiger auf Befriedigung in Geld (und nicht in Unternehmensanteilen) gerichtet. Das Problem dürfte sich dann nicht stellen, wenn ein funktionsfähiger

Händen. Damit haben im Ergebnis die Typ 2-Rechtsinhaber (ehemals die nachrangigen Gläubiger) Geldzahlungen erhalten, obwohl die Typ 1-Rechts-inhaber (ehemals die vorrangigen Gläubiger) nicht voll in Geld, sondern zum Teil in Anteilsrechten befriedigt worden sind. Dieses Resultat vermeidet das Verfahren zur Verteilung der Unternehmenseinheiten, das *Hart u.a.* im Rahmen ihres Modells vorsehen (s. zu diesem Modell bereits oben A.III.). Das Verteilungsverfahren, das *Hart u.a.* als „inside auction" bezeichnen, zeichnet sich dadurch aus, dass gezahlte Ausübungspreise immer an die höherrangigen Optionsinhaber weitergeleitet werden, bis diese dadurch in voller Höhe befriedigt sind. Nachrangige Optionsinhaber können erhaltene Geldzahlungen also nur dann behalten, wenn die ursprünglichen Forderungen ihnen vorrangiger Optionsinhaber voll durch Geldzahlungen beglichen sind. (Näher *Hart/La Porta Drago/Lopez-de-Silanes/Moore*, LSE Discussion Paper No. 254 (1997), S. 5 f., 9 ff.) Da sich der Verteilungsprozess in der „inside auction" in mehreren Durchgängen („rounds") vollzieht, wirkt das Verfahren im Vergleich zu demjenigen des Optionsmodells von *Bebchuk* umständlich.

271 S. dazu den Beispielsfall in der vorigen Fußnote: Die von Typ 3- und Typ 2-Rechtsinhabern insgesamt bezahlten Ausübungspreise von 100 $ + 25 $ = 125 $ hätten dort eigentlich ausgereicht, die Forderungen der ehemals vorrangigen Gläubiger in Höhe von 100 $ voll durch Geldzahlungen zu begleichen.

Markt für den Handel mit Optionsrechten bestünde. In diesem Fall wäre es nämlich kaum denkbar, dass in mehr als einer Optionsinhaberklasse nur ein Teil der Optionsrechte ausgeübt wird: Wenn einige Optionsinhaber in einer Klasse nicht vorhaben, ihre Optionsrechte auszuüben, so sollten sie gewillt sein, diese (für sie sonst wertlosen) Rechte zu einem sehr niedrigen Preis am Markt zu verkaufen. Für Optionsinhaber mit Optionsrechten niedrigeren Ranges ist es dann günstiger, ihre eigenen Rechte nicht auszuüben, sondern stattdessen die Unternehmenseinheiten durch Kauf und Ausübung der billigen Optionsrechte höheren Ranges zu erwerben. Es kommt also bei Existenz eines funktionsfähigen Marktes nicht zur Ausübung (eines Teils) der niedrigrangigeren Optionsrechte, wenn nur ein Teil der diesen höherrangigen Optionsrechte ausgeübt wird.[272]

3. Fehlen einer „new value exception" im Optionsverfahren

Nach der Rechtsprechung des Supreme Court ist es ausnahmsweise möglich, dass die alten Anteilsinhaber entgegen der Grundaussage der a.p.r. eine Beteiligung an dem reorganisierten Unternehmen erhalten, obwohl höherrangige Kapitalgeber nicht voll befriedigt werden.[273] Voraussetzung für die „new value exception" zur a.p.r. ist, dass die Anteilsinhaber dem Schuldner neues Geld oder geldwerte Mittel zuführen und ihre Beteiligung nach Planbestätigung diesen neuen Mitteln im Wesentlichen wirtschaftlich gleichwertig ist.[274] In einem Insolvenzverfahren auf der Grundlage des Optionsmodells erhalten die alten Anteilsinhaber nur durch Ausübung ihrer Optionsrechte und Bezahlung des Ausübungspreises eine Beteiligung an dem Unternehmen. In Fällen, in denen zum Überleben des Unternehmens eine Beteiligung der alten Anteilsinhaber notwen-

---

272 Bsp.: Wenn in dem unter A.I. verwendeten Beispielsfall nicht alle Typ 2-Rechte ausgeübt werden, kann angenommen werden, dass diese Rechte am Markt zu einem sehr niedrigen Preis erworben werden können. In dieser Situation ist es wahrscheinlich, dass gar keine Typ 3-Rechte ausgeübt werden: Der Inhaber eines Typ 3-Rechts muss 2 $ zahlen, um eine Einheit zu erhalten. Glaubt er, dass *V*/100 mehr als 2 $ beträgt, so ist es für ihn günstiger, sein Typ 3-Recht nicht auszuüben und stattdessen ein Typ 2-Recht zu dem sehr niedrigen Preis zu erwerben und auszuüben. Er zahlt dann für eine Einheit im Wert von *V*/100 nur einen Ausübungspreis von 1 $. *Bebchuk*, Harvard L.R. 1988, S. 788 Fn. 34. *Bebchuk* glaubt sogar, dass es im Falle eines öffentlichen Handels der Optionsrechte nie zu einer nur teilweisen Ausübung der Optionsrechte (auch nur) eines Typs kommt; s. oben A.I.3.

273 S. (auch zu Rechtsprechungsnachweisen) oben Zweiter Teil, Kap. 3, A.II.2.

274 Näher Zweiter Teil, Kap. 3, A.II.2.

dig erscheint, kann das Fehlen weitergehender Beteiligungsmöglichkeiten, wie sie die „new value exception“ einräumt, nachteilig sein. Der fortgesetzte Zugriff auf Erfahrung und Expertise von Anteilsinhabern wird jedoch in aller Regel nur dann erforderlich sein, wenn diese bereits vor der Unternehmenskrise als Manager fungiert haben. In größeren Unternehmen besteht diese Identität von (bedeutenden) Anteilsinhabern und Managern in aller Regel nicht. Die bisherigen Manager können auch nach der Krisenbewältigung vertraglich an das Unternehmen gebunden werden. Eine Notwendigkeit zur fortgesetzten Bindung der bisherigen Anteilsinhaber an das Unternehmen durch ihre weitere Beteiligung besteht nicht. Die geringe Bedeutung einer „new value exception“ für größere Unternehmen spricht somit – wie das Bedürfnis für einen funktionsfähigen Optionsmarkt – dafür, die Anwendung des Optionsmodells, in dem eine „new value exception“ nicht vorgesehen ist (und sich wohl auch nur schwerlich implementieren ließe), auf Großunternehmen zu beschränken.

4. Zusammenfassung und Ergebnis

a. Trotz der konzeptionellen Ausrichtung des Optionsmodells auf eine strikte Beachtung der absoluten Vorrangsregel ist auch in einem Optionsverfahren mit Abweichungen von der Rechtsregel zu rechnen. Allerdings ist davon auszugehen, dass sich die Abweichungen von denjenigen im US-amerikanischen Reorganisationsverfahren und im deutschen Insolvenzplanverfahren hinsichtlich der Ursachen und der Richtung unterscheiden: Verletzungen der a.p.r. können auf Fehleinschätzungen der Optionsinhaber bei der Bewertung des Krisenunternehmens und auf Schwierigkeiten mit der Finanzierung des Optionsausübungspreises beruhen. Beide Ursachen bewirken am ehesten Umverteilungen zu Lasten der Beteiligten am unteren Ende der Finanzierungshierarchie, also zu Lasten der niedrigrangigen Gläubiger und der alten Anteilsinhaber. Durch einen funktionsfähigen Markt für die Optionsrechte ließen sich Schätzfehler und Finanzierungsprobleme reduzieren und somit die Abweichungen von der a.p.r. verringern.

Die Befriedigung von Gläubigern durch die Zuteilung von Anteilsrechten im Optionsverfahren ist im Hinblick auf die Beachtung der Vorgaben der a.p.r. wohl unbedenklich. Betrachtet man sie dennoch als problematisch, so würde durch einen funktionsfähigen Optionsmarkt auch dieses Problem gemildert oder sogar beseitigt. Für eine Beschränkung des Optionsverfahrens auf die Insolvenzen von großen Unternehmen, die als Voraussetzung für einen funktionsfähigen Optionsmarkt anzusehen ist,[275] spricht außerdem, dass das Optionsmodell eine „new value exception“ zur a.p.r. nicht vorsieht.

b. Die Abweichungen von der a.p.r. dürften sich im Ergebnis, jedenfalls wenn ein liquider Optionsmarkt vorhanden ist, in vertretbaren Grenzen halten. Da aber auch in den gegenwärtigen Planverfahren, zumindest in demjenigen nach Chapter 11 BC, keine sehr gravierenden Umverteilungswirkungen festgestellt werden konnten,[276] kann in dieser Hinsicht eine eindeutige Überlegenheit des Optionsverfahrens nicht konstatiert werden.

III. Die Allokation des Unternehmensvermögens im Optionsverfahren

Möglicherweise ist in der Frage der optimalen Allokation des Unternehmensvermögens eine deutlichere Überlegenheit des Optionsverfahrens gegenüber dem US-amerikanischen Reorganisationsverfahren und dem deutschen Insolvenzplanverfahren erkennbar. Oben wurde festgestellt, dass ein gesetzliches Insolvenzverfahren die Entscheidung zwischen Fortführung und Liquidation eines Unternehmens nicht beeinflussen sollte.[277] Im Idealfall sollte es so ausgestaltet sein, dass allein das Ziel der Wertmaximierung die Verwertungsentscheidung bestimmt. Das Chapter 11-Verfahren und das deutsche Insolvenzplanverfahren werden dieser Anforderung nicht gerecht. In beiden Verfahren ist mit Fehlallokationen zu rechnen, weil Beteiligte, die die Verwertungsentscheidung beeinflussen können, Anreize haben, eine Reorganisation auch dann anzustreben, wenn diese nicht die wertmaximierende Verwertungsalternative darstellt. Neben den direkten persönlichen Vorteilen, die eine Reorganisation für das Unternehmensmanagement hat, haben vor allem Umverteilungseffekte zu Gunsten der Anteilsinhaber diese Anreizwirkung.[278]

[275] S. bereits oben E.I.3.
[276] S. oben Zweiter Teil, Kap. 3, C. bis E.
[277] S. Zweiter Teil, Kap. 4, A.II.
[278] S. oben Zweiter Teil, Kap. 4, B. und C.

In einem Insolvenzverfahren auf der Grundlage des Optionsmodells spielen die genannten Anreize keine Rolle: Eine Beeinflussung der Verwertungsentscheidung durch das Management zur Realisierung persönlicher Vorteile ist schon deshalb ausgeschlossen, weil das Management die Entscheidung gar nicht beeinflussen kann.[279] Sie fällt vielmehr nach Verteilung der Einheiten („units") durch die Abstimmung der neuen Anteilsinhaber über die gesammelten Bar- und Nicht-Bargebote.[280] Durch die Wahl einer bestimmten Verwertungsform können im Optionsverfahren auch keine Vermögensumverteilungen zu Gunsten der Anteilsinhaber erreicht werden. Die Entscheidung über die Verwertung des Unternehmensvermögens fällt nämlich erst, nachdem die Vermögensverteilung durch die Zuteilung und Ausübung der Optionsrechte und die anschließende Verteilung der Unternehmenseinheiten bereits abgeschlossen ist. Die Verwertungsentscheidung kann die Verteilungsentscheidung also nicht beeinflussen, weil beide klar getrennt sind.

Aus der Zuteilung der Unternehmenseinheiten (bzw. der Bruchteile von Unternehmenseinheiten) an die Optionsinhaber ergibt sich, wer die neuen Anteilsinhaber des Unternehmens sind. Da die Einheitenzuteilungen hinsichtlich ihrer Eigen- und (ggf.) Fremdkapitalanteile alle identisch sind und sich nur in der Höhe unterscheiden, haben die Anteilsinhaber keinen Anlass, ihre Entscheidung über die Verwertung des Unternehmensvermögens von etwaigen Vorteilen für bestimmte Eigen- oder Fremdkapitalpositionen abhängig zu machen. Die einzig sinnvolle Zielsetzung besteht für sie darin, den Wert des Unternehmensvermögens insgesamt und damit den Wert der einzelnen „units" zu maximieren. Durch die Zuteilung von Einheiten(bruchteilen) identischer Zusammensetzung erreicht das Optionsmodell also eine Ausrichtung der Interessen sämtlicher Anteilsinhaber auf das Ziel der Wertmaximierung: „The shareholders (...) will have an incentive to take that course of action – continuation, strategic reorientation, partial or full liquidation, etc. – which would maximize company value."[281]

[279] Falls das Management die Verwertungsentscheidung durch Vorlage eines eigenen (Nicht-Bar-)Gebots „beeinflusst", ist dies im Hinblick auf das Ziel der Wertmaximierung nicht nur unschädlich, sondern sogar erwünscht. Der Wettbewerb um die beste Verwertungsart wird dadurch nämlich gefördert.

[280] Vgl. Abb. 5 unter B.I.1.

[281] *Bebchuk*, European Econ. R. 2000, S. 837.

Zwar ist aufgrund der beträchtlichen Schwierigkeiten, mit denen eine Sanierungswürdigkeitsprüfung behaftet ist,[282] auch in einem Optionsverfahren keinesfalls gewährleistet, dass tatsächlich die wertmaximierende Verwertungsentscheidung getroffen wird. Es kommt jedoch nicht schon durch die Bevorzugung bestimmter Verwertungsformen zu Entscheidungsfehlern. Diese Neutralität des Optionsverfahrens verhindert volkswirtschaftliche Schäden, die im Verfahren nach Chapter 11 BC und im Insolvenzplanverfahren wegen der zu häufigen Reorganisation nicht sanierungswürdiger Unternehmen entstehen bzw. zu erwarten sind.[283]

IV. Die Kosten eines Optionsverfahrens

Es ist nun noch der Frage nachzugehen, ob ein gesetzliches Insolvenzverfahrens auf der Grundlage des Optionsmodells geringere Insolvenzkosten verursacht, als das US-amerikanische Reorganisationsverfahren und das deutsche Insolvenzplanverfahren. In Anlehnung an die Darstellung im Zweiten Teil der Arbeit (Kap. 5) wird dabei unterschieden zwischen den Kosten, die vor Beginn einer finanziellen Krise oder nach Krisenbeginn, aber vor Verfahrenseröffnung anfallen (Punkt 1.), und den Kosten, die nach Verfahrenseröffnung anfallen (Punkt 2.).

1. Einschätzung der durch den „punishment effect", den „over-/under-investment effect" und den „delay effect" ausgelösten Kosten

In einem Optionsverfahren entscheidet sich die Unternehmenszukunft durch die am Ende des Verfahrens stattfindende Abstimmung der neuen Anteilsinhaber über die gesammelten Bargebote und Nicht-Bargebote.[284] Die Manager des Unternehmens können versuchen, ihr Verbleiben im Amt durch Vorlage eines eigenen (Nicht-Bar-)Gebots sicherzustellen. Es ist jedoch völlig ungewiss, ob sich die Anteilsinhaber für ein Gebot von Managern entscheiden, die das Unternehmen gerade in die Krise geführt haben, wenn andere attraktive Gebote vor-

[282] S. dazu oben Zweiter Teil, Kap. 4, A.II.

[283] Vgl. für das US-amerikanische Reorganisationsverfahren die Ausführungen zur Studie von *Hotchkiss* im Zweiten Teil, Kap. 4, B.I. und für das Insolvenzplanverfahren den Zweiten Teil, Kap. 4, C.

[284] Vgl. den Verfahrensabschnitt 4 in Abb. 5 unter B.I.1.

handen sind. Die Gefahr für die Manager, schon kurze Zeit nach Verfahrenseröffnung[285] ihr Amt zu verlieren, ist daher in einem Optionsverfahren hoch. Die Manager erfahren somit eine strengere Behandlung als im deutschen Insolvenzplanverfahren und (erst recht) als im US-amerikanischen Reorganisationsverfahren. Nur in diesen Verfahren, nicht aber in einem Optionsverfahren, haben die Manager die Möglichkeit, durch Vorlage eines eigenen Reorganisationsplans auf ein Verbleiben im Amt hinzuwirken.[286]

Die strenge Behandlung des Managements im Optionsverfahren führt, sofern man einen Zusammenhang zwischen der Behandlung des Managements im Insolvenzverfahren und seinem Arbeitseinsatz vor Eintritt einer finanziellen Krise unterstellt, zu einem gegenüber den gegenwärtigen Verfahren geringeren „punishment effect" und damit zu diesbezüglich niedrigeren Kosten.[287] Umgekehrt sind die Kosten durch den „overinvestment effect" und den „underinvestment effect", die in der finanziellen Krise vor Verfahrenseröffnung auftreten, in einem Optionsverfahren vergleichsweise hoch: Die strenge Behandlung kann dazu beitragen, dass die Manager verstärkt riskante Investitionen durchführen und wirtschaftlich sinnvolle Investitionen unterlassen.[288] Auch die durch den „delay effect" ausgelösten Kosten dürften tendenziell höher sein als im Chapter 11-Verfahren und im Insolvenzplanverfahren, da die strenge Behandlung zum Hinauszögern der Verfahrenseröffnung verleitet; allerdings sind diese Kosten von den (durch die konkrete Verfahrensgestaltung vorgegebenen) Möglichkeiten des Managements abhängig, den Verfahrensbeginn hinauszuzögern.[289]

Da nähere Erkenntnisse zur praktischen Bedeutung der genannten Kostenkategorien bislang nicht vorliegen, kann eine klare Aussage, ob ein Optionsverfahren insoweit kostengünstiger ist als das US-amerikanische Reorganisationsverfahren und das deutsche Insolvenzplanverfahren, nicht getroffen werden.[290]

---

[285] Zur Verfahrensdauer s. sogleich 2.b.

[286] Vgl. Zweiter Teil, Kap. 5, B.I.1. (mit Verweis auf Kap. 4, B.II. und Kap. 4, C. im Zweiten Teil).

[287] Vgl. Zweiter Teil, Kap. 5, A.I.

[288] Vgl. Zweiter Teil, Kap. 5, A.II.1.

[289] Vgl. Zweiter Teil, Kap. 5, A.II.2.

[290] Beim Vergleich zwischen Chapter 11-Verfahren und Insolvenzplanverfahren war aus demselben Grund eine klare Aussage zur Vorteilhaftigkeit eines der Verfahren im Hinblick auf diese Kosten nicht möglich; vgl. oben Zweiter Teil, Kap. 5, B.I.4.

2. Einschätzung der nach Eröffnung des Optionsverfahrens anfallenden Insolvenzkosten

a. Nennenswerte Transaktionskosten der Insolvenzabwicklung dürften in einem Insolvenzverfahren auf der Grundlage des Optionsmodells vor allem durch die Zuteilung der Optionsrechte und die Organisation eines Handels in den Rechten entstehen. Falls zur Sicherheitenbewertung das marktorientierte Verfahren von *Bebchuk* und *Fried* Anwendung finden soll,[291] verursacht außerdem die Emission und Versteigerung von Nonrecourse Notes Transaktionskosten. Das Verhältnis dieser Kosten zum Wert des Unternehmensvermögens dürfte sich aufgrund von Degressionseffekten mit zunehmender Unternehmensgröße tendenziell günstiger darstellen.

b. Die Höhe der Transaktionskosten der Insolvenzabwicklung und auch die Höhe der Kosten, die ein Unternehmen im Insolvenzverfahren aufgrund der Reaktionen Beteiligter und Dritter treffen („indirekte" Kosten), hängt in hohem Maße von der Verweildauer des Unternehmens im Verfahren ab. Nach den Vorstellungen von *Aghion*, *Hart* und *Moore* und von *Bebchuk* sollen die Zuteilung der Optionsrechte und das Sammeln der Gebote in Verfahrensabschnitt 2 etwa drei Monate, der Handel der Optionsrechte bis zur Optionsausübung in Verfahrensabschnitt 3 etwa einen Monat in Anspruch nehmen.[292] In Verfahrensabschnitt 1 müssen die rechtlichen Positionen der Kapitalgeber ermittelt und klassifiziert werden und es ist ein inhaltlich entlasteter Reorganisationsplan aufzustellen und zu bestätigen. Geht man (optimistisch) davon aus, dass der Reorganisationsplan sehr schnell bestätigt werden kann, weil er keine Verteilungsfragen regelt,[293] so erscheint ein Zeitraum von zwei Monaten zur Bewältigung der Aufgaben in diesem Verfahrensabschnitt realistisch. Die Abstimmungsentscheidung der neuen Anteilsinhaber über die Unternehmenszukunft in Verfahrensabschnitt 4 sollte schon wenige Tage nach Verteilung der Unternehmenseinheiten fallen können, da schon während des Optionshandels Zeit zur Sammlung der

---

291 Vgl. Punkt C. in diesem Kapitel.

292 *Aghion/Hart/Moore*, j. of law, econ., & org. 1992, S. 533; *Bebchuk*, European Econ. R. 2000, S. 836; Zu den einzelnen Verfahrensabschnitten vgl. Abb. 5 unter B.I.1.

293 Vgl. oben B.I.1. und D.II.; Allerdings ist der Plan dann nicht völlig von Verteilungsproblemen befreit, wenn er sich mit der Bewertung von Sicherheiten auseinandersetzen muss, weil das Verfahren von *Bebchuk* und *Fried* nicht angewendet wird; vgl. oben C.III.

entscheidungsrelevanten Informationen zur Verfügung steht. Insgesamt ergäbe sich somit eine Verfahrensdauer von gut sechs Monaten.

Möglicherweise ist diese Einschätzung zu optimistisch, z.B. weil die Ermittlung und Klassifizierung der Rechtspositionen aufwendiger sein könnte als angenommen oder weil ein Handelszeitraum von einem Monat für die Bildung eines funktionsfähigen Optionsmarktes zu kurz sein könnte. Auch eine vorsichtigere Schätzung der Dauer eines Optionsverfahrens müsste sich jedoch deutlich unterhalb der für das US-amerikanische Reorganisationsverfahren ermittelten durchschnittlichen Verfahrensdauern von 17 bis 32 Monaten[294] bewegen. Da das deutsche Insolvenzplanverfahren wesentlich kürzere Verfahrensdauern erwarten lässt als das Chapter 11-Verfahren,[295] ist die zu erwartende Zeitersparnis entsprechend geringer. Auch gegenüber dem Insolvenzplanverfahren dürfte ein Optionsverfahren die Verfahrensdauer jedoch häufig abkürzen, sie zumindest aber berechenbarer machen, weil es Verhandlungen, die oftmals zu Verteilungsstreitigkeiten führen und Verzögerungstaktiken der Beteiligten ermöglichen, umgeht. Die kürzere Verfahrensdauer wirkt sich sowohl auf die Transaktionskosten der Insolvenzabwicklung als auch auf die „indirekten" Insolvenzkosten günstig aus; vor allem im Hinblick auf die letztere Kostenkategorie, die vermutlich die weitaus bedeutsamere der beiden darstellt,[296] kann ein Optionsverfahren erhebliches Einsparungspotential bieten.

c. Da die Verwertungsentscheidung im Optionsverfahren nicht von Verteilungsgesichtspunkten beeinflusst wird und daher allein am Ziel der Wertmaximierung orientiert ist, sind die Kosten, die durch Fehlallokationen entstehen, vermutlich geringer als im Verfahren nach Chapter 11 BC und im Insolvenzplanverfahren.[297]

---

[294] S. oben Zweiter Teil, Kap. 5, B.II.1.c.
[295] S. oben Zweiter Teil, Kap. 5, B.II.2.
[296] S. oben Zweiter Teil, Kap. 5, B.II.1.b.

F. Zusammenfassende Würdigung und Kritik des Optionsmodells

1. *Bebchuks* Optionsmodell bietet den gegenwärtig interessantesten Verfahrensvorschlag für eine marktorientierte Bewältigung von Unternehmensinsolvenzen. Mit dem Modell wird eine Aufteilung des Unternehmensvermögens unter Gläubigern und Anteilsinhabern erreicht, bei der lange, kostspielige Verhandlungen zwischen den Kapitalgebern vermieden werden. Die Festsetzung eines Unternehmenswerts durch eine besondere Instanz ist nicht erforderlich, da die Kapitalgeber selbst entscheiden können, ob sie dem Unternehmen einen Wert beimessen, bei dem die Ausübung ihrer Optionsrechte lohnend ist. In einem Insolvenzverfahren auf der Grundlage des Optionsmodells hat jeder Kapitalgeber die Möglichkeit, mindestens die Wertzuteilung zu realisieren, die ihm zusteht, sofern seine eigene Einschätzung des Unternehmenswerts zutreffend ist. Das Modell steht seinem konzeptionellen Ansatz nach im Einklang mit der Insolvenzrechtskonzeption von *Baird* und *Jackson*.

Der Verfahrensvorschlag von *Aghion*, *Hart* und *Moore* bereichert das Optionsmodell vor allem um die Idee, schon *vor* Ausübung der Optionsrechte verschiedene Angebote (Bargebote und Nicht-Bargebote) für das Unternehmen einzuholen und bekannt zu geben. Der Verfahrensvorschlag von *Hart, La Porta Drago*, *Lopez-de-Silanes* und *Moore* lässt hingegen keine wesentlichen Vorteile gegenüber dem Grundmodell von *Bebchuk* erwarten.

Die Überlegungen von *Black* und *Scholes* zur Optionsbewertung bieten den wirtschaftswissenschaftlichen Hintergrund für *Bebchuks* Idee der Insolvenzbewältigung durch Optionen. In *Bebchuks* Optionsmodell werden die Optionen, als die die Eigen- oder Fremdkapitaltitel eines Unternehmens interpretiert werden können, tatsächlich geschaffen und an die Kapitalgeber verteilt.

2. *Bebchuk* hält es für möglich, das Optionsmodell im Rahmen des gegenwärtigen US-amerikanischen Reorganisationsverfahrens durch Gestaltung eines auf dem Modell basierenden Reorganisationsplans anzuwenden. Das deutsche Insolvenzplanverfahren lässt die Anwendung des Optionsmodells gegenwärtig

[297] Vgl. oben III.

nicht zu. Soll das Optionsmodell in Deutschland Anwendung finden, müsste daher der gesetzliche Rahmen für seine Anwendung erst geschaffen werden (; etwa in Form eines eigenständigen Teils für ein Optionsverfahren in der Insolvenzordnung).

3. Mit ihren Ausführungen zur Bewertung des gesicherten Teils der Forderungen gesicherter Gläubiger versuchen *Bebchuk* und *Fried* erstmals, das Problem der Sicherheitenbewertung in der Unternehmensinsolvenz einer marktorientierten Lösung zuzuführen. Ziel ihres Modells ist es, kostenträchtige Verhandlungen und gerichtliche Entscheidungen über die Bewertung von Kreditsicherheiten zu vermeiden. Die praktische Umsetzung des Modells könnte vor allem an einer zu geringen Nachfrage nach den zu emittierenden Nonrecourse Notes scheitern.

4. Die Anwendung des Optionsmodells in der Praxis lässt eine Reihe von Schwierigkeiten erwarten, deren Gewicht nicht einfach abzuschätzen ist. Ein gravierendes Problem könnte die Finanzierung der Optionsausübungspreise durch die Optionsinhaber darstellen. Die Frage, ob die Ausübungspreise regelmäßig eine tragbare Höhe haben, bedarf vor der praktischen Umsetzung des Modells näherer Untersuchung. Ein funktionsfähiger Markt, auf dem die Optionsrechte zwischen Zuteilung und Ausübung gehandelt werden könnten, würde das Finanzierungsproblem mildern. In Deutschland könnte sich die Umsetzung des Optionsmodells auch deshalb als besonders problematisch erweisen, weil zu viele Forderungskategorien eine gesonderte Behandlung außerhalb des Optionsschemas erhalten müssten. So wären neben den gesicherten Forderungen, deren gesicherter Teil durch Bewertung in einem (inhaltlich entlasteten) Reorganisationsplan oder durch das Verfahren von *Bebchuk* und *Fried* bestimmt würde, (vor allem) auch die Masseforderungen von der Optionszuteilung auszunehmen. Für die Optionszuteilung verblieben nur die einfachen Insolvenzgläubiger, die verschiedenen Rangklassen nachrangiger Insolvenzgläubiger und die Anteilsinhaber, so dass häufig ein Großteil des Unternehmensvermögens außerhalb des Optionsschemas zu verteilen wäre. Die Probleme, die sich aus dem Erwerb großer Anteilspakete durch einzelne Optionsinhaber ergeben könnten – seien sie nun das direkte Resultat der erworbenen Einflussmöglichkeiten dieser Optionsinhaber auf die Unternehmensleitung oder Folge des deutschen Kapitalersatz- oder Konzernrechts – erscheinen demgegenüber weniger schwerwiegend. Mit ihnen ist nur in einem Teil der Insolvenzfälle zu rechnen und sie lassen sich teilweise umgehen.

5. Ein gesetzliches Insolvenzverfahren auf der Grundlage des Optionsmodells ist allerdings auch mit Vorteilen verbunden, die durch einen Blick auf die im Zweiten Teil der Arbeit erörterten Schwächen des Verfahrens nach Chapter 11 BC und des Insolvenzplanverfahrens deutlich werden: Zeitaufwendige gerichtliche Bewertungsentscheidungen entfallen in einem Optionsverfahren völlig. Ein Bewertungsproblem stellt sich nur in Gestalt des Risikos einer Fehleinschätzung des Unternehmenswerts durch die Optionsinhaber. Dem Risiko, durch Schätzfehler finanzielle Nachteile zu erleiden, unterliegen die Verhandlungsteilnehmer im Verfahren nach Chapter 11 BC und im Insolvenzplanverfahren jedoch in vergleichbarem Maße. In einem Optionsverfahren würde das Fehleinschätzungsrisiko zudem durch einen funktionsfähigen Markt für die Optionsrechte gemildert. Ob die praktische Anwendung des Optionsmodells eine striktere Einhaltung der absoluten Vorrangsregel gewährleisten würde als das US-amerikanische Reorganisationsverfahren und das deutsche Insolvenzplanverfahren, erscheint ungewiss. Allerdings gilt auch hier, dass im Falle der Existenz eines funktionsfähigen Optionsmarktes mit besseren Ergebnissen zu rechnen wäre. Im Hinblick auf die Verwertung des Unternehmensvermögens dürfte ein Insolvenzverfahren auf der Grundlage des Optionsmodells den gegenwärtigen Planverfahren in den USA und in Deutschland deutlich überlegen sein. Die Ausgestaltung des Optionsverfahrens gewährleistet, dass die Wahl der wertmaximierenden Verwertungsart unbeeinflusst von Verteilungsgesichtspunkten und von etwaigen persönlichen Vorteilen einer bestimmten Verwertungsalternative für das Unternehmensmanagement getroffen werden kann. Was schließlich die (nach Verfahrenseröffnung anfallenden) Insolvenzkosten anbelangt, ist zu vermuten, dass ein Optionsverfahren innerhalb eines verhältnismäßig kurzen Zeitraums durchgeführt werden kann und daher, zumindest gegenüber dem US-amerikanischen Reorganisationsverfahren, erhebliche Einsparungen ermöglicht.

6. Ist nach alldem die Einführung eines Insolvenzverfahrens auf der Grundlage des Optionsmodells durch den deutschen Gesetzgeber zu befürworten oder abzulehnen?

Jedenfalls sollte das Optionsmodell keine Anwendung auf Unternehmen finden, bei denen nicht mit der Bildung eines funktionsfähigen Marktes für den Optionsrechtshandel gerechnet werden kann. Fehlen die angeführten Vorteile eines regen Handels in den Optionsrechten, so leidet die Attraktivität des Modells beträchtlich. Seine Anwendbarkeit beschränkt sich in Deutschland somit von vornherein auf die Insolvenzen größerer Unternehmen in der Rechtsform der Aktiengesellschaft, die nur einen geringen Bruchteil der Gesamtzahl der Unternehmensinsolvenzen ausmachen.[298] Diese Beschränkung allein lässt allerdings angesichts der rasanten Entwicklung der Kapitalmärkte (insbesondere der Terminmärkte) und der stark steigenden Zahl insolventer Aktiengesellschaften zumindest für die Zukunft durchaus noch Raum für die Durchführung von Insolvenzverfahren auf der Grundlage des Optionsmodells.[299]

Es liegt in der Natur abstrakt konstruierter Verfahrensvorschläge, dass die Entscheidung über ihre gesetzgeberische Umsetzung mit vielen Unwägbarkeiten behaftet ist. Letztlich kann nur die praktische Durchführung eines Optionsverfahrens zeigen, ob die aufgezeigten Stärken des Modells von *Bebchuk* die erörterten Anwendungsprobleme aufwiegen und welches Gewicht weiteren, hier übersehenen, Vor- und Nachteilen zukommt. Auch wenn eine Umsetzungsempfehlung notwendigerweise auf Einschätzungen angewiesen ist, sollte sie jedenfalls unterbleiben, solange nicht in dieser Arbeit offengebliebene Fragen – etwa diejenige der Finanzierbarkeit des Optionsausübungspreises oder der ausreichenden Menge in das Optionszuteilungsschema einbeziehbarer Forderungen verschiedener Rangklassen – hinreichend beantwortet sind.

Ohnehin ist realistischerweise davon auszugehen, dass eine Empfehlung zur Einführung eines gesetzlichen Optionsverfahrens gegenwärtig weniger aufgrund seiner Anwendungsprobleme als vielmehr aufgrund der Situation der deutschen Insolvenzrechtspraxis wenig Gehör finden würde: Nachdem die rund zwanzig Jahre währende Debatte zur Insolvenzrechtsreform[300] mit Inkrafttreten der Insol-

---

[298] Zur Zahl der insolventen Aktiengesellschaften s. bereits die Einführung der Arbeit (unter 1.).

[299] Zum Wachstum der Terminmärkte s. oben E.I.3.c., insbes. Fn. 243; zum Anstieg der Zahl insolventer Aktiengesellschaften s. die Einführung der Arbeit (unter 1.; insbes. Fn. 20).

[300] Anfang 1978 setzte der damalige Justizminister *Vogel* die Kommission für Insolvenzrecht ein. Zu noch früheren Reformüberlegungen s. *Balz/Landfermann* (1999), S. XXIX f.

venzordnung ihren vorläufigen Schlusspunkt gefunden hat, ist die Rechtspraxis nun gerade dabei, die neuen Regelungen des Insolvenzplanverfahrens zu erproben. Die Aussichten, dass ein derart grundlegender Reformvorschlag wie derjenige von *Bebchuk* auf fruchtbaren Boden fällt, sind daher in Deutschland wesentlich geringer als in den USA, wo der Bankruptcy Code bereits seit 1979 in Kraft ist und seine Schwächen bereits deutlich in Erscheinung getreten sind. Gegenwärtig erscheint es daher nutzbringender, die Bemühungen zur Verfahrensverbesserung auf das Insolvenzplanverfahren zu konzentrieren. Neben Gesetzesänderungen, etwa zur Schaffung der bislang fehlenden Eingriffsmöglichkeiten in die Rechtsstellung der Anteilsinhaber in den §§ 217 ff. InsO,[301] ist hier auch an weitere Gestaltungsmöglichkeiten zu denken, wie sie z.B. der Einsatz „alternativer Streitbeilegungsmethoden" zur Optimierung der Insolvenzplanverhandlungen[302] bietet.

[301] Vgl. Zweiter Teil, Kap. 3, D.II. und III.

[302] S. zur Mediation als einer Form der alternativen Streitbeilegung („alternative dispute resolution") im Insolvenzplanverfahren *Eidenmüller* (1999), S. 536 ff.; *Kassing*, ZInsO 1999, S. 266 ff.; *Schuhmacher/Thiemann*, DZWIR 1999, S. 441 ff.; vgl. auch oben Erster Teil, Kap. 1, B.II.2.d.

Anhang: Gesetzestexte

I. 11 USC § 1129[1]

§ 1129
Confirmation of plan

(a) The court shall confirm a plan only if all of the following requirements are met:

(1) The plan complies with the applicable provisions of this title.

(2) The proponent of the plan complies with the applicable provisions of this title.

(3) The plan has been proposed in good faith and not by any means forbidden by law.

(4) Any payment made or to be made by the proponent, by the debtor, or by a person issuing securities or acquiring property under the plan, for services or for costs and expenses in or in connection with the case, or in connection with the plan and incident to the case, has been approved by, or is subject to the approval of, the court as reasonable;

(5)(A)(i) The proponent of the plan has disclosed the identity and affiliations of any individual proposed to serve, after confirmation of the plan, as a director, officer, or voting trustee of the debtor, an affiliate of the debtor participating in a joint plan with the debtor, or a successor to the debtor under the plan; and
(ii) the appointment to, or continuance in, such office of such individual, is consistent with the interests of creditors and equity security holders and with public policy; and
(B) the proponent of the plan has disclosed the identity of any insider that will be employed or retained by the reorganized debtor, and the nature of any compensation for such insider.

(6) Any governmental regulatory commission with jurisdiction, after confirmation of the plan, over the rates of the debtor has approved any rate change provided for in the plan, or such rate change is expressly conditioned on such approval.

(7) With respect to each impaired class of claims or interests –
(A) each holder of a claim or interest of such class –
(i) has accepted the plan; or
(ii) will receive or retain under the plan on account of such claim or interest property of a value, as of the effective date of the plan, that is not less than the amount that such holder would so receive or retain if the debtor were liquidated under chapter 7 of this title on such date; or
(B) if section 1111(b)(2) of this title applies to the claims of such class, each holder of a claim of such class will receive or retain under the plan on account of such claim property of a value, as of the effective date of the plan, that is not less than the value of such holder's interest in the estate's interest in the property that secures such claims.

(8) With respect to each class of claims or interests –
(A) such class has accepted the plan; or
(B) such class is not impaired under the plan.

[1] Quelle: USCA, S. 637 ff.

(9) Except to the extent that the holder of a particular claim has agreed to a different treatment of such claim, the plan provides that –

(A) with respect to a claim of a kind specified in section 507(a)(1) or 507(a)(2) of this title, on the effective date of the plan, the holder of such claim will receive on account of such claim cash equal to the allowed amount of such claim;

(B) with respect to a class of claims of a kind specified in section 507(a)(3), 507(a)(4), 507(a)(5) or 507(a)(6) of this title, each holder of a claim of such class will receive –

(i) if such class has accepted the plan deferred cash payments of a value, as of the effective date of the plan, equal to the allowed amount of such claim; or

(ii) if such class has not accepted the plan, cash on the effective date of the plan equal to the allowed amount of such claim; and

(C) with respect to a claim of a kind specified in section 507(a)(7) of this title, the holder of such claim will receive on account of such claim deferred cash payments, over a period not exceeding six years after the date of assessment of such claim, of a value, as of the effective date of the plan, equal to the allowed amount of such claim.

(10) If a class of claims is impaired under the plan, at least one class of claims that is impaired under the plan has accepted the plan, determined without including any acceptance of the plan by any insider.

(11) Confirmation of the plan is not likely to be followed by the liquidation, or the need for further financial reorganization, of the debtor or any successor to the debtor under the plan, unless such liquidation or reorganization is proposed in the plan.

(12) All fees payable under section 1930, as determined by the court at the hearing on confirmation of the plan, have been paid or the plan provides for the payment of all such fees on the effective date of the plan.

(13) The plan provides for the continuation after its effective date of payment of all retiree benefits, as that term is defined in section 1114 of this title, at the level established pursuant to subsection (e)(1)(B) or (g) of section 1114 of this title, at any time prior to confirmation of the plan, for the duration of the period the debtor has obligated itself to provide such benefits.

(b)(1) Notwithstanding section 510(a) of this title, if all of the applicable requirements of subsection (a) of this section other than paragraph (8) are met with respect to a plan, the court, on request of the proponent of the plan, shall confirm the plan notwithstanding the requirements of such paragraph if the plan does not discriminate unfairly, and is fair and equitable, with respect to each class of claims or interests that is impaired under, and has not accepted, the plan.

(2) For the purpose of this subsection, the condition that a plan be fair and equitable with respect to a class includes the following requirements:

(A) With respect to a class of secured claims, the plan provides –

(i)(I) that the holders of such claims retain the liens securing such claims, whether the property subject to such liens is retained by the debtor or transferred to another entity, to the extent of the allowed amount of such claims; and

(II) that each holder of a claim of such class receive on account of such claim deferred cash payments totaling at least the allowed amount of such claim, of a value, as of the effective date of the plan, of at least the value of such holder's interest in the estate's interest in such property;

(ii) for the sale, subject to section 363(k) of this title, of any property that is subject to the liens securing such claims, free and clear of such liens, with such liens to attach to the proceeds of such sale, and the treatment of such liens on proceeds under clause (i) or (iii) of this subparagraph; or

(iii) for the realization by such holders of the indubitable equivalent of such claims.

(B) With respect to a class of unsecured claims –

(i) the plan provides that each holder of a claim of such class receive or retain on account of such claim property of a value, as of the effective date of the plan, equal to the allowed amount of such claim; or

(ii) the holder of any claim or interest that is junior to the claims of such class will not receive or retain under the plan on account of such junior claim or interest any property.

(C) With respect to a class of interests –

(i) the plan provides that each holder of an interest of such class receive or retain on account of such interest property of a value, as of the effective date of the plan, equal to the greatest of the allowed amount of any fixed liquidation preference to which such holder is entitled, any fixed redemption price to which such holder is entitled, or the value of such interest; or

(ii) the holder of any interest that is junior to the interests of such class will not receive or retain under the plan on account of such junior interest any property.

(c) Notwithstanding subsections (a) and (b) of this section and except as provided in section 1127(b) of this title, the court may confirm only one plan, unless the order of confirmation in the case has been revoked under section 1144 of this title. If the requirements of subsections (a) and (b) of this section are met with respect to more than one plan, the court shall consider the preferences of creditors and equity security holders in determining which plan to confirm.

(d) Notwithstanding any other provision of this section, on request of a party in interest that is a governmental unit, the court may not confirm a plan if the principal purpose of the plan is the avoidance of taxes or the avoidance of the application of section 5 of the Securities Act of 1933 (15 USC 77e). In any hearing under this subsection, the governmental unit has the burden of proof on the issue of avoidance.

II. §§ 245, 247, 251 InsO[2]

§ 245
Obstruktionsverbot

(1) Auch wenn die erforderlichen Mehrheiten nicht erreicht worden sind, gilt die Zustimmung einer Abstimmungsgruppe als erteilt, wenn

1. die Gläubiger dieser Gruppe durch den Insolvenzplan voraussichtlich nicht schlechter gestellt werden, als sie ohne einen Plan stünden,
2. die Gläubiger dieser Gruppe angemessen an dem wirtschaftlichen Wert beteiligt werden, der auf der Grundlage des Plans den Beteiligten zufließen soll, und
3. die Mehrheit der abstimmenden Gruppen dem Plan mit den erforderlichen Mehrheiten zugestimmt hat.

[2] Insolvenzordnung vom 5.10.1994, BGBl. I S. 2866

(2) Eine angemessene Beteiligung der Gläubiger einer Gruppe im Sinne des Absatzes 1 Nr. 2 liegt vor, wenn nach dem Plan

1. kein anderer Gläubiger wirtschaftliche Werte erhält, die den vollen Betrag seines Anspruchs übersteigen,
2. weder ein Gläubiger, der ohne einen Plan mit Nachrang gegenüber den Gläubigern der Gruppe zu befriedigen wäre, noch der Schuldner oder eine an ihm beteiligte Person einen wirtschaftlichen Wert erhält und
3. kein Gläubiger, der ohne einen Plan gleichrangig mit den Gläubigern der Gruppe zu befriedigen wäre, besser gestellt wird als diese Gläubiger.

§ 247
Zustimmung des Schuldners

(1) Die Zustimmung des Schuldners zum Plan gilt als erteilt, wenn der Schuldner dem Plan nicht spätestens im Abstimmungstermin schriftlich oder zu Protokoll der Geschäftsstelle widerspricht.

(2) Ein Widerspruch ist im Rahmen des Absatzes 1 unbeachtlich, wenn

1. der Schuldner durch den Plan voraussichtlich nicht schlechter gestellt wird, als er ohne einen Plan stünde, und
2. kein Gläubiger einen wirtschaftlichen Wert erhält, der den vollen Betrag seines Anspruchs übersteigt,

§ 251
Minderheitenschutz

(1) Auf Antrag eines Gläubigers ist die Bestätigung des Insolvenzplans zu versagen, wenn der Gläubiger

1. dem Plan spätestens im Abstimmungstermin schriftlich oder zu Protokoll der Geschäftsstelle widersprochen hat und
2. durch den Plan voraussichtlich schlechter gestellt wird, als er ohne einen Plan stünde.

(2) Der Antrag ist nur zulässig, wenn der Gläubiger glaubhaft macht, dass er durch den Plan schlechter gestellt wird.

Literaturverzeichnis[1]

I. Kommentare, Monographien u.a.

Achsnick, Jan (2002)
Options-Modelle im Insolvenzplanverfahren

Arnold, Egon (1999)
Rechtspflegergesetz: Kommentar, 5. Auflage (zit.: *Arnold*-RPflG-*Bearbeiter*)

Backhaus, Klaus u.a. (2000)
Multivariate Analysemethoden: Eine anwendungsorientierte Einführung, 9. Auflage

Baird, Douglas G. (1993)
The elements of bankruptcy

Balz, Manfred (1986)
Sanierung von Unternehmen oder von Unternehmensträgern?

derselbe (2000)
Die Ziele der Insolvenzordnung, in: Arbeitskreis für Insolvenz- und Schiedsgerichtswesen e.V., Köln (Hrsg.), Kölner Schrift zur Insolvenzordnung: Das neue Insolvenzrecht in der Praxis, 2. Auflage, S. 3 ff.

Balz, Manfred/Landfermann, Hans-Georg (1999)
Die neuen Insolvenzgesetze, Texte mit Einführung und den amtlichen Materialien, 2. Auflage

Bauch, Matthias (1998)
Unternehmensinsolvenzen: Prophylaxe und Bewältigung in Frankreich: Darstellung und ökonomische Analyse von procédure d`alerte, règlement amiable und redressement et liquidation judiciaires

Baumbach, Adolf/Hopt, Klaus J. (2000)
Handelsgesetzbuch, 30. Auflage

Baur, Fritz/Stürner, Rolf (1990)
Zwangsvollstreckungs-, Konkurs- und Vergleichsrecht, Band II: Insolvenzrecht, 12. Auflage

Bellinger, Bernhard/Vahl, Günter (1992)
Unternehmensbewertung in Theorie und Praxis, 2. Auflage

[1] Die Bandzählung wird bei Aufsätzen im Literaturverzeichnis nur angegeben, wenn die Angabe von Jahrgang und Seitenzahl zur eindeutigen Bezeichnung der Fundstelle nicht ausreichend ist. Zitiert wird im Text – sofern im Literaturverzeichnis nicht anders angegeben – nach Autor und Jahr. Bei Aufsätzen aus Zeitschriften wird im Zitat außerdem das Zeitschriftenkürzel genannt.

Bhandari, Jagdeep S./Weiss, Lawrence A. (Hrsg.) (1996)
Corporate bankruptcy: Economic and legal perspectives

Bork, Reinhard (1998)
Einführung in das neue Insolvenzrecht, 2. Auflage

Brandstätter, Jörn (1993)
Die Prüfung der Sanierungsfähigkeit notleidender Unternehmen: Grundlagen, Durchführung und Unterstützung durch Expertensysteme

Braun, Eberhard/Uhlenbruck, Wilhelm (1997)
Unternehmensinsolvenz: Grundlagen, Gestaltungsmöglichkeiten, Sanierung mit der Insolvenzordnung

Bretzke, Wolf-Rüdiger (1975)
Das Prognoseproblem bei der Unternehmensbewertung: Ansätze zu einer risikoorientierten Bewertung ganzer Unternehmen auf der Grundlage modellgestützter Erfolgsprognosen

Brox, Hans/Walker, Wolf-D. (1999)
Zwangsvollstreckungsrecht, 6. Auflage

Buchanan, Norman S. (1940)
The economics of corporate enterprise, Ausgabe New York 1950

Bundesministerium der Justiz (1985)
Erster Bericht der Kommission für Insolvenzrecht

Bundesministerium der Justiz (1988)
Diskussionsentwurf: Gesetz zur Reform des Insolvenzrechts, Band I: Entwurf einer Insolvenzordnung (EInsO) und anderer Reformvorschriften

Bundesministerium der Justiz (1989 a)
Diskussionsentwurf: Gesetz zur Reform des Insolvenzrechts, Band II: Ergänzungen

Bundesministerium der Justiz (1989 b)
Referentenentwurf: Gesetz zur Reform des Insolvenzrechts

Clauretie, Terrence M./Sirmans, G. Stacy (1999)
Real estate finance, 3. Auflage

Deutsche Börse AG (Hrsg.) (2001)
Factbook 2000

Dilger, Alexander (1998)
Auktionen in Insolvenzen: Ein Vorschlag zur optimalen Gestaltung von Insolvenzverfahren

Drukarczyk, Jochen (1987)
Unternehmen und Insolvenz: Zur effizienten Gestaltung des Kreditsicherungs- und Insolvenzrechts

derselbe (1994)
Soll das Insolvenzrecht eine Reorganisation zulassen?, in: Gerke, Wolfgang (Hrsg.), Planwirtschaft am Ende – Marktwirtschaft in der Krise?, S. 109 ff.

derselbe (2001)
Unternehmensbewertung, 3. Auflage

Eidenmüller, Horst (1997)
Insolvenzbewältigung durch Reorganisation, in: Ott, Claus/Schäfer, Hans-Bernd (Hrsg.), Effiziente Verhaltenssteuerung und Kooperation im Zivilrecht: Beiträge zum V. Travemünder Symposium zur ökonomischen Analyse des Rechts (27.-30. März 1996), S. 145 ff.

derselbe (1998)
Effizienz als Rechtsprinzip: Möglichkeiten und Grenzen der ökonomischen Analyse des Rechts, 2. Auflage

derselbe (1999)
Unternehmenssanierung zwischen Markt und Gesetz: Mechanismen der Unternehmensreorganisation und Kooperationspflichten im Reorganisationsrecht

Fassbach, Burkhard (1997)
Die cram down power des amerikanischen Konkursgerichtes im Reorganisationsverfahren nach Chapter 11 des Bankruptcy Code

Flessner, Axel (1982)
Sanierung und Reorganisation: Insolvenzverfahren für Großunternehmen in rechtsvergleichender und rechtspolitischer Untersuchung

Franke, Günter/Hax, Herbert (1999)
Finanzwirtschaft des Unternehmens und Kapitalmarkt, 4. Auflage

Frankfurter Kommentar zur Insolvenzordnung
Wimmer, Klaus (Hrsg.), 1999 (zit.: FK-InsO-*Bearbeiter*)

Geßler, Jörg H.
Aktiengesetz, Loseblatt, Stand: Dezember 1999

Groß, Paul J. (1988)
Sanierung durch Fortführungsgesellschaften: Der Weg von der Sanierungsprüfung bis zur Konstituierung und finanziellen Entlastung der Fortführungsgesellschaft in betriebswirtschaftlicher, rechtlicher und steuerlicher Sicht, 2. Auflage

Hart, Oliver (1995)
Firms, contracts, and financial structure

Häussermann, Lutz (1986)
Sanierung der Aktiengesellschaft gemäss Chapter 11 des amerikanischen Bankruptcy Code aus schweizerischer Sicht

Hax, Herbert (1989)
Die ökonomischen Aspekte der neuen Insolvenzordnung, in: Kübler, Bruno (Hrsg.), Neuordnung des Insolvenzrechts, S. 21 ff.

Heidelberger Kommentar zur Insolvenzordnung
Eickmann, Dieter u.a., 2. Auflage 2001 (zit.: HK-InsO-*Bearbeiter*)

Hüffer, Uwe (1999)
Aktiengesetz, 4. Auflage

Institut der Wirtschaftsprüfer in Deutschland e.V. (Hrsg.)
Wirtschaftsprüfer-Handbuch 1998: Handbuch für Rechnungslegung, Prüfung und Beratung, Band II, 11. Auflage 1998 (zit.: IdW, WP-Handbuch (1998))

Jackson, Thomas H. (1986)
The logic and limits of bankruptcy law

Kemper, Martin (1996)
Die U.S.-amerikanischen Erfahrungen mit „Chapter 11“: Ein Vergleich mit dem Insolvenzplan der neuen Insolvenzordnung

Kramer, Ulrich (1977)
Das anglo-amerikanische Sonderverfahren zur Reorganisation von Kapitalgesellschaften nach Abschnitt X des Bankruptcy Acts

Kübler, Bruno (2000)
Die neue Insolvenzordnung – Erste Erfahrungen aus der Sicht eines Insolvenzverwalters, in: Die neue Insolvenzordnung – Erste Erfahrungen und Tragweite für die Kreditwirtschaft/ Bankrechtstag 1999, S. 49 ff.

Kübler, Bruno/Prütting, Hans (Hrsg.)
InsO: Kommentar zur Insolvenzordnung, Loseblatt, Band II, Stand: November 1999 (zit.: K/P-*Bearbeiter*)

Langenkämper, Christof (1999)
Unternehmensbewertung: DCF-Methoden und simulativer VOFI-Ansatz

Lausterer, Martin (1997)
Unternehmensbewertung zwischen Betriebswirtschaftslehre und Rechtsprechung

Maunz, Theodor/Dürig, Günter u.a.
Grundgesetz: Kommentar, Loseblatt, Band IV (Art. 91a bis 146), Stand: Mai 1994 (zit.: *Maunz/Dürig-Bearbeiter*)

Maus, Karl Heinz (2000)
Der Insolvenzplan, in: Arbeitskreis für Insolvenz- und Schiedsgerichtswesen e.V., Köln (Hrsg.), Kölner Schrift zur Insolvenzordnung: Das neue Insolvenzrecht in der Praxis, 2. Auflage, S. 931 ff.

Merkt, Hanno (1991)
US-amerikanisches Gesellschaftsrecht

Meyer, Josef (1981)
Konzeptionelle Probleme der Wertfindung im Rahmen des anglo-amerikanischen Sonderverfahrens zur Reorganisation von Kapitalgesellschaften nach Abschnitt X des Bankruptcy Acts

Münchener Kommentar zur Insolvenzordnung
Kirchhof, Hans-Peter/Lwowski, Hans-Jürgen/Stürner, Rolf (Hrsg.), 2001
(zit.: MK-InsO-*Bearbeiter*)

Nerlich, Jörg/Römermann, Volker (Hrsg.)
Insolvenzordnung (InsO), Loseblatt, Stand: 1. Januar 1999
(zit.: N/R-*Bearbeiter*)

Peemöller, Volker H. (Hrsg.) (2001)
Praxishandbuch der Unternehmensbewertung
(zit.: *Peemöller-Bearbeiter*)

Perridon, Louis/Steiner, Manfred (1999)
Finanzwirtschaft der Unternehmung, 10. Auflage

Picot, Gerhard/Aleth, Franz (1999)
Unternehmenskrise und Insolvenz: Vorbeugung, Turnaround, Sanierung

Piltz, Detlev J. (1994)
Die Unternehmensbewertung in der Rechtsprechung, 3. Auflage

Posner, Richard A. (1998)
Economic analysis of law, 5. Auflage

Rawls, John (1971)
A theory of justice

Ritter, Wolfgang (2000)
Unternehmenssanierung im neuen Insolvenzrecht: Eine Analyse aus Sicht der Kreditinstitute

Schiessler, Wolfram (1997)
Der Insolvenzplan

Schimansky, Herbert/Bunte, Hermann-Josef/Lwowski, Hans-Jürgen (Hrsg.) (2001)
Bankrechts-Handbuch (zit.: *Schimanski/Bunte/Lwowski-Bearbeiter*)

Schmidt, Karsten (1991)
Die übertragende Sanierung – Bestandsaufnahmen und Ausblicke an der Schwelle der Insolvenzrechtsreform, in: Leipold, Dieter (Hrsg.): Insolvenzrecht im Umbruch, Analysen und Alternativen/ Würzburger Arbeitstagung der Vereinigung der Zivilprozesslehrer zum Referentenentwurf einer Insolvenzordnung, S.67 ff.

Schmidt, Karsten/Uhlenbruck, Wilhelm (Hrsg.) (1999)
Die GmbH in Krise, Sanierung und Insolvenz: Gesellschaftsrecht, neues Insolvenzrecht, Steuerrecht, Arbeitsrecht, Bankrecht und Organisation bei Krisenvermeidung, Krisenbewältigung und Abwicklung, 2. Auflage
(zit.: *Schmidt/Uhlenbruck-Bearbeiter*)

Schön, Etienne (2000)
Unternehmensbewertung im Gesellschafts- und Vertragsrecht

Smid, Stefan/Rattunde, Rolf (1998)
Der Insolvenzplan: Handbuch für das Sanierungsverfahren nach dem neuen Insolvenzrecht mit praktischen Beispielen und Musterverfügungen

Steiner, Manfred/Bruns, Christoph (2000)
Wertpapiermanagement, 7. Auflage

Stürner, Rolf (1991)
Aufstellung und Bestätigung des Insolvenzplans, in: Leipold, Dieter (Hrsg.), Insolvenzrecht im Umbruch, Analysen und Alternativen/ Würzburger Arbeitstagung der Vereinigung der Zivilprozesslehrer zum Referentenentwurf einer Insolvenzordnung, S. 41 ff.

Terhart, Peter (1996)
Chapter 11 Bankruptcy Code: eine Alternative für Deutschland?: Dokumentation, Analyse und Bewertung des amerikanischen Reorganisationsverfahrens mit einer kritischen Stellungnahme zur neuen deutschen Insolvenzordnung

United States Code Annotated (1993)
Title 11, Bankruptcy, §§ 701 to 1140, Official revision and codification of the laws relating to bankruptcy under arrangement of official code of the laws of the United States with annotations from Federal and State Courts (zit.: USCA)

Vorstand der Industriegewerkschaft Metall für die Bundesrepublik Deutschland (Hrsg.) (1982)
Das Sanierungsverfahren in einem zukünftigen Insolvenzrecht, Protokoll der konkursrechtlichen Arbeitstagung am 29. und 30. Oktober 1981

Waxman, Ned W. (1997)
Bankruptcy, 4. Auflage

Wegmann, Jürgen (1987)
Die Sanierungsprüfung

White, Michelle J. (1996)
The costs of corporate bankruptcy: A U.S.–European comparison, in: Bhandari, Jagdeep S./Weiss, Lawrence A. (Hrsg.), Corporate bankruptcy: Economic and legal perspectives, S. 467 ff.

Zweigert, Konrad/Kötz, Hein (1996)
Einführung in die Rechtsvergleichung auf dem Gebiete des Privatrechts, 3. Auflage

II. Aufsätze

Adler, Barry E. (1992)
Bankruptcy and risk allocation, in: Cornell L.R., S. 439 ff.

derselbe (1993)
Financial and political theories of American corporate bankruptcy, in: Stanford L.R., S. 311 ff.

Aghion, Philippe/Hart, Oliver/Moore, John (1992)
The economics of bankruptcy reform, in: j. of law, econ., & org., S. 523 ff.

dieselben (1995)
Insolvency reform in the UK: a revised proposal in: Insolvency Law & Practice, S. 67 ff.

Akerlof, George A. (1970)
The market for "lemons": Quality uncertainty and the market mechanism, in: Quarterly j. of econ., S. 488 ff.

Ang, James S./Chua, Jess H./McConnell, John J. (1982)
The administrative costs of corporate bankruptcy: A note, in: j. of finance, S. 219 ff.

Baird, Douglas G. (1986)
The uneasy case for corporate reorganizations, in: j. of legal st., S. 127 ff.

derselbe (1987)
A world without bankruptcy, in: Law and Cont. Pr., S. 173 ff.

derselbe (1987)
Loss distribution, forum shopping and bankruptcy: A reply to Warren, in: Univ. of Chic. L.R., S. 815 ff.

derselbe (1993)
Revisiting auctions in Chapter 11, in: j. of law and econ., S. 633 ff.

Baird, Douglas G./Jackson, Thomas H. (1984)
Corporate reorganizations and the treatment of diverse ownership interests: A comment on adequate protection of secured creditors in bankruptcy, in: Univ. of Chic. L.R., S. 97 ff.

dieselben (1988)
Bargaining after the fall and the contours of the absolute priority rule, in: Univ. of Chic. L.R., S. 738 ff.

Baird, Douglas G./Picker, Randal C. (1991)
A simple noncooperative bargaining model of corporate reorganizations, in: j. of legal st., S. 311 ff.

Balz, Manfred (1988)
Aufgaben und Struktur des künftigen einheitlichen Insolvenzverfahrens, in: ZIP, S. 273 ff.

derselbe (1988)
Logik und Grenzen des Insolvenzrechts: Zugleich eine Besprechung von Jackson, The logic and limits of bankruptcy law, in: ZIP, S. 1438 ff.

Bebchuk, Lucian Arye (1988)
A new approach to corporate reorganizations, in: Harvard L.R., S. 775 ff.

derselbe (1998)
Chapter 11, NBER working paper 6473

derselbe (2000)
Using options to divide value in corporate bankruptcy, in: European Econ. R., S. 829 ff.

derselbe (2001)
Ex ante costs of violating absolute priority in bankruptcy, in: Harvard Law School, Discussion Paper 328

Bebchuk, Lucian Arye/Chang, Howard F. (1992)
Bargaining and the Division of value in corporate reorganization, in: j. of law, econ., & org., S. 253 ff.

Bebchuk, Lucian Arye/Fried, Jesse M. (2001)
A new approach to valuing secured claims in bankruptcy, in: Harvard L.R., S. 2386 ff.

Betker, Brian L. (1995)
Management's incentives, equity's bargaining power, and deviations from absolute priority in Chapter 11 bankruptcies, in: j. of business, S. 161 ff.

Bhattacharyya, Sugato/Singh, Rajdeep (1999)
The resolution of bankruptcy by auction: allocating the residual right of design, in: j. of financial econ., S. 269 ff.

Black, Fischer/Scholes, Myron (1972)
The valuation of option contracts and a test of market efficiency, in: j. of finance, S. 399 ff.

dieselben (1973)
The pricing of options and corporate liabilities, in: j. of political econ., S. 637 ff.

Blum, Walter J. (1950)
The law and language of corporate reorganization, in: Univ. of Chic. L.R., S. 565 ff.

Bonbright, James C./Bergerman, Milton M. (1928)
Two rival theories of priority rights of security holders in a corporate reorganization, in: Columbia L.R., S. 127 ff.

Bradley, Michael/Rosenzweig, Michael (1992)
The untenable case for Chapter 11, in: 101 Yale L.J., S. 1043 ff.

Braun, Eberhard (1999)
Das Obstruktionsverbot in der Praxis: Ein überzeugender Start, in: NZI, S. 473 ff.

derselbe (2000)
Der Insolvenzplan – Mobbing für ein neues Rechtsinstitut, in: NZI, Heft 11, S. V f.

Broude, Richard F. (1984)
Cramdown and Chapter 11 of the Bankruptcy Code: The settlement imperative, in: Bus.Law., S. 441 ff.

Bull, Leland L. (1980)
Der Bankruptcy Reform Act – das neue amerikanische Konkursgesetz von 1978, in: ZIP, S. 843 ff.

Bungert, Hartwin/Eckert, Jan (2000)
Unternehmensbewertung nach Börsenwert: Zivilgerichtliche Umsetzung der BVerfG-Rechtsprechung, in: BB, S. 1845 ff.

Cutler, David M./Summers, Lawrence H. (1988)
The costs of conflict resolution and financial distress: evidence from the Texaco-Pennzoil litigation, in: RAND j. of econ., S. 157 ff.

Drukarczyk, Jochen (1989)
Insolvenzrecht als Versuch marktkonformer Gestaltung von Verwertungsentscheidungen und Verteilungsregeln, in: ZIP, S. 341 ff.

derselbe (1995)
Verwertungsformen und Kosten der Insolvenz, in: BFuP, S. 40 ff.

derselbe (1998)
Insolvenzplan und Obstruktionsverbot, Regensburger Diskussionsbeiträge zur Wirtschaftswissenschaft Nr. 315

Eberhart, Allan C./Moore, William T./Roenfeldt, Rodney L. (1990)
Security pricing and deviations from the absolute priority rule in bankruptcy proceedings, in: j. of finance, S. 1457 ff.

Eidenmüller, Horst (1996)
Die Banken im Gefangenendilemma: Kooperationspflichten und Akkordstörungsverbot im Sanierungsrecht, in: ZHR, S. 343 ff.

derselbe (1999)
Prognoseentscheidungen im Insolvenzplanverfahren: Verfahrenslähmung durch Minderheitenschutz?, in: NJW 1999, S. 1837 ff.

Ferris, Stephen P./Lawless, Robert M. (2000)
The expenses of financial distress: The direct costs of Chapter 11, in: Univ. of Pittsburgh L.R., S. 629 ff.

Finch, Vanessa (1997)
The measures of insolvency law, in: Oxford J. of Legal St., S. 227 ff.

Franks, Julian R./Torous, Walter N. (1989)
An empirical investigation of U.S. firms in reorganization, in: j. of finance, S. 747 ff.

Georg, Thomas (2000)
Insolvenzplanverfahren: Erste Erfahrungen, in: ZinsO 2000, S. 93 ff.

Gertner, Robert/Scharfstein, David (1991)
A theory of workouts and the effects of reorganization law, in: j. of finance, S. 1189 ff.

Großfeld, Bernhard (2000)
Börsenkurs und Unternehmenswert, in: BB, S. 261 ff.

Hansen, Herbert (2001)
Der Bestand an Aktiengesellschaften steigt bis Ende 2001 auf mehr als 13.000 an, in: AG, S. R 315 ff.

Hart, Oliver/La Porta Drago, Rafael/Lopez-de-Silanes, Florencio/Moore, John (1997)
A new bankruptcy procedure that uses multiple auctions, in: LSE Discussion Paper No. 254 (auch erschienen als: NBER working paper 6278 (1997))

Hax, Herbert (1985)
Economic aspects of bankruptcy law, in: j. of inst. and th. econ., S. 80 ff.

Hennrichs, Joachim (1995)
Treuepflichten im Aktienrecht, in: AcP, S. 221 ff.

Hinrichs, Mark (2002)
Insolvenzbewältigung durch Optionen? – Neue Impulse für marktorientierte Verfahrensmodelle zur Reform des Insolvenzrechts aus den USA, in: KTS, S. 497 ff.

Hirte, Heribert/Otte, Karsten (1994)
Die Rechtsentwicklung im Insolvenzrecht in den Vereinigten Staaten im Jahre 1993, in: ZIP, S. 1493 ff.

Hohloch, Gerhard (1982)
Sanierung durch „Sanierungsverfahren“: Ein rechtsvergleichender Beitrag zur Insolvenzrechtsreform, in: ZGR, S. 145 ff.

Hotchkiss, Edith (1995)
Postbankruptcy performance and management turnover, in: j. of finance, S. 3 ff.

Hüttemann, Rainer (1998)
Unternehmensbewertung als Rechtsproblem, in: ZHR, S. 563 ff.

Jackson, Thomas H. (1982)
Bankruptcy, nonbankruptcy entitlements, and the creditors` bargain, in: 91 Yale L.J., S. 857 ff.

derselbe (1985)
Translating assets and liabilities to the bankruptcy forum, in: j. of legal st., S. 73 ff.

derselbe (1993)
Comment on Baird, "Revisiting auctions in Chapter 11", in: j. of law and econ., S. 655 ff.

Jackson, Thomas H./Scott, Robert E. (1989)
On the nature of bankruptcy: An essay on bankruptcy sharing and the creditors` bargain, in: Virginia L.R., S. 155 ff.

Jander, Klaus H. (1993)
Übersicht über das amerikanische Konkursrecht unter Berücksichtigung der Reformvorhaben, in: RIW, S. 547 ff.

Jensen, Michael C. (1991)
Corporate control and the politics of finance, in: j. of applied corp. finance, S. 13 ff.

Jonas, Martin (1995)
Unternehmensbewertung: Zur Anwendung der Discounted-Cash-Flow-Methode in Deutschland, in: BFuP, S. 83 ff.

Kassing, Uwe (1999)
Mediation im Insolvenzplanverfahren – eine Verhandlungstechnik zur Durchsetzung von Insolvenzplänen?, in: ZInsO, S. 266 ff.

Kilger, Joachim (1975)
Der Konkurs des Konkurses, in: KTS, S. 142 ff.

King, Lawrence P. (1979)
Chapter 11 of the 1978 Bankruptcy Code, in: Am.Bankr.L.J., S. 107 ff.

Klee, Kenneth N. (1979)
All you ever wanted to know about cram down under the new Bankruptcy Code, in: Am.Bankr.L.J., S. 133 ff.

Klein, Martin I. (1979)
The Bankruptcy Reform Act of 1978, in: Am.Bankr.L.J., S. 1 ff.

Korobkin, Donald R. (1991)
Rehabilitating values: A jurisprudence of bankruptcy, in: Columbia L.R., S. 717 ff

Leoprechting, Gunter von (2000)
Insolvenzplan scheitert im Praxistest: Symposium an der Privaten Universität Witten/Herdecke am 01.12.1999, in: DZWIR, S.67 f.

Löhr, Dirk (2000)
Unternehmensbewertung mit Realoptionen – Berücksichtigung strategisch-dynamischer Flexibilität, in: BB, S. 1983 ff.

LoPucki, Lynn M. (1992)
Strange visions in a strange world: A reply to Professors Bradley and Rosenzweig, in: Michigan L.R., S. 79 ff.

dieselbe (1993)
Comment: Stakeholder interests and bankruptcy, in: Univ. of Toronto L.R., S. 711 ff.

LoPucki, Lynn M./Whitford, William C. (1990)
Bargaining over equity's share in the bankruptcy reorganization of large, publicly held companies, in: Univ. of Pennsylvania L.R., S. 125 ff.

dieselben (1993)
Corporate governance in the bankruptcy reorganization of large, publicly held companies, in: Univ. of Pennsylvania L.R., S. 669 ff.

Lubben, Stephen J. (2000)
The direct costs of corporate reorganization: An empirical examination of professional fees in large Chapter 11 cases, in: Am.Bankr.L.J., S. 509 ff.

Moller, Arther L./Foltz, David B. Jr. (1980)
Chapter 11 of the 1978 Bankruptcy Code, in: N.C.L.Rev., S. 881 ff.

Obermüller, Manfred (1998)
Änderungen des Rechts der kapitalersetzenden Darlehen durch KonTraG und KapAEG, in: ZInsO, S. 51 ff.

Pachulski, Isaak M. (1980)
The cram down and valuation under Chapter 11 of the Bankruptcy Code, in: N.C.L.Rev., S. 925 ff.

Rasmussen, Robert K. (1992)
Debtor's choice: A menu approach to corporate bankruptcy, in: Texas L.R., S. 51 ff.

Rasmussen, Robert K., Skeel, David A. Jr. (1995)
The economic analysis of corporate bankruptcy law,
in: Am.Bankr.Inst.L.Rev., S. 85 ff.

Riesenfeld, Stefan (1983)
Das amerikanische Sanierungsverfahren: Ein rechtsvergleichender Überblick,
in: KTS, S. 85 ff.

Roe, Mark J. (1983)
Bankruptcy and debt: A new model for corporate reorganization,
in: Columbia L.R., S. 527 ff.

derselbe (1987)
The voting prohibition in bond workouts, in: 97 Yale L.J., S. 232 ff.

Schmidt, Reinhard H. (1981)
Die ökonomische Grundstruktur des Insolvenzrechts, in: AG, S. 35 ff.

Schuhmacher, Elmar/Thiemann, Stephan (1999)
Mediation und neues Insolvenzrecht – Möglichkeiten und Grenzen alternativer Konfliktlösungen im Insolvenzverfahren, in: DZWIR, S. 441 ff.

Schwartz, Alan (1993)
Bankruptcy workouts and debt contracts, in: j. of law and econ., S. 595 ff.

Shleifer, Andrei/Vishny, Robert W. (1992)
Liquidation values and debt capacity: A market equilibrium approach,
in: j. of finance, S. 1343 ff.

Skeel, David A. Jr. (1993)
Markets, courts, and the brave new world of bankruptcy theory,
in: Wisconsin L.R., S. 465 ff.

Smid, Stefan (2000)
Die „cram down power“ des deutschen Insolvenzgerichts: Zugleich eine Anmerkung zum Beschluß des LG Traunstein vom 27.08.1999, in: InVo, S. 1 ff.

Stürner, Rolf (1982)
Möglichkeiten der Sanierung von Unternehmen durch Maßnahmen im Unternehmens- und Insolvenzrecht – Eine Auseinandersetzung mit dem Gutachten von Karsten Schmidt zum 54. Deutschen Juristentag, in: ZIP, S. 761 ff.

Warren, Elizabeth (1987)
Bankruptcy Policy, in: Univ. of Chic. L.R., S. 775 ff.

dieselbe (1992)
The untenable case for repeal of Chapter 11, in: 102 Yale L.J., S. 437 ff.

Weiss, Lawrence A. (1990)
Bankruptcy resolution: Direct costs and violation of priority of claims, in: j. of financial econ., S. 285 ff.

Wellensiek, Jobst (2000)
Ein Jahr Insolvenzordnung – Erste Praxiserfahrungen mit dem neuen Recht, in: BB, S.1 ff.

derselbe (2000)
Insolvenzplanverfahren – Ein Schlag ins Wasser?, in: NZI, Heft 9, S. V

White, Michelle J. (1989)
The corporate bankruptcy decision, in: 3 (Number 2) j. of econ. perspectives, S. 129 ff.

dieselbe (1994)
Corporate bankruptcy as a filtering device: Chapter 11 reorganizations and out-of-court debt restructurings, in: j. of law, econ., & org., S. 268 ff.

Winter, Oliver (1995)
Der wirtschaftliche und rechtliche Charakter von Zinsbegrenzungsverträgen, in: WM, S. 1169 ff.

Wittig, Arne (1999)
Obstruktionsverbot und Cram Down - § 245 InsO im Lichte der LaSalle Street Entscheidung des U.S. Supreme Court v. 3.5.1999, in: ZinsO, S. 373 ff.

Wruck, Karen H. (1990)
Financial distress, reorganization, and organizational efficiency, in: j. of financial econ., S. 419 ff.

dieselbe (1991)
What really went wrong at Revco?, in: Continental Bank Journal of Applied Corporate Finance, S. 79 ff.

Wutzke, Wolfgang (1999)
Der fehlgeplante Plan – Aspekte der praktischen Undurchführbarkeit von Insolvenzplänen, in: ZinsO, S. 1 ff.

Kolibri 360 GmbH
Ferdinand-Jühlke-Straße 7
99095 Erfurt, Deutschland
produktsicherheit@kolibri360.de

Druck:
CPI Druckdienstleistungen GmbH
im Auftrag der
Kolibri 360 GmbH
Ferdinand-Jühlke-Str. 7
99095 Erfurt